U0096106

深智數位
股份有限公司

# 學界與業界的點評

　　固定收益證券是證券市場的重要組成部分，雖然關於固定收益證券相關問題研究的理論成果比較多，但是能夠結合實際操作的應用成果還不足。本書著眼於金融業務實際需求，結合實際案例，應用 Python 程式設計，從理論到應用、從模型到實操，比較系統地進行了介紹，對金融業務人員和科技人員具有較高的參考價值。

——張衛國　華南理工大學工商管理學院原院長

廣州市金融服務創新與風險管理研究基地主任，

國家級高層次人才計畫特聘教授

　　固定收益證券在大專院校是一門非常缺乏的課程。本書很全面地介紹了固定收益證券的知識，並結合大量定收益證券實務進行分析。透過閱讀本書，讀者可以了解場固定收益證券的相關產品（包括衍生品）。本書介紹了固定收益證券的估值模型，並舉出了 Python 程式，對有志於從事固定收益證券業務的人員，是一本難得的讀物。

——于孝建　華南理工大學經濟與金融學院金融系原副主任

華工量化投資協會指導老師

固定收益市場是一個重要的投資市場，了解這個市場的規律對投資與風險管理人員來說至關重要，對普通投資者也是有百利而無一害。這本書最大的特色是不僅教你理論，還讓你動手實踐。我相信絕大部分讀者學完這本書都能上手試一試固定收益投資與風險管理，成為名副其實的專業人士。

**——姚奕　國家工程實驗室金融巨量資料研究中心高級專家**

**註冊金融風險管理師協會（ICFRM）特聘專家**

人民幣固定收益市場已經成為世界第二大固定收益相關市場。近年來其市場規模、產品類別、投資實踐等都呈現跨越式發展，從業人員的教育需求也隨之激增。人民幣固定收益市場既有國際化的成熟實踐，也有大量當地語系化的專有實務，這是一本結合程式語言講解人民幣固定收益市場的投資者教育讀物。歐晨多年來孜孜不倦地輸出功底紮實、專業可靠的內容，讓業內朋友們受益匪淺。為此，我推薦有相關需求的業內夥伴們、對固定收益市場感興趣的朋友們，都來讀一讀這本難得的整合式讀物。

**——周瑤　森浦 Sumscope 金融市場專家團隊總監**

本書由淺入深地介紹了固定收益證券的理論知識，同時提供了真實的市場資料及案例，可進一步加深讀者對理論知識的理解。在 Python 程式撰寫部分，作者舉出詳盡的註釋，對 Python 初學者較為友善。總之，本書對相關領域的投資及風險管理從業人員來說，是一本難得的工具書。

**——徐曉玲　保險行業資深投資風險管理從業人員**

本書內容由淺入深，對每個基礎知識都提供了對應的實例以便於讀者理解，對入門者非常友善。本書有別於一般的教材，它結合現有中國市場實務闡述相關理論知識，讓人覺得更接地氣。

——庾燦斌　券商行業資深自營研究員

本書結合中國固定收益市場的實際情況，全面系統地介紹了固定收益市場概況、交易規則、估值原理等內容，並且附帶詳細的實例及 Python 程式設計實現過程，對有志成為既懂業務又懂科技的複合型從業人員具有重要指導意義。

——屈金磊　銀行理財行業投資人員

本書作者將理論和實操結合起來分析了中國固定收益市場及相關產品，並介紹了各類固定收益產品的交易模式、估值與風險計量，舉出了 Python 程式實例。相信各位感興趣的讀者讀過本書之後，一定會有種醍醐灌頂的感覺，對中國固定收益市場的細節有更為全面、直觀的認知。

——李偉濤　公募基金行業固定收益類研究員

# 推薦序

十多年前，一次很偶然的機會，我有幸進入一家證券公司並且負責固定收益業務的風險管理工作，當時整個公司固定收益業務的規模約有 200 億元。為了能夠有效提升風險管理的效率，我就很急切地想去購買一本能夠將固定收益業務與電腦程式設計融合在一起的圖書。然而，跑遍了上海的各大書店，最終卻無功而返，實在是讓我深感沮喪。此時此刻讀到歐晨先生的這本書，真是有一種相見恨晚的感覺啊！在閱讀了本書之後，我發現本書有以下三個特徵。

一是全面性。固定收益（fixed income）是一個舶來品，固定收益產品通常是指那些能夠帶來相對穩定現金流的金融產品。隨著金融市場的不斷發展，固定收益產品不僅包括國債、金融債、企業債等各種債券，而且包含資產證券化、國債期貨、利率互換、利率期權等衍生產品。本書不僅涵蓋了主流的固定收益產品，同時，全面講解了這些產品的市場現狀、交易規則、定價估值以及風險管理等內容。

二是實戰性。歐晨先生擁有長期從事固定收益研究與模型驗證的實戰經驗，因此實戰性是本書的鮮明特徵。全書討論的固定收益產品都是已有的相關產品，而 Python 程式設計則緊緊圍繞著解決固定收益的現實問題展開，不僅能夠幫助讀者解決固定收益產品到底「是個啥」的困惑，更能讓讀者收穫關於固定收益業務中「如何做」的經驗以及「做得好」的技巧。

三是易懂性。我個人一直認為要將比較複雜的固定收益產品講清楚,並且能夠讓讀者易於接受和理解,是一件很不容易的事情。然而,歐晨先生將固定收益產品定價以及風險管理這些比較複雜的問題,透過淺顯易懂的文字以及直觀簡潔的 Python 程式進行呈現,只要讀者能夠順著作者的寫作想法去理解,動手撰寫相關的 Python 程式並運行,必將能夠掌握固定收益產品的精髓。

無論是正在從事固定收益相關工作的從業者,還是有志於加入這一專業領域的有識之士,相信本書都是不可或缺的工具書和實戰寶典。

整個金融行業始終都在翹首企盼一本能夠將 Python 程式設計與固定收益業務進行完美結合的書,歐晨先生的力作恰好就滿足了整個行業的這種期待,在這裡也對這部著作的出版表示最熱烈的祝賀!

強烈推薦大家閱讀本書,並借此強化知識儲備,更進一步地提升自身綜合能力!

斯文

博士、**CFA**、**CPA**、**FRM**

《上財風險管理討論區》雜誌主編

《基於 **Python** 的金融分析與風險管理》

《**Python** 金融實戰案例精粹》等書的作者

# 序言

　　金融作為經濟的命脈，不斷促進著經濟的發展。固定收益證券作為中國金融領域不可或缺的重要組成部分，其需求越來越旺盛。長期以來，固定收益的定量實操層面的研究相對較少，而巨觀層面的研究較多。特別是講解如何將理論模型應用到實際市場中的圖書非常稀少，且大部分是較多的複雜公式推導，難以理解；和電腦程式語言結合的圖書更是寥寥無幾。當前恰逢金融科技快速發展的時代，市場上既懂金融業務又懂 IT 的人員非常缺乏，各大金融機構對複合型人才的需求很旺盛。

　　在這樣的多重背景下，大多數人可能對金融固定收益領域並不是非常了解，而又渴望快速入門並打破固定收益定量分析的專業門檻，因此非常需要一本專門系統講解固定收益定量分析實操的書，以順應時代的發展潮流。

　　對於本書採用何種程式語言，筆者考慮了許久，因為選用一種合適的程式語言對金融固定收益領域的業務模型的實現至關重要。Python 的語法很容易實現那些金融演算法和數學計算，每個數學敘述基本都能轉變成簡易的 Python 程式進行快速計算和偵錯。因此，本書中的所有實例是基於 Python 撰寫的。與傳統的教科書和學術論文不同，本書以實務案例為主，儘量省去大量的複雜公式推導，強調經濟含義與應用。本書引用了市場的真實資料與案例，並且基本都有詳細的計算過程，有助讀者理解。本書的主要特色是金融與科技的融合，讓懂金融業務的人員了解金融業務模型如何運用 Python 程式設計的方式實現，讓懂科技的人員學會金融業務。考慮到大部分金融從業人員並不是資訊技術專業的，又想學習 Python 在金融領域尤其是在固定收益領域的應用，筆者儘量以函數的形式進行案例的實現，這樣更易於讀者理解與呼叫。科技人員可以學習固定收益領域模型的中間計算過程，加強對業務的具體應用與開發。

本書的第 1 章對中國固定收益市場（尤其是債券市場）進行了基本介紹與歸納總結。第 2 章至第 8 章主要介紹債券基礎產品（包含回購和借貸）的交易要素、業務與計量方法及實際應用，為後續相關衍生產品的介紹打下基礎。第 9 章至第 11 章主要介紹固定收益中利率衍生品——國債期貨、標準債券遠期、利率互換與利率期權的要素與計量模型。第 12 章主要介紹與固定收益中的信用衍生品——信用風險緩釋工具（CRM）相關的業務，並對該產品進行定量與風險分析。

書中的部分內容來源自筆者微信公眾號「金學智庫」，並進行了改寫，儘量保持與時俱進。另外，為方便讀者學習並實操，本書涉及的資料和程式可到非同步社區網站下載，或透過微信公眾號「金學智庫」聯繫筆者，獲取免費的資源。

本書的撰寫獲得了張衛國、于孝建、斯文、姚奕、周瑤、屈金磊、徐曉玲、庾燦斌、李偉濤及其他朋友的支援與幫助，他們提供了很多非常寶貴的建議，筆者在這裡一併向他們表示衷心的感謝。

由於筆者的能力有限，書中難免有疏漏，歡迎讀者批評指正，並及時與筆者聯繫，筆者的電子郵件：warcraft_0001@163.com。

歐晨

# 前言

隨著金融科技的發展，Python已逐漸成為各大金融機構流行的程式語言之一。摩根大通資產管理經理Mary Callahan Erodes表示，「現代資產管理的唯一語言是程式語言」。美國銀行前任總經理Kirat Singh表示，「美國銀行約5000名開發人員都在使用Python」。甚至在新的特許金融分析師（Chartered Financial Analyst，CFA）的考試變革中（2024年起），也會引入Python、資料科學和人工智慧。因此，掌握Python在金融實務中的應用，可以快速解決金融領域中錯綜複雜的事務。

本書基於Python 3.10.0撰寫，結合一系列金融實務中固定收益領域相關的交易、估值與風險計量案例，幫助讀者快速掌握業務知識和Python的實操應用。

全書共12章內容，涉及固定收益的基本業務知識，各類產品的交易模式、估值模型以及風險計量模型等。為增強理解與實用性，本書結合市場案例舉出了模型的建立步驟、計算細節以及Python的實現程式。本書包含豐富的圖表案例，力求幫助讀者充分了解固定收益的業務流程以及Python的實操應用，真正解決在學習或工作中與固定收益相關的業務難題。

本書涵蓋以下主要內容。

第1章介紹中國固定收益債券市場的基本概念，包括一級市場和二級市場中的債券及其衍生品。此外，還介紹了中國債券市場的發展與監管的情況。

第 2 章介紹債券常見的計息基準及應計利息的計算方式。依據債券類型介紹應計利息的計算，同時還拓展講解了一些其他計息基準和應計利息。

第 3 章介紹債券的淨價、全價與到期收益率的計算。讀者可以透過本章了解到淨價、全價與應計利息之間的關係，到期收益率中單利和複利的使用條件與計算細節。

第 4 章介紹當前市場上債券到期收益率、即期收益率與遠期收益率的建構方式。透過市場實例對比驗證各種建構方法，在此基礎上讀者可以選擇最適合自己的收益率曲線。

第 5 章介紹不同類型債券的估值與風險計量方法。讀者可以了解到如何透過債券的基本資訊選擇對應的收益率曲線對債券進行估值。在風險計量方面，演示了常見的久期、凸性、基點價值、關鍵利率久期、風險價值和預期損失的計算方法。

第 6 章介紹新會計準則下的債券 SPPI 分析、攤餘成本法的計算原理（每日攤銷的計算模型）。在此基礎上，先採用會計的角度來分析債券持有及買賣價差的損益分析，接著從債券投資的角度分解損益，最後詳細介紹了業界廣泛採用的 Campisi 績效歸因方法。

第 7 章介紹銀行間和交易所債券的交易方式。讀者在釐清基本業務與計量模型後，可以了解到債券在真實的市場上是如何交易的。

第 8 章介紹三種與債券結合的其他交易方式：質押式回購、買斷式回購與債券借貸。透過以上交易方式可以完成現券交易無法直接實現的「賣空」。

第 9 章介紹以債券為標的的衍生產品——國債期貨與標準債券遠期。讀者可以了解這兩類債券衍生品的基本原理、功能與相關指標的計算。

第 10 章介紹固定收益中的衍生品——利率互換。其中，包括利率互換的交易要素、利息計算方法、收益率曲線的建構以及對應的估值與風險計量方法。此外，還介紹了實務中常用的利率互換的風險價值與預期損失的計算方法。

第 11 章介紹固定收益中的複雜衍生品——利率上下限期權與利率互換期權。對這兩類產品分別從基礎交易要素、波動率曲面以及估值方法進行了詳細的分析與實例展示。此外，由於衍生品相對比較複雜，本章介紹了一種風險價值的簡易計算方法。

第 12 章介紹國內外信用衍生品的發展，CRM 的基本概念、交易要素、功能以及常見的兩種估值方法（分別是生存曲線法估值與現金流貼現法估值）。

## 目標讀者

本書適合金融固定收益業務及相關科技從業者閱讀，也適合對 Python 在金融固定收益領域的實踐應用感興趣的人士閱讀，還適合作為高等院校經濟、金融與科技相關專業的實踐參考用書。

## 與我們聯繫

我們的聯繫電子郵件是 contact@epubit.com.cn。

如果您對本書有任何疑問或建議，請您發郵件給我們，並請在郵件標題中註明本書書名，以便我們更高效率地做出回饋。

# 繁體中文出版說明

　　本書作者為中國大陸人士，目標為中國證券市場，書中標的物均為中國產品，為求本書繁體版與原版資料正確，文中均以中國市場之商品為主，原書圖例均以簡體中文為準，讀者在程式實作時，請參考原書上下文。

# 目錄

## 第 1 章　中國固定收益市場介紹

# 第 2 章 債券的計息基準與應計利息的計算

# 第 3 章 債券的淨價、全價與到期收益率的計算

# 第 4 章 收益率曲線與建構

# 第 5 章　債券的估值與風險計量

# 第 6 章　債券的會計與損益歸因分析

# 第 7 章　債券現券交易方式

# 第 8 章　回購與債券借貸

# 第 9 章　國債期貨與標準債券遠期

# 第 10 章　利率互換

# 第 11 章 利率期權

# 第 12 章　信用衍生品

# 附錄 A

# ① 中國固定收益市場介紹

　　固定收益是指投資者可以預先得知在一段時間內所獲得的具體收益，通常出現在債券類金融產品中。由於投資者會在「固定」的時間，收到債務人「固定」金額的還款（如利息和本金），所以固定收益的本質是借貸性質，雙方形成債權債務關係。隨著市場的發展，實際上固定收益逐漸變得不再「固定」，但是這一稱呼習慣逐漸延續下來。在中國市場，狹義的固定收益產品通常指的是債券，廣義的固定收益產品指的是各種與債券類似及相關的產品及其衍生品。本書所介紹的固定收益產品主要是債券及其衍生品。

## 1.1 債券與債券市場概念

### 1.1.1 債券

　　債券是最為常見的固定收益證券，為方便理解，可將「債」和「券」分開來解釋。生活中，我們向親人朋友借錢、向銀行貸款購房等行為都屬於欠「債」，即形式債務。向親人朋友借錢時，會打下借據，約定利息以及怎麼還錢等；而向銀行貸款購房會有貸款合約，同樣也會約定利息、本金的相關內容。以上借據、貸款合約等憑證就可以視為「券」。用專業的術語來說，債券是政府、企業等機構直接向社會借款籌措資金時，向投資者發行的債權債務憑證，該憑證約定了本金和利息的償還與支付方式。通常來說，債券的本質是債的證明書，債券購買（或投資）人與發行人之間是一種債權債務關係。

### 1.1.2 債券市場

　　債券市場是債券發行和交易的場所。債券市場主要功能是為政府、企業、金融機構及公共團體籌集資金提供重要通路，為投資者提供具有流動性與盈利性的金融資產平臺，為中央銀行間接調節市場利率和貨幣供應量提供市場機制。通常債券市場可分為發行市場和交易市場。

　　發行市場也稱為一級市場，即發行人首次出售債券的市場。通常出售債券的招標方式有三種。

　　（1）荷蘭式招標（單一中標價）：按照投標人所報利率自低向高的順序累計投標量，直到預定發行規模為止，最高中標利率為債券的票面利率，投資者統一按照該利率獲配。

　　（2）美式招標：類比荷蘭式招標，按照投標人所報利率自低向高的順序累計投標量，直到預定發行規模為止，邊際利率及以下投標人按照各自投標利率獲配，中標利率的全場加權平均值為債券的票面利率。

（3）混合式招標：按照投標人所報利率自低向高的順序累計投標量，直到預定發行規模為止，全場加權平均中標利率為債券票面利率。投標機構中標利率低於或等於票面利率的標位，按票面利率獲配；高於票面利率一定價位以內，按各自中標利率獲配。

【實例 1-1】A 公司計畫發行 100 億元債券，為簡化計算，假定有 3 家機構投標，投標利率與投標量如表 1-1 所示。分別用三種招標方式計算發行利率並分析中標情況。

▼ 表 1-1 債券發行投標情況

| 投標機構 | 投標利率（%） | 投標量（億元） |
|---|---|---|
| 機構甲 | 3.9 | 40 |
| 機構乙 | 4 | 70 |
| 機構丙 | 4.1 | 50 |

【分析解答】按三種投標方式分別計算。

① 荷蘭式招標：將投標利率從低到高排序後，機構甲和機構乙的投標量 40 億元 +70 億元 >100 億元，因而機構甲和機構乙中標利率均為 4%，機構甲中標 40 億元，機構乙中標 60 億元，債券發行票面利率為 4%。

② 美式招標：機構甲中標利率為 3.9%，中標量為 40 億元；機構乙中標利率為 4%，中標量為 60 億元；債券發行票面利率 =（3.9% × 40 + 4% × 60）/100=3.96%。

③ 混合式招標：債券發行票面利率 =（3.9% × 40 + 4%×60）/100= 3.96%，機構甲中標利率為 3.96%，中標量為 40 億元，機構乙中標利率為 4%，中標量為 60 億元。

　　債券在一級市場一經認購，即確立了一定期限的債權債務關係，而透過債券二級市場，投資者可以轉讓債權變現。債券交易員在二級市場可以進行現券交易、回購交易、期貨與遠期交易等，場所主要在銀行間、交易所。圖 1-1 和圖 1-2 分別展示了債券一級市場（發行市場）歷年的發行數量與金額、債券二級市場（銀行間市場）歷年成交金額。

　　【**實例 1-2**】查看銀行間 21 附息國債 11（210011）在 2022-7-22 報價行情，如圖 1-3 所示。

　　【**分析解答**】廣發證券報買入面額 3000 萬元，淨價 100.6451 元，收益率 2.52%；恒豐銀行報賣出面額 3000 萬元，淨價 100.8077 元，收益率 2.4775%；淨價差額 = 100.8077 − 100.6451 = 0.1626（元），收益率差 =（2.4775% − 2.52%）×10000 = −4.25BP。

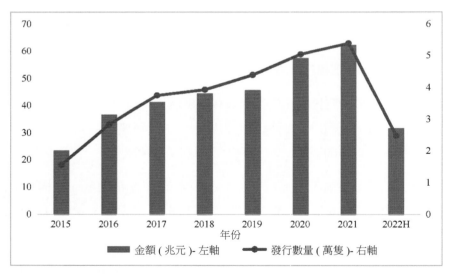

▲ 圖 1-1　債券一級市場歷年發行數量與金額
（資料來源：Wind 資訊）

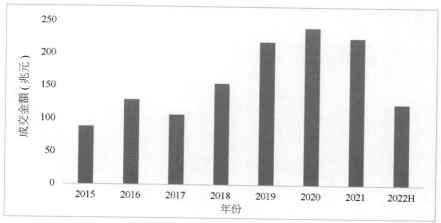

▲ 圖 1-2 債券二級市場（銀行間市場）歷年成交金額
（資料來源：歷年銀行間本幣市場運行報告）

| 債券信息 | 現金流 | | | | | |
|---|---|---|---|---|---|---|
| 代碼 | 210011.IB | 发行年限 | 5.0000 | 发行日期 | 2021-08-11 | |
| 简称 | 21附息国债11 | 发行量(亿) | 3109.3000 | 上市日期 | 2021-08-16 | |
| 债券类型 | 国债 | 发行价格 | 100.0000 | 起息日期 | 2021-08-12 | |
| 上市市场 | 银行间市场 | 票面利率(%) | 2.6900 | 到期日期 | 2026-08-12 | |
| 付息频率 | 一年一次 | 担保人 | | 剩余年限 | 4.0521 | |
| 债券评级 | | 担保方式 | | 剩余天数 | 1480 | |

● 原始基本資料  ○ 假設基本資料

| 今日报价明细 | 今日行情 | 今日成交明细 | 近一月历史报价 | 近一月日行情 | 近一月日内行情 | 试算结果比较 |

| | | 2022-07-22 | | | 买入 | | | 价差 | | | | 卖出 | | | |
|---|---|---|---|---|---|---|---|---|---|---|---|---|---|---|---|
| 序号 | 债券代码 | 报价时间 | 报价方 | 速度 | 面额(万元) | 净价 | 收益率(%) | 净价差额 | 收益率差(BP) | 报价方 | 速度 | 面额(万元) | 净价 | 收益率(%) | |
| 1 | 210011.IB | 17:42:08 | 广发证券 | T+1 | 3,000.0000 | 100.6451 | 2.5200 | 0.1626 | -4.2500 | 恒丰银行 | T+1 | 3,000.0000 | 100.8077 | 2.4775 |
| 2 | 210011.IB | 17:37:05 | 广发证券 | T+1 | 3,000.0000 | 100.6451 | 2.5200 | 0.1626 | -4.2500 | 恒丰银行 | T+1 | 3,000.0000 | 100.8077 | 2.4775 |
| 3 | 210011.IB | 17:34:50 | 广发证券 | T+1 | 3,000.0000 | 100.6451 | 2.5200 | 0.1626 | -4.2500 | 恒丰银行 | T+1 | 3,000.0000 | 100.8077 | 2.4775 |
| 4 | 210011.IB | 17:30:13 | 广发证券 | T+1 | 3,000.0000 | 100.6451 | 2.5200 | 0.1626 | -4.2500 | 恒丰银行 | T+1 | 3,000.0000 | 100.8077 | 2.4775 |
| 5 | 210011.IB | 17:29:59 | 广发证券 | T+1 | 3,000.0000 | 100.6451 | 2.5200 | 0.1626 | -4.2500 | 恒丰银行 | T+1 | 3,000.0000 | 100.8077 | 2.4775 |
| 6 | 210011.IB | 17:26:22 | 广发证券 | T+1 | 3,000.0000 | 100.6451 | 2.5200 | 0.0956 | -2.5000 | 平安证券 | T+1 | 3,000.0000 | 100.7407 | 2.4950 |
| 7 | 210011.IB | 17:24:19 | 广发证券 | T+1 | 3,000.0000 | 100.6451 | 2.5200 | 0.0956 | -2.5000 | 平安证券 | T+1 | 3,000.0000 | 100.7407 | 2.4950 |
| 8 | 210011.IB | 17:15:58 | 广发证券 | T+1 | 3,000.0000 | 100.6451 | 2.5200 | 0.0765 | -2.0000 | 平安证券 | T+1 | 3,000.0000 | 100.7216 | 2.5000 |

▲ 圖 1-3 2022-7-22 銀行間 21 附息國債 11 的報價明細（部分）
（資料來源：東方財富 choice）

【注 1】基點常被簡稱為 BP（bp）或 BPS（bps），1 個基點為 0.01%。

【注 2】淨價與收益率等概念在第 3 章詳細介紹，債券的報價方式在第 7 章詳細介紹。

【實例 1-3】查看 2022-7-22 銀行間現券做市報價行情，如圖 1-4 所示。

| 现券市场成交行情 | 现券市场做市报价 | | ⊕ 最新日报 ⊕ 最新月报 ⊕ 债券做市商名单 |
| --- | --- | --- | --- |

现券市场做市报价　　　　　　　　　　　　　　　　　　　　　07-22 20:00

报价机构 全部 ∨　　　债券简称 _____　　　查询

| 报价机构 | 债券简称 | 买入/卖出净价(元) | 买入/卖出收益率(%) |
| --- | --- | --- | --- |
| 浦发银行 | 20附息国债09 | 100.30 / 100.49 | 2.0319 / 1.8275 |
| 浦发银行 | 20附息国债06 | 98.51 / 99.69 | 2.8934 / 2.7234 |
| 上海银行 | 20附息国债14 | 100.85 / 101.21 | 2.1981 / 1.9099 |
| 浦发银行 | 21进出10 | 99.17 / 102.91 | 3.4890 / 3.0050 |
| 上海银行 | 21进出10 | 99.02 / 102.87 | 3.5090 / 3.0100 |

▲ 圖 1-4　2022-7-22 銀行間現券做市報價行情（部分）
（資料來源：中國貨幣網）

【注】報價機構（做市商）是對做市券種向市場提供連續雙邊報價（需在合理範圍），享有規定權利並承擔提供流動性義務的金融機構。做市報價的方式在第 7 章詳細介紹。

【分析解答】在交易時間內，不同的報價機構（做市商）可以對債券進行雙邊報價。舉例來說，浦發銀行對 20 附息國債 09、20 附息國債 06 和 21 進出 10 均進行了淨價和收益率的雙邊報價。

## 1.2　債券品種分類

債券的分類方式有多種，本節分別從付息方式、發行主體信用、發行主體類型與幣種等角度對債券進行分類介紹。

### 1.2.1　按付息方式分類

在中國，債券的付息方式有多種，如零息、貼現、固定利率附息、浮動利率附息與利隨本清等。下面分別介紹各種付息方式的債券。

（1）零息債券：折價（低於面額）發行並且期限大於或等於 1 年，到期按面額全部償還。

（2）貼現債券：折價（低於面額）發行並且期限小於 1 年，到期按面額全部償還。

【注】以上兩種債券除了期限外，其他並無本質差別。

（3）固定利率附息債券：發行時約定起息日、到期日、票面利率、付息週期等基本要素，根據約定的利率定期（如某個月固定的一天）支付利息，到期償還本金和最後一次利息。

（4）浮動利率附息債券：整個週期票面利率並不固定，而是以某一短期貨幣市場參考利率指標為債券基準利率並加上利差（基本利差不變）來確定實際的票面利率，如以上海銀行間同業拆放利率（Shibor）為基準的浮動利率債券。其他的基本要素與固定利率附息債券類似。

【注】附息債券還包括累進利率債券（通常指利率遞增的可贖回債券）。

（5）利隨本清債券：發行時約定票面利率，在到期日前均不支付利息，而是將利息全部累計至到期日和本金一起償付。

【實例 1-4】按付息方式，查看 2022 年上半年中國債券市場債券的發行資料與存量資料。

【分析解答】

① 發行市場。表 1-2 為 2022 年上半年中國債券發行資料（按付息方式分類）。

▼ 表 1-2　2022 年上半年中國債券發行資料（按付息方式分類）

| 類別 | 發行數量<br>（隻） | 數量比重<br>（%） | 發行總額<br>（億元） | 金額比重<br>（%） |
|---|---|---|---|---|
| 貼現債券 | 13500 | 54.52 | 118703.90 | 37.67 |
| 附息債券 | 7668 | 30.97 | 154025.10 | 48.88 |
| 固定利率債券 | 6010 | 24.27 | 138817.82 | 44.05 |
| 浮動利率債券 | 50 | 0.20 | 1051.63 | 0.33 |
| Shibor | 18 | 0.07 | 283.00 | 0.09 |
| 其他 | 32 | 0.13 | 768.63 | 0.24 |
| 累進利率債券 | 1608 | 6.49 | 14155.65 | 4.49 |
| 利隨本清債券 | 3595 | 14.52 | 42388.69 | 13.45 |
| **合計** | **24763** | **100.00** | **315117.69** | **100.00** |

資料來源：Wind 資訊

【注】比重相關的資料經過四捨五入，其總和不一定恰好為 100.00%。

② 存量市場。表 1-3 為 2022 年上半年中國債券二級市場存量（按付息方式分類）。

▼ 表 1-3　2022 年上半年中國債券二級市場存量（按付息方式分類）

| 類別 | 債券數量<br>（隻） | 數量比重<br>（%） | 債券餘額<br>（億元） | 餘額比重<br>（%） |
|---|---|---|---|---|
| 貼現債券 | 16182 | 24.13 | 153208.40 | 11.08 |
| 附息債券 | 44876 | 66.92 | 1166005.99 | 84.30 |
| 固定利率債券 | 32064 | 47.82 | 1046239.92 | 75.64 |
| 浮動利率債券 | 566 | 0.84 | 12469.36 | 0.90 |
| 1 年期定存利率 | 6 | 0.01 | 758.59 | 0.05 |
| Shibor | 44 | 0.07 | 658.20 | 0.05 |

（續表）

| 類別 | 債券數量<br>（隻） | 數量比重<br>（%） | 債券餘額<br>（億元） | 餘額比重<br>（%） |
|---|---|---|---|---|
| 其他 | 516 | 0.77 | 11052.57 | 0.80 |
| 累進利率債券 | 12246 | 18.26 | 107296.71 | 7.76 |
| 利隨本清債券 | 6000 | 8.95 | 63894.41 | 4.62 |
| 合計 | 67058 | 100.00 | 1383108.80 | 100.00 |

資料來源：Wind 資訊

【注】比重相關的資料經過四捨五入，其總和不一定恰好為 100.00%。

## 1.2.2 按發行主體信用分類

投資者購買債券，考慮最多的一點就是債券的信用，例如是否會發生違約，是否會導致本金虧損等；然後才考慮債券的收益大小，即利率水平。根據發行主體信用狀況，債券可分為利率債和信用債。

（1）利率債：國債、地方政府債、央票等。這類債券有政府背景的信用支撐，基本不會發生違約。

（2）信用債：除利率債之外的其他債券，如公司債、企業債、非金融企業債務融資工具等。這類債券需要考慮信用情況。

【實例 1-5】按發行主體信用，查看 2022 年上半年中國債券市場發行資料（見表 1-4）與存量資料（見表 1-5）。

【分析解答】

① 發行市場。

▼ 表 1-4　2022 年上半年中國債券發行資料（按發行主體信用分類）

| 類別 | 發行數量（隻） | 數量比重（%） | 發行總額（億元） | 金額比重（%） |
|---|---|---|---|---|
| 國債 | 75 | 0.30 | 34376.40 | 10.91 |
| 地方政府債 | 1504 | 6.07 | 52501.57 | 16.66 |
| 央行票據 | 6 | 0.02 | 300.00 | 0.10 |
| **利率債合計** | **1585** | **6.40** | **87177.97** | **27.67** |
| 金融債 | 850 | 3.43 | 45827.72 | 14.54 |
| 　政策銀行債 | 437 | 1.76 | 28582.50 | 9.07 |
| 　商業銀行債 | 73 | 0.29 | 6056.57 | 1.92 |
| 　商業銀行次級債券 | 57 | 0.23 | 5371.50 | 1.70 |
| 　保險公司債 | 9 | 0.04 | 211.50 | 0.07 |
| 　證券公司債 | 164 | 0.66 | 3374.65 | 1.07 |
| 　證券公司短期融資券 | 100 | 0.40 | 1804.00 | 0.57 |
| 　其他金融機構債 | 10 | 0.04 | 427.00 | 0.14 |
| 企業債 | 280 | 1.13 | 2166.77 | 0.69 |
| 　一般企業債 | 280 | 1.13 | 2166.77 | 0.69 |
| 　集合企業債 | 0 | 0.00 | 0.00 | 0.00 |
| 公司債 | 1734 | 7.00 | 15144.34 | 4.81 |
| 　一般公司債 | 716 | 2.89 | 7757.47 | 2.46 |
| 　私募債 | 1018 | 4.11 | 7386.87 | 2.34 |
| 中期票據 | 1426 | 5.76 | 14094.33 | 4.47 |
| 　一般中期票據 | 1426 | 5.76 | 14094.33 | 4.47 |
| 　集合票據 | 0 | 0.00 | 0.00 | 0.00 |
| 短期融資券 | 2646 | 10.68 | 26128.61 | 8.29 |
| 　一般短期融資券 | 301 | 1.22 | 2917.92 | 0.93 |

（續表）

| 類別 | 發行數量<br>（隻） | 數量比重<br>（%） | 發行總額<br>（億元） | 金額比重<br>（%） |
|---|---|---|---|---|
| 超短期融資債券 | 2345 | 9.47 | 23210.69 | 7.37 |
| 定向工具 | 638 | 2.58 | 4081.68 | 1.30 |
| 國際機構債 | 3 | 0.01 | 115.00 | 0.04 |
| 政府支持機構債 | 10 | 0.04 | 1000.00 | 0.32 |
| 資產證券化 | 2062 | 8.33 | 9561.97 | 3.03 |
| 國家金融監督管理總局主管資產支持證券 | 166 | 0.67 | 1800.83 | 0.57 |
| 證監會主管資產支持證券 | 1397 | 5.64 | 5021.80 | 1.59 |
| 交易商協會主管資產支援票據 | 499 | 2.02 | 2739.34 | 0.87 |
| 可轉債 | 60 | 0.24 | 1175.56 | 0.37 |
| 可分離轉債存債 | 0 | 0.00 | 0.00 | 0.00 |
| 可交換債 | 12 | 0.05 | 267.23 | 0.08 |
| **信用債合計** | **9721** | **39.25** | **119563.21** | **37.94** |
| 同業存單 | 13458 | 54.35 | 108376.60 | 34.39 |
| **合計** | **24764** | **99.99** | **315117.78** | **100.00** |

資料來源：Wind 資訊

【注】比重相關的資料經過四捨五入，其總和不一定恰好為 100.00%。

② 存量市場。

▼ 表 1-5 2022 年上半年中國債券二級市場存量（按發行主體信用分類）

| 類別 | 債券數量<br>（隻） | 數量比重<br>（％） | 債券餘額<br>（億元） | 餘額比重<br>（％） |
|---|---|---|---|---|
| 國債 | 256 | 0.38 | 236250.86 | 17.08 |
| 地方政府債 | 8990 | 13.41 | 344008.94 | 24.87 |
| 央行票據 | 3 | 0.00 | 150.00 | 0.01 |
| **利率債合計** | **9249** | **13.79** | **580409.80** | **41.96** |
| 金融債 | 2548 | 3.80 | 318050.62 | 23.00 |
| 　政策銀行債 | 302 | 0.45 | 210552.52 | 15.22 |
| 　商業銀行債 | 325 | 0.48 | 23361.92 | 1.69 |
| 　商業銀行次級債券 | 604 | 0.90 | 51193.60 | 3.70 |
| 　保險公司債 | 80 | 0.12 | 3185.50 | 0.23 |
| 　證券公司債 | 936 | 1.40 | 21640.08 | 1.56 |
| 　證券公司短期融資券 | 117 | 0.17 | 2145.00 | 0.16 |
| 　其他金融機構債 | 184 | 0.27 | 5972.00 | 0.43 |
| 企業債 | 2747 | 4.10 | 22152.07 | 1.60 |
| 　一般企業債 | 2744 | 4.09 | 22132.07 | 1.60 |
| 　集合企業債 | 3 | 0.00 | 20.00 | 0.00 |
| 公司債 | 11415 | 17.02 | 103307.11 | 7.47 |
| 　私募債 | 6988 | 10.42 | 51658.69 | 3.73 |
| 　一般公司債 | 4427 | 6.60 | 51648.42 | 3.73 |
| 中期票據 | 8020 | 11.96 | 85900.14 | 6.21 |
| 　一般中期票據 | 8020 | 11.96 | 85900.14 | 6.21 |
| 集合票據 | 0 | 0.00 | 0.00 | 0.00 |
| 短期融資券 | 3021 | 4.51 | 27943.54 | 2.02 |
| 　一般短期融資券 | 614 | 0.92 | 6006.20 | 0.43 |

（續表）

| 類別 | 債券數量（隻） | 數量比重（%） | 債券餘額（億元） | 餘額比重（%） |
|---|---|---|---|---|
| 超短期融資債券 | 2407 | 3.59 | 21937.34 | 1.59 |
| 定向工具 | 3604 | 5.37 | 23277.46 | 1.68 |
| 國際機構債 | 20 | 0.03 | 440.00 | 0.03 |
| 政府支持機構債 | 185 | 0.28 | 18525.00 | 1.34 |
| 資產證券化 | 9515 | 14.19 | 47264.20 | 3.42 |
| 國家金融監督管理總局主管資產支持證券 | 1311 | 1.96 | 15913.71 | 1.15 |
| 證監會主管資產支持證券 | 2004 | 2.99 | 9530.55 | 0.69 |
| 交易商協會主管資產支援票據 | 6200 | 9.25 | 21819.94 | 1.58 |
| 可轉債 | 446 | 0.67 | 7656.67 | 0.55 |
| 可交換債 | 83 | 0.12 | 1484.47 | 0.11 |
| 專案收益票據 | 28 | 0.04 | 127.50 | 0.01 |
| **信用債合計** | **41632** | **62.08** | **656128.78** | **47.44** |
| 同業存單 | 16177 | 24.12 | 146570.20 | 10.60 |
| **合計** | **67058** | **99.99** | **1383108.78** | **99.98** |

資料來源：Wind 資訊

【注】比重相關的資料經過四捨五入，其總和不一定恰好為 100.00%。

## 1.2.3 按發行主體類型分類

在中國，中央國債登記結算有限責任公司（簡稱「中債登」或「中債」）對債券的估值被認定為具有權威的公允價值的代表之一，在債券市場發揮了價格基準和會計計量兩大作用。筆者在此選擇根據中央國債登記結算有限責任公司發佈的《中國債券市場概覽（2021年版）》，結合市場熱點，按照發行主體類型對債券進行分類，具體的分類見圖1-5。

值得大家關注的是企業債與公司債的區別以及中國特色的熊貓債券。

（1）企業債：發行主體為企業（主要是國有企業），經證監會註冊後發行。

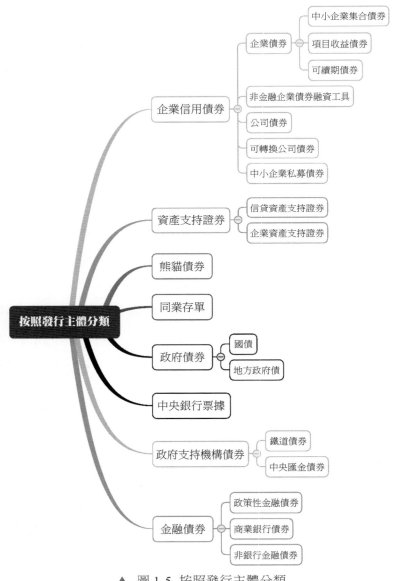

▲ 圖 1-5 按照發行主體分類

（2）公司債：發行主體為上市公司或非上市公眾公司，在交易所債券市場公開或非公開發行，在中國證券登記結算有限責任公司（簡稱「中證登」或「中證」）登記託管。

（3）熊貓債券：境外機構在中國境內發行的人民幣債券，包括主權類機構、國際開發機構、金融機構和非金融企業等。在銀行間債券市場發行的熊貓債券，在中債登或上海清算所（以下簡稱「上清所」）登記託管；在交易所市場發行的熊貓債券發行人主要是非金融企業，在中證登記託管。

【實例 1-6】按發行主體類型，查看 2022 年上半年中國債券市場發行資料（見表 1-6）與存量資料（見表 1-7）。

【分析解答】

① 發行市場。

▼ 表 1-6 2022 年上半年中國債券發行資料（按發行主體類型分類）

| 類別 | 發行數量（隻） | 數量比重（%） | 發行總額（億元） | 金額比重（%） |
|---|---|---|---|---|
| 國債（中債） | 1579 | 61.32 | 86877.97 | 66.77 |
| 記帳式國債（中債） | 71 | 2.76 | 33576.40 | 25.81 |
| 憑證式國債（中債） | 0 | 0.00 | 0.00 | 0.00 |
| 儲蓄國債（中債） | 4 | 0.16 | 800.00 | 0.61 |
| 地方政府債（中債） | 1504 | 58.41 | 52501.57 | 40.35 |
| 央行票據（中債） | 6 | 0.23 | 300.00 | 0.23 |
| 政策性銀行債券（中債） | 389 | 15.11 | 26247.70 | 20.17 |
| 中國進出口銀行債（中債） | 150 | 5.83 | 7884.60 | 6.06 |
| 中國農業發展銀行債（中債） | 89 | 3.46 | 5406.20 | 4.16 |
| 國家開發銀行債（中債） | 150 | 5.83 | 12956.90 | 9.96 |
| 商業銀行債券（中債） | 71 | 2.76 | 6026.57 | 4.63 |

（續表）

| 類別 | 發行數量<br>（隻） | 數量比重<br>（%） | 發行總額<br>（億元） | 金額比重<br>（%） |
|---|---|---|---|---|
| 普通債（中債） | 71 | 2.76 | 6026.57 | 4.63 |
| 非銀行金融機構債（中債） | 13 | 0.50 | 295.50 | 0.23 |
| 特種金融債（中債） | 0 | 0.00 | 0.00 | 0.00 |
| 國際機構債券（中債） | 0 | 0.00 | 0.00 | 0.00 |
| 政府支持機構債（中債） | 10 | 0.39 | 1000.00 | 0.77 |
| 證券公司債（中債） | 0 | 0.00 | 0.00 | 0.00 |
| 企業債（中債） | 284 | 11.03 | 2186.92 | 1.68 |
| 　專案收益債（中債） | 5 | 0.19 | 31.30 | 0.02 |
| 　中央企業債（中債） | 0 | 0.00 | 0.00 | 0.00 |
| 　地方企業債（中債） | 275 | 10.68 | 2135.47 | 1.64 |
| 　集合企業債（中債） | 0 | 0.00 | 0.00 | 0.00 |
| 　其他 | 4 | 0.16 | 20.15 | 0.02 |
| 中期票據（中債） | 0 | 0.00 | 0.00 | 0.00 |
| 集合票據（中債） | 0 | 0.00 | 0.00 | 0.00 |
| 短期融資券（中債） | 0 | 0.00 | 0.00 | 0.00 |
| 　證券公司短期融資券(中債) | 0 | 0.00 | 0.00 | 0.00 |
| 超短期融資券（中債） | 0 | 0.00 | 0.00 | 0.00 |
| 資產支持證券（中債） | 166 | 6.45 | 1800.83 | 1.38 |
| 資本工具（中債） | 57 | 2.21 | 5371.50 | 4.13 |
| 　二級資本工具（中債） | 42 | 1.63 | 3791.50 | 2.91 |
| 　其他 | 15 | 0.58 | 1580.00 | 1.21 |
| **合計** | **2575** | **100.00** | **130106.99** | **100.00** |

資料來源：Wind 資訊

【注】比重相關的資料經過四捨五入，其總和不一定恰好為 100.00%。

② 存量市場。

▼ 表 1-7 2022 年上半年中國債券二級市場存量（按發行主體類型分類）

| 類別 | 債券數量（隻） | 數量比重（%） | 債券餘額（億元） | 餘額比重（%） |
|---|---|---|---|---|
| 國債（中債） | 9246 | 62.11 | 580259.80 | 63.13 |
| 記帳式國債（中債） | 196 | 1.32 | 224656.67 | 24.44 |
| 憑證式國債（中債） | 9 | 0.06 | 1550.00 | 0.17 |
| 儲蓄國債（中債） | 51 | 0.34 | 10044.19 | 1.09 |
| 地方政府債（中債） | 8990 | 60.39 | 344008.94 | 37.43 |
| 央行票據（中債） | 3 | 0.02 | 150.00 | 0.02 |
| 政策性銀行債券（中債） | 241 | 1.62 | 198946.52 | 21.64 |
| 國家開發銀行債（中債） | 131 | 0.88 | 105932.82 | 11.53 |
| 中國農業發展銀行債（中債） | 54 | 0.36 | 52415.90 | 5.70 |
| 中國進出口銀行債（中債） | 56 | 0.38 | 40597.80 | 4.42 |
| 商業銀行債券（中債） | 336 | 2.26 | 25222.42 | 2.74 |
| 普通債（中債） | 322 | 2.16 | 23326.92 | 2.54 |
| 次級債（中債） | 14 | 0.09 | 1895.50 | 0.21 |
| 非銀行金融機構債（中債） | 209 | 1.40 | 5972.00 | 0.65 |
| 政府支持機構債（中債） | 185 | 1.24 | 18525.00 | 2.02 |
| 企業債（中債） | 2744 | 18.43 | 22052.07 | 2.40 |
| 專案收益債（中債） | 126 | 0.85 | 655.93 | 0.07 |
| 中央企業債（中債） | 54 | 0.36 | 1831.34 | 0.20 |
| 地方企業債（中債） | 2561 | 17.20 | 19544.80 | 2.13 |
| 集合企業債（中債） | 3 | 0.02 | 20.00 | 0.00 |

（續表）

| 類別 | 債券數量（隻） | 數量比重（%） | 債券餘額（億元） | 餘額比重（%） |
|---|---|---|---|---|
| 中期票據（中債） | 23 | 0.15 | 538.82 | 0.06 |
| 資產支持證券（中債） | 1 299 | 8.73 | 15 817.49 | 1.72 |
| 資本工具（中債） | 601 | 4.04 | 51 655.10 | 5.62 |
| 　二級資本工具（中債） | 452 | 3.04 | 31 440.10 | 3.42 |
| 　其他 | 149 | 1.00 | 20 215.00 | 2.20 |
| **合計** | **14 887** | **100.00** | **919 139.22** | **100.00** |

資料來源：Wind 資訊

【注】比重相關的資料經過四捨五入，其總和不一定恰好為 100.00%。

需要注意的是，中債統計數值的選取口徑與 Wind 的分類並不相同，不同分類下的整理數值有一定差異。

## 1.2.4 按幣種分類

近年來，中國債券市場不斷往國際化方向發展，因而外幣債券的比重在不斷增大。以下按照幣種對債券進行劃分。

（1）人民幣債券：以人民幣計價的債券，包括境內機構發行的人民幣債券和境外機構發行的熊貓債券，佔中國債券市場的絕大部分。

（2）外幣債券：境內機構在境內發行的以外幣計價的債券，經人民銀行批准發行。目前境內美金債券，大部分在中債登託管。

（3）SDR 債券：以特別提款權（SDR）計價的債券。世界銀行 2016 年 8 月在中國銀行間市場發行了本金為 5 億元的 SDR 債券（以人民幣結算），後續預計有更多中資機構和國際組織參與發行。

# 1.3 中國債券市場的發展、監管與業務

## 1.3.1 中國債券市場的發展沿革

中國債券市場主要經歷了以櫃檯市場為主（1988—1991年），以交易所市場為主（1992—2000年）以及以銀行間市場為主（2001年至今）三個階段的發展。圖1-6展示了更加詳細的發展歷程。

上海證券交易所成立，債券場內交易初具雛形。
**1990**

商業銀行退出上海和深圳證券交易所債券市場；在中國外匯交易中心基礎上組建銀行間債券市場，目前已發展為境內最重要的債券交易市場。
**1997**

**2002**
櫃檯債券業務正式推出，為個人及企事業機構提供了投資銀行間債券的通路。

允許境外央行、人民幣清算行和參加行等三類機構進入銀行間債券市場開展現券交易。
**2010**

**2014**
北京金融資產交易所(北金所)推出非金融機構合格投資者交易平臺，提供銀行間信用債券投資交易服務。

「債券通」的「北向通」開通，境外投資者可透過「債券通」直接投資境內銀行間債券市場。
**2017**

**2020**
商業銀行回歸國債期貨市場，債券註冊制落地，特別國債(抗疫)啟動，債券基礎設施互通。

銀行間債券市場與交易所債券市場互聯互通；交易所公佈債券交易新規。
**2022**

▲ 圖1-6 中國債券市場的發展歷程

中國債券市場為包括銀行間市場、北金所市場、商業銀行櫃檯市場和交易所市場在內的多層次市場系統，如表1-8所示。

▼ 表 1-8 中國債券市場的多層次系統

| 債券市場類型 | 銀行間市場 | 北金所市場 | 商業銀行櫃檯市場 | 交易所市場 |
|---|---|---|---|---|
| **市場性質** | 場外 | 場外 | 場外 | 場內 |
| **交易券種** | 國債、地方債、政策性銀行債、央行票據、商業銀行普通金融債、次級債、短期融資券、超短期融資券、中期票據、企業債、資產支持證券 | 短期融資券、超短期融資券、中期票據 | 國債、政策性金融債、地方債（下一步可能有短期融資券、超短期融資券、中期票據等） | 國債、地方債、公司債、可轉換債券、可交換債券、資產支援證券等 |
| **參與機構** | 商業銀行、外資銀行、保險公司、證券公司、信託分司、境外金融機構、資管產品等 | 非金融機構投資者 | 非金融企業、個人、未進入銀行間市場的金融機構、事業單位和團體法人 | 商業銀行、非銀行金融機構、個人投資者 |
| **交易類型** | 現券交易、回購交易、債券借貸交易等 | 現券交易 | 現券交易、回購交易 | 現券交易、回購交易 |
| **交易方式** | 對話報價、請求報價、做市報價、指示性報價、匿名點擊等 | 雙邊報價 | 雙邊報價 | 競價撮合（競價系統）、詢價交易（固收平臺）等 |
| **託管機構** | 中債登、上清所 | 上清所 | 中債登、上清所（一級託管人） | 中證登 |
| **清算速度** | $T+0$<br>$T+1$<br>$T+N$（含境外投資者） | $T+1$ | $T+0$ | $T+1$ |
| **下單系統** | 本幣交易系統（交易中心） | 本幣交易系統（交易中心） | 商業銀行獨立系統 | 第三方系統（金仕達、恒生系統等連接交易所） |

## 1.3.2 中國債券市場監管系統

中國債券市場的監管框架涉及部門許多，是明顯的多頭監管的局面。其中，涉及中國人民銀行、國家發展改革委、證監會、交易商協會等多個部門，功能監管與機構監管相互交織。當前，各個部門也在積極配合，不斷為建構統一、互通互聯的市場做出努力。表 1-9 為中國債券市場監管系統分類。

▼ 表 1-9 中國債券市場監管系統分類

| 主管單位 | 債券品種 | 管理機制 |
|---|---|---|
| 中國人民銀行或國家金融監督管理總局 | 政策性金融債、商業銀行債、商業銀行二級資本債、同業存單、保險公司次級債等 | 審核制 |
| | 信貸資產證券化（CLO） | 備案制 |
| 財政部 | 國債、地方政府債 | 審核制 |
| 國家發展和改革委員會 | 鐵道債、企業債 | 註冊制 |
| 交易商協會 | 超短期融資券（SCP）、短期融資券（CP）、中期票據（MTN）、資產支援票據（ABN）、專案收益票據（PRN）、非公開定向債務融資工具（PPN）、央行票據等 | 註冊制 |
| 證監會 | 大公募 | 註冊制 |
| | 小公募 | 註冊制 |
| | 私募債 | 交易所預溝通，中國證券業協會備案 |
| | 可轉換債券、可交換債券 | 一般主機板上市公司發行為註冊制，其餘為核准制 |
| | 企業債 | 註冊制 |
| | 企業資產證券化 | 交易所審核，中國證券投資基金業協會備案 |

【注 1】交易所公司債細分為大公募、小公募、私募債（非公開）。

大公募：公共投資者導向的公開發行的公司債。

小公募：合格投資者導向的公開發行的公司債。

私募債：合格投資者導向的非公開發行的公司債。

【注 2】自 2020 年 3 月 1 日起，公司債公開發行實行註冊制。公開發行公司債，應當符合修訂後的《中華人民共和國證券法》和國務院有關通知規定的發行條件和資訊揭露要求等。

【注 3】上述監管系統可能會隨時代發展有所變動。

### 1.3.3 中國債券市場交易業務

債券市場（二級市場）交易業務主要包括現券買賣、質押式回購、買斷式回購和債券借貸等，如圖 1-7 所示。

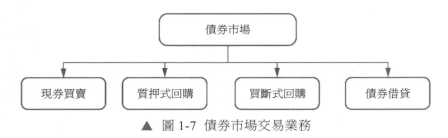

▲ 圖 1-7 債券市場交易業務

相關的衍生品包括國債期貨、標準債券遠期、利率互換、利率期權、信用風險緩釋工具等，如圖 1-8 所示。

以上這些產品在後續的章節中會陸續介紹。

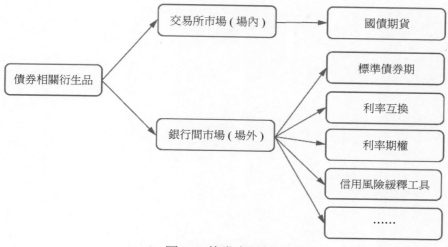

▲ 圖 1-8 債券市場衍生品

# 1.4 本章小結

本章針對中國的固定收益市場展開，主要介紹了債券與債券市場。首先，介紹了中國的債券市場主要分為發行市場（一級市場）與交易市場（二級市場）。在一級市場發行債券後，通常在二級市場進行流通交易。其次，介紹了中國債券的多種分類方式：按付息方式、發行主體信用、發行主體類型、幣種分類。最後，對中國債券市場的發展與監管做了簡要的概括。中國債券市場涉及的監管部門較多，交易方式有場內也有場外。

# MEMO

# ② 債券的計息基準與
# 應計利息的計算

　　債券計息基準為年化時間的計算基準，應計利息則描述了持有債券期間（年化時間）獲得利息的金額。本章主要介紹在計息基準的基礎上，計算債券在持有期內獲得利息金額的具體方法。在計算利息金額之前，需要知道上一計息計畫結束日（首期則為起息日）至計算日之間的間隔天數，這又需得知債券整個計息間隔計畫的日期。下面將用實例來講解如何生成計息間隔計畫的日期。

【**實例 2-1**】08 國債 02 債券的基本資訊如表 2-1 所示，請計算該債券的計息間隔計畫。

▼ 表 2-1　08 國債 02 債券的基本資訊

| 債券簡稱 | 08 國債 02 | 債券程式 | 080002 |
|---|---|---|---|
| 債券類型 | 國債 | 發行人 | 財政部 |
| 債券起息日 | 2008-2-28 | 債券到期日 | 2023-2-28 |
| 付息頻率 | 半年 | 發行期限 | 15 年 |
| 息票類型 | 附息式固定利率 | 面額 | 100 元 |
| 計息基準 | 實際 / 實際 | 票面利率（%） | 4.1600 |

資料來源：中國貨幣網

【**分析解答**】由於 08 國債 02 的起息日為 2008-2-28，付息頻率為每半年付息一次，所以計息間隔計畫為按半年頻率增加的日期計畫。由此可知 08 國債 02 的計息日期計畫應當為：

2008-2-28，2008-8-28，2009-2-28，……，2022-8-28，2023-2-28。

下面採用 Python 撰寫生成債券計息計畫的日期函數（coupon_schedule）：

```python
# 載入需要使用的函數庫
from datetime import date
from dateutil import relativedelta
# 用於生成債券計息計畫的日期的函數
def coupon_schedule(start_date,yearlenth,fre):
    '''
    :param start_date: 債券起息日；
    :param yearlenth: 債券的發行年限；
    :param fre: 債券的付息頻率；
    :return: 返回債券的計息間隔計畫。
    '''
    schedule=[start_date]
    if fre == 0:  # 付息頻率為 0，通常為零息或貼現債
            schedule.append(start_date+relativedelta.relativedelta(months=12*yearlenth))
    elif fre == 4:  # 付息頻率為 4
```

```
            for i in range(3,int(yearlenth*3*4+1), 3):
                    schedule.append(start_date+relativedelta.relativedelta(months=i))
    elif fre == 2:   # 付息頻率為 2
            for i in range(6,int(yearlenth*6*2+1), 6):
                    schedule.append(start_date+relativedelta.relativedelta(months=i))
    else:   # 付息頻率為 1
            for i in range(12,int(yearlenth*12*1+1), 12):
                    schedule.append(start_date+relativedelta.relativedelta(months=i))
    return schedule
```

　　呼叫 coupon_schedule 函數，輸入起息日、發行年限、付息頻率參數，進行計算。

```
# 測試案例
schedule_test=coupon_schedule(start_date=date(2008,2,28),yearlenth=15,fre=2)
print(" 計息間隔計畫 :\n",schedule_test)
```

　　輸出結果：

```
計息間隔計划:
[datetime.date(2008, 2, 28), datetime.date(2008, 8, 28), datetime.date(2009, 2, 28),
 datetime.date(2009, 8, 28), datetime.date(2010, 2, 28), datetime.date(2010, 8, 28),
 datetime.date(2011, 2, 28), datetime.date(2011, 8, 28), datetime.date(2012, 2, 28),
 datetime.date(2012, 8, 28), datetime.date(2013, 2, 28), datetime.date(2013, 8, 28),
 datetime.date(2014, 2, 28), datetime.date(2014, 8, 28), datetime.date(2015, 2, 28),
 datetime.date(2015, 8, 28), datetime.date(2016, 2, 28), datetime.date(2016, 8, 28),
 datetime.date(2017, 2, 28), datetime.date(2017, 8, 28), datetime.date(2018, 2, 28),
 datetime.date(2018, 8, 28), datetime.date(2019, 2, 28), datetime.date(2019, 8, 28),
 datetime.date(2020, 2, 28), datetime.date(2020, 8, 28), datetime.date(2021, 2, 28),
 datetime.date(2021, 8, 28), datetime.date(2022, 2, 28), datetime.date(2022, 8, 28),
 datetime.date(2023, 2, 28)]
```

　　將上述計息間隔計畫整理整理成表 2-2。

▼ 表 2-2　08 國債 02 債券的計息與付息時間

| 計息計畫序列 | 計息計畫開始日 | 計息計畫結束日 | 付息日 | 計息天數 |
|:---:|:---:|:---:|:---:|:---:|
| 1 | 2008-2-28（起息日） | 2008-8-28 | 2008-8-28 | 182 |
| 2 | 2008-8-28 | 2009-2-28 | 2009-3-2 | 184 |
| 3 | 2009-2-28 | 2009-8-28 | 2009-8-28 | 181 |
| ⋮ | ⋮ | ⋮ | ⋮ | ⋮ |
| 29 | 2022-2-28 | 2022-8-28 | 2022-8-29 | 181 |
| 30 | 2022-8-28 | 2023-2-28 | 2023-2-28 | 184 |

【注】計息天數算頭不算尾。

　　需要注意的是，在不考慮節假日情況下，計息計畫結束日和付息日是一致的。而中國的債券大部分是在遇到節假日時將付息日順延至下一營業日。有了計息間隔計畫，就可以判斷起息日或上一計息計畫結束日（未進行節假日調整）至計算日之間的年化時間，後續百元面額應計利息可以採用一個通用的想法進行計算，即 $AI = yearfactor \times C \times \dfrac{m}{100}$。

# 2.1　中國債券常見計息基準

## 2.1.1　附息債券

　　附息債券，指債券券面上附有利率條款（即具有票息）的債券，包含固定、浮動利率債券和普通資產支持證券。

　　（1）實際 / 實際——付息頻率小於或等於 1 年（按平均值付息）。

$$yearfactor = \frac{t}{TS \times f} \qquad (2-1)$$

$$AI = yearfactor \times C \times \frac{m}{100} \qquad (2-2)$$

yearfactor：起息日或上一計息計畫結束日至計算日的年化時間。

$t$：起息日或上一計息計畫結束日至計算日的實際（或自然日）天數，含 2 月 29 日。

TS：計算日所處付息週期的自然日天數，含 2 月 29 日。

$f$：債券的付息頻率。

AI：按百元面額計價的債券在計算日的應計利息。

$C$：按百元面額計價的債券年利息。

$m$：按百元面額計價的債券在計算日剩餘本金值。

【注】針對付息頻率小於等於 1 年的情況，發行公告中很多未明確約定按照哪種方式付息，通常採用平均值付息的公式。

【實例 2-2】債券資訊同實例 2-1，計算該債券在 2020-5-20 的日間百元面額應計利息。

【分析解答】由債券資訊可以計算得到：

$$t = \text{days}(2020\text{-}5\text{-}20 - 2020\text{-}2\text{-}28) = 82$$
$$\text{TS} = \text{days}(2020\text{-}8\text{-}28 - 2020\text{-}2\text{-}28) = 182$$
$$C = 4.16;\ f = 2;\ m = 100$$
$$\text{AI} = \text{yearfactor} \times C \times \frac{m}{100} = \frac{82}{182 \times 2} \times 4.16 \times \frac{100}{100} = 0.93714$$

下面採用 Python 撰寫實際 / 實際（按平均值付息）基準應計利息的函數（ACT_ACT_AVE）。

```python
# 載入需要使用的函數庫
from coupon_schedule import *
# 計息基準為 ACT_ACT_AVE 的函數
def ACT_ACT_AVE(cal_date,start_date,yearlenth,fre, coupon,m):
        '''
    :param cal_date: 計算日期；
```

```
:param start_date: 債券的起息日；
:param yearlenth: 債券的發行年限；
:param fre: 債券的付息頻率；
:param coupon: 債券的百元票面利息；
:param m: 債券的百元剩餘本金；
:return: 返回債券應計利息的計算結果。
'''
# 尋找計算日在哪兩個付息日之間
schedule=coupon_schedule(start_date=start_date,yearlenth=yearlenth,fre=fre)
for i in range(1, len(schedule)):
    if schedule[i] >= cal_date: break
#實際 / 實際——付息頻率小於等於 1 年（按平均值付息）
yearfactor = (cal_date - schedule[i-1]) / ((schedule[i] - schedule[i-1]) * fre)
AI = yearfactor * coupon * m / 100
return AI
```

呼叫 ACT_ACT_AVE 函數，輸入計算日、起息日、發行年限、付息頻率、百元票面利息（通常為票面利率乘以 100）和當前百元剩餘本金進行計算。

```
# 測試案例
ACC1=ACT_ACT_AVE(cal_date=date(2020,5,20),start_date=date(2008,2,28),
        yearlenth=15,fre=2,coupon=4.16,m=100)
print(" 應計利息 :",round(ACC1,5))
```

輸出結果：

```
应计利息: 0.93714
```

【注】為方便查看，這裡應計利息精度統一保留 5 位小數。

（2）實際 / 實際——付息頻率小於 1 年（按實際天數付息）。

$$yearfactor = \frac{t}{TY} \tag{2-3}$$

$$AI = yearfactor \times C \times \frac{m}{100} \tag{2-4}$$

yearfactor：起息日或上一計息計畫結束日至計算日的年化時間。

$t$：起息日或上一計息計畫結束日至計算日的自然日天數，含 2 月 29 日。

TY：計算日所處付息週期所在計息年度的自然日天數（從起息日起計算的計算日所屬的整年度，即債券本身的完整計息年度），含 2 月 29 日。

AI：按百元面額計價的債券在計算日的應計利息。

$C$：按百元面額計價的債券年利息。

$m$：按百元面額計價的債券在計算日剩餘本金值。

【注】計息年度是從起息日起，每加 1 年（即下一年的同月同日）算一個完整的計息年度。如果該完整年度中包含 2 月 29 日，無論幾次付息，該計息年度分母均按 366 天計算；若不包含 2 月 29 日，採用 365 天計算。

【實例 2-3】債券資訊同實例 2-1，計算該債券在 2020-5-20 的日間百元面額應計利息，對比實際／實際中按平均值和實際天數的計算是否存在差異。

【分析解答】依據債券資訊可以計算得到：

$$t = \text{days}(2020\text{-}5\text{-}20 - 2020\text{-}2\text{-}28) = 82$$
$$\text{TY} = \text{days}(2021\text{-}2\text{-}28 - 2020\text{-}2\text{-}28) = 366$$
$$C = 4.16;\ f = 2;\ m = 100$$
$$\text{AI} = \text{yearfactor} \times C \times \frac{m}{100} = \frac{82}{366} \times 4.16 \times \frac{100}{100} = 0.93202$$

下面採用 Python 撰寫實際／實際（按實際天數）基準應計利息的函數（ACT_ACT_ACT）。

```
# 載入需要使用的函數庫
from coupon_schedule import *
from dateutil import relativedelta
# 計息基準為 ACT_ACT_ACT 的函數
def ACT_ACT_ACT(cal_date,start_date,yearlenth,fre, coupon,m):
    '''
    :param cal_date: 計算日期；
```

```
:param start_date: 債券的起息日；
:param yearlenth: 債券的發行年限；
:param fre: 債券的付息頻率；
:param coupon: 債券的百元票面利息；
:param m: 債券的百元剩餘本金；
:return: 返回債券應計利息的計算結果。
'''
# 尋找計算日在哪兩個付息日之間
schedule=coupon_schedule(start_date=start_date,yearlenth=yearlenth,fre=fre)
for i in range(1, len(schedule)):
    if schedule[i] >= cal_date: break
# 實際／實際——付息頻率小於等於 1 年（按實際天數付息），包含利隨本清債券
schedule_spe = [schedule[0]]
if yearlenth < 1:
    yearlenth = 1
for j in range(12, int(yearlenth * 12 * 1 + 1), 12):
    schedule_spe.append(schedule[0] + relativedelta.relativedelta(months=j))
for k in range(1, len(schedule_spe)):
    if schedule_spe[k] >= cal_date: break
TY = schedule_spe[k] - schedule_spe[k - 1]
yearfactor = (cal_date - schedule[i - 1]) / TY
AI = yearfactor * coupon * m / 100
return AI
```

　　呼叫 ACT_ACT_ACT 函數，輸入計算日、起息日、發行年限、付息頻率、百元票面利息（通常為票面利率乘以 100）和當前百元剩餘本金進行計算。

```
# 測試案例
ACC2=ACT_ACT_ACT(cal_date=date(2020,5,20),start_date=date(2008,2,28),
                yearlenth=15,fre=2,coupon=4.16,m=100)
print(" 應計利息:",round(ACC2,5))
```

　　輸出結果：

```
应计利息: 0.93202
```

　　可以發現，計息基準不同時，即使債券其他要素及計算日期均相同，計算的結果也有所不同。

## 2.1.2 利隨本清債券

利隨本清債券指的是到期一次償還本金和所有利息（即中途不付息）的債券。

$$\text{yearfactor} = \frac{t}{TS} \tag{2-5}$$

$$AI = (\text{yearfactor} + K) \times C \times \frac{m}{100} \tag{2-6}$$

yearfactor：起息日或上一計息計畫結束日至計算日的年化時間。

$t$：起息日或上一理論付息日（從起息日起，一年為一個理論付息期）至計算日的自然日天數，含 2 月 29 日。

TS：計算日所處付息週期的自然日天數，含 2 月 29 日。

AI：按百元面額計價的債券在計算日的應計利息。

$C$：按百元面額計價的債券年利息。

$m$：按百元面額計價的債券在計算日剩餘本金值。

$K$：債券起息日至計算日的整年數。

【實例 2-4】20 新濱江 PPN002 債券的基本資訊如表 2-3 所示，計算該債券在 2022-4-28 的日間百元面額應計利息。

▼ 表 2-3  20 新濱江 PPN002 債券的基本資訊

| 債券簡稱 | 20 新濱江 PPN002 | 債券程式 | 032001025 |
|---|---|---|---|
| 債券類型 | 非金公司信用債 - 定向工具（PPN） | 發行人 | 河南東龍控股集團有限公司 |
| 債券起息日 | 2020-12-4 | 債券到期日 | 2023-12-4 |
| 付息頻率 | — | 發行期限 | 3 年 |

（續表）

| 息票類型 | 到期一次性還本付息 | 面額 | 100 元 |
|---|---|---|---|
| 計息基準 | — | 票面利率(%) | 6.5 |

資料來源：中國貨幣網

【分析解答】依據債券資訊可以計算得到：

$$t = \text{days}(2022\text{-}4\text{-}28 - 2021\text{-}12\text{-}4) = 145$$
$$\text{TS} = \text{days}(2022\text{-}12\text{-}4 - 2021\text{-}12\text{-}4) = 365$$
$$K = 1;\ C = 6.5;\ m = 100$$
$$\text{AI} = (\text{yearfactor} + K) \times C \times \frac{m}{100} = \left(\frac{145}{365} + 1\right) \times 6.5 \times \frac{100}{100} = 9.08219$$

呼叫 coupon_schedule 函數並輸入相關參數，生成計息計畫日期；呼叫 ACT_ACT_ACT 函數並輸入相關參數，計算債券的應計利息：

```
# 載入需要使用的函數庫
from coupon_schedule import *
from ACT_ACT_ACT import *
from dateutil import relativedelta
# 測試案例
ACT_sch=coupon_schedule(start_date=date(2020,12,4),yearlenth=3,fre=0)
print(" 計息間隔計畫 :",ACT_sch)
ACC3=ACT_ACT_ACT(cal_date=date(2022,4,28),start_date=date(2020,12,4),
                 yearlenth=3,fre=0,coupon=6.5,m=100)
print(" 應計利息 :",round(ACC3,5))
```

輸出結果：

```
计息间隔计划: [datetime.date(2020, 12, 4), datetime.date(2023, 12, 4)]
应计利息: 9.08219
```

## 2.1.3 貼現、零息債券

貼現、零息債券均以低於面額的價格發行，到期時再按面額償還本金。因此，貼現、零息債券的利息實際上隱含在發行時的價格和面額的差價中。具體的計算方法如下：

$$\text{yearfactor} = \frac{t}{T} \tag{2-7}$$

$$\text{AI} = \text{yearfactor} \times (M - P_d) \tag{2-8}$$

yearfactor：起息日至計算日的年化時間。

$t$：起息日至計算日的自然日天數，含 2 月 29 日。

$T$：起息日至到期兌付日的自然日天數，含 2 月 29 日。

AI：按百元面額計價的債券在計算日的應計利息。

$M$：每百元面額到期兌付額。

$P_d$：債券發行價。

【實例 2-5】表 2-4 舉出了 22 青島農商行 CD039 債券的基本資訊，計算該債券在 2022-4-28 的日間百元面額應計利息。

▼ 表 2-4　22 青島農商行 CD039 債券的基本資訊

| 債券簡稱 | 22 青島農商行 CD039 | 債券程式 | 112294847 |
|---|---|---|---|
| 債券類型 | 同業存單 - 其他同業存單 | 發行人 | 青島農村商業銀行股份有限公司 |
| 債券起息日 | 2022-3-14 | 債券到期日 | 2023-3-14 |
| 付息頻率 | — | 發行期限 | 1 年 |
| 息票類型 | 零息 | 面額 | 100 元 |
| 計息基準 | — | 發行價格 | 97.3710 元 |

資料來源：中國貨幣網

【分析解答】依據債券資訊可以計算得到：

$$t = \text{days}(2022\text{-}4\text{-}28 - 2022\text{-}3\text{-}14) = 45$$
$$T = \text{days}(2023\text{-}3\text{-}14 - 2022\text{-}3\text{-}14) = 365$$
$$M = 100; P_d = 97.3710$$
$$\text{AI} = \text{yearfactor} \times (M - P_d) = \frac{45}{365} \times (100 - 97.3710) = 0.32412$$

下面採用 Python 撰寫計算貼現、零息債券應計利息的函數（ACT_ACT_ZERO）。

```python
# 載入需要使用的函數庫
from coupon_schedule import *
# 計息基準為 ACT_ACT_ZERO 的函數
def ACT_ACT_ZERO(cal_date,start_date,yearlenth,fre, issue_price):
    '''
    :param cal_date: 計算日期；
    :param start_date: 債券的起息日；
    :param yearlenth: 債券的發行年限；
    :param fre: 債券的付息頻率；
    :param issue_price: 債券的發行價格；
    :return: 返回債券應計利息計算結果。
    '''
    # 尋找計算日在哪兩個付息日之間
    schedule=coupon_schedule(start_date=start_date,yearlenth=yearlenth,fre=fre)
    for i in range(1, len(schedule)):
        if schedule[i] >= cal_date: break
    # 零息債券利息的計算
    yearfactor = (cal_date - schedule[0]) / (schedule[i] - schedule[i - 1])
    AI = yearfactor * (100 - issue_price)
    return AI
```

呼叫 coupon_schedule 函數輸入相關參數，生成計息計畫日期；呼叫 ACT_ACT_ZERO 函數並輸入相關參數，計算債券的應計利息。

```python
# 測試案例
zero_sch=coupon_schedule(start_date=date(2022,3,14),yearlenth=1,fre=0)
print(" 計息間隔計畫 :",zero_sch)
ACC4=ACT_ACT_ZERO(cal_date=date(2022,4,28),start_date=date(2022,3,14),
                  yearlenth=1,fre=0,issue_price=97.3710)
print(" 應計利息 :",ACC4)
```

輸出結果：

```
计息间隔计划: [datetime.date(2022, 3, 14), datetime.date(2023, 3, 14)]
应计利息: 0.32412
```

## 2.2 其他計息基準

### 2.2.1 實際 /360

$$yearfactor = \frac{t}{360} \qquad (2-9)$$

$$AI = yearfactor \times C \times \frac{m}{100} \qquad (2-10)$$

yearfactor：起息日或上一計息計畫結束日至計算日的年化時間。

$t$：起息日或上一計息計畫結束日至計算日的自然日天數，含 2 月 29 日。

AI：按百元面額計價的債券在計算日的應計利息。

$C$：按百元面額計價的債券年利息。

$m$：按百元面額計價的債券在計算日剩餘本金值。

【實例 2-6】表 2-5 舉出了 22 建設銀行 CD051 債券的相關資訊，計算該債券在 2022-4-28 的日間百元面額應計利息。

▼ 表 2-5  22 建設銀行 CD051 債券的基本資訊

| 債券簡稱 | 22 建設銀行 CD051 | 債券程式 | 112205051 |
|---|---|---|---|
| 債券類型 | 同業存單 | 發行人 | 中國建設銀行股份有限公司 |
| 債券起息日 | 2022-4-14 | 債券到期日 | 2023-4-14 |
| 付息頻率 | 1 年 4 次 | 發行期限 | 1 年 |
| 息票類型 | 附息式浮動利率 | 面額 | 100 元 |
| 基準利率名稱 | Shibor3M | 當前基準利率（%） | 2.3470 |
| 計息基準 | 實際 /360 | 基準利差(%) | 0.06 |
| 基準利率精度 | 4 位 | 當前票面利率（%） | 2.4070 |

資料來源：中國貨幣網

【分析解答】依據債券資訊可以計算得到：

$$t = \text{days}(2022\text{-}4\text{-}28 - 2022\text{-}4\text{-}14) = 14$$
$$C = 2.3470 + 0.06 = 2.4070$$
$$m = 100$$
$$\text{AI} = \text{yearfactor} \times C \times \frac{m}{100} = \frac{14}{360} \times 2.4070 \times \frac{100}{100} = 0.09361$$

下面採用 Python 撰寫計算實際 /360 基準應計利息的函數（ACT_360）。

```python
# 載入需要使用的函數庫
from coupon_schedule import *
import datetime
# 計息基準為 ACT_360 的函數
def ACT_360(cal_date,start_date,yearlenth,fre, coupon,m):
    '''
    :param cal_date: 計算日期；
    :param start_date: 債券的起息日；
    :param yearlenth: 債券的發行年限；
    :param fre: 債券的付息頻率；
    :param coupon: 債券的百元票面利息；
    :param m: 債券的百元剩餘本金；
    :return: 返回債券應計利息的計算結果。
    '''
    # 尋找計算日在哪兩個付息日之間
    schedule=coupon_schedule(start_date=start_date, yearlenth=yearlenth, fre=fre)
    for i in range(1, len(schedule)):
        if schedule[i] >= cal_date: break
    # 實際 /360
    yearfactor = (cal_date - schedule[i - 1]) / datetime.timedelta(days=360)
    AI = yearfactor * coupon * m / 100
    return AI
```

呼叫 coupon_schedule 函數輸入參數生成付息計畫日期，呼叫 ACT_360 函數輸入參數計算應計利息。

```python
# 測試案例
ACT_360_sch= coupon_schedule(start_date=date(2022, 4, 14), yearlenth=1, fre=4)
print(" 計息間隔計畫： \n ",ACT_360_sch)
```

```
ACC5=ACT_360(cal_date=date(2022,4,28),start_date=date(2022, 4, 14),
              yearlenth=1,fre=4,coupon=2.347+0.06,m=100)
print(" 應計利息 :",round(ACC5,5))
```

輸出結果：

```
计息间隔计划:
 [datetime.date(2022, 4, 14), datetime.date(2022, 7, 14),
  datetime.date(2022, 10, 14), datetime.date(2023, 1, 14),
  datetime.date(2023, 4, 14)]
应计利息: 0.09361
```

## 2.2.2 30/360

$$\text{yearfactor} = \frac{360 \times (YY_2 - YY_1) + 30 \times (MM_2 - MM_1) + (DD_{M2} - DD_{M1})}{360} \qquad (2-11)$$

$$AI = \text{yearfactor} \times C \times \frac{m}{100} \qquad (2-12)$$

yearfactor：分子取決於起息日或上一計息計畫結束日和計算日之間的年數、月數和一個月內的自然日天數，分母始終是 360。

$DD_{Mi}$：起息日或上一計息計畫結束日或計算日所在月份的計息期天數；原則上每個月按 30 天計算，如果計息期第一天（$DD_{Mi}$）不是 30 日或 31 日，但最後一天為 31 日，計息期最後一天（$DD_{M2}$）所在月份應為 31 天；如果計息期最後一天是 2 月的最後一天，則 2 月計息天數應為當月的實際自然日天數。

$MM_i$：起息日或上一計息計畫結束日或計算日所在的月份。

$YY_i$：起息日或上一計息計畫結束日或計算日所在的年份。

AI：按百元面額計價的債券在計算日的應計利息。

C：按百元面額計價的債券年利息。

m：按百元面額計價的債券在計算日剩餘本金值。

【**實例 2-7**】表 2-6 是 21 福特汽車 04 債券的基本資訊，計算該債券在 2022-3-31 的日間百元面額應計利息。

▼ 表 2-6　21 福特汽車 04 債券的基本資訊

| 債券簡稱 | 21 福特汽車 04 | 債券程式 | 2122053 |
|---|---|---|---|
| 債券類型 | 非銀行金融債 - 其他金融機構債 | 發行人 | 福特汽車金融（中國）有限公司 |
| 債券起息日 | 2021-9-8 | 債券到期日 | 2024-9-8 |
| 付息頻率 | 1 年 1 次 | 發行期限 | 3 年 |
| 息票類型 | 附息式固定利率 | 面額 | 100 元 |
| 計息基準 | 30/360 | 票面利率(%) | 3.32 |

資料來源：中國貨幣網

【分析解答】依據債券資訊可以計算得到：

$$YY_1 = 2021, YY_2 = 2022$$
$$MM_1 = 9, MM_2 = 3;$$
$$DD_{M1} = 8, DD_{M2} = 31;$$
$$C = 3.32; \ m = 100$$

$$AI = \frac{360 \times (YY_2 - YY_1) + 30 \times (MM_2 - MM_1) + (DD_{M2} - DD_{M1})}{360} \times C \times \frac{m}{100}$$

$$= \frac{360 \times (2022 - 2021) + 30 \times (3 - 9) + (31 - 8)}{360} \times 3.32 \times \frac{100}{100}$$

$$= 1.87211$$

下面採用 Python 撰寫計算 30/360 基準應計利息的函數（ACT_30_360）。

```
# 載入需要使用的函數庫
from coupon_schedule import *
import calendar
# 計息基準為 ACT_30_360 的函數
def ACT_30_360(cal_date,start_date,yearlenth,fre, coupon,m):
    '''

    :param cal_date: 計算日期；
    :param start_date: 債券的起息日；
```

```
:param yearlenth: 債券的發行年限；
:param fre: 債券的付息頻率；
:param coupon: 債券的百元票面利息；
:param m: 債券的百元剩餘本金；
:return: 返回債券應計利息的計算結果。
'''
# 尋找計算日在哪兩個付息日之間
schedule=coupon_schedule(start_date=start_date,yearlenth=yearlenth,fre=fre)
for i in range(1, len(schedule)):
    if schedule[i] >= cal_date: break
# 判斷是否將月末調整為 30 日
days_1=schedule[i - 1].day
if schedule[i - 1].day>30 :
    days_1 = 30
elif (schedule[i - 1].month == 2 and schedule[i - 1].day == 29) :
    days_1 = 30
elif ~calendar.isleap(schedule[i - 1].year) and schedule[i - 1].month == 2 and
schedule[i - 1].day == 28 :
    days_1 = 30
else :
    pass
days_2=cal_date.day
if schedule[i - 1].day==30 and cal_date.day > 30:
    days_2 = 30
#elif cal_date.month == 2 and schedule[i - 1].day == 29:
#    days_2 = 30
#elif ~calendar.isleap(cal_date.year) and cal_date.month == 2 and cal_date.day == 28:
#    days_2 = 30
else :
    pass
yearfactor=(360*(cal_date.year-schedule[i - 1].year)+
30*(cal_date.month-schedule[i - 1].month)+(days_2-days_1))/360
AI=yearfactor*coupon*m/100
return AI
```

呼叫 coupon_schedule 函數輸入對應參數生成計息計畫日期，呼叫 ACT
_30_360 函數輸入對應參數計算應計利息。

```
# 測試案例
ACT_30_360_sch=coupon_schedule(start_date=date(2021,9,8),yearlenth=3,fre=1)
print(" 計息間隔計畫 :\n",ACT_30_360_sch)
ACC6=ACT_30_360(cal_date=date(2022,3,31),start_date=date(2021,9,8),
                yearlenth=2,fre=1,coupon=3.32,m=100)
print(" 應計利息 :",round(ACC6,5))
```

輸出結果：

```
計息間隔計划:
 [datetime.date(2021, 9, 8), datetime.date(2022, 9, 8),
  datetime.date(2023, 9, 8), datetime.date(2024, 9, 8)]
应计利息: 1.87211
```

## 2.2.3 實際 /365F

$$\text{yearfactor} = \frac{t}{365} \tag{2-13}$$

$$\text{AI} = \text{yearfactor} \times C \times \frac{m}{100} \tag{2-14}$$

yearfactor：起息日或上一計息計畫結束日至計算日的年化時間。

$t$：起息日或上一計息計畫結束日至計算日的自然日天數（若包含 2 月 29 日，剔除該日）。

AI：按百元面額計價的債券在計算日的應計利息。

$C$：按百元面額計價的債券年利息。

$m$：按百元面額計價的債券在計算日剩餘本金值。

【實例 2-8】19 杭州銀行債的基本資訊如表 2-7 所示，計算該債券在 2020-5-18 的日間百元面額應計利息。

▼ 表 2-7　19 杭州銀行債的基本資訊

| 債券簡稱 | 19 杭州銀行債 | 債券程式 | 1920045 |
|---|---|---|---|
| 債券類型 | 商業銀行債 | 發行人 | 杭州銀行股份有限公司 |
| 債券起息日 | 2019-7-15 | 債券到期日 | 2022-7-15 |
| 付息頻率 | 1 年 1 次 | 發行期限 | 3 年 |
| 息票類型 | 附息式固定利率 | 面額 | 100 元 |
| 計息基準 | 實際 /365F | 票面利率(%) | 3.6 |

資料來源：中國貨幣網

【分析解答】依據債券資訊可以計算得到：

$$t = \text{days}(2020\text{-}5\text{-}18 - 2019\text{-}7\text{-}15) - 1 = 307$$

$$C = 3.6;\ m = 100$$

$$\text{AI} = \text{yearfactor} \times C \times \frac{m}{100} = \frac{307}{365} \times 3.6 \times \frac{100}{100} = 3.02795$$

下面採用 Python 撰寫計算實際 /365F 基準應計利息的函數（ACT_365F）。

```python
# 載入需要使用的函數庫
from coupon_schedule import *
import datetime
import calendar
# 計息基準為 ACT_365F 的函數
def ACT_365F(cal_date,start_date,yearlenth,fre, coupon,m):
    '''
    :param cal_date: 計算日期；
    :param start_date: 債券的起息日；
    :param yearlenth: 債券的發行年限；
    :param fre: 債券的付息頻率；
    :param coupon: 債券的百元票面利息；
    :param m: 債券的百元剩餘本金；
    :return: 返回債券應計利息的計算結果。
    '''
    # 尋找計算日在哪兩個付息日之間
    schedule=coupon_schedule(start_date=start_date,yearlenth=yearlenth,fre=fre)
    for i in range(1, len(schedule)):
```

```
        if schedule[i] >= cal_date: break
# 實際 /365F
if calendar.isleap(cal_date.year) and (schedule[i - 1]<=date(cal_date.year,2,29)<cal_date) :
        yearfactor = (cal_date - schedule[i - 1]-datetime.timedelta(days=1)) /
                          datetime.timedelta(days=365)
else:
        yearfactor = (cal_date - schedule[i - 1] ) / datetime.timedelta(days=365)
AI = yearfactor * coupon * m / 100
return AI
```

呼叫 coupon_schedule 函數輸入參數生成計息計畫日期,呼叫 ACT_365F 函數輸入參數計算應計利息。

```
# 測試案例
ACT_365F_sch=coupon_schedule(start_date=date(2019,7,15),yearlength=3,fre=1)
print(" 計息間隔計畫 :",ACT_365F_sch)
ACC7=ACT_365F(cal_date=date(2020,5,18),start_date=date(2019,7,15),
             yearlenth=3,fre=1,coupon=3.6,m=100)
print(" 應計利息 :",round(ACC7,5))
```

輸出結果:

```
计息间隔计划:
 [datetime.date(2019, 7, 15), datetime.date(2020, 7, 15),
  datetime.date(2021, 7, 15), datetime.date(2022, 7, 15)]
应计利息: 3.02795
```

## 2.2.4 實際 /365

$$yearfactor = \frac{t}{365} \qquad (2-15)$$

$$AI = yearfactor \times C \times \frac{m}{100} \qquad (2-16)$$

yearfactor:起息日或上一計息計畫結束日至計算日的年化時間。

$t$:起息日或上一計息計畫結束日至計算日的自然日天數,含 2 月 29 日。

AI:按百元面額計價的債券在計算日的應計利息。

$C$：按百元面額計價的債券年利息。

$m$：按百元面額計價的債券在計算日剩餘本金值。

【實例 2-9】債券資訊同實例 2-8，將計息基準變更為實際 /365，計算該債券在 2020-5-18 的日間百元面額應計利息。

【分析解答】依據債券資訊可以計算得到：

$$t = \text{days}(2020\text{-}5\text{-}18 - 2019\text{-}7\text{-}15) = 308$$
$$C = 3.6; \ m = 100$$
$$\text{AI} = \text{yearfactor} \times C \times \frac{m}{100} = \frac{308}{365} \times 3.6 \times \frac{100}{100} = 3.03781$$

下面採用 Python 撰寫計算實際 /365 基準應計利息的函數（ACT_365）。

```python
# 載入需要使用的函數庫
from coupon_schedule import *
import datetime
# 計息基準為 ACT_365 的函數
def ACT_365(cal_date,start_date,yearlenth,fre, coupon,m):
    '''
    :param cal_date: 計算日期；
    :param start_date: 債券的起息日；
    :param yearlenth: 債券的發行年限；
    :param fre: 債券的付息頻率；
    :param coupon: 債券的百元票面利息；
    :param m: 債券的百元剩餘本金；
    :return: 返回債券應計利息計算結果。
    '''
    # 尋找計算日在哪兩個付息日之間
    schedule=coupon_schedule(start_date=start_date,yearlenth=yearlenth,fre=fre)
    for i in range(1, len(schedule)):
        if schedule[i] >= cal_date: break
    # 實際 /365
    yearfactor = (cal_date - schedule[i - 1] ) / datetime.timedelta(days=365)
    AI = yearfactor * coupon * m / 100
    return AI
```

呼叫 coupon_schedule 函數輸入參數生成計息計畫日期，呼叫 ACT_365 函數輸入參數計算應計利息。

```
# 測試案例
ACT_365_sch=coupon_schedule(start_date=date(2019,7,15),yearlenth=3,fre=1)
print(" 債券付息間隔計畫 \n:",ACT_365_sch)
ACC8=ACT_365(cal_date=date(2020,5,18),start_date=date(2019,7,15),
             yearlenth=3,fre=1,coupon=3.6,m=100)
print(" 應計利息 :",round(ACC8,5))
```

輸出結果：

```
计息间隔计划:
 [datetime.date(2019, 7, 15), datetime.date(2020, 7, 15),
  datetime.date(2021, 7, 15), datetime.date(2022, 7, 15)]
应计利息: 3.03781
```

## 2.2.5 實際 / 實際（ISDA）

根據國際掉期與衍生工具協會（International Swaps and Derivatives Association，ISDA）制定的實際 / 實際計息基準，在公式（2-17）中，分子是起息日和計算日之間的自然日天數，分母取決於起息日或上一計息計畫結束日和計算日是否在同一自然年度。如果起息日或上一計息計畫結束日和計算日不在一年內，則：

$$\text{yearfactor} = \frac{n_1}{B_1} + \frac{n_2}{B_2} + (YY_2 - YY_1 - 1) \qquad (2-17)$$

$$AI = \text{yearfactor} \times C \times \frac{m}{100} \qquad (2-18)$$

yearfactor：起息日或上一計息計畫結束日至計算日的年化時間。

$n_1$：起息日或上一計息計畫結束日所在年內的計息期天數。

$n_2$：計算日所在年內的計息期天數。

$B_1$：起息日或上一計息計畫結束日所在年的自然日天數，根據該年是否為閏年，取 366 或 365。

$B_2$：計算日所在年的自然日天數，根據該年是否為閏年，取 366 或 365。

$YY_1$：起息日或上一計息計畫結束日所在的年份。

$YY_2$：計算日所在的年份。

AI：按百元面額計價的債券在計算日的應計利息。

$C$：按百元面額計價的債券年利息。

$m$：按百元面額計價的債券在計算日剩餘本金值。

【實例 2-10】債券資訊同實例 2-8，將計息基準變更為實際 / 實際（ISDA），計算該債券在 2020-5-18 的日間百元面額應計利息。

【分析解答】依據債券資訊可以計算得到：

$$n_1 = \text{days}(2020\text{-}1\text{-}1 - 2019\text{-}7\text{-}15) = 170;\ B_1 = 365$$

$$n_2 = \text{days}(2020\text{-}5\text{-}18 - 2020\text{-}1\text{-}1) = 138;\ B_2 = 366$$

$$YY_1 = 2019, YY_2 = 2020;$$

$$C = 3.6;\ m = 100$$

$$\text{AI} = \text{yearfactor} \times C \times \frac{m}{100} = \left[\frac{170}{365} + \frac{138}{366} + (2020 - 2019 - 1)\right] \times 3.6 \times \frac{100}{100}$$

$$= 3.034\,09$$

下面採用 Python 撰寫計算實際 / 實際（ISDA）基準應計利息的函數（ACT_ACT_ISDA）。

```
# 載入需要使用的函數庫
from coupon_schedule import *
import datetime
import calendar
# 計息基準為 ACT_ACT_ISDA 的函數
def ACT_ACT_ISDA(cal_date,start_date,yearlenth,fre, coupon,m):
    ...
```

```
    :param cal_date: 計算日期；
    :param start_date: 債券的起息日；
    :param yearlenth: 債券的發行年限；
    :param fre: 債券的付息頻率；
    :param coupon: 債券的百元票面利息；
    :param m: 債券的百元剩餘本金；
    :return: 返回債券應計利息計算結果。
    '''
    # 尋找計算日在哪兩個付息日之間
    schedule=coupon_schedule(start_date=start_date,yearlenth=yearlenth,fre=fre)
    for i in range(1, len(schedule)):
        if schedule[i] >= cal_date: break
    # 實際 / 實際（ISDA）
    if calendar.isleap(schedule[i - 1].year):
            B1=datetime.timedelta(days=366)
    else:
            B1=datetime.timedelta(days=365)
    n1 = date(schedule[i - 1].year, 12, 31) - schedule[i - 1]+datetime.
timedelta(days=1)
    if calendar.isleap(cal_date.year):
            B2 = datetime.timedelta(days=366)
    else:
            B2 = datetime.timedelta(days=365)
    n2 = cal_date - date(cal_date.year, 1, 1)
    yearfactor = n1/B1+n2/B2 + (cal_date.year-schedule[i - 1].year-1)
    AI = yearfactor * coupon * m / 100
    return AI
```

　　呼叫 coupon_schedule 函數輸入參數生成計息計畫日期，呼叫 ACT_ACT_ ISDA 函數輸入參數計算應計利息。

```
# 測試案例
ACT_ACT_ISDA_sch=coupon_schedule(start_date=date(2019,7,15),yearlenth=3,fre=1)
print(" 債券付息間隔計畫 :",ACT_ACT_ISDA_sch)
ACC9=ACT_ACT_ISDA(cal_date=date(2020,5,18),start_date=date(2019,7,15),
                  yearlenth=3,fre=1,coupon=3.6,m=100)
print(" 應計利息 :",ACC9)
```

輸出結果：

```
計息間隔計劃：
 [datetime.date(2019, 7, 15), datetime.date(2020, 7, 15),
  datetime.date(2021, 7, 15), datetime.date(2022, 7, 15)]
应计利息: 3.03409
```

為後續呼叫函數方便，這裡將以上撰寫的相關利息計算方式整理成一個檔案，該檔案命名為 ACT_SUM.py。

```
from ACT_ACT_AVE import *
from ACT_ACT_ACT import *
from ACT_ACT_ZERO import *
from ACT_360 import *
from ACT_30_360 import *
from ACT_365F import *
from ACT_365 import *
from ACT_ACT_ISDA import *
```

## 2.3 本章小結

本章主要介紹了在債券交易中常見的計息基準及具體計算應計利息的方式（年化時間 × 百元面額年化利息 × 當前百元面額剩餘本金比例）。首先依據中國的債券分類，介紹附息債券、利隨本清債券以及貼現、零息債券的應計利息的計算，接著拓展了常見的其他計息基準的計算方式（如實際 /360、30/360 等），最後將這些計息基準的計算方式採用 Python 撰寫並整理到了 ACT_SUM.py 檔案，以便後續計算時呼叫。

MEMO

# ③ 債券的淨價、全價與到期收益率的計算

## 3.1 淨價與全價

債券現值（Present Value, PV）的表示方法有淨價和全價之分。由於債券的利息是定期（比如每年、每半年等）支付的，因此非利息支付日，債券都應當含有上一計息計畫結束日至當前計算日期的部分應計而未付的利息（即第 2 章介紹的應計利息），包含這種利息的價格就是全價。淨價是扣除應計利息後的價格。

　　從 2001 年 7 月 4 日開始，銀行間債券市場債券買賣實行淨價交易，全價結算。所謂的淨價交易是指在現券交易時，以不含應計利息的價格（淨價）報價並成交的交易方式。在淨價交易方式下，由於債券交易價格不含有應計利息，其價格形成及變動能夠更加準確地表現債券的內在價值、供求關係和市場利率的變動趨勢。此外，由於國債的利息收入一般都享有免稅待遇，因此淨價交易也有利於國債交易的稅務處理。而全價結算指以包含應計利息的成交價格進行結算。

　　全價、淨價和應計利息三者關係是全價等於淨價與應計利息之和。

$$\text{Dirty}_{\text{price}} = \text{Clean}_{\text{price}} + \text{AI} \qquad\qquad (3-1)$$

$\text{Dirty}_{\text{price}}$：債券的全價。

$\text{Clean}_{\text{price}}$：債券的淨價。

$\text{AI}$：債券的應計利息。

　　【**實例 3-1**】已知 21 附息國債 17 在 2022-4-8 的日間百元面額全價為102.191 8 元，應計利息為 1.125 7 元，計算該債券的淨價。

　　【分析解答】

$$\text{Clean}_{\text{price}} = \text{Dirty}_{\text{price}} - \text{AI} = 102.1918 - 1.1257 = 101.0661 \ （元）$$

## 3.2 到期收益率的計算

　　我們常見的收益率（或利率）計算是用投資收益直接除以期初投入金額，這種收益率通常忽略了貨幣的時間價值。而到期收益率（或最終收益率）考慮了收益再投資的影響（如中途獲得利息的再投資），即投資者以全價購買債券，一直持有至債券到期所獲得的年平均收益率。中國銀行間債券市場到期收益率的計算公式是由《中國人民銀行關於完善全國銀行間債券市場債券到期收益率計算標準有關事項的通知》（銀發〔2007〕200 號）確定的。由於部分公式已經無法滿足現實市場新的需求，如不同的計息基準、提前還本以及浮動利率債券等，筆者將部分公式進行了拓展，將其一般化。

## 3.2.1 單利計算的類型

單利計算到期收益率主要針對剩餘期限較短的債券，包含在最後付息週期的固定和浮動利率債券、到期期限在 1 年以內的一次性還本付息（利隨本清）債券和零息債券。

$$PV = \frac{FV}{1 + \dfrac{y \times D}{TY}} \qquad\qquad (3-2)$$

$PV$：債券全價。

$FV$：到期兌付日債券本息和。固定利率債券 $FV = m + C / f$，到期一次還本付息債券 $FV = m + N \times C$，零息債券 $FV = m$。

$m$：按百元面額計價的債券在計算日剩餘本金值。

$N$：債券期限（年），即從起息日至到期兌付日的年數。

$C$：按百元面額計價的債券年利息。

$f$：債券的付息頻率。

$y$：到期收益率。

$D$：計算日至到期兌付日的自然日天數。

$TY$：當前計息年度的自然日天數，算頭不算尾。

【注 1】最後付息週期是指債券只剩下最後一次利息尚未支付的時期。

【注 2】計息年度是指從起息日起，每加 1 年（即下一年的該同月同日）算一個完整的計息年度，依次類推。

【注 3】對於計息基準不同的情況,FV 需根據計息基準調整。

【**實例 3-2**】02 國開 05 債券在 2022-4-7 的日間百元面額全價為 101.091 8 元,其他債券相關資訊如表 3-1 所示。計算該債券的到期收益率。

▼ 表 3-1  02 國開 05 債券的基本資訊

| 債券簡稱 | 02 國開 05 | 債券程式 | 020205 |
|---|---|---|---|
| 債券類型 | 政策性銀行債 | 發行人 | 國家開發銀行 |
| 債券起息日 | 2002-5-9 | 債券到期日 | 2022-5-9 |
| 付息頻率 | 1 年 2 次 | 發行期限 | 20 年 |
| 息票類型 | 附息式固定利率 | 面額 | 100 元 |
| 計息基準 | 實際 / 實際 | 票面利率(%) | 2.65 |

資料來源:中國貨幣網

【分析解答】02 國開 05 債券的剩餘期限付息計畫如表 3-2 所示。

▼ 表 3-2  02 國開 05 債券的剩餘期限付息計畫

| 開始日期 | 結束日期 | 剩餘期限付息次數 | 現金流（元） |
|---|---|---|---|
| 2021-11-9 | 2022-5-9 | 1 | 100+2.65/2 |

$$D = \text{days}(2022\text{-}5\text{-}9 - 2022\text{-}4\text{-}7) = 32$$

$$\text{PV} = \frac{100 + 2.65/2}{1 + \dfrac{y \times 32}{365}} = 101.0918 \ (元)$$

$$y = 2.63121\%$$

以上的計算方式中存在一些中間計算參數,如 $D$、TY 等。現在將其一般化,即知道債券的基本資訊參數(起息日、發行年限、付息頻率、票面利率、剩餘本金、全價等)和計算日期,便可計算該筆債券的到期收益率。

下面採用 Python 撰寫處於最後付息週期的附息債券的到期收益率計算函數(YTM_coupon_ bond)。

```
# 載入需要使用的函數庫
from ACT_SUM import *
from datetime import date
# 處於最後付息週期的附息債券的到期收益率計算函數
def YTM_coupon_bond(cal_date,start_date,yearlenth,fre, coupon,m,PV):
    '''
    :param cal_date: 計算日期；
    :param start_date: 債券的起息日；
    :param yearlenth: 債券的發行年限；
    :param fre: 債券的付息頻率；
    :param coupon: 債券的百元票面利息（票面利率乘以100）；
    :param m: 債券的百元剩餘本金；
    :param PV: 債券的全價；
    :return: 返回計算債券的到期收益率。
    '''
    schedule = coupon_schedule(start_date=start_date, yearlenth=yearlenth, fre=fre)
    if schedule[-2]<=cal_date<=schedule[-1]:
        Last_ACC=ACT_ACT_AVE(start_date=start_date,yearlenth=yearlenth,fre=fre,
                             cal_date=schedule[-1],coupon=coupon,m=m)
        FV=m+Last_ACC
    else:
        print("計算日不在最後一個付息週期！")
        pass
    # 計算 D 與 TY
    TY_sch = coupon_schedule(start_date=start_date, yearlenth=1, fre=1)
    TY = TY_sch[-1] - TY_sch[-2]   # 當前計息年度的實際自然日天數，算頭不算尾
    D = schedule[-1] - cal_date   # 債券結算日至到期兌付日的自然日天數；
    return (FV - PV) / PV / (D / TY)
```

呼叫 **YTM_coupon_bond** 函數並輸入參數計算到期收益率。

```
bond_YTM1=YTM_coupon_bond(cal_date=date(2022,4,7),start_date=date(2002, 5, 9),
                          yearlenth=20,fre=2,coupon=2.65,m=100,PV=101.0918)
print( '計算得到債券的到期收益率 (%)', np.round(bond_YTM1*100,6))
```

輸出結果：

```
計算得到債券的到期收益率(%)：  2.63121
```

如果將計算日期改為 2021-4-7，不處於最後付息週期。由於該函數未考慮計算日不處於最後付息週期的情況，因此程式會顯示出錯。

```
bond_YTM2=YTM_coupon_bond(cal_date=date(2021,4,7),start_date=date(2002, 5, 9),
                          yearlenth=20,fre=2,coupon=2.65,m=100,PV=101.0918)
print( '計算得到債券的到期收益率(%):' ,bond_YTM2)
```

輸出結果：

```
UnboundLocalError: local variable 'FV' referenced before assignment
计算日不在最后一个付息周期!
```

不處於最後付息週期的附息債券的計算函數會在實例 3-4 中介紹。

## 3.2.2 複利計算的類型

（1）剩餘期限在 1 年以上的利隨本清債券和零息債券，採用複利計算到期收益率。

$$PV = \frac{FV}{(1+y)^{\frac{d}{TY}+k}}$$
(3－3)

$PV$：債券全價。

$FV$：到期兌付日債券本息和。利隨本清債券 $FV = m + N \times C$，零息債券 $FV = m$。

$m$：按百元面額計價的債券在計算日剩餘本金值。

$N$：債券期限（年），即從起息日至到期兌付日的年數。

$C$：按百元面額計價的債券年利息。

$y$：到期收益率。

$d$：計算日至下一理論付息日的自然日天數。

$k$：下一理論付息日至到期兌付日的整年數。

TY：計算日當前計息年度的自然日天數，算頭不算尾。

【注】理論付息日暫不考慮節假日調整。

【**實例 3-3**】20 新濱江 PPN002 債券在 2022-4-28 的日間百元面額全價為 109.138 6 元，該債券的其他相關資訊同實例 2-4。計算該債券的到期收益率。

【分析解答】20 新濱江 PPN002 債券的剩餘期限付息計畫如表 3-3 所示。

▼ 表 3-3 20 新濱江 PPN002 債券的剩餘期限付息計畫

| 開始日期 | 結束日期 | 付息次數 | 現金流（元） |
|---|---|---|---|
| 2020-12-4 | 2023-12-4 | 1 | 100+6.5×3 |

$$d = \text{days}(2022\text{-}12\text{-}4 - 2022\text{-}4\text{-}28) = 220; k = 1$$

$$PV = \frac{100 + 6.5 \times 3}{(1+y)^{\frac{220}{365}+1}} = 109.1386 \text{ (元)}$$

$$y = 5.822099\%$$

這裡，利隨本清的到期收益率的計算，筆者同時考慮了 1 年以內單利計算與 1 年以上複利計算的情況，具體採用 Python 撰寫的函數（YTM_once_bond）如下。

```
# 載入需要使用的函數庫
from ACT_SUM import *
import datetime
from datetime import date
# 計算利隨本清債券的到期收益率的函數
def YTM_once_bond(cal_date,start_date,yearlenth,fre,coupon,m,PV):
    '''
    :param cal_date: 計算日期；
    :param start_date: 債券的起息日；
    :param yearlenth: 債券的發行年限；
    :param fre: 債券的付息頻率；
    :param coupon: 債券的百元票面利息；
```

```
:param m: 債券的百元剩餘本金；
:param PV: 債券的全價；
:return: 返回計算債券的到期收益率。
'''
schedule=coupon_schedule(start_date=start_date,yearlength=yearlength,fre=fre)
# 計算 FV
TY_sch = coupon_schedule(start_date=start_date, yearlength=1, fre=1)
FV = m + coupon * yearlength
# 待償還期大於 1 年的情況
if schedule[-1]-cal_date>datetime.timedelta(days=365):
        print(" 待償還期超過 1 年！")
        for i in range(1, len(schedule)):
                if TY_sch[i] >= cal_date: break
        TY = TY_sch[i] - TY_sch[i - 1]   # 當前計息年度的自然日天數，算頭不算尾
        d= TY_sch[i] - cal_date      # 債券計算日至下一理論付息日的自然日天數；
        k= schedule[-1].year-TY_sch[i].year # 下一理論付息日至到期兌付日的整年數
        YTM = (FV/PV)**(1/(d/TY+k))-1
# 待償還期小於 1 年的情況
else:
        TY = TY_sch[-1] - TY_sch[-2]   # 當前計息年度的自然日天數，算頭不算尾
        D = schedule[-1] - cal_date  # 債券計算日至到期兌付日的自然日天數；
        YTM = (FV-PV)/PV/(D/TY)
return YTM
```

呼叫 **YTM_once_bond** 函數並輸入對應參數計算到期收益率。

```
bond_YTM3=YTM_once_bond(cal_date=date(2022,4,28),start_date=date(2020, 12, 4),
                    yearlength=3,fre=0,coupon=6.5,m=100,PV=109.1386)
print( '計算得到債券的到期收益率 (%):' ,np.round(bond_YTM3*100,6))
```

輸出結果：

```
待償还期超过1年！
計算得到債券的到期收益率(%): 5.822099
```

（2）附息債券（固定、浮動與普通資產支持證券）不處於最後付息時間段
內，採用複利計算到期收益率。

$$PV = \frac{(R_1 + \Delta r) \times T_1 \times m_1 + V_1}{(1 + y/f)^{\frac{d}{TS}}} + \frac{(R_2 + \Delta r) \times T_2 \times m_2 + V_2}{(1 + y/f)^{\frac{d}{TS}+1}} + \cdots$$

$$+ \frac{(R_2 + \Delta r) \times T_n \times m_n + V_n}{(1 + y/f)^{\frac{d}{TS}+n-1}} \qquad (3-4)$$

$PV$：債券全價。

$\Delta r$：債券基本利差。

$R_1$：計算日所處付息週期的基準利率，根據基準利率確定日規則決定。

$R_2$：計算日基準利率。

$Ti$：根據債券計息基準計算的計息區間年化期限。

$y$：到期收益率。

$f$：債券的付息頻率。

$d$：計算日至下一最近計畫付息日的自然日天數。

$TS$：計算日所處付息週期的自然日天數，含 2 月 29 日。

$n$：未來付息次數。

$m_i$：第 $i$ 個付息日百元面額剩餘本金值。

$V_i$：第 $i$ 個付息日百元面額還本量。

【注 1】如果是固定利率，則有 $R_1 = R_2 =$ 發行時固定票面利率，$\Delta r = 0$。

【注 2】非提前還本債券，$m_i = 100$，$V_i = 0$（$i \neq n$），$V_i = 100$（$i = n$）。

【注 3】付息週期的自然日天數是指下一個計畫付息日與上一個計畫付息日之間的自然日天數，算頭不算尾，含閏年的 2 月 29 日。計畫付息日暫不考慮節假日調整。

【**實例 3-4**】02 國開 05 債券在 2020-4-16 的日間百元面額全價為 103.213 564 元。該債券的其他相關資訊同實例 3-2，其剩餘期限付息計畫如表 3-4 所示。計算該債券的到期收益率。

▼ 表 3-4 02 國開 05 債券的剩餘期限付息計畫

| 開始日期 | 結束日期 | 付息次數 | 現金流（元） |
|---|---|---|---|
| 2019-11-9 | 2020-5-9 | 1 | $(2.65\% + 0) \times 0.5 \times 100$ |
| 2020-5-9 | 2020-11-9 | 2 | $(2.65\% + 0) \times 0.5 \times 100$ |
| 2020-11-9 | 2021-5-9 | 3 | $(2.65\% + 0) \times 0.5 \times 100$ |
| 2021-5-9 | 2021-11-9 | 4 | $(2.65\% + 0) \times 0.5 \times 100$ |
| 2021-11-9 | 2022-5-9 | 5 | $(2.65\% + 0) \times 0.5 \times 100 + 100$ |

【分析解答】

$$PV = \frac{(2.65\% + 0) \times 0.5 \times 100 + 0}{(1 + y/2)^{\frac{23}{182}}} + \frac{(2.65\% + 0) \times 0.5 \times 100 + 0}{(1 + y/2)^{\frac{23}{182}+1}} + \cdots$$

$$+ \frac{(2.65\% + 0) \times 0.5 \times 100 + 100}{(1 + y/2)^{\frac{23}{182}+5-1}} = 103.213564 \ （元）$$

$$y = 1.63225\%$$

這裡，完善實例 3-2 附息債券的到期收益率的函數，增加不處於最後付息週期的情況。採用 Python 撰寫附息債券到期收益率計算的函數 YTM_coupon_bond 如下。

```python
# 載入需要使用的函數庫
from ACT_SUM import *
from datetime import date
import scipy.optimize as so
import numpy as np
# 計算附息債券的到期收益率的函數
def YTM_coupon_bond(cal_date,start_date,yearlenth,fre, R,m,PV,coupon_type,ACC_type,r):
    '''
```

```
    :param cal_date: 計算日期；
    :param start_date: 債券的起息日；
    :param yearlenth: 債券的發行年限；
    :param fre: 債券的付息頻率；
    :param R: 債券的百元票面利息，固定利率為數值，浮動利率填寫列表 [R1,R2]；
    :param m: 未到期債券的百元剩餘本金，無本金攤還計畫填寫數值，否則填寫目前攤還計畫；
    :param PV: 債券的全價；
    :param coupon_type: 債券類型，「fixed」或「floated」；
    :param ACC_type: 債券的計息基準，如 'ACT_ACT_AVE', 'ACT_360', 'ACT_365'，可自行根據需求增加；
    :param r: 浮動利率債券的發行利差；
    :return: 返回計算債券的到期收益率。
    '''
    # 生成付息計畫
    schedule = coupon_schedule(start_date=start_date, yearlenth=yearlenth, fre=fre)
    # 判斷計算日在哪兩個付息計畫之間
    for i in range(1, len(schedule)):
        if schedule[i] >= cal_date: break
    # 獲取每個付息計畫的票面利率
    if coupon_type == "fixed":
        R=[R]*(len(schedule)-1)
    else:
        R=[R[0]]*i+[R[1]]*(len(schedule)-i-1)
    # 設定本金計畫，如填寫本金攤還計畫 list 不處理
    flag=1
    if isinstance(m,list):   # 有還本計畫
        flag=0
    else:            # 無還本計畫
        m = [m] * (len(schedule) - 1)
    # 計算日不處於最後付息週期的計算邏輯
    if  cal_date<schedule[-2]:
        # 生成債券的利息現金流計畫
        j = i
        ACC = []
        for j in range(j, len(schedule)):
            if ACC_type == 'ACT_ACT_AVE':
                ACC.append(ACT_ACT_AVE(start_date=start_date, yearlenth=yearlenth,
                        fre=fre, cal_date=schedule[j], coupon=R[j-1]+r, m=m[j-1]))
            elif ACC_type == 'ACT_360':
                ACC.append(ACT_360(start_date=start_date, yearlenth=yearlenth,
```

```
                                fre=fre, cal_date=schedule[j], coupon=R[j-1]+r,m=m[j-1]))
            elif ACC_type == 'ACT_365':
                    ACC.append(ACT_365(start_date=start_date, yearlenth=yearlenth,
                                fre=fre, cal_date=schedule[j], coupon=R[j-1]+r,m=m[j-1]))
    # 求解到期收益率的公式
    TS = schedule[i] - schedule[i - 1] #當前付息週期自然日天數
    d = schedule[i] - cal_date
    def f(y):
        SUM_ACC = []
        for n in range(0, len(ACC)):
            SUM_ACC.append( (ACC[n]+m[i+n-2]-m[i+n-1])/ pow(1 + y / fre, d / TS + n))
        return np.sum(SUM_ACC) + m[-1]*flag / pow(1 + y / fre, d / TS + n ) - PV
    YTM=so.fsolve(f, 0.1)[0]
    return YTM
# 計算日處於最後付息週期的計算邏輯
else:
    Last_ACC=ACT_ACT_AVE(start_date=start_date,yearlenth=yearlenth,fre=fre,
                        cal_date=schedule[-1],coupon=R[-1],m=m[-1])
    FV=m[-1]+Last_ACC
    # 計算 D 與 TY
    TY_sch = coupon_schedule(start_date=start_date, yearlenth=1, fre=1)
    TY = TY_sch[-1] - TY_sch[-2]  # 當前計息年度的自然日天數，算頭不算尾
    D = schedule[-1] - cal_date  # 債券結算日至到期兌付日的自然日天數；
    return (FV - PV) / PV / (D / TY)
```

呼叫寫好的 YTM_coupon_bond 函數並輸入對應參數進行計算。

```
bond_YTM4=YTM_coupon_bond(cal_date=date(2020,4,16),start_date=date(2002,5,9),
                    yearlenth=20,fre=2,R=2.65,m=100,PV=103.213564,
                    coupon_type="fixed",ACC_type="ACT_ACT_AVE",r=0)
print( '計算得到債券的到期收益率 (%)：',np.round(bond_YTM4*100,6))
```

輸出結果：

計算得到債券的到期收益率(%)：　1.63225

【**實例 3-5**】19 深圳債 11 債券在 2022-4-7 的日間百元面額全價為 81.465 4 元，其他債券相關資訊如表 3-5 所示。計算該債券的到期收益率。

▼ 表 3-5　19 深圳債 11 債券的基本資訊

| 債券簡稱 | 19 深圳債 11 | 債券程式 | 104567 |
|---|---|---|---|
| 債券類型 | 地方政府債 - 專項地方債 | 發行人 | 深圳市人民政府 |
| 債券起息日 | 2019-3-29 | 債券到期日 | 2026-3-29 |
| 付息頻率 | 1 年 1 次 | 發行期限 | 7 年 |
| 息票類型 | 附息式固定利率 | 面額 | 100 元 |
| 計息基準 | 實際 / 實際 | 票面利率(%) | 3.37 |
| 特殊條款 | 從第 3 個付息日（包含）起，每個付息日提前還本的比例為 20% |||

資料來源：中國貨幣網

【分析解答】19 深圳債 11 債券的剩餘期限付息計畫如表 3-6 所示。

▼ 表 3-6　19 深圳債 11 債券的剩餘期限付息計畫

| 開始日期 | 結束日期 | 付息次數 | 現金流（元） |
|---|---|---|---|
| 2022-3-29 | 2023-3-29 | 1 | (3.37%+0)×1×80+20 |
| 2023-3-29 | 2024-3-29 | 2 | (3.37%+0)×1×60+20 |
| 2024-3-29 | 2025-3-29 | 3 | (3.37%+0)×1×40+20 |
| 2025-3-29 | 2026-3-29 | 4 | (3.37%+0)×1×20+20 |

$$PV = \frac{(3.37\% + 0) \times 1 \times 80 + 20}{(1 + y)^{\frac{356}{365}}} + \frac{(3.37\% + 0) \times 1 \times 60 + 20}{(1 + y)^{\frac{356}{365}+1}} + \cdots$$

$$+ \frac{(3.37\% + 0) \times 1 \times 20 + 20}{(1 + y)^{\frac{356}{365}+4-1}} = 81.4654 \ (元)$$

$$y = 2.625973\%$$

呼叫寫好的 YTM_coupon_bond 函數並輸入對應參數進行計算。

```
bond_YTM5=YTM_coupon_bond(cal_date=date(2022,4,7),start_date=date(2019,3,29),
                yearlenth=7,fre=1,R=3.37,m=[100,100,100,80,60,40,20],
                PV=81.4654,coupon_type="fixed",ACC_type="ACT_ACT_AVE",r=0)
print( '計算得到債券的到期收益率(%)：' ,np.round(bond_YTM5*100,6))
```

輸出結果：

```
計算得到債券的到期收益率(%)：  2.625973
```

【實例 3-6】22 建設銀行 CD051 債券在 2022-4-28 的日間百元面額全價為
100.160 8 元，該債券的其他相關資訊同實例 2-6，計算該債券的到期收益率。

【分析解答】

首先，在中國貨幣網查詢計算日前一天（$T-1$）的基準利率 Shibor3M 為
2.242 0%，而基準利率的精度要求為小數點後 4 位，得到 2.242 0%。2022-4-27
日終 Shibor 資料如表 3-7 所示。

▼ 表 3-7  2022-4-27 日終 Shibor 資料

| 日期 | ON | 1W | 2W | 1M | 3M | 6M | 9M | 1Y |
|---|---|---|---|---|---|---|---|---|
| 2022-4-13 | 1.6650 | 1.9660 | 1.9330 | 2.2760 | 2.3470 | 2.4340 | 2.4930 | 2.5750 |
| 2022-4-27 | 1.3030 | 1.7430 | 1.8890 | 2.1540 | 2.2420 | 2.3460 | 2.4040 | 2.4970 |

資料來源：中國貨幣網

22 建設銀行 CD051 債券的付息計畫如表 3-8 所示。

▼ 表 3-8  22 建設銀行 CD051 債券的付息計畫

| 利率確定日 | 計息週期 | 現金流發生日 | 基準利率（％） | 利差（％） | 票面利率（％） |
|---|---|---|---|---|---|
| 2022-4-13 | 2022-4-14—2022-7-14 | 2022-7-14 | 2.3470 | 0.06 | 2.4070 |
| 2022-7-13 | 2022-7-14—2022-10-14 | 2022-10-14 | 2.2420 | 0.06 | 2.3020 |
| 2022-10-13 | 2022-10-14—2023-1-14 | 2023-1-14 | 2.2420 | 0.06 | 2.3020 |
| 2023-1-13 | 2023-1-14—2023-4-14 | 2023-4-14 | 2.2420 | 0.06 | 2.3020 |

$$PV = \frac{(2.347\,0\% + 0.06\%) \times \frac{91}{360} \times 100 + 0}{(1 + y/4)^{\frac{77}{91}}} + \frac{(2.242\,0\% + 0.06\%) \times \frac{92}{360} \times 100 + 0}{(1 + y/4)^{\frac{77}{91}+1}} + \cdots$$

$$+ \frac{(2.242\,0\% + 0.06\%) \times \frac{90}{360} \times 100 + 100}{(1 + y/4)^{\frac{77}{91}+4-1}} = 100.1608 \ (\text{元})$$

$$y = 2.286754\%$$

【注】最後三期的基準利率（$T-1$）參考日在未來，目前只能用計算日前一日的基準利率預估替代。

呼叫寫好的 YTM_coupon_bond 函數並輸入參數進行計算。

```
bond_YTM6=YTM_coupon_bond(cal_date=date(2022,4,28),start_date=date(2022,4,14),
                yearlenth=1,fre=4,R=[2.3470,2.2420],m=100,PV=100.1608,
                coupon_type="floated",ACC_type="ACT_360",r=0.06)
print( '計算得到債券的到期收益率' ,bond_YTM6)
```

輸出結果：

計算得到債券的到期收益率(%)： 2.286754

# 3.3 本章小結

債券的價格和收益率的計算相對於股票而言更為複雜。通常債券價格分為淨價（不包含應計利息）、全價（包含應計利息）。債券在實際交易中，通常是淨價交易，全價結算。收益率是債券從計算日至假定持有至到期的收益率，即到期收益率。到期收益率分為單利和複利計算兩種類型。通常時間較短（1 年以內）以及只剩下最後一個付息週期的債券採用單利計算，其他常見的附息債券採用複利計算。

# MEMO

# ④ 收益率曲線與建構

　　債券的收益率（或利率）曲線一般分為到期收益率曲線（或最終收益率曲線）、即期收益率曲線（或零息收益率曲線）和遠期收益率曲線，三者都是債券的期限結構表達方式，即債券的期限與收益率之間的關係。到期收益率是購買者以市價購買債券，一直持有至到期，獲得的年平均收益率；即期收益率是未來不同時點現金流（或零息債券）折現到今天的收益率；遠期收益率是隱含在替定的即期收益率中從未來的某一時點到另一時點的利率水準。實際上，如果進一步分析，三者是可以相互推導的。本章主要介紹各類收益率曲線的建構方法。

# 4.1 債券收益率曲線的建構方法

## 4.1.1 中國不同機構債券收益率曲線的建構方法

　　不同機構建構收益率曲線的方法具有較大差異。中國提供收益率曲線的機構主要有中債、中證、中國外匯交易中心（中國貨幣網）、上清所與 YY 評級等。表 4-1 總結了中國機構的收益率曲線的建構方法。

▼ 表 4-1 中國機構的收益率曲線建構方法

| 機構名稱 | 曲線擬合方法 | 建構方法 | 說明 |
|---|---|---|---|
| 中債 | 埃爾米特（Hermite）插值 | 先獲取關鍵期限點及對應收益率，設定好插值函數外生變數，再使用 Hermite 插值法 | Hermite 插值的曲線需要經過每一個樣本點，因此樣本的選擇非常重要。模型要求 $x$ 軸座標不重複，因此剩餘期限的樣本點只能選取一個，一般取收益率的平均值。若樣本太多，或波動太大，會造成收益率曲線起伏不定，導致過擬合。中債有專家進行樣本篩選，因此中債透過 Hermite 插值模型得到的到期收益率曲線可以較好地反映各期限收益率的水平 |
| 中證 | 使用平滑樣條模型加上貝氏方法進行估計，稱之為貝氏平滑樣條模型 | ① 利率類收益率曲線採用一維平滑樣條模型（或稱為平滑樣條估計），是非參數模型的代表，其原理是尋找帶懲罰項的最小平方問題的解<br>② 信用類債券收益率曲線族採用有序局部可加平滑樣條模型方法擬合，使用定價基準疊加信用利差的非參數模型聯合建構 | 中證的收益率曲線相比中債的收益率曲線更為平滑 |

（續表）

| 機構名稱 | 曲線擬合方法 | 建構方法 | 說明 |
|---|---|---|---|
| 中國外匯交易中心（中國貨幣網） | 線性回歸模型 | 以當日對應債券樣本的雙邊報價和成交資料為樣本，利用線性回歸模型計算得到收盤到期收益率曲線，利用收盤到期收益率曲線推導出對應的即期和遠期收益率曲線 | 建構方法較為簡單 |
| 上清所 | 帶有可變粗糙項的 B 樣條模型 | 加入帶可變的粗糙懲罰項的 B 樣條函數擬合遠期收益率曲線，獲取貼現因數，以此推導出即期和到期收益率曲線 | 兼顧擬合度與光滑度，形態靈活，能夠充分使用市場資料，較好反映市場交易情況 |
| YY 評級 | 對數加多項式樣條 | 使用與收益率曲線整體形狀相似的對數函數加多項式函數作為對關鍵點的最小平方方法曲線擬合的工具來進行曲線擬合，得到每日 YY 收益率曲線 | YY 曲線一般會從當日成交點的中間穿過，但各等級曲線形態差異較大，這說明為了讓曲線穿過成交點 YY 願意犧牲一定的曲線形態。YY 估值是非官方的第三方估值，兼顧價格資訊和基本面資訊是 YY 觀點，主要服務於投研 |

資料來源：各機構官網

　　圖 4-1、圖 4-2 分別展示了中國不同機構在 2022-8-4 日終的國債到期收益率曲線和即期國債收益率曲線。

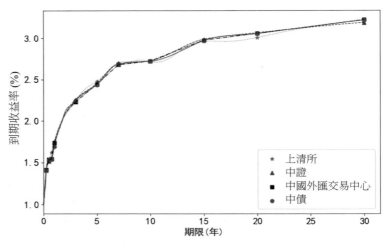

▲　圖 4-1　不同機構的國債到期收益率曲線（2022-8-4）
（資料來源：Wind 資訊）

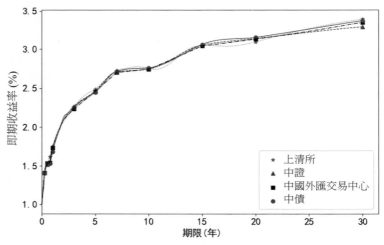

▲　圖 4-2　不同機構的國債即期收益率曲線（2022-8-4）
（資料來源：Wind 資訊）

　　可以看出，不同機構建構的曲線在整體趨勢上保持一致，但在局部還是有一定的分化。

## 4.1.2 外國債券收益率曲線的建構方法

不同國家對收益率曲線有不同的建構方法，表 4-2 羅列了部分外國機構收益率曲線的建構方法。

▼ 表 4-2 外國不同機構的收益率曲線建構方法

| 機構名稱 | 所用模型 |
|---|---|
| 美國央行 | 三次 B 樣條模型 |
| 美國財政部 | Hermite 插值模型 |
| 日本央行 | 平滑樣條模型 |
| 英國央行 | 平滑樣條模型 |
| 瑞典央行 | 平滑樣條模型和 NSS 模型 |
| 加拿大央行 | 指數樣條模型 |
| 比利時央行 | NS 模型或 NSS 模型 |
| 芬蘭央行 | NS 模型或 NSS 模型 |
| 法國央行 | NSS 模型 |
| 德國央行 | NSS 模型 |
| 義大利央行 | NS 模型 |

資料來源：網路公開信息

由表 4-2 可知，國外大部分國家喜歡採用樣條模型、NS 模型或 NSS 模型，中國除中債採用對樣本品質要求更高的 Hermite 插值模型，其他大部分機構也是採用樣條模型。

## 4.2 債券到期收益率曲線的建構

### 4.2.1 擬合法

（1）分段線性回歸。

線性回歸是利用線性回歸方程式（函數），模擬因變數與一個或多個引數之間的關係的一種統計分析方法。分段線性回歸模型由多筆直線組成，且在折點處曲線仍是連續的（見圖 4-3）。在此基礎上，考慮以下的基本模型：

$$f(x) = \begin{cases} \beta_0 + \beta_1(x - \alpha_0) + e_i & \alpha_0 \leqslant x < \alpha_1 \\ \beta_0 + \beta_1(x - \alpha_0) + \beta_2(x - \alpha_1) + e_2 & \alpha_1 \leqslant x < \alpha_2 \quad (4-1) \\ \beta_0 + \beta_1(x - \alpha_0) + \beta_2(x - \alpha_1) + \cdots + \beta_n(x - \alpha_{n-1}) + e_n & \alpha_{n-1} \leqslant x \leqslant \alpha_n \end{cases}$$

$f(x)$：分段線性回歸的因變數。

$x$：分段線性回歸的引數。

$\beta_i$：回歸的係數（圖 4-3 中的截距為 $\beta_0$）。

$\alpha_i$：分段點（圖 4-3 中的 $\alpha_0 = 0$）。

$e_i$：殘差項。

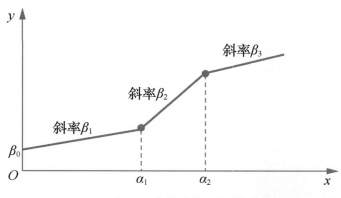

▲ 圖 4-3 分段線性回歸模型

【**實例 4-1**】資料摘自 2022-3-28 中國貨幣網的基準債券與樣本債券最佳報價買入收益率、最佳報價賣出收益率，基於以上資料，採用分段線性回歸模型擬合當日的國債到期收益率曲線（本例只展示方法，實際還應當整理多種報價，對資料進行清洗，如去除偏離正常報價較多的資料）。

【**分析解答**】首先，載入需要的相關函數庫，匯入並查看原始資料。

```
import numpy as np
import matplotlib.pyplot as plt
# 安裝擬合曲線包（函數庫），如已有請忽略
#pip install pwlf
import pwlf
from pylab import mpl
mpl.rcParams['font.sans-serif']=['SimHei']
mpl.rcParams['axes.unicode_minus']=False
import pandas as pd
data=pd.read_excel('D:/ 債券收益率曲線建構樣本 20220328.xlsx',
                'bond_data',header=0,index_col=0)
print(data)
```

輸出結果：

| 关键期限点 | 债券名称 | 债券代码 | ... | 最优报价买入收益率 | 最优报价卖出收益率 |
|---|---|---|---|---|---|
| 0.083 | 21附息国债06 | 210006 | ... | 2.1198 | 1.9307 |
| 0.083 | 17附息国债07 | 170007 | ... | NaN | NaN |
| 0.083 | 21贴现国债48 | 219948 | ... | NaN | NaN |
| 0.083 | 21贴现国债50 | 219950 | ... | NaN | NaN |
| 0.083 | 21贴现国债53 | 219953 | ... | 2.1708 | 1.9213 |
| ... | ... | ... | ... | ... | ... |
| 50.000 | 21附息国债03 | 210003 | ... | 3.5300 | 3.4301 |
| 50.000 | 18附息国债12 | 180012 | ... | 3.5525 | 3.3700 |
| 50.000 | 18附息国债25 | 180025 | ... | 3.5475 | 3.3900 |
| 50.000 | 19附息国债08 | 190008 | ... | 3.5300 | 3.4301 |
| 50.000 | 20附息国债07 | 200007 | ... | 3.5300 | 3.4301 |

```
[115 rows x 18 columns]
```

其次，提取需要的相關資料（如剩餘年限、報價收益率等）並去除有空值的無效行。

```
data1=data.dropna(axis=0,how='any')
print(data1[[' 剩餘年限 ',' 最佳報價買入收益率 ',' 最佳報價賣出收益率 ']])
```

輸出結果：

```
关键期限点   剩余年限    最优报价买入收益率   最优报价卖出收益率
0.083    0.068493       2.1198          1.9307
0.083    0.115068       2.1708          1.9213
0.250    0.191781       2.1568          1.9068
0.250    0.282192       2.0405          1.7905
0.250    0.293151       1.8618          1.6321
           ...            ...            ...
50.000   49.016438      3.5300          3.4301
50.000   46.180822      3.5525          3.3700
50.000   46.679452      3.5475          3.3900
50.000   47.273973      3.5300          3.4301
50.000   48.191781      3.5300          3.4301

[112 rows x 3 columns]
```

最後，設置分段線性回歸模型，分段點設定為 0.083、0.25、0.5、0.75、1、2、3、5、7、10、15、20、30、50，擬合國債到期收益率曲線。

```
# 買入收益率資料
bidytm=data1[[' 剩餘年限 ',' 最佳報價買入收益率 ']]
bidytm1=bidytm.rename(columns={' 最佳報價買入收益率 ':' 收益率 '})
# 賣出收益率資料
offerytm=data1[[' 剩餘年限 ',' 最佳報價賣出收益率 ']]
offerytm1=offerytm.rename(columns={' 最佳報價賣出收益率 ':' 收益率 '})
new_df1=pd.concat([bidytm1,offerytm1])
# 定義到期時間、市場收益率散點
x=new_df1[' 剩餘年限 ']
y=new_df1[' 收益率 ']
# 輸入需要中斷點的地方
x1 = np.array([0.083,0.25,0.5,0.75,1,2,3,5,7,10,15,20,30,50])
x2 = np.array([0.083,0.5,1,2,3,5,50])
# 輸入需要擬合的資料 x、y、多項式的次數
my_pwlf1 = pwlf.PiecewiseLinFit(x, y,degree=1)
```

```
# 載入需要的中斷點
my_pwlf1.fit_with_breaks(x1)
# 產生擬合後曲線的資料
xHat = np.linspace(min(x), max(x), num=10000)
yHat1 = my_pwlf1.predict(xHat)
# 繪製擬合後的影像
plt.figure(figsize=(10,6))
ax=plt.gca()
ax.yaxis.set_ticks_position('left')
ax.spines['left'].set_position(('data',0))
plt.scatter(bidytm[' 剩餘年限 '], bidytm[' 最佳報價買入收益率 '], c='#0000FF', alpha=0.4,
marker='^', label=' 最佳報價買入收益率 ')
plt.scatter(offerytm[' 剩餘年限 '], offerytm[' 最佳報價賣出收益率 '], c='#A52A2A', alpha=0.4,
marker='v', label=' 最佳報價賣出收益率 ')
plt.plot(xHat, yHat1,'red',linestyle='--',label=' 關鍵期限點分段線性回歸擬合 ')
plt.title(" 分段回歸擬合曲線圖 ",fontsize=20)
plt.xlabel(' 期限 ( 年 )',fontsize=16)
plt.ylabel(' 到期收益率 (%)',fontsize=16)
plt.xticks(fontsize=16)
plt.yticks(fontsize=16)
plt.legend(loc=4,fontsize=16)
plt.show()
```

輸出結果見圖 4-4。

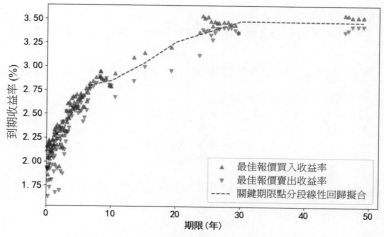

▲ 圖 4-4 分段線性回歸擬合的到期收益率曲線

由圖 4-4 可以看出，多個線性回歸之間存在中斷點，中斷點兩側描述了不同形式的變數回應，分段線性回歸從整體上表現了非線性的回應模式，能夠在一定程度上擬合出較好的資料趨勢結果。不過，分段線性回歸的一階導數不連續，連接的曲線不光滑，並且對中斷點的選擇要求較高，如果中斷點選擇不準確，則會引起較大失真。

（2）分段多項式回歸。

有時採用線性回歸對報價資料進行擬合併不合適，這時可以考慮用分段多項式回歸擬合。對於給定的資料點 $(x_i, y_i), i = 1, 2, \cdots, n$，有以下多項式：

$$y = a_0 + \sum_{i=1}^{m} a_i x_i \tag{4-2}$$

同普通線性回歸一樣，分段線性多項式擬合由多個多項式組成，但在中斷點處曲線仍是連續的。為方便計算，這裡以三次多項式（$m=3$）回歸的計算模型為例。

設收益率函數為：

$$y(t) = \begin{cases} a_0 + a_1 t + a_2 t^2 + a_3 t^3, 0 \leqslant t < t_1 \\ a_0 + a_1 t + a_2 t^2 + a_3 t^3 + (a_4 - a_3)t^3, \quad t_1 \leqslant t < t_2 \\ \qquad\qquad \cdots\cdots \\ a_0 + a_1 t + a_2 t^2 + a_3 t^3 + \sum_{j=4}^{n} (a_j - a_{j-1})t^3, \quad t_{n-3} \leqslant t < t_{n-2} \end{cases} \tag{4-3}$$

其中 $t_i$ 為設置的分段點。在此基礎上，還需使擬合的多項式回歸曲線與搜集的樣本券的報價收益率的誤差值最小：

$$\varepsilon = \min \sum_{i=1}^{n} (y_i - y_i')^2 \tag{4-4}$$

【實例 4-2】接實例 4-1，採用多項式回歸模型對國債的資料進行擬合，對比不同擬合方式的結果差異。

　　【分析解答】這裡，選擇兩種中斷點情況：第一種，採用關鍵期限點（0.083、0.25、0.5、0.75、1、2、3、5、7、10、15、20、30、50）；第二種，自己設定中斷點，將間隔擴大（0.083、0.5、1、10、15、50）。

```
# 買入收益率資料
bidytm=data1[[' 剩餘年限 ',' 最佳報價買入收益率 ']]
bidytm1=bidytm.rename(columns={' 最佳報價買入收益率 ':' 收益率 '})
# 賣出收益率資料
offerytm=data1[[' 剩餘年限 ',' 最佳報價賣出收益率 ']]
offerytm1=offerytm.rename(columns={' 最佳報價賣出收益率 ':' 收益率 '})
new_df1=pd.concat([bidytm1,offerytm1])
# 定義到期時間、市場收益率散點
x=new_df1[' 剩餘年限 ']
y=new_df1[' 收益率 ']
# 輸入需要中斷點的地方
x1 = np.array([0.083,0.25,0.5,0.75,1,2,3,5,7,10,15,20,30,50])
x2 = np.array([0.083,0.5,1,10,50])
# 輸入需要擬合的資料 x、y、多項式的次數
my_pwlf1 = pwlf.PiecewiseLinFit(x, y,degree=1)
my_pwlf2 = pwlf.PiecewiseLinFit(x, y,degree=3)
my_pwlf3 = pwlf.PiecewiseLinFit(x, y,degree=3)
# 載入需要的中斷點
my_pwlf1.fit_with_breaks(x1)
my_pwlf2.fit_with_breaks(x1)
my_pwlf3.fit_with_breaks(x2)
# 產生擬合後曲線的資料
xHat = np.linspace(min(x), max(x), num=10000)
yHat1 = my_pwlf1.predict(xHat)
yHat2 = my_pwlf2.predict(xHat)
yHat3 = my_pwlf3.predict(xHat)
# 繪製擬合後的影像
plt.figure(figsize=(10,6))
ax=plt.gca()
ax.yaxis.set_ticks_position('left')
ax.spines['left'].set_position(('data',0))
plt.scatter(bidytm[' 剩餘年限 '], bidytm[' 最佳報價買入收益率 '], c='#0000FF', alpha=0.4,
marker='^', label=' 最佳報價買入收益率 ')
plt.scatter(offerytm[' 剩餘年限 '], offerytm[' 最佳報價賣出收益率 '], c='#A52A2A', alpha=0.4,
marker='v', label=' 最佳報價賣出收益率 ')
```

```
plt.plot(xHat, yHat1,'red',linestyle='--',label=' 關鍵期限點分段線性回歸擬合 ')
plt.plot(xHat, yHat2,'violet',linestyle='-.',label=' 關鍵期限點分段三次樣條擬合 ')
plt.plot(xHat, yHat3,'green',label=' 自選分段點分段三次樣條擬合 ')
plt.title(" 分段回歸擬合曲線圖 ",fontsize=20)
plt.xlabel(' 期限 ( 年 )',fontsize=16)
plt.ylabel(' 到期收益率 (%)',fontsize=16)
plt.xticks(fontsize=16)
plt.yticks(fontsize=16)
plt.legend(loc=4,fontsize=16)
plt.show()
```

輸出結果見圖 4-5。

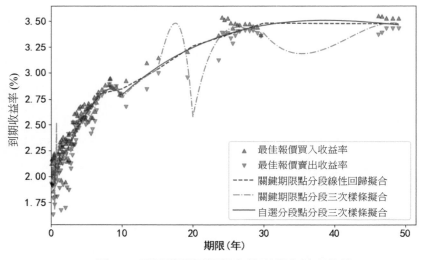

▲ 圖 4-5 不同模型回歸擬合的到期收益率曲線

從圖 4-5 中可以看出，關鍵期限點分段三次樣條多項式擬合出現了較大的跳動現象，效果並不好；將中斷點減少，對自選分段點使用分段三次樣條擬合偵錯使得效果有一定改善，擬合的曲線具有較好的平滑效果，整體的趨勢也與關鍵期限點分段線性回歸一致。因此，採用該方法對分段點的選擇有較高的要求。

## 4.2.2 插值法

（1）分段線性插值。

分段線性插值法是指使用連接兩個已知量的直線來確定在這兩個已知量之間的未知量的值的方法。

圖 4-6 展示了一個一維線性插值函數，座標軸上 $x_{i-1}$、$x_i$、$x_{i+1}$ 等的值「兩兩直接相連」為線段，從而組成了一個連續的約束函數。而插值座標點如 $x_1$，其值應為 $f(x_1)$。因為每兩個座標點之間的約束函數是一次線性的線段，對插值結果而言是線性的，所以該方法稱為分段線性插值法。

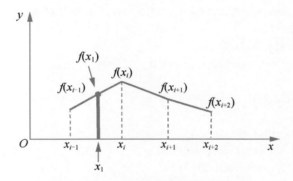

▲ 圖 4-6 分段線性插值函數

$$f(x) = f(x_{i-1}) + \frac{x - x_{i-1}}{x_i - x_{i-1}}[f(x_i) - f(x_{i-1})] \tag{4-5}$$

【實例 4-3】資料取自 2022-3-28 中債到期收益率曲線關鍵期限點及其收益率。通常收益率資料的來源為債券的雙邊報價、專家估值、中債業務人員編制資料等。這裡以中債處理過的關鍵期限點收益率為基準，透過線性插值處理後獲得完整的到期收益率曲線。

【分析解答】下面採用 Python 對收益率進行分段線性插值。

```python
# 匯入需要的相關函數庫
from scipy.interpolate import KroghInterpolator
from scipy import interpolate
import numpy as np
import matplotlib.pyplot as plt
from pylab import mpl
mpl.rcParams['font.sans-serif']=['SimHei']
mpl.rcParams['axes.unicode_minus']=False
# 建構關鍵期限點
x = np.array([0,0.087,0.1,0.17,0.2,0.25,0.5,0.75,
                1,2,3,4,5,6,7,8,9,10,15,20,30,40,50])
# 關鍵期限點篩選後的收益率
y=np.array([1.6060,2.0355,2.0290,2.0015,2.0024,2.0157,2.1302,2.1439,
                2.1595,2.3352,2.4390,2.5153,2.5837,2.7284,2.8200,2.8116,
                2.7968,2.7903,3.1012,3.1924,3.3674,3.4378,3.4800])
# 對資料進行線性插值
x_new = np.linspace(0,50,52*50)
f_linear = interpolate.interp1d(x, y, kind = 'linear')
# 繪圖
plt.figure(figsize=(10,6))
ax=plt.gca()
ax.yaxis.set_ticks_position('left')
ax.spines['left'].set_position(('data',0))
plt.plot(x, y, "o", label=" 原始資料 ")
plt.plot(x_new, f_linear(x_new),linestyle='--', label=" 分段線性插值 ")
plt.ylabel(" 到期收益率 (%)",fontsize = 16)
plt.xlabel(" 期限（年 )",fontsize = 16)
plt.xticks(fontproperties = 'Times New Roman', size = 16)
plt.yticks(fontproperties = 'Times New Roman', size = 16)
plt.title(" 關鍵期限點插值圖 ",fontsize=20)
plt.legend(prop = {'size':15})
plt.legend(loc=4,fontsize=16)
plt.show()
```

輸出結果見圖 4-7。

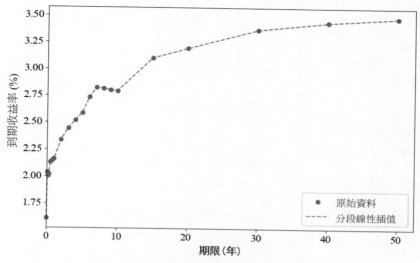

▲ 圖 4-7 透過分段線性插值法處理到期收益率

　　由圖 4-7 可以看出，分段線性插值可以透過每一個關鍵期限點，保證數值具有一定的連續性，但是在端點處並不光滑。

（2）分段三次樣條插值。

　　設在區間 $[a,b]$ 上給定 $n+1$ 個節點 $x_i(a\leqslant x_0\leqslant\cdots\leqslant x_n\leqslant b)$。在節點 $x_i$ 處的函數值為 $y_i=f(x_i),i=0,1,2,\cdots,n$。若函數 $S(x)$ 滿足以下條件：① 在每個子區間 $[x_{i-1},x_i],(i=1,2,\cdots,n)$ 上 $S(x)$ 是三次多項式；② $S(x_i)=y_i,i=0,1,\cdots,n$；③ 在區間 $[a,b]$ 上 $S(x_i)$ 的二階導數 $S''(x)$ 連續。則稱 $S(x)$ 為函數 $y=f(x)$ 在區間 $[a,b]$ 上的三次樣條插值函數。

　　分段三次樣條函數根據最終兩個條件的選擇不同，可以分為不同的樣條函數。若設定兩端節點處的二階導數值為 0，即 $S''(x_0)=S''(x_n)=0$，則得到三次自然樣條；若指定兩端節點處的一階導數值，即 $S'(x_0)=\mu$，$S'(x_n)=v$，則得到三次鉗制樣條；若設定兩端節點處的函數值、一階導數值、二階導數值分別相等，即 $S(x_0)=S(x_n)$，$S'(x_0)=S'(x_n)$，$S''(x_0)=S''(x_n)$，則得到三次週期樣條。分段三次樣條的一般運算式如下。

$$S(x) = \frac{1}{6h_i}[(x_i - x)^3 M_{i-1} + (x - x_{i-1})^3 M_i] + \left(y_{i-1} - \frac{h_i^2}{6} M_{i-1}\right)\frac{x_i - x}{h_i} +$$

$$\left(y_i - \frac{h_i^2}{6} M_i\right)\frac{x - x_{i-1}}{h_i},$$

$$x \in [x_{i-1}, x_i], \quad i = 1, 2, \cdots, n \qquad (4-6)$$

其中，

$$M_i = S''(x_i), \quad i = 0, 1, 2, \cdots, n$$
$$h_i = x_i - x_{i-1}$$
$$\begin{cases} \mu_i = \dfrac{h_i}{h_i + h_{i+1}}, \quad \lambda_i = \dfrac{h_{i+1}}{h_i + h_{i+1}} = 1 - \mu_i \\ d_i = \dfrac{6}{h_i + h_{i+1}}\left(\dfrac{y_{i+1} - y_i}{h_{i+1}} - \dfrac{y_i - y_{i-1}}{h_i}\right) \end{cases} \qquad (4-7)$$

以三次自然樣條為例，設定 $M_0 = M_n = 0$，那麼可以根據以下矩陣解出 $M_1 \cdot M_2 \cdots M_{n-1}$：

$$\begin{pmatrix} 2 & \lambda_1 & \square & \square & \square \\ \mu_2 & 2 & \lambda_2 & \square & \square \\ \square & \ddots & \ddots & \ddots & \square \\ \square & \square & \mu_{n-2} & 2 & \lambda_{n-2} \\ \square & \square & & \mu_{n-1} & 2 \end{pmatrix} \begin{pmatrix} M_1 \\ M_2 \\ \vdots \\ M_{n-2} \\ M_{n-1} \end{pmatrix} = \begin{pmatrix} d_1 \\ d_2 \\ \vdots \\ d_{n-2} \\ d_{n-1} \end{pmatrix}$$

【實例 4-4】接實例 4-3，採用相同的資料，採用分段三次樣條對收益率進行插值，對比線性插值與三次樣條插值結果。

【分析解答】下面採用 Python 對收益率進行分段三次樣條插值。省略相同的程式。

```python
# 對資料進行插值
x_new = np.linspace(0,50,52*50)
f_linear = interpolate.interp1d(x, y, kind = 'linear')
f_cubic = interpolate.interp1d(x, y, kind = 'cubic')
# 繪圖
plt.figure(figsize=(10,6))
ax=plt.gca()
ax.yaxis.set_ticks_position('left')
ax.spines['left'].set_position(('data',0))
```

```
plt.plot(x, y, "o", label="原始資料")
plt.plot(x_new, f_linear(x_new),linestyle='--', label="分段線性插值")
plt.plot(x_new, f_cubic(x_new),linestyle='-.', label="分段三次樣條插值")
plt.ylabel("到期收益率(%)",fontsize = 16)
plt.xlabel("期限(年)",fontsize = 16)
plt.xticks(fontproperties = 'Times New Roman', size = 16)
plt.yticks(fontproperties = 'Times New Roman', size = 16)
plt.title("關鍵期限點插值圖",fontsize=20)
plt.legend(prop = {'size':15})
plt.legend(loc=4,fontsize=16)
plt.show()
```

輸出結果見圖 4-8。

由圖 4-8 可以看出，分段三次樣條插值同樣會透過每一個樣本點，在端點處明顯有了平滑的處理，這裡的平滑保證了一階導和二階導均連續。

（3）分段三次埃爾米特（Hermite）插值。

該插值方法保持插值曲線在節點處有切線（光滑），使得插值函數和被插值函數的擬合程度更好。即不但要求在節點處的函數值相等，而且還要求對應的一階導數值也相等（並未保證二階導數值相等）。同樣，分段三次埃爾米特插值按照分段插值的方法，把區間 [a,b] 分為若干個區間，在每個區間上使用三次 Hermite 插值。

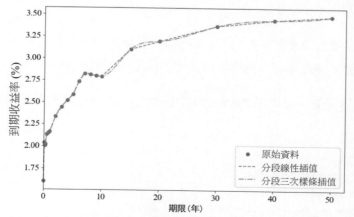

▲ 圖 4-8 透過分段線性插值與分段三次樣條插值法處理資料

如果已知函數 $y = f(x)$ 在節點 $a = x_0 < x_1 < \cdots < x_n = b$ 處的值和導數值（端點處導數值可參考「Monotone Piecewise Cubic Interpolation」一文進行求解）：

$$y_i = f(x_i), y_i' = f'(x_i), i = 0,1,2,\cdots,n$$

則在小區間 $[x_{i-1}, x_i]$ 上有四個插值條件：

$$y_{i-1} = f(x_{i-1}), y_i = f(x_i)$$
$$y_{i-1}' = f'(x_{i-1}), y_i' = f'(x_i)$$

因而可以構造一個埃爾米特三次多項式 $H(x)$，在整個 [a,b] 上利用分段三次埃爾米特插值來逼近 $f(x)$。

$$H(x) = \begin{cases} H_1(x), x_0 \leqslant x < x_1 \\ H_2(x), x_1 \leqslant t < x_2 \\ \quad\cdots\cdots \\ H_n(x), x_{n-1} \leqslant t < x_n \end{cases} \tag{4-8}$$

其中，$H_i(x)$，$x_{i-1} \leqslant t < x_i$ 滿足條件：

$$H_i(x_{i-1}) = f(x_{i-1}) = y_{i-1}, H_i(x_i) = f(x_i) = y_i$$
$$H_i'(x_{i-1}) = f'(x_{i-1}) = y_{i-1}', H_i'(x_i) = f'(x_i) = y_i'$$
$$H_i(x) = \frac{[h_i + 2(x - x_{i-1})](x - x_i)^2}{h_i^3} y_{i-1} + \frac{[h_i + 2(x - x_i)](x - x_{i-1})^2}{h_i^3} y_i +$$
$$\frac{(x - x_{i-1})(x - x_i)^2}{h_i^2} y_{i-1}' + \frac{(x - x_i)(x - x_{i-1})^2}{h_i^2} y_i'$$

其中，$h_i = x_i - x_{i-1}$。

【**實例 4-5**】接實例 4-3，採用相同的收益率資料，運用分段三次埃爾米特插值法對收益率進行處理，對比不同插值方式下的插值結果。

【**分析解答**】下面採用 Python 對收益率進行分段三次埃爾米特插值。省略相同的程式。

```
# 對資料進行插值
x_new = np.linspace(0,50,52*50)
f_linear = interpolate.interp1d(x, y, kind = 'linear')
f_cubic = interpolate.interp1d(x, y, kind = 'cubic')
```

```
f_pchip = interpolate.PchipInterpolator(x, y)
# 繪圖
plt.figure(figsize=(10,6))
ax=plt.gca()
ax.yaxis.set_ticks_position('left')
ax.spines['left'].set_position(('data',0))
plt.plot(x, y, "o", label=" 原始資料 ")
plt.plot(x_new, f_linear(x_new),linestyle='--', label=" 分段線性插值 ")
plt.plot(x_new, f_cubic(x_new),linestyle='-.', label=" 分段三次樣條插值 ")
plt.plot(x_new, f_pchip(x_new), label=" 分段三次埃爾米特插值 ")
plt.ylabel(" 到期收益率 (%)",fontsize = 16)
plt.xlabel(" 期限 ( 年 )",fontsize = 16)
plt.xticks(fontproperties = 'Times New Roman', size = 16)
plt.yticks(fontproperties = 'Times New Roman', size = 16)
plt.title(" 關鍵期限點插值圖 ",fontsize=20)
plt.legend(prop = {'size':15})
plt.legend(loc=4,fontsize=16)
plt.show()
```

輸出結果見圖 4-9。

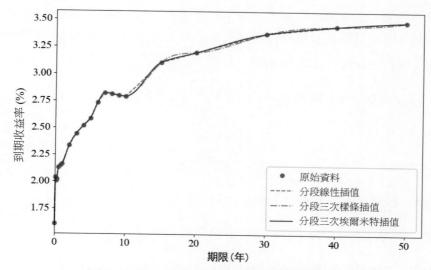

▲ 圖 4-9 透過不同的插值方式處理關鍵期限收益率

由圖 4-9 可以看出，分段三次埃爾米特插值在插值點處有一定的平滑處理，但並沒有分段三次樣條插值的平滑程度高，這是由於分段三次埃爾米特插值除了端點值相同、一階導數連續，並未保證二階導數連續，所以插值的特性介於分段線性插值與分段三次樣條插值之間。中國的中債估值中心收益率曲線的建構採用的是分段三次埃爾米特插值，該方法對樣本點的品質要求很高，所需的樣本點要經過專門的挑選，且對剩餘期限也有較高的要求。

# 4.3 債券即期收益率曲線的建構

## 4.3.1 拔靴法（bootstrapping）

到期收益率曲線描述了債券到期收益率和到期期限之間的關係。即期（或零息）收益率曲線描述了零息債券的到期收益率。部分零息債券的到期收益率可以直接得到，不能直接得到的零息債券的到期收益率，通常需要從附息債券的價格剝離求得。附息債券有很多，究竟以什麼為基準來選擇呢？在實務中，通常使用到期（或平價）收益率曲線來層層倒推即期收益率曲線，這種方法被稱為拔靴法。而到期收益率曲線通常是以最新面額發行的債券的收益率為基準確定的。拔靴法具體的計算方法如下。

（1）1 年期以下（包括 1 年）的即期收益率及貼現因數計算如下。

$$SC_t = R_t \qquad (4-9)$$

$$DF_t = \frac{1}{1 + R_t \times t} \qquad (4-10)$$

$SC_t$：距離現在年限為 $t$ 的即期收益率。

$R_t$：距離現在年限為 $t$ 的到期收益率。

$DF_t$：距離現在年限為 $t$ 的貼現因數。

（2）1 年期以上的即期收益率及貼現因數（假定每年付息一次）計算如下。

① 採用線性插值法補全每年（有些非關鍵年份無數據）的到期收益率：

$$R_k = R_a + \frac{t_k - t_a}{t_b - t_a} \times (R_b - R_a), \ a < k < b \tag{4-11}$$

$R_k$：對應年限為 $k$ 插值的到期收益率。

$R_a$：對應年限為 $a$ 的到期收益率。

$R_b$：對應年限為 $b$ 的到期收益率。

$t_i$：各點對應的到期年化時間。

② 採用拔靴法求取每年付息一次的即期收益率。

$$R_t \times 100 \times (\mathrm{DF}_1 + \cdots + \mathrm{DF}_t) + 100 \times \mathrm{DF}_t = 100 \tag{4-12}$$

$$\mathrm{DF}_t = \frac{1 - R_t \sum_{i=1}^{t-1} \mathrm{DF}_i}{1 + R_t}, t \geqslant 2 \, 且為整數 \tag{4-13}$$

【注】上述公式含義為 $t$ 年期國債現金流貼現到期初剛好均等於面額 100。求出第 2 年的貼現因數（或即期收益率）後，可以遞推第 3 年，層層遞推進行計算。

則一般複利的即期收益率 $SC_t$ 為：

$$\mathrm{SC}_t = \left(\frac{1}{\mathrm{DF}_t}\right)^{\frac{1}{t}} - 1 \tag{4-14}$$

也可將其轉為連續複利 $r_t$：

$$r_t = -\frac{1}{t} \ln \mathrm{DF}_t \tag{4-15}$$

【實例 4-6】設定國債關鍵期限點為 0.083、0.25、0.5、0.75、1、2、3、5、7、10、15、20、30、40、50 年。根據表 4-3 列出的 2022-3-28 在中國貨幣網查詢的每個關鍵期限對應的收盤到期收益率，求解並繪製即期收益率曲線。

▼ 表 4-3 2022-3-28 日終關鍵期限收盤到期收益率

| 關鍵期限（年） | 到期收益率（%） |
|:---:|:---:|
| 0.083 | 2.0252 |
| 0.25 | 2.0495 |
| 0.5 | 2.0813 |
| 0.75 | 2.1255 |
| 1 | 2.1584 |
| 2 | 2.3305 |
| 3 | 2.4288 |
| 5 | 2.5595 |
| 7 | 2.7978 |
| 10 | 2.7993 |
| 15 | 3.1206 |
| 20 | 3.2105 |
| 30 | 3.3817 |
| 40 | 3.4486 |
| 50 | 3.4801 |

資料來源：中國貨幣網

【分析解答】①對於 1 年及以下的關鍵期限點，根據公式（4-9）和公式（4-10）計算即期收益率和貼現因數，有：

$$SC_{0.083} = R_{0.083} = 2.0252\%$$
$$SC_{0.25} = R_{0.25} = 2.0495\%$$
$$\cdots\cdots$$
$$SC_1 = R_1 = 2.1584\%$$
$$DF_1 = \frac{1}{1 + 2.1584\% \times 1} = 0.978872$$

② 對於 1 年以上的期限點，根據公式（4-12）、公式（4-13）和公式（4-14）計算即期收益率和貼現因數，有：

$$R_2 \times 100 \times (\text{DF}_1 + \text{DF}_2) + 100 \times \text{DF}_2 = 100$$

$$\text{DF}_2 = \frac{1 - R_2 \times \text{DF}_1}{1 + R_2} = \frac{1 - 2.3305\% \times 0.978872}{1 + 2.3305\%} = 0.954933$$

$$\text{SC}_2 = \left(\frac{1}{\text{DF}_2}\right)^{\frac{1}{2}} - 1 = 2.332\,5\%$$

$$\text{DF}_3 = \frac{1 - R_3 \times [\text{DF}_1 + \text{DF}_2]}{1 + R_3} = \frac{1 - 2.4288\% \times [0.978872 + 0.954933]}{1 + 2.4288\%} = 0.930433$$

$$\text{SC}_3 = \left(\frac{1}{\text{DF}_3}\right)^{\frac{1}{3}} - 1 = 2.4326\%$$

……

後續貼現因數與即期收益率的計算方法同上。

需要注意的是，比如不知道第 4 年到期收益率 $R_4$，可以採用線性插值法對其進行插值。根據公式（4-11），有：

$$R_4 = R_3 + \frac{t_4 - t_3}{t_5 - t_3} \times (R_5 - R_3) = 2.4288\% + \frac{4 - 3}{5 - 3} \times (2.5595\% - 2.4288\%) = 2.4942\%$$

此外，如果將一般複利轉化為連續複利，根據公式（4-15），有：

$$r_2 = -\frac{1}{2}\ln\text{DF}_2 = 2.3057\%$$

$$r_3 = -\frac{1}{3}\ln\text{DF}_3 = 2.4035\%$$

……

後續連續複利即期收益率的計算方法同上。

下面採用 Python 撰寫求解即期（零息）收益率曲線的函數（Bond_Spot-ratecurve）。

```
# 匯入需要的函數庫
import numpy as np
```

```python
import pandas as pd
import matplotlib.pyplot as plt
from pylab import mpl
import scipy.interpolate as si
mpl.rcParams['font.sans-serif']=['SimHei']
mpl.rcParams['axes.unicode_minus']=False
# 撰寫建構即期收益率曲線的函數
def Bond_Spotratecurve (year_array,ytm_array):
    '''
    :param year_array: 到期年化時間矩陣；
    :param ytm_array:  對應到期年化時間的到期收益率；
    :return: 計算返回所有到期時間、到期收益率、貼現因數、一般複利的即期收益率、連續複利的
即期收益率。
    '''
    # 對原始資料處理
    for s in range(1, len(year_array)):
        if year_array[s] >= 1: break
    matruity_new = np.arange(1, 51, 1)  # 每年付息一次，擴充期限至 50 年
    matruity_new = np.append(year_array[0:s],matruity_new)
    Zero_rates = np.zeros(len(matruity_new))    # 定義一般複利即期收益率陣列
    Zero_rates_continuous = np.zeros(len(matruity_new))  # 定義連續複利即期收益率陣列
    DFs = np.zeros(len(matruity_new))  # 定義貼現因數陣列
    # 線性插值補充付息頻率為 1 年的到期收益率
    func = si.interp1d(maturity, ytm_array, kind="slinear")  # 線性插值
    ytm_new = func(matruity_new)
    # 求取前 1 年及以內的貼現因數與即期收益率曲線
    i = 0
    while i <= np.argwhere(matruity_new == 1):  # 年限 ≤1 的即期收益率與貼現因數求解
        Zero_rates[i] = ytm_new[i]
        DFs[i] = 1 / (1 + ytm_new[i] * matruity_new[i])
        Zero_rates_continuous[i] = -1/(matruity_new[i]) * np.log(DFs[i])
        i = i + 1
    # 求取大於 1 年的貼現因數與即期收益率
    add = np.zeros(len(matruity_new))
    add[np.where(matruity_new == 1)] = DFs[matruity_new == 1]
    while i <= len(matruity_new) - 1:
        DFs[i] = (1 - ytm_new[i] * add[i - 1]) / (1 + ytm_new[i])
        add[i] = add[i - 1] + DFs[i]
        Zero_rates[i] = (1 / DFs[i]) ** (1 / (i - 3)) - 1
```

```
        Zero_rates_continuous[i] = -1/matruity_new[i] * np.log(DFs[i])
        i = i + 1
    rate_sum=pd.DataFrame({'T.':matruity_new,'YTM':ytm_new*100,'DF':DFs,
            'Zero_rates':Zero_rates*100,'Zero_rates_continuous':Zero_rates_
continuous*100})
    return rate_sum
```

呼叫 Bond_Spotratecurve 函數並輸入對應參數計算即期（或零息）收益率。

```
maturity=np.array([0.083,0.25, 0.5,  0.75,  1,
                   2,   3,    5,    7,   10,
                   15,  20,   30,   40,  50])
ytm=np.array([2.0252, 2.0495, 2.0813, 2.1255, 2.1584,
              2.3305, 2.4288, 2.5595, 2.7978, 2.7993,
              3.1206, 3.2105, 3.3817, 3.4486, 3.4801
              ])/100
SPOT_RATE_CURVE_TEST=Bond_Spotratecurve (year_array=maturity,ytm_array=ytm)
print(round(SPOT_RATE_CURVE_TEST,4))
```

輸出結果（部分）：

|    | T.     | YTM    | DF     | Zero_rates | Zero_rates_continuous |
|----|--------|--------|--------|------------|-----------------------|
| 0  | 0.083  | 2.0252 | 0.9983 | 2.0252     | 2.0235                |
| 1  | 0.250  | 2.0495 | 0.9949 | 2.0495     | 2.0443                |
| 2  | 0.500  | 2.0813 | 0.9897 | 2.0813     | 2.0705                |
| 3  | 0.750  | 2.1255 | 0.9843 | 2.1255     | 2.1087                |
| 4  | 1.000  | 2.1584 | 0.9789 | 2.1584     | 2.1354                |
| 5  | 2.000  | 2.3305 | 0.9549 | 2.3325     | 2.3057                |
| 6  | 3.000  | 2.4288 | 0.9304 | 2.4326     | 2.4035                |
| 7  | 4.000  | 2.4942 | 0.9060 | 2.4996     | 2.4689                |
| 8  | 5.000  | 2.5595 | 0.8810 | 2.5674     | 2.5350                |
| 9  | 6.000  | 2.6786 | 0.8526 | 2.6939     | 2.6582                |
| 10 | 7.000  | 2.7978 | 0.8230 | 2.8221     | 2.7830                |
| 11 | 8.000  | 2.7983 | 0.8006 | 2.8196     | 2.7806                |
| 12 | 9.000  | 2.7988 | 0.7787 | 2.8178     | 2.7788                |
| 13 | 10.000 | 2.7993 | 0.7575 | 2.8165     | 2.7775                |

繪製圖形的程式如下。

```
# 繪製按照計息週期插值的即期收益率曲線
plt.figure(figsize=(10,6))
ax=plt.gca()
ax.yaxis.set_ticks_position('left')
```

```
ax.spines['left'].set_position(('data',0))
plt.scatter(maturity,ytm*100)
plt.plot(SPOT_RATE_CURVE_TEST['T.'],SPOT_RATE_CURVE_TEST['YTM'],label=u' 到期收益率 ',lw=2.5)
plt.plot(SPOT_RATE_CURVE_TEST['T.'],SPOT_RATE_CURVE_TEST['Zero_rates'],linestyle='-.',label=
u' 即期收益率（一般複利）',lw=2.5)
plt.plot(SPOT_RATE_CURVE_TEST['T.'],SPOT_RATE_CURVE_TEST['Zero_rates_continuous'],linestyle=
'--',label=u' 即期收益率（連續複利）',lw=2.5)
plt.xlabel(u' 期限（年）',fontsize=16)
plt.ylabel(u' 收益率 (%)',fontsize=16)
plt.title(u' 收益率曲線 ',fontsize=20)
plt.xticks(fontproperties = 'Times New Roman', size = 16)
plt.yticks(fontproperties = 'Times New Roman', size = 16)
plt.legend(loc=4,fontsize=16)
plt.show()
```

輸出結果見圖 4-10。

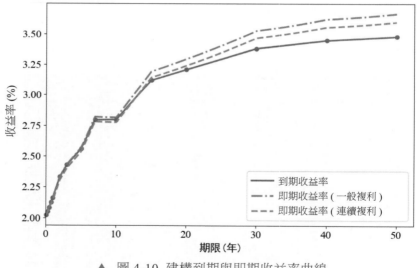

▲ 圖 4-10 建構到期與即期收益率曲線

　　從圖 4-10 可以發現，隨著到期期限增加，到期收益率曲線為向上遞增的趨勢，即期（零息）收益率曲線位於其上方。連續複利的即期收益率是小於一般複利的，這是由於將一般複利等價轉為連續複利，連續複利相當於無數次複利，而並非按年複利。

## 4.3.2 NS 模型與 NSS 模型

除了 4.2.1 中介紹的分段多項式的擬合方法，還有一種擬合模型可以用來求解即期收益率函數——NS（Nelson-Siegel）模型。納爾遜（Nelson）和西格爾（Siegel）在 1987 年提出了一個採用參數表示暫態（即期限為 0 的）遠期收益率的函數：

$$f(t) = \beta_0 + \beta_1 e^{-\frac{t}{m}} + \beta_2 \frac{t}{m} e^{-\frac{t}{m}} \qquad (4-16)$$

對應的即期收益率函數為：

$$R(t) = \frac{1}{t}\int_0^t f(0,\tau)\mathrm{d}\tau = \beta_0 + \beta_1 \frac{1-e^{-\frac{t}{m}}}{\frac{t}{m}} + \beta_2 \left( \frac{1-e^{-\frac{t}{m}}}{\frac{t}{m}} - e^{-\frac{t}{m}} \right) \qquad (4-17)$$

$t$：到期年限。

$\beta_0$：不衰減，對所有收益率期限影響一致，水平因數。

$\beta_1$：衰減，對短期收益率影響大，斜率因數。

$\beta_2$：先增加後衰減，對中期收益率影響大，曲度因數。

$m$：衰減速度。

由公式（4-16）可以定性分析出：當 $t$ 趨近 0 時，第二項趨近於 $\beta_1$，第三項趨近於 0，下限 $f(0) = \beta_0 + \beta_1$；當 $t$ 趨近正無限大時，上限 $f(+\infty) = \beta_0$。

為了更進一步地擬合成熟市場中更為複雜的收益率曲線，斯文松（Svensson）將 NS 模型進行了推廣（即 NSS 模型），引進了另外兩個參數——$\beta_3$ 和 $n$，獲得了以下即期收益率函數：

$$R(t) = \frac{1}{t}\int_0^t f(0,\tau)\mathrm{d}\tau =$$

$$\beta_0 + \beta_1 \frac{1-\mathrm{e}^{-\frac{t}{m}}}{\frac{t}{m}} + \beta_2\left(\frac{1-\mathrm{e}^{-\frac{t}{m}}}{\frac{t}{m}} - \mathrm{e}^{-\frac{t}{m}}\right) + \beta_3\left(\frac{1-\mathrm{e}^{-\frac{t}{n}}}{\frac{t}{n}} - \mathrm{e}^{-\frac{t}{n}}\right) \tag{4-18}$$

【實例 4-7】依據中國貨幣網 2022-3-28 公佈的國債收盤即期收益率曲線，採用 NS 模型和 NSS 模型對其進行擬合。

【分析解答】下面使用 Python 來具體實現。

```python
# 匯入需要的函數庫
#pip install PyCurve
from PyCurve.nelson_siegel import NelsonSiegel
from PyCurve.curve import Curve
import numpy as np
import matplotlib.pyplot as plt
from pylab import mpl
mpl.rcParams['font.sans-serif']=['SimHei']
mpl.rcParams['axes.unicode_minus']=False
# 設定時間與收益率資料，建構曲線
time = np.array([0.08,0.1,0.2,0.25,0.5,0.75,1,
                 2,3,4,5,6,7,8,9,10,15,20,30,40,50])
d_rate = np.array([2.0252,2.0276,2.0422,2.0495,2.0813,2.1255,
                   2.1584,2.3325,2.4326,2.4996,2.5674,2.6939,
                   2.8221,2.8196,2.8178,2.8165,3.1947,3.2957,
                   3.5295,3.6225,3.6655])/100
curve = Curve(time,d_rate)
# 採用 NS 模型對曲線進行擬合
ns = NelsonSiegel(0.1,0.4,12,1)
ns.calibrate(curve)
# 繪圖
xHat = np.linspace(min(time), max(time), num=10000)
yHat = ns.d_rate(xHat)
plt.figure(figsize=(10,6))
ax=plt.gca()
ax.yaxis.set_ticks_position('left')
ax.spines['left'].set_position(('data',0))
```

```
plt.scatter(time, d_rate*100, c='#0000FF', alpha=0.4, label=' 原始資料 ')
plt.plot(xHat, yHat*100,'red',linestyle='-',label=' 即期收益率 ')
plt.plot(xHat, (ns.forward_rate(xHat,xHat+0.0001)*100)),'c',linestyle='-.',label=' 暫態
遠期收益率 ')
plt.plot(xHat, np.linspace(ns.beta0*100,ns.beta0*100,num=10000),'b',linestyle=':',lab
el=' 上限 ')
plt.plot(xHat, np.linspace((ns.beta0+ns.beta1)*100,(ns.beta0+ns.beta1)*100,num=10000),
'g',linestyle=':',label=' 下限 ')
plt.title("NS 模型擬合圖 ",fontsize=20)
plt.xlabel(' 期限（年）',fontsize=16)
plt.ylabel(' 收益率 (%)',fontsize=16)
plt.xticks(fontsize=16)
plt.yticks(fontsize=16)
plt.legend(fontsize=14)
plt.show()
```

可以得到擬合的相關參數與校準誤差：

```
Nelson Siegel Model
============================
beta0 = 0.03933330696140994
beta1 = -0.019063120957992865
beta2 = -0.00010303940410455459
tau = 6.77547034713086

----------------------------
============================
Calibration Results
============================
CONVERGENCE: REL_REDUCTION_OF_F_<=_FACTR*EPSMCH
Mean Squared Error 3.212251152123714e-06
Number of Iterations 37
```

輸出結果見圖 4-11。

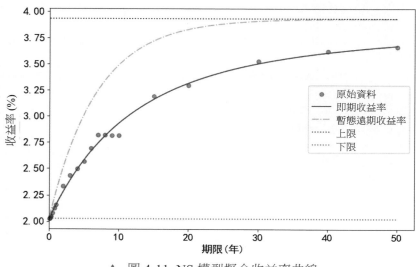

▲ 圖 4-11　NS 模型擬合收益率曲線

　　由圖 4-11 可以看出，NS 模型擬合由於只有 4 個參數，相對於 4.2.1 小節中的分段擬合的方式，操作相對簡單，各個參數有一定的經濟意義，並且具有一定的靈活度。下面採用 NSS 模型進行擬合。

```
from PyCurve.svensson_nelson_siegel import NelsonSiegelAugmented
nss = NelsonSiegelAugmented(0.1,0.4,12,12,1,1)
nss.calibrate(curve)
```

　　可以得到擬合的相關參數與校準誤差：

```
Augmented Nelson Siegel Model
=============================
beta0 = 0.03672387732285598
beta1 = -0.017489743774237464
beta2 = -0.16381544663240444
beta3 = 0.1444932708164943
tau = 1.2018254007432119
tau2 = 1.0634764105739392

=============================
=============================
Calibration Results
=============================
CONVERGENCE: REL_REDUCTION_OF_F_<=_FACTR*EPSMCH
Mean Squared Error 1.548651859048141e-05
Number of Iterations 23
```

繪製圖形的程式如下。

```
# 繪圖
yHat1 = nss.d_rate(xHat)
plt.figure(figsize=(10,6))
ax=plt.gca()
ax.yaxis.set_ticks_position('left')
ax.spines['left'].set_position(('data',0))
plt.scatter(time, d_rate*100, c='#0000FF', alpha=0.4, label=' 原始資料 ')
plt.plot(xHat, yHat*100,'red',linestyle='-',label='NS 模型 ')
plt.plot(xHat, yHat1*100,'blue',linestyle='--',label='NSS 模型 ')
plt.title("NS 與 NSS 模型擬合圖 ",fontsize=20)
plt.xlabel(' 期限 ( 年 )',fontsize=16)
plt.ylabel(' 即期收益率 (%)',fontsize=16)
plt.xticks(fontsize=16)
plt.yticks(fontsize=16)
plt.legend(loc=4,fontsize=14)
plt.show()
```

輸出結果見圖 4-12。

由圖 4-12 可以看出，NSS 模型對於簡單類型的收益率曲線更容易過擬合。在實操中沒有發現它顯著強於 NS 模型，此外在擬合的時候 NSS 模型更容易發生扭曲的情形，這並不是分析者希望看到的結果。

需要說明的是，如果想要更為精確地擬合收益率曲線，可以採用更多的債券樣本，採用 NS 模型或 NSS 模型中的即期收益率，得到相應的貼現函數，計算債券的理論價格，再將債券理論價格與債券市場實際價格之差作為目標函數，並以最小平方法進行參數估計獲取 NS 或 NSS 模型參數。

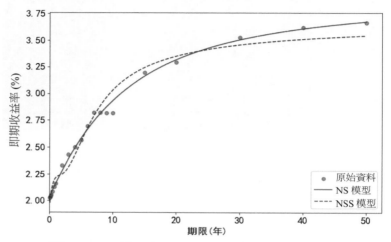

▲ 圖 4-12 NS 模型與 NSS 模型擬合即期收益率曲線對比

# 4.4 債券遠期收益率曲線的建構

遠期收益率是未來某個時點到另一個時點的收益率，在確定了即期收益率曲線後，所有的遠期收益率都可以根據即期收益率求得。舉例來說，假設一年期即期收益率為 3%，兩年期即期收益率為 4%（兩者都用年複利）。粗略估計，遠期收益率第一年末到第二年末的收益率是 5%。這是因為第一年為 3%，第二年為 5%，兩年平均為 4%（兩年期即期收益率）。接下來進行精確的計算。

這裡考慮離散的一般複利。假設所有收益率都用年複利表示，有以下等式：

$$(1 + SC_{t-1})^{t-1}(1 + F_{t-1,t}) = (1 + SC_t)^t \qquad (4-19)$$

$F_{t-1,t}$：第 $t$-1 年至第 $t$ 年的遠期收益率。

$SC_t$：$t$ 年的即期收益率。

$SC_{t-1}$：$t-1$ 年的即期收益率。

【實例 4-8】使用實例 4-6 的相關資料與計算得到的即期收益率，計算並建構當日的遠期收益率曲線。

【分析解答】由於預設的付息頻率為年，所以計算遠期收益率也按每年來處理。具體的計算過程如下。

對於 0 ～ 1 年的遠期收益率，認為等於 1 年期的即期收益率。

$$F_{0,1} = SC_1 = 2.1584\%$$

對於 1 ～ 2 年的遠期收益率，則有：

$$(1 + SC_1)^1(1 + F_{1,2}) = (1 + SC_2)^2$$
$$F_{1,2} = \frac{(1 + 2.3325\%)^2}{1 + 2.1584\%} - 1 = 2.5069\%$$

對於 2 ～ 3 年的遠期收益率，則有：

$$(1 + SC_2)^2(1 + F_{2,3}) = (1 + SC_3)^3$$
$$F_{2,3} = \frac{(1 + 2.4326\%)^3}{(1 + 2.3325\%)^2} - 1 = 2.6331\%$$

......

其餘期限，類比計算。

下面接實例 4-6 程式，採用 Python 來計算。

```
# 呼叫前面計算好的即期收益率函數 SPOT_RATE_CURVE_TEST 獲取期限和即期收益率
Zero_rates=list(SPOT_RATE_CURVE_TEST[SPOT_RATE_CURVE_TEST['T.']>=1]['Zero_rates']/100)
# 計算遠期收益率
F_rate=[Zero_rates[0]]
for i in range(0,len(Zero_rates)-1):
    F_rate.append((1+Zero_rates[i+1])**(i+2)/(1+Zero_rates[i])**(i+1)-1)
```

```
F_rate_sum=pd.DataFrame({'T.':list(range(1, len(F_rate)+1)),'forward_rate':np.array(F_
rate)*100})
print(np.round(F_rate_sum,4))
```

輸出結果（部分）：

```
     T.  forward_rate
0    1        2.1584
1    2        2.5069
2    3        2.6331
3    4        2.7008
4    5        2.8392
5    6        3.3287
6    7        3.5946
7    8        2.8023
8    9        2.8034
9   10        2.8045
```

繪製圖形的程式如下：

```
# 整理到期收益率、即期收益率、遠期收益率繪圖
plt.figure(figsize=(10,6))
ax=plt.gca()
ax.yaxis.set_ticks_position('left')
ax.spines['left'].set_position(('data',0))
plt.scatter(maturity,ytm*100)
plt.plot(SPOT_RATE_CURVE_TEST['T.'],SPOT_RATE_CURVE_TEST['YTM'],label=u' 到期收益率
',lw=2.5)
plt.plot(SPOT_RATE_CURVE_TEST['T.'],SPOT_RATE_CURVE_TEST['Zero_rates'],linestyle='-
.',label=u' 即期收益率 ',lw=2.5)
plt.plot(F_rate_sum['T.'],F_rate_sum['forward_rate'],linestyle='--',label=u' 遠期收益率
',lw=2.5)
plt.xlabel(u' 期限 ( 年 )',fontsize=16)
plt.ylabel(u' 收益率 (%)',fontsize=16)
plt.title(u' 收益率曲線 ',fontsize=20)
plt.xticks(fontproperties = 'Times New Roman', size = 16)
plt.yticks(fontproperties = 'Times New Roman', size = 16)
plt.legend(loc=4,fontsize=16)
plt.show()
```

輸出結果見圖 4-13。

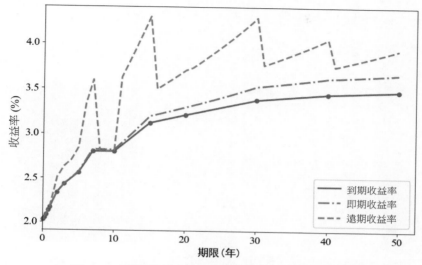

▲ 圖 4-13　到期收益率、即期收益率、遠期收益率曲線

以上計算結果基本與中國外匯交易中心當日公佈的收益率曲線一致。值得注意的是，遠期收益率曲線在中長期存在非常高窄的鋸齒和上下波動變化。導致這類問題的原因，主要是基準債券的選擇與線性的插值方法。感興趣的讀者可自行選擇樣本債券，採用不同的插值或擬合方法進行最佳化處理。

# 4.5　本章小結

債券的到期收益率曲線的建構方法有兩大類：插值法和擬合法。不同的機構依據自己的實際需求選用的樣本及方法不同。其中，插值法通常會經過每個樣本點，對樣本的要求更高。在實務中，債券即期收益率曲線可採用拔靴法或 NS 模型（或 NSS 模型），遠期收益率曲線可由即期收益率曲線推導出。中債、中證、中國外匯交易中心、上清所以及 YY 評級等機構都提供收益率曲線，分析者可根據自己的實際需求情況適當選擇。

# MEMO

# 5 債券的估值與風險計量

　　債券的估值是確定債券公允價格的過程，即判斷債券在某天某個時刻的公允價格應該為多少。債券的風險計量是判斷有哪些因素會影響債券的價格，比如，市場收益率變動會導致債券的價格如何變化。本章主要介紹債券的估值與風險計量。

# 5.1 固定利率債券的估值

........................................................................................

對於常見的固定利率債券，估值的核心思想是將未來的現金流（本息）進行貼現求和。其中，貼現收益率可採用對應的到期收益率或即期收益率加上對應利差，貼現求和得到的結果是債券的現值（或估值全價）。本章涉及的現值均以全價表示。

## 5.1.1 固定利率債券現值的計算

$$PV = \sum_{i=1}^{n} \frac{CF_i}{\left(1 + \frac{r_{t_i} + \text{spread}}{f}\right)^{\frac{d}{TS} + i - 1}} \tag{5-1}$$

$$CF_i = C \times T_i \times m_i + V_i$$

PV：債券的現值（或估值全價）。

$CF_i$：債券待償期內各期現金流數額（包含本金和利息）。

$C$：固定利率債券的票面年利率。

$T_i$：根據債券計息基準計算的計息區間年化期限。

$m_i$：第 $i$ 個付息日百元面額剩餘本金值。

$V_i$：第 $i$ 個付息日百元還本量。

$r_{t_i}$：債券所在收益率曲線（根據債券類型與評級判定）的對應即期收益率。

spread：即期利差，首次由一級市場發行價格確定，後續結合二級市場報價交易情況進行調整；如果難以確認，也可依據第三方機構提供的估值全價反推。

$f$：債券的付息頻率。

$d$：估值日至下一最近計畫付息日的自然日天數。

$TS$：當前付息週期的自然日天數。

$n$：未來付息次數。

【注】非提前還本債券，$m_i=100$，$V_i=0$（$i \neq n$），$V_i=100$（$i=n$）。

【實例 5-1】金融機構 A 持有 10 廣東高速債券，相關的債券資訊如表 5-1 所示。請在 2022-5-18 日終對該債券進行估值。

▼ 表 5-1　10 廣東高速債券的基本資訊

| 債券簡稱 | 10 廣東高速債券 | 債券程式 | 1080073 |
|---|---|---|---|
| 債券類型 | 企業債 - 普通企業債 | 發行人 | 廣東省高速公路有限公司 |
| 債券起息日 | 2010-7-2 | 債券到期日 | 2025-7-2 |
| 付息頻率 | 1 年 1 次 | 發行期限 | 15 年 |
| 息票類型 | 附息式固定利率 | 面額 | 100 元 |
| 計息基準 | ACT/ACT | 票面利率(%) | 4.68 |
| 債項評級 | AAA | 主體評級 | AAA |

資料來源：Wind 資訊

【分析解答】依據債券基本資訊可以分析出剩餘期限的付息計畫，見表 5-2。

▼ 表 5-2　10 廣東高速債券的剩餘期限付息計畫

| 開始日期 | 結束日期 | 付息次數 | 現金流（元） |
|---|---|---|---|
| 2021-7-2 | 2022-7-2 | 1 | 4.68 |
| 2022-7-2 | 2023-7-2 | 2 | 4.68 |
| 2023-7-2 | 2024-7-2 | 3 | 4.68 |
| 2024-7-2 | 2025-7-2 | 4 | 4.68+100 |

首先，獲取債券類型為企業債，債項評級為 AAA（如無債項選擇主體評級）的中債即期收益曲線，對相關現金流發生日（結束日期）進行收益率的插值處理。需要注意的是，國外評級或一些特殊評級與中國的評級機構的尺度不同，需要建立相關映射關係使得對應的收益率曲線正確。表 5-3 為 2022-5-18 日終中債企業債的即期收益率（AAA）。

▼ 表 5-3 2022-5-18 日終中債企業債的即期收益率（AAA）

| 關鍵期限（年） | 即期收益率（%） |
|:---:|:---:|
| 0 | 1.6688 |
| 0.08 | 1.7853 |
| 0.25 | 1.9327 |
| 0.5 | 2.1304 |
| 0.75 | 2.2287 |
| 1 | 2.3176 |
| 2 | 2.5962 |
| 3 | 2.8459 |
| 4 | 3.1287 |
| 5 | 3.2611 |
| 6 | 3.3217 |
| 7 | 3.4245 |
| 8 | 3.4445 |
| 9 | 3.6106 |
| 10 | 3.7275 |

資料來源：中國債券資訊網——中債收益率、Wind 資訊

$$d = \text{days}(2022\text{-}7\text{-}2 - 2022\text{-}5\text{-}18) = 45$$
$$\text{TS} = \text{days}(2022\text{-}7\text{-}2 - 2021\text{-}7\text{-}2) = 365$$

2022-7-2 的插值收益率為：

$$r_{2022\text{-}7\text{-}2} = 1.7853\% + \frac{\frac{45}{365} - 0.08}{0.25 - 0.08} \times (1.9327\% - 1.7853\%) = 1.822833\%$$

同理，2023-7-2 的插值收益率為：

$$r_{2023\text{-}7\text{-}2} = 2.3176\% + \frac{\frac{45}{365} + 1 - 1}{2 - 1} \times (2.5962\% - 2.3176\%) = 2.351948\%$$

其餘現金流發生日類比插值。

其次，依據信用溢價、流動性溢價以及市場行情，金融機構 A 確定的即期利差為 0.124848%。

最後，將相關具體參數代入公式（5-1）可以計算得到 10 廣東高速債券在 2022-5-18 日終的估值價格。

$$PV = \frac{4.68}{(1 + 1.822833\% + 0.124848\%)^{\frac{45}{365}}}$$
$$+ \frac{4.68}{(1 + 2.351948\% + 0.124848\%)^{\frac{45}{365} + 1}} + \cdots$$
$$+ \frac{104.68}{(1 + 2.880766\% + 0.124848\%)^{\frac{45}{365} + 3}} = 109.0722 （元）$$

下面採用 Python 撰寫計算固定利率債券的估值函數（Fixed_Bond_Valuation）。

```python
# 載入需要使用的函數庫
from ACT_SUM import *
from datetime import date
import numpy as np
import scipy.interpolate as si
# 固定利率債券的估值函數（計算 PV）
def Fixed_Bond_Valuation(cal_date,start_date,yearlength,fre, R,m,ACC_type,spread,
                        curve_time,curve_list):
    '''
    :param cal_date: 計算日期；
```

```
:param start_date: 債券的起息日；
:param yearlenth: 債券的發行年限；
:param fre: 債券的付息頻率；
:param R: 債券的百元票面利息；
:param m: 未到期債券的百元剩餘本金，無本金攤還計畫填寫數值，否則填寫目前攤還計畫；
:param ACC_type: 債券的計息基準，如 'ACT_ACT_AVE','ACT_360','ACT_365'，可自行根據需求增加；
:param spread: 即期利差；
:param curve_time: 收益率曲線的關鍵期限點（年）；
:param curve_list: 對應關鍵期限點的收益率；
:return: 返回計算債券的估值全價。
'''
# 生成付息計畫
schedule = coupon_schedule(start_date=start_date, yearlenth=yearlenth, fre=fre)
# 判斷計算日在哪兩個附息計畫之間
for i in range(1, len(schedule)):
    if schedule[i] >= cal_date: break
# 設定本金計畫，如填寫本金攤還計畫 list 不處理
flag=1
if isinstance(m,list):   # 有還本計畫
    flag=0
else:              # 無還本計畫
    m = [m] * (len(schedule) - 1)
# 計算日不處於最後付息週期的計算邏輯
if  cal_date<schedule[-2]:
    # 生成債券的利息現金流計畫
    j = i
    ACC = []
    for j in range(j, len(schedule)):
        if ACC_type == 'ACT_ACT_AVE':
            ACC.append(ACT_ACT_AVE(start_date=start_date, yearlenth=yearlenth,
                    fre=fre, cal_date=schedule[j], coupon=R, m=m[j-1]))
        elif ACC_type == 'ACT_360':
            ACC.append(ACT_360(start_date=start_date, yearlenth=yearlenth,
                    fre=fre, cal_date=schedule[j], coupon=R,m=m[j-1]))
        elif ACC_type == 'ACT_365':
            ACC.append(ACT_365(start_date=start_date, yearlenth=yearlenth,
                    fre=fre, cal_date=schedule[j], coupon=R,m=m[j-1]))
    TS = schedule[i] - schedule[i - 1] # 當前付息週期自然日天數
    d = schedule[i] - cal_date
```

```
                # 對相關現金流發生日進行收益率的插值處理
                coupon_time_list=[]
                for s in range(len(schedule[i:])):
                        coupon_time_list.append(d.days/365+s/fre)
                func = si.interp1d(curve_time, curve_list, kind="slinear")    # 線性插值
                spot_new = func(coupon_time_list)
                # 求取現金流的貼現和
                ACC_list = []
                for n in range(0, len(ACC)):
                        ACC_list.append( (ACC[n]+m[i+n-2]-m[i+n-1])/ pow(1 + (spot_new[n]+spread) /
                                   fre, d / TS + n))
                ACC_list.append(m[-1]*flag / pow(1 + (spot_new[-1]+spread) / fre, d / TS + n ))
                return sum(ACC_list)
        # 計算日處於最後付息週期的計算邏輯
        else:
                Last_ACC=ACT_ACT_AVE(start_date=start_date,yearlenth=yearlenth,fre=fre,
                                   cal_date=schedule[-1],coupon=R,m=m[-1])
                FV=m[-1]+Last_ACC
                # 計算 D 與 TY
                TY_sch = coupon_schedule(start_date=start_date, yearlenth=1, fre=1)
                TY = TY_sch[-1] - TY_sch[-2]    # 當前計息年度的自然日天數，算頭不算尾
                D = schedule[-1] - cal_date    # 債券結算日至到期兌付日的自然日天數；
                func = si.interp1d(curve_time, curve_list, kind="slinear")    # 線性插值
                spot_new = func(D/TY)
                return FV/(1+(spot_new+spread)*D/TY)
```

呼叫 Fixed_Bond_Valuation 函數並輸入對應參數計算債券的估值全價。

```
maturity=np.array([0,0.08,0.25,0.5,0.75,1,
                   2,3,4,5,6,7,8,9,10])
spot_rate=np.array([1.6688,1.7853,1.9327,2.1304,2.2287,2.3176,
                    2.5962,2.8459,3.1287,3.2611,3.3217,3.4245,
                    3.4445,3.6106,3.7275])/100
bond_1= Fixed_Bond_Valuation(cal_date=date(2022,5,18),start_date=date(2010,7,2),
                             yearlenth=15,fre=1,R=4.68,m=100,
                             ACC_type="ACT_ACT_AVE",spread=0.00124848,
                             curve_time=maturity,curve_list=spot_rate)
print(' 計算得到債券的估值全價：',round(bond_1,4))
```

輸出結果：

```
計算得到債券的估值全价： 109.0722
```

## 5.1.2 G-spread 與 Z-spread

（1）G-spread。透過試誤法，不斷地調整利差，使債券的現值剛好等於債券的市場全價或估值全價。其中，G-spread 中的 G 代表政府國債（Government-Bond），即求出的利差是債券的到期收益率與國債到期收益率之間的利差。

$$PV = \sum_{i=1}^{n} \frac{CF_i}{\left(1 + \dfrac{y_t + G_{\text{spread}}}{f}\right)^{\frac{d}{TS} + i - 1}} \tag{5-2}$$

$y_t$：與計算債券相同到期時間的國債到期收益率。

$G_{\text{spread}}$：與國債到期收益率之間的利差。

【注】其他參數含義同公式（5-1）。

【實例 5-2】接實例 5-1 的債券資訊，10 廣東高速債券在 2022-5-18 日終的百元面額估值全價為 109.072 2 元，請計算該債券的 $G_{\text{spread}}$。

【分析解答】獲取 2022-5-18 日終的國債到期收益率資料，對最後 1 期現金流發生日進行收益率的插值處理。表 5-4 為 2022-5-18 日終中債國債到期收益率。

▼ 表 5-4 2022-5-18 日終中債國債到期收益率

| 關鍵期限（年） | 到期收益率（%） |
| --- | --- |
| 0 | 1.2268 |
| 0.08 | 1.4503 |
| 0.17 | 1.6481 |
| 0.25 | 1.6601 |

（續表）

| 關鍵期限（年） | 到期收益率（%） |
|:---:|:---:|
| 0.5 | 1.7905 |
| 0.75 | 1.8443 |
| 1 | 1.9275 |
| 2 | 2.2439 |
| 3 | 2.3356 |
| 4 | 2.4402 |
| 5 | 2.5424 |
| 6 | 2.7067 |
| 7 | 2.7899 |
| 8 | 2.787 |
| 9 | 2.7824 |
| 10 | 2.7801 |

資料來源：中國債券資訊網——中債收益率、Wind 資訊

$$y_{2025\text{-}7\text{-}2} = 2.3356\% + \frac{\frac{45}{365} + 3 - 3}{4 - 3} \times (2.4402\% - 2.3356\%) = 2.348496\%$$

根據已有條件，代入公式（5-2）：

$$PV = \frac{4.68}{\left(1 + 2.348496\% + G_{\text{spread}}\right)^{\frac{45}{365}}} + \frac{4.68}{\left(1 + 2.348496\% + G_{\text{spread}}\right)^{\frac{45}{365}+1}} + \cdots$$
$$+ \frac{104.68}{\left(1 + 2.348496\% + G_{\text{spread}}\right)^{\frac{45}{365}+3}} = 109.0722 \ (元)$$

可以計算得到

$$G_{\text{spread}} = 0.63894\%$$

因此，可以得出結論：相對於國債到期收益率，10 廣東高速債券的到期利差為 0.638 94%。事實上，還可以換位思考，到期利差為債券本身的到期收益率減去對應國債到期期限的到期收益率：$G_{spread} = y - y_{2025\text{-}7\text{-}2}$。

（2）Z-spread。透過試誤法，不斷調整利差，使得債券的現值剛好等於債券的市場全價或估值全價。其中 Z-spread 中的 Z 代表零息（Zero），即求出的利差是債券的即期收益率與國債即期收益率之間的利差。

$$PV = \sum_{i=1}^{n} \frac{CF_i}{\left(1 + \dfrac{r_{t_i} + Z_{spread}}{f}\right)^{\frac{d}{TS} + i - 1}} \tag{5-3}$$

$Z_{spread}$：與國債即期收益率之間的利差。

$r_{t_i}$：與計算債券相同現金流發生日的國債即期收益率。

【注】其他參數含義同公式（5-1）。

【實例 5-3】接實例 5-1 的債券資訊，10 廣東高速債券在 2022-5-18 日終的百元面額估值全價為 109.072 2 元，請計算該債券的 Z-spread。

【分析解答】獲取 2022-5-18 日終的國債即期收益率，對現金流發生日進行收益率的插值處理。表 5-5 為 2022-5-18 日終中債國債即期收益率。

▼ 表 5-5 2022-5-18 日終中債國債即期收益率

| 關鍵期限（年） | 即期收益率（%） |
|:---:|:---:|
| 0 | 1.2231 |
| 0.08 | 1.4451 |
| 0.17 | 1.6414 |
| 0.25 | 1.6533 |
| 0.5 | 1.7825 |
| 0.75 | 1.8359 |

（續表）

| 關鍵期限（年） | 即期收益率（％） |
|:---:|:---:|
| 1 | 1.9187 |
| 2 | 2.2484 |
| 3 | 2.3409 |
| 4 | 2.4484 |
| 5 | 2.5546 |
| 6 | 2.7268 |
| 7 | 2.8187 |
| 8 | 2.8216 |
| 9 | 2.8212 |
| 10 | 2.8194 |

資料來源：中國債券資訊網——中債收益率、Wind 資訊

2022-7-2 的插值收益率為：

$$r_{2022\text{-}7\text{-}2} = 1.4451\% + \frac{\frac{45}{365} - 0.08}{0.17 - 0.08} \times (1.6414\% - 1.4451\%) = 1.539515\%$$

同理，2023-7-2 的插值收益率為：

$$r_{2023\text{-}7\text{-}2} = 1.9187\% + \frac{\frac{45}{365} + 1 - 1}{2 - 1} \times (2.2484\% - 1.9187\%) = 1.959348\%$$

其餘現金流發生日類比插值。

根據已有條件，代入公式（5-3）：

$$PV = \frac{4.68}{\left(1 + 1.539515\% + Z_{\text{spread}}\right)^{\frac{45}{365}}} + \frac{4.68}{\left(1 + 1.959348\% + Z_{\text{spread}}\right)^{\frac{45}{365}+1}} + \cdots$$

$$+ \frac{104.68}{\left(1 + 2.354153\% + Z_{\text{spread}}\right)^{\frac{45}{365}+3}} = 109.0722 \text{ （元）}$$

計算得到

$$Z_{\text{spread}} = 0.644037\%$$

因此，可以得到結論：相對於國債即期收益率，10 廣東高速債券的即期收益率溢價即期利差為 0.644 037%。

接下來用 Python 撰寫函數（Fixed_Bond_spread）來求解 G-spread 與 Z-spread。

```python
# 載入需要使用的函數庫
from ACT_SUM import *
from datetime import date
import numpy as np
import scipy.interpolate as si
import scipy.optimize as so
# 計算固定利率債券 G-spread 和 Z-spread 的函數
def Fixed_Bond_spread(cal_date,start_date,yearlenth,fre, R,m,ACC_type,PV,
                        spread_type,curve_time,curve_list):
    '''
    :param cal_date: 計算日期；
    :param start_date: 債券的起息日；
    :param yearlenth: 債券的發行年限；
    :param fre: 債券的付息頻率；
    :param R: 債券的百元票面利息；
    :param m: 未到期債券的百元剩餘本金，無本金攤還計畫填寫數值，否則填寫目前攤還計畫；
    :param ACC_type: 債券的計息基準，如 'ACT_ACT_AVE','ACT_360','ACT_365', 可自行根據需求
增加；
    :param PV: 債券的全價；
    :param spread_type: 包括 'G-spread'、'Z-spread'；
    :param curve_time: 收益率曲線的關鍵期限點（年）；
    :param curve_list: 對應關鍵期限點的收益率；
    :return: 返回計算債券的 G-spread 或 Z-spread。
    '''
    # 生成付息計畫
    schedule = coupon_schedule(start_date=start_date, yearlenth=yearlenth, fre=fre)
    # 判斷計算日在哪兩個附息計畫之間
    for i in range(1, len(schedule)):
        if schedule[i] >= cal_date: break
```

```
#設定本金計畫，如填寫本金攤還計畫 list 不處理
flag=1
if isinstance(m,list):   #有還本計畫
        flag=0
else:                    #無還本計畫
        m = [m] * (len(schedule) - 1)
#計算日不處於最後付息週期的計算邏輯
if   cal_date<schedule[-2]:
        #生成債券的利息現金流計畫
        j = i
        ACC = []
        for j in range(j, len(schedule)):
                if ACC_type == 'ACT_ACT_AVE':
                        ACC.append(ACT_ACT_AVE(start_date=start_date,
                                   yearlenth=yearlenth,fre=fre, cal_date=schedule[j],
                                   coupon=R, m=m[j-1]))
                elif ACC_type == 'ACT_360':
                        ACC.append(ACT_360(start_date=start_date, yearlenth=yearlenth,
                                   fre=fre, cal_date=schedule[j],
                                   coupon=R,m=m[j-1]))
                elif ACC_type == 'ACT_365':
                        ACC.append(ACT_365(start_date=start_date, yearlenth=yearlenth,
                                   fre=fre, cal_date=schedule[j], coupon=R,m=m[j-1]))
        TS = schedule[i] - schedule[i - 1] #當前付息週期自然日天數
        d = schedule[i] - cal_date
        #對相關現金流發生日進行收益率的插值處理
        coupon_time_list=[]
        for s in range(len(schedule[i:])):
                coupon_time_list.append(d.days/365+s/fre)
        func = si.interp1d(curve_time, curve_list, kind="slinear")   # 線性插值
        new_inter = func(coupon_time_list)
        if spread_type == 'Gspread':
                spot_new = [new_inter[-1] for _ in range(len(new_inter))]
        else:
                spot_new = new_inter
        #求取 spread
        def f(spread):
                SUM_ACC = []
                for n in range(0, len(ACC)):
```

```
                    SUM_ACC.append((ACC[n]+m[i+n-2]-m[i+n-1])/
                                pow(1 + (spot_new[n]+spread) / fre, d / TS + n))
                return np.sum(SUM_ACC) + m[-1]*flag / pow(1 + (spot_new[-1]+spread) /
                                                      fre, d / TS + n ) - PV
            spread = so.fsolve(f, 0.1)[0]
            return spread
    # 計算日處於最後付息週期的計算邏輯
    else:
        Last_ACC=ACT_ACT_AVE(start_date=start_date,yearlenth=yearlenth,fre=fre,
                            cal_date=schedule[-1],coupon=R,m=m[-1])
        FV=m[-1]+Last_ACC
        # 計算 D 與 TY
        TY_sch = coupon_schedule(start_date=start_date, yearlenth=1, fre=1)
        TY = TY_sch[-1] - TY_sch[-2]   # 當前計息年度的自然日天數，算頭不算尾
        D = schedule[-1] - cal_date   # 債券結算日至到期兌付日的自然日天數；
        func = si.interp1d(curve_time, curve_list, kind="slinear")   # 線性插值
        spot_new = func(D/TY)
        spread=(FV/PV-1)*TY/D-spot_new
        return spread
```

　　輸入國債關鍵期限、關鍵期限到期收益率以及債券的相關要素條件到 Fixed _Bond_spread 函數，求解債券的 G-spread。

```
maturity=np.array([0,0.08,0.17,0.25,0.5,0.75,1,
                    2,3,4,5,6,7,8,9,10])
ytm_rate= np.array([1.2268, 1.4503, 1.6481, 1.6601, 1.7905, 1.8443,
                    1.9275, 2.2439, 2.3356, 2.4402, 2.5424, 2.7067,
                    2.7899, 2.787, 2.7824, 2.7801]) / 100
bond_1_Gspread=Fixed_Bond_spread(cal_date=date(2022,5,18),start_date=date(2010,7,2),
                    yearlenth=15, fre=1,R=4.68,m=100,PV=109.0722,
                    spread_type='Gspread',ACC_type="ACT_ACT_AVE",
                    curve_time=maturity, curve_list=ytm_rate)
print('計算得到債券的 G-spread(%)：',round(bond_1_G-spread*100,6))
```

　　輸出結果：

```
計算得到債券的G-spread(%)：  0.63894
```

輸入國債關鍵期限、關鍵期限即期收益率以及債券的相關要素條件到 Fixed_Bond_spread 函數，求解債券的 Z-spread。

```
maturity2=np.array([0,0.08,0.17,0.25,0.5,0.75,1,
                    2,3,4,5,6,7,8,9,10])
spot_rate= np.array([1.2231,1.4451,1.6414,1.6533,1.7825,1.8359,
                     1.9187,2.2484,2.3409,2.4484,2.5546,2.7268,
                     2.8187,2.8216,2.8212,2.8194]) / 100
bond_1_Zspread=Fixed_Bond_spread(cal_date=date(2022,5,18),start_date=date(2010,7,2),
                     yearlenth=15, fre=1,R=4.68,m=100,PV=109.0722,
                     spread_type='Zspread',ACC_type="ACT_ACT_AVE",
                     curve_time=maturity2, curve_list=spot_rate)
print('計算得到債券的 Z-spread(%)：',round(bond_1_Z-spread*100,6)
```

輸出結果：

```
計算得到債券的Z-spread(%)： 0.644037
```

## 5.1.3 固定利率債券風險指標的計算

（1）麥考利久期。

債券未來每期的現金流都有對應的發生時間，有沒有辦法找出一個指標來衡量現金流和發生時間的平均情況呢？這就要追溯至最早在 1938 年提出久期概念的麥考利，因而該指標又稱為麥考利久期。麥考利久期的本質是債券未來現金流與期限的綜合效應，即債券未來現金流的加權平均時間。對應的計算方法是使用各期現金流現值在債券價格中所佔的比重乘以對應年化到期時間。

$$\text{Mac.D} = \sum_{t=1}^{n} \left[ \frac{\text{PV}(\text{CF}_t)}{\text{PV}} \times \text{yearfactor}_t \right] \qquad (5-4)$$

Mac.D：債券的麥考利久期。

$\text{PV}(\text{CF}_t)$：債券每期現金流的現值（包含本息）。

PV ：債券的估值全價。

yearfactor$_t$ ：距離債券未來每期現金流發生日的年化時間。

【注】對於零息債券，麥考利久期等於其到期時間。

【實例 5-4】接實例 5-1 的債券資訊，10 廣東高速債券在 2022-5-18 日終的百元面額估值全價為 109.072 2 元，請計算該債券的麥考利久期。

【分析解答】計算未來現金流付息計畫，對於 PV$(CF_t)$ 可以將債券到期收益率的計算公式進行拆解，即公式（3-4）每一項為每一期的貼現現金流。表 5-6 為 10 廣東高速債的剩餘期限現金流計畫。

▼ 表 5-6　10 廣東高速債的剩餘期限現金流計畫

| 現金流發生日 | 距離計算日年化時間（年） | 付息次數 | 現金流（元） | 貼現現金流（元） |
|---|---|---|---|---|
| 2022-7-2 | 45/365 | 1 | 4.68 | 4.66304615 |
| 2023-7-2 | $1+\dfrac{45}{365}$ | 2 | 4.68 | 4.52778159 |
| 2024-7-2 | $2+\dfrac{45}{365}$ | 3 | 4.68 | 4.39644075 |
| 2025-7-2 | $3+\dfrac{45}{365}$ | 4 | 4.68+100 | 95.48493152 |

這裡可以呼叫前面的到期收益率函數（YTM_coupon_bond）先將債券的到期收益率算出來（後面會用）。

```
bond_YTM_Cal=YTM_coupon_bond(cal_date=date(2022,5,18),start_date=date(2010,7,2),
                   yearlenth=15,fre=1,R=4.68,m=100,PV=109.0722,
                   coupon_type="fixed",ACC_type="ACT_ACT_AVE",r=0)
print('計算得到債券的到期收益率(%):',np.round(bond_YTM_Cal*100,10))
```

輸出結果：

計算得到債券的到期收益率(%)：2.9874356319

計算債券未來每期現金流的現值：

$$PV(CF_1) = \frac{4.68}{(1 + 2.9874356319\%)^{\frac{45}{365}}} = 4.66304615$$

$$PV(CF_2) = \frac{4.68}{(1 + 2.9874356319\%)^{\frac{45}{365}+1}} = 4.52778159$$

其餘計算類比。

將以上中間計算結果代入公式（5-4），則有：

$$Mac. D = \frac{4.66304615}{109.0722} \times \frac{45}{365} + \frac{4.52778159}{109.0722} \times \left(1 + \frac{45}{365}\right) + \cdots$$

$$+ \frac{95.48493152}{109.0722} \times \left(3 + \frac{45}{365}\right) = 2.871\,7$$

（2）修正久期。

麥考利久期並未考慮收益率（或利率）變動的影響，考慮收益率的影響後對其進行修正的久期被稱為修正久期。修正久期反映收益率變動對債券價格的影響，其只考慮了一階線性的影響。修正久期的具體計算方法是債券價格變動的百分比$\left(\frac{\Delta PV}{PV}\right)$與債券收益率變動$(\Delta y)$的比值。其中，為了使修正久期的分子分母量綱統一，分子債券價格變動採用了百分比的形式。

$$MD = \frac{\frac{\Delta PV}{PV}}{\Delta y} = \frac{Mac. D}{1 + \frac{y}{f}} \tag{5 - 5}$$

MD：債券的修正久期。

Mac.D：債券的麥考利久期。

$y$：債券的年化到期收益率。

$f$：債券的付息頻率。

【實例 5-5】接實例 5-1 的債券資訊，在實例 5-4 計算的基礎上，10 廣東高速債券在 2022-5-18 日終的百元面額估值全價為 109.0722 元，到期收益率為 2.9874356319%，請計算該債券的修正久期。

【分析解答】根據公式（5-5），有：

$$\text{MD} = \frac{2.8717}{1 + 2.9874356319\%/1} = 2.7884$$

（3）凸性。

在收益率出現較大的波動時，修正久期無法完全度量債券的價格變動情況，這時就需要引入非線性的二階項估計，即凸性。凸性是債券價格關於修正久期的一階敏感性，關於收益率的二階敏感性。凸性是對修正久期無法度量的價格變動部分進行的補充。無論收益率向上波動還是向下波動，這項補充的影響效果均是正向的，所以如果債券的修正久期相同，凸性越大越有利。

$$\text{Con} = \frac{\sum_{t=1}^{n} \left[ \frac{\text{PV}(\text{CF}_t)}{\text{PV}} \times \text{yearfactor}_t (\text{yearfactor}_t + 1) \right]}{\left( 1 + \frac{y}{f} \right)^2} \qquad (5-6)$$

Con ：債券的凸性。

$\text{PV}(\text{CF}_t)$：債券每期現金流的現值（包含本息）。

PV ：債券的估值全價。

$\text{yearfactor}_t$：距離債券未來每期現金流發生日的年化時間。

$y$：債券的年化到期收益率。

$f$：債券的付息頻率。

【實例 5-6】接實例 5-1 的債券資訊，在實例 5-4 計算的基礎上，10 廣東高速債在 2022-5-18 日終的百元面額估值全價為 109.0722 元，到期收益率為 2.9874356319%，請計算該債券的凸性。

【分析解答】根據公式（5-6），有：

$$Con = \left[\frac{4.66304615}{109.0722} \times \frac{45}{365} \times \left(\frac{45}{365} + 1\right) + \frac{4.52778159}{109.0722} \times 1.1233 \times \left(\frac{45}{365} + 1\right) + \cdots \right.$$
$$\left. + \frac{95.48493152}{109.0722} \times \left(\frac{45}{365} + 3\right) \times \left(\frac{45}{365} + 3 + 1\right)\right] \Big/ \left(1 + \frac{2.9874356319\%}{1}\right)^2$$
$$= 10.9803$$

【注】計算凸性時，儘量保持較高的精度，否則會造成較大偏差。

下面採用 Python 撰寫計算固定利率債券的風險指標函數（Fixed_Bond_Dur_Con）。

```
# 載入需要使用的函數庫
from ACT_SUM import *
from datetime import date
import numpy as np
import scipy.interpolate as si
# 計算固定利率債券的相關風險指標：麥考利久期、修正久期、凸性的函數
def Fixed_Bond_Dur_Con(cal_date,start_date,yearlenth,fre, R,m,ACC_type,
                       spread,curve_time,curve_list):
    '''
    :param cal_date: 計算日期；
    :param start_date: 債券的起息日；
    :param yearlenth: 債券的發行年限；
    :param fre: 債券的付息頻率；
    :param R: 債券的百元票面利息；
    :param m: 未到期債券的百元剩餘本金，無本金攤還計畫填寫數值，否則填寫目前攤還計畫；
    :param ACC_type: 債券的計息基準，如 'ACT_ACT_AVE','ACT_360','ACT_365'，可自行根據需求增加；
    :param spread: 即期利差；
    :param curve_time: 收益率曲線的關鍵期限點（年）；
    :param curve_list: 對應關鍵期限點的收益率；
    :return: 返回計算債券的估值全價、麥考利久期、修正久期、凸性。
    '''
```

```python
# 生成付息計畫
schedule = coupon_schedule(start_date=start_date, yearlenth=yearlenth, fre=fre)
# 判斷計算日在哪兩個付息計畫之間
for i in range(1, len(schedule)):
        if schedule[i] >= cal_date: break
# 設定本金計畫，如填寫本金攤還計畫 list 不處理
flag=1
if isinstance(m,list):    # 有還本計畫
        flag=0
else:                     # 無還本計畫
        m = [m] * (len(schedule) - 1)
# 計算日不處於最後付息週期的計算邏輯
if   cal_date<schedule[-2]:
        # 生成債券的利息現金流計畫
        j = i
        ACC = []
        for j in range(j, len(schedule)):
                if ACC_type == 'ACT_ACT_AVE':
                        ACC.append(ACT_ACT_AVE(start_date=start_date, yearlenth=yearlenth,
                                     fre=fre, cal_date=schedule[j], coupon=R, m=m[j-1]))
                elif ACC_type == 'ACT_360':
                        ACC.append(ACT_360(start_date=start_date, yearlenth=yearlenth,
                                     fre=fre, cal_date=schedule[j], coupon=R,m=m[j-1]))
                elif ACC_type == 'ACT_365':
                        ACC.append(ACT_365(start_date=start_date, yearlenth=yearlenth,
                                     fre=fre, cal_date=schedule[j], coupon=R,m=m[j-1]))
        TS = schedule[i] - schedule[i - 1] # 當前付息週期自然日天數
        d = schedule[i] - cal_date
        # 對相關現金流發生日進行收益率的插值處理
        coupon_time_list=[]
        for s in range(len(schedule[i:])):
                coupon_time_list.append(d.days/365+s/fre)
        func = si.interp1d(curve_time, curve_list, kind="slinear")    # 線性插值
        spot_new = func(coupon_time_list)
        # 求取現金流的貼現和
        ACC_list = []
        for n in range(0, len(ACC)):
                ACC_list.append((ACC[n]+m[i+n-2]-m[i+n-1])/ pow(1 + (spot_new[n]+
spread) / fre,
```

```
                                                          d / TS + n))
    ACC_list.append(m[-1]*flag / pow(1 + (spot_new[-1]+spread) / fre, d / TS + n ))
    PV=sum(ACC_list)
    #計算麥考利久期、修正久期、凸性
    discount_cashflow=ACC_list[:-1]
    discount_cashflow[-1]=discount_cashflow[-1]+ACC_list[-1]
    MacD = sum(np.multiply(np.array(coupon_time_list),np.array(discount_cashflow))/
                                                sum(ACC_list))
    ModD = MacD/(1+curve_list[-1]/fre)
    t_adj=np.multiply(np.array(coupon_time_list),np.array(coupon_time_list)+1)
    Con=sum(np.multiply(t_adj,np.array(discount_cashflow))/sum(ACC_list))/
                                    (1+curve_list[-1]/fre)**2
    return PV,MacD,ModD,Con
#計算日處於最後付息週期的計算邏輯
else:
    Last_ACC=ACT_ACT_AVE(start_date=start_date,yearlenth=yearlenth,fre=fre,
                        cal_date=schedule[-1],coupon=R,m=m[-1])
    FV=m[-1]+Last_ACC
    # 計算 D 與 TY
    TY_sch = coupon_schedule(start_date=start_date, yearlenth=1, fre=1)
    TY = TY_sch[-1] - TY_sch[-2]   # 當前計息年度的自然日天數，算頭不算尾
    D = schedule[-1] - cal_date   # 債券結算日至到期兌付日的自然日天數；
    func = si.interp1d(curve_time, curve_list, kind="slinear")   # 線性插值
    spot_new = func(D/TY)
    MacD=D/TY
    ModD=MacD/(1+curve_list[-1]/fre)
    Con=D/TY*(D/TY+1)/(1+curve_list[-1]/fre)**2
    PV=FV/(1+(spot_new+spread)*D/TY)
    return PV,MacD,ModD,Con
```

在實例 5-4 中，已經求解出了該債券的到期收益率為 2.9874356319%，接下來建構平坦的收益率曲線，即假定即期收益率是一條水平線（如同到期收益率的計算方法），均為 2.9874356319% 來進行計算。呼叫 Fixed_Bond_Dur_Con 函數計算如下。

```
maturity=np.array([0,0.08,0.25,0.5,0.75,1,
                   2,3,4,5,6,7,8,9,10])
spot_rate=np.array([2.9874356319]*len(maturity))/100
```

```
bond_1=Fixed_Bond_Dur_Con(cal_date=date(2022,5,18),start_date=date(2010,7,2),
                          yearlenth=15,fre=1,R=4.68,m=100,ACC_type="ACT_ACT_AVE",
                          spread=0,curve_time=maturity,curve_list=spot_rate)
print('計算得到債券的估值全價：',np.round(bond_1[0],4))
print('計算得到債券的麥考利久期：',np.round(bond_1[1],4))
print('計算得到債券的修正久期：',np.round(bond_1[2],4))
print('計算得到債券的凸性：',np.round(bond_1[3],4))
```

輸出結果：

```
计算得到债券的估值全价： 109.0722
计算得到债券的麦考利久期： 2.8717
计算得到债券的修正久期： 2.7884
计算得到债券的凸性： 10.9803
```

（4）有效久期。

有效久期是收益率雙向（向上或向下）發生微小的變化時債券價格的平均變化率。採用該方法無須考慮債券未來現金流發生日收益率細微的變動情況，只需考慮收益率整體雙向變動（上移或下移）的影響。由於考慮的是雙向情況，所以有效久期可以用來衡量含有隱含期權性質的債券的收益率風險。如果同一債券沒有隱含期權性質（如非含權債券），則計算出的修正久期和有效久期的結果是相同的。

$$D^E = \frac{\text{PV}_- - \text{PV}_+}{2 \times \text{PV} \times 0.0001} \tag{5-7}$$

$D^E$：債券的有效久期。

PV：債券的估值全價。

$\text{PV}_-$：到期收益率下降 1 個基點時的債券的估值全價。

$\text{PV}_+$：到期收益率上升 1 個基點時的債券的估值全價。

【實例 5-7】接實例 5-1 的債券資訊，10 廣東高速債券在 2022-5-18 日終的百元面額估值全價為 109.0722 元，到期收益率為 2.9874356319%，請計算該債券的有效久期。

【分析解答】根據公式（5-7），有：

$$D^E \frac{109.10261967 - 109.04179231}{2 \times 109.0722 \times 0.0001} = 2.7884$$

接實例 5-6 程式，使用 Python 呼叫寫好的函數並輸入參數計算如下。

```
maturity=np.array([0,0.08,0.25,0.5,0.75,1,
                   2,3,4,5,6,7,8,9,10])
spot_rate=np.array([2.9874356319]*len(maturity))/100
bond_1_up=Fixed_Bond_Dur_Con(cal_date=date(2022,5,18),start_date=date(2010,7,2),
                   yearlenth=15,fre=1,R=4.68,m=100,ACC_type="ACT_ACT_AVE",
                   spread=0,curve_time=maturity,curve_list=spot_rate+0.0001)
bond_1_down=Fixed_Bond_Dur_Con(cal_date=date(2022,5,18),start_date=date(2010,7,2),
                   yearlenth=15,fre=1,R=4.68,m=100,ACC_type="ACT_ACT_AVE",
                   spread=0,curve_time=maturity,curve_list=spot_rate-0.0001)
effect_dur=(bond_1_down[0]-bond_1_up[0])/(2*bond_1[0]*0.0001)
print("計算得到債券的有效久期：",np.round(effect_dur,4))
```

輸出結果：

```
計算得到債券的有效久期： 2.7884
```

（5）有效凸性。

有效凸性是久期對利率變化的敏感性，能夠較準確地衡量具有隱含期權性質的金融工具的利率二階風險。對於沒有隱含期權的金融工具，有效凸性與凸性的結果是相等的。

$$C^E = \frac{PV_- + PV_+ - 2 \times PV}{PV \times 0.0001^2} \tag{5-8}$$

$C^E$：債券的有效凸性。

PV：債券的估值全價。

$PV_-$：到期收益率下降 1 個基點時的債券全價。

$PV_+$：到期收益率上升 1 個基點時的債券全價。

【**實例 5-8**】接實例 5-1 的債券資訊與 PV 的計算方法，10 廣東高速債券在 2022-5-18 日終的百元面額估值全價為 109.0722000002 元，到期收益率為 2.9874356319%，請計算該債券的有效凸性。

【分析解答】根據公式（5-8），有：

$$C^E = \frac{109.1026196718 + 109.0417923051 - 2 \times 109.0722000002}{109.0722000002 \times 0.0001^2} = 10.9803$$

【注】計算有效凸性時，儘量保持較高的精度，否則會造成較大偏差。

接實例 5-7 程式，使用 Python 計算如下。

```
effect_con=(bond_1_down[0]+bond_1_up[0]-2*bond_1[0])/(bond_1[0]*0.0001**2)
print(" 計算得到債券的有效凸性：",np.round(effect_con,4))
```

輸出結果：

```
計算得到債券的有效凸性： 10.9803
```

（6）基點價值（DV01）。

基點價值（DV01）是指當收益率變動 1 個基點時債券價格的變化量。

$$DV01 = \frac{PV_- - PV_+}{2} \tag{5-9}$$

DV01：債券的基點價值。

PV：債券的估值全價。

$PV_-$：到期收益率下降 1 個基點時的債券的估值全價。

$PV_+$：到期收益率上升 1 個基點時的債券的估值全價。

【**實例 5-9**】接實例 5-1 的債券資訊與 PV 的計算方法，10 廣東高速債券在 2022-5-18 日終的估值全價為 109.0722，到期收益率為 2.9874356319%，請計算該債券的基點價值。

【分析解答】根據公式（5-9），有：

$$DV01 = (109.10261967 - 109.04179231)/2 = 0.0304$$

接實例 5-7 程式，使用 Python 計算如下。

```
DV01=(bond_1_down[0]-bond_1_up[0])/2
print(" 計算得到債券的基點價值：",np.round(DV01,4))
```

輸出結果：

```
計算得到債券的基点价值： 0.0304
```

# 5.2 浮動利率債券的估值

對於常見的浮動利率債券，估值的核心思想同樣是將未來的現金流（本息）進行貼現求和。對於未來未知的利率通常可以採用遠期收益率曲線進行預測或採用計算日（或前一天）的參考（定盤）利率統一延展處理。本節主要採用後面一種方式進行估值計算。

## 5.2.1 浮動利率債券現值的計算

$$PV = \sum_{i=1}^{n} \frac{CF_i}{\left(1 + \dfrac{R_2 + \Delta y + \text{spread}}{f}\right)^{\frac{d}{TS}+n-1}}$$

$$CF_i = \begin{cases} (R_1 + \Delta r) \times T_1 \times m_1 + V_1, & i = 1 \\ (R_2 + \Delta r) \times T_i \times m_i + V_i, & i \geqslant 2 \end{cases} \quad (5-10)$$

PV：債券的現值（或估值全價）。

$CF_i$：債券待償期內各期現金流數額（包含本金和利息）。

$R_1$：當前付息週期的基準利率。

$R_2$：計算日的基準利率（通常計算日的基準利率未確定時，採用 T-1 日的基準利率）。

$\Delta r$：債券的基本利差。

$T_i$：根據債券計息基準計算的計息區間年化期限。

$m_i$：第 $i$ 個付息日百元面額剩餘本金值。

$V_i$：第 $i$ 個付息日百元還本量。

$\Delta y$：對應期限的點差收益率（根據基準利率指標與評級判定）。

spread：到期點差，首次由一級市場發行價格確定，後續結合二級市場報價交易情況進行調整；如果難以確認，也可依據第三方機構提供的估值全價反推。

$f$：債券的付息頻率。

$d$：計算日至下一最近計畫付息日的自然日天數。

TS：當前付息週期的自然日天數。

$n$：未來付息次數。

【注 1】非提前還本債券，$m_i=100$，$V_i=0$（$i \neq n$），$V_i=100$（$i=n$）。

【注 2】付息週期的自然日天數是指下一個付息計畫日與上一個付息計畫日之間的自然日天數，算頭不算尾，含 2 月 29 日。

【實例 5-10】金融機構 A 持有 22 平安銀行 CD056 債券，相關的債券資訊如表 5-7 所示。請在 2022-5-18 日終對該債券進行估值。

▼ 表 5-7 22 平安銀行 CD056 債券的基本資訊

| | | | |
|---|---|---|---|
| 債券簡稱 | 22 平安銀行 CD056 | 債券程式 | 112211056 |
| 債券類型 | 同業存單 - 股份制商業銀行同業存單 | 發行人 | 平安銀行股份有限公司 |
| 債券起息日 | 2022-4-25 | 債券到期日 | 2023-4-25 |
| 付息頻率 | 1 年 4 次 | 發行期限 | 1 年 |
| 息票類型 | 附息式浮動利率 | 面額 | 100 元 |
| 基準利率名稱 | Shibor3M | 當前基準利率(%) | 2.27 |
| 計息基準 | 實際 /360 | 基準利差（%） | 0.01 |
| 基準利率精度 | 2 位 | 當前票面利率(%) | 2.28 |
| 債項評級 | AAA | 主體評級 | AAA |

資料來源：Wind 資訊

【分析解答】首先，在中國貨幣網查詢估值日前一天（$T-1$）的基準利率 Shibor3M 為 2.109 0%，基準利率的精度要求為 2 位，四捨五入得到 2.11%。日終 Shibor 資料見表 5-8。

▼ 表 5-8 日終 Shibor 資料（%）

| 日期 | ON | 1W | 2W | 1M | 3M | 6M | 9M | 1Y |
|---|---|---|---|---|---|---|---|---|
| 2022-4-24 | 1.3020 | 1.8090 | 1.9610 | 2.1940 | 2.2740 | 2.3800 | 2.4360 | 2.5300 |
| 2022-5-17 | 1.3250 | 1.5840 | 1.5940 | 1.9540 | 2.1090 | 2.2390 | 2.3010 | 2.3770 |

資料來源：中國貨幣網

22 平安銀行 CD056 債券的剩餘期限付息計畫見表 5-9。

▼ 表 5-9　22 平安銀行 CD056 債券的剩餘期限付息計畫

| 利率確定日 | 計息週期 | 現金流發生日 | 基準利率（％） | 利差（％） | 票面利率（％） |
|---|---|---|---|---|---|
| 2022-4-24 | 2022-4-25—2022-7-25 | 2022-7-25 | 2.27 | 0.01 | 2.28 |
| 2022-7-24 | 2022-7-25—2022-10-25 | 2022-10-25 | 2.11 | 0.01 | 2.12 |
| 2022-10-24 | 2022-10-25—2023-1-25 | 2023-1-25 | 2.11 | 0.01 | 2.12 |
| 2023-1-24 | 2023-1-25—2023-4-25 | 2023-4-25 | 2.11 | 0.01 | 2.12 |

【注】由於後三個計息週期的基準利率均未定盤，採用估值日前一天的基準利率 2.11%（基準利率精度為 2 位）。

獲取 2022-5-18 日終的中債浮動利率商業銀行普通債（Shibor3M-1D）（AAA-）（未查詢到 AAA 評級的資料，這裡暫且使用 AAA- 評級的資料）的到期收益率（見表 5-10），對最後 1 期現金流發生日進行收益率的插值處理。

▼ 表 5-10　2022-5-18 日終中債商業銀行普通債（Shibor3M-1D）（AAA-）到期收益率

| 關鍵期限（年） | 到期收益率（％） |
|---|---|
| 0 | - 0.9437 |
| 0.08 | - 0.8508 |
| 0.25 | - 0.5529 |
| 0.5 | - 0.0809 |
| 0.75 | 0.1207 |
| 1 | 0.2217 |

資料來源：中國債券資訊網——中債收益率、Wind 資訊

$$d = days(2022\text{-}7\text{-}25 - 2022\text{-}5\text{-}18) = 68$$
$$\text{TY} = days(2023\text{-}5\text{-}18 - 2022\text{-}5\text{-}18) = 365$$

$$\Delta y = 0.1207\% + \frac{\frac{68}{365} + \frac{3}{4} - 0.75}{1 - 0.75} \times (0.2217\% - 0.1207\%) = 0.19596575\%$$

其次，依據信用溢價、流動性溢價以及市場行情，金融機構 A 確定的到期點差為 −0.156%。

最後，將相關具體參數代入公式（5-10），可以計算得到 10 廣東高速債券在 2022-5-18 的估值。

$$PV = \frac{(2.27\% + 0.01\%) \times \frac{91}{360} \times 100 + 0}{[1 + (2.11\% + 0.19596575\% - 0.156\%)/4]^{\frac{68}{91}}}$$

$$+ \frac{(2.11\% + 0.01\%) \times \frac{92}{360} \times 100 + 0}{[1 + (2.11\% + 0.19596575\% - 0.156\%)/4]^{\frac{68}{91}+1}} + \cdots$$

$$+ \frac{(2.11\% + 0.01\%) \times \frac{90}{360} \times 100 + 100}{[1 + (2.11\% + 0.19596575\% - 0.156\%)/4]^{\frac{68}{91}+3}}$$

$$= 100.1754 （元）$$

接下來，用 Python 撰寫浮動利率債券的估值函數（Float_Bond_Valuation）。

```python
# 載入需要使用的函數庫
from ACT_SUM import *
from datetime import date
import numpy as np
import scipy.interpolate as si
# 浮動利率債券的估值函數（計算 PV）
def Float_Bond_Valuation(cal_date,start_date,yearlength,fre, R,m,
                         ACC_type,spread,r,curve_time,curve_list):
    '''
    :param cal_date: 計算日期；
    :param start_date: 債券的起息日；
    :param yearlenth: 債券的發行年限；
    :param fre: 債券的付息頻率；
    :param R: 列表 [R1,R2] 中的 R1 代表當前付息週期的基準利率，R2 代表計算日（或前一日）的
基準利率；
```

:param m: 未到期債券的百元剩餘本金，無本金攤還計畫填寫數值，否則填寫目前攤還計畫；

:param ACC_type: 債券的計息基準，如 'ACT_ACT_AVE', 'ACT_360', 'ACT_365', 可自行根據需求增加；

:param spread: 估值點差；

:param r: 浮動利率債券的發行利差；

:param curve_time: 收益率曲線的關鍵期限點（年）；

:param curve_list: 對應關鍵期限點的收益率；

:return: 返回計算債券的估值全價、點差收益率。

'''

```python
# 生成付息計畫
schedule = coupon_schedule(start_date=start_date, yearlenth=yearlength, fre=fre)
# 判斷計算日在哪兩個附息計畫之間
for i in range(1, len(schedule)):
    if schedule[i] >= cal_date: break
# 調整浮動利率
R = [R[0]] * i + [R[1]] * (len(schedule) - i - 1)
# 設定本金計畫，如填寫本金攤還計畫 list 不處理
flag=1
if isinstance(m,list):   # 有還本計畫
    flag=0
else:                # 無還本計畫
    m = [m] * (len(schedule) - 1)
# 計算日不處於最後付息週期的計算邏輯
if  cal_date<schedule[-2]:
    # 生成債券的利息現金流計畫
    j = i
    ACC = []
    for j in range(j, len(schedule)):
        if ACC_type == 'ACT_ACT_AVE':
            ACC.append(ACT_ACT_AVE(start_date=start_date, yearlenth=yearlength,
                    fre=fre, cal_date=schedule[j], coupon=R[j-1]+r, m=m[j-1]))
        elif ACC_type == 'ACT_360':
            ACC.append(ACT_360(start_date=start_date, yearlenth=yearlength,
                    fre=fre, cal_date=schedule[j], coupon=R[j-1]+r,m=m[j-1]))
        elif ACC_type == 'ACT_365':
            ACC.append(ACT_365(start_date=start_date, yearlenth=yearlength,
                    fre=fre, cal_date=schedule[j], coupon=R[j-1]+r,m=m[j-1]))
    TS = schedule[i] - schedule[i - 1] #當前付息週期自然日天數
    d = schedule[i] - cal_date
```

```
      #獲取當前計算日所在為閏年還是非閏年
      TY_sch = coupon_schedule(start_date=start_date, yearlenth=1, fre=1)
      for t in range(1, len(TY_sch)):
            if TY_sch[t] >= cal_date: break
      TY=TY_sch[t]-TY_sch[t-1]
      #對相關現金流發生日進行收益率的插值處理
      coupon_time_list=[]
      for s in range(len(schedule[i:])):
            coupon_time_list.append(d/TY+s/fre)
      func = si.interp1d(curve_time, curve_list, kind="slinear")  # 線性插值
      s_ytm = func(coupon_time_list[-1])
      #求取現金流的貼現和
      ACC_list = []
      for n in range(0, len(ACC)):
            ACC_list.append((ACC[n]+m[i+n-2]-m[i+n-1])/
                              pow(1 + (R[1]/100+s_ytm+spread) / fre, d / TS + n))
      ACC_list.append(m[-1]*flag / pow(1 + (R[1]/100+s_ytm+spread) / fre, d / TS + n ))
      return sum(ACC_list),s_ytm
#計算日處於最後付息週期的計算邏輯
else:
      Last_ACC=ACT_ACT_AVE(start_date=start_date,yearlenth=yearlenth,fre=fre,
                              cal_date=schedule[-1],coupon=R[-1]+r,m=m[-1])
      FV=m[-1]+Last_ACC
      # 計算 D 與 TY
      TY_sch = coupon_schedule(start_date=start_date, yearlenth=1, fre=1)
      TY = TY_sch[-1] - TY_sch[-2]  # 當前計息年度的自然日天數，算頭不算尾
      D = schedule[-1] - cal_date  # 債券結算日至到期兌付日的自然日天數；
      func = si.interp1d(curve_time, curve_list, kind="slinear")  # 線性插值
      s_ytm = func(D/TY)
      return FV/(1+(s_ytm+spread)*D/TY),s_ytm
```

呼叫寫好的浮動利率債券估值函數（Float_Bond_Valuation），並輸入對應參數進行計算。

```
maturity=np.array([0,0.08,0.25,0.5,0.75,1])
ytm_rate=np.array([-0.9437,-0.8508,-0.5529,-0.0809,0.1207,0.2217])/100
bond_2=Float_Bond_Valuation(cal_date=date(2022,5,18),start_date=date(2022,4,25),
                        yearlenth=1,fre=4,R=[2.27,2.11],m=100,ACC_type="ACT_360",
                        spread=-0.00156,r=0.01,curve_time=maturity,curve_list=ytm_
```

```
rate)
print('計算得到債券的估值全價：',np.round(bond_2[0],4))
print('點差收益率 (%)：',np.round(bond_2[1]*100,8))
print('到期收益率 (%)：',np.round((bond_2[1]+2.11/100-0.00156)*100,8))
```

輸出結果：

```
計算得到債券的估值全价： 100.1754
点差收益率(%)： 0.19596575
到期收益率(%)： 2.14996575
```

## 5.2.2 浮動利率債券風險指標的計算

在分析影響浮動利率債券價格的因素時，需要考慮點差收益率（$\Delta y$）和基準利率（$R_2$）。浮動利率債券價格對點差收益率的一階敏感性稱為「利差久期」，浮動利率債券價格對點差收益率的二階敏感性稱為「利差凸性」。由於點差收益率在貼現因數（分母）部分，所以浮動利率債券的利差久期和利差凸性可類比固定利率債券的修正久期和凸性。針對基準利率的情況，浮動利率債券價格對基準利率的一階敏感性稱為「利率久期」，浮動利率債券價格對基準利率的二階敏感性稱為「利率凸性」。由於基準利率同時出現在貼現因數（分母）和現金流（分子）中，所以基準利率變化的影響會被抵消一部分。因此，浮動利率債券的利率久期和利率凸性相比利差久期和利差凸性通常要小很多。

（1）利差久期。

$$\text{Dur}_d = \frac{\text{PV}_{\Delta y-} - \text{PV}_{\Delta y+}}{2 \times \text{PV} \times 0.0001} \qquad (5-11)$$

$\text{Dur}_d$ ：浮動利率債券的利差久期。

$\text{PV}$ ：浮動利率債券的估值全價。

$\text{PV}_{\Delta y-}$ ：點差收益率 $\Delta y$ 減少 1 個基點後的浮動利率債券的估值全價。

$\text{PV}_{\Delta y+}$ ：點差收益率 $\Delta y$ 增加 1 個基點後的浮動利率債券的估值全價。

$\Delta y$：浮動利率債券對應曲線的點差收益率。

（2）利差凸性。

$$\text{Con}_d = \frac{\text{PV}_{\Delta y-} + \text{PV}_{\Delta y+} - 2 \times \text{PV}}{\text{PV} \times 0.0001^2} \qquad (5-12)$$

$\text{Con}_d$：浮動利率債券的利差凸性。

$\text{PV}$：浮動利率債券的估值全價。

$\text{PV}_{\Delta y-}$：點差收益率 $\Delta y$ 減少 1 個基點後的浮動利率債券的估值全價。

$\text{PV}_{\Delta y+}$：點差收益率 $\Delta y$ 增加 1 個基點後的浮動利率債券的估值全價。

$\Delta y$：浮動利率債券對應曲線的點差收益率。

【實例 5-11】接實例 5-10 的債券資訊與 PV 的計算方法，22 平安銀行 CD056 在 2022-5-18 日終的百元面額估值全價為 100.1753917407 元，到期收益率為 2.14996575%，請計算該債券的利差久期與利差凸性。

【分析解答】根據公式（5-11）與公式（5-12），有：

$$\text{Dur}_d = \frac{100.1846438866 - 100.1661406841}{2 \times 100.1753917407 \times 0.0001} = 0.9235$$

$$\text{Con}_d = \frac{100.1846438866 + 100.1661406841 - 2 \times 100.1753917407}{100.1753917407 \times 0.0001^2} = 1.0874$$

接實例 5-10 程式，採用 Python 計算利差久期和利差凸性。

```
# 設定平坦的收益率曲線，即假定點差收益率為 bond_2[1]
# 設置點差上升 1 個基本點，重新計算 PV+
maturity2=np.array([0,0.08,0.25,0.5,0.75,1])
ytm_rate_up=np.array([bond_2[1]+0.0001]*len(maturity2))
bond_2_up=Float_Bond_Valuation(cal_date=date(2022,5,18),start_date=date(2022,4,25),
                        yearlenth=1,fre=4,R=[2.27,2.11],m=100,ACC_type="ACT_360",
                        spread=0.00156,r=0.01,
                        curve_time=maturity2,curve_list=ytm_rate_up)
```

```
# 設置點差下降 1 個基本點，重新計算 PV-
ytm_rate_down=np.array([bond_2[1]-0.0001]*len(maturity2))
bond_2_down=Float_Bond_Valuation(cal_date=date(2022,5,18),start_date=date(2022,4,25),
                                yearlenth=1,fre=4,R=[2.27,2.11],m=100,ACC_type="ACT_360",
                                spread=0.00156,r=0.01,
                                curve_time=maturity2,curve_list=ytm_rate_down)
licha_dur=(bond_2_down[0]-bond_2_up[0])/(2*bond_2[0]*0.0001)
print("計算得到債券的利差久期：",np.round(licha_dur,4))
licha_con=(bond_2_down[0]+bond_2_up[0]-2*bond_2[0])/(bond_2[0]*0.0001**2)
print("計算得到債券的利差凸性：",np.round(licha_con,4))
```

輸出結果：

```
計算得到債券的利差久期：  0.9235
計算得到債券的利差凸性：  1.0874
```

（3）利率久期。

$$\text{Dur}_r = \frac{\text{PV}_{R_2-} - \text{PV}_{R_2+}}{2 \times \text{PV} \times 0.0001} \tag{5-13}$$

$\text{Dur}_r$：浮動利率債券的利率久期。

$\text{PV}$：浮動利率債券的估值全價。

$\text{PV}_{R_2-}$：基準利率 $R_2$ 減少 1 個基點後的浮動利率債券的估值全價。

$\text{PV}_{R_2+}$：基準利率 $R_2$ 增加 1 個基點後的浮動利率債券的估值全價。

（4）利率凸性。

$$\text{Con}_r = \frac{\text{PV}_{R_2-} + \text{PV}_{R_2+} - 2 \times \text{PV}}{\text{PV} \times 0.0001^2} \tag{5-14}$$

$\text{Con}_r$：浮動利率債券的利率凸性。

$\text{PV}$：浮動利率債券的估值全價。

$\text{PV}_{R_2-}$：基準利率 R_2 減少 1 個基點後的浮動利率債券的估值全價。

$\text{PV}_{R_2+}$：基準利率 R_2 增加 1 個基點後的浮動利率債券的估值全價。

（5）基點價值。

$$DV01 = (Dur_d + Dur_r) \times \frac{PV}{10000} \qquad (5-15)$$

DV01：浮動利率債券的基點價值。

$Dur_d$：浮動利率債券的利差久期。

$Dur_r$：浮動利率債券的利率久期。

PV：浮動利率債券的估值全價。

【實例 5-12】接實例 5-10 的債券資訊與 $PV$ 的計算方法，22 平安銀行 CD056 在 2022-5-18 日終的百元面額估值全價為 100.1753917407，到期收益率為 2.14996575%，請計算該債券的利率久期、利率凸性與基點價值。

【分析解答】根據公式（5-13）、公式（5-14）與公式（5-15），有：

$$Dur_r = \frac{100.1771431654 - 100.1736403845}{2 \times 100.1753917407 \times 0.0001} = 0.1748$$

$$Con_r = \frac{100.1771431654 + 100.1736403845 - 2 \times 100.1753917407}{100.1753917407 \times 0.0001^2} = 0.0684$$

$$DV01 = (0.9235 + 0.1748) \times \frac{100.1753917407}{10000} = 0.0110$$

接實例 5-10、實例 5-11 程式，採用 Python 計算利率久期、利率凸性與基點價值。

```
maturity=np.array([0,0.08,0.25,0.5,0.75,1])
ytm_rate=np.array([-0.9437,-0.8508,-0.5529,-0.0809,0.1207,0.2217])/100
bond_2_coupon_up=Float_Bond_Valuation(cal_date=date(2022,5,18),start_date=date(2022,4,25),
                                      yearlenth=1,fre=4,R=[2.27,2.11+0.01],m=100,
                                      ACC_type="ACT_360",spread=-0.00156,r=0.01,
                                      curve_time=maturity,curve_list=ytm_rate)
maturity=np.array([0,0.08,0.25,0.5,0.75,1])
ytm_rate=np.array([-0.9437,-0.8508,-0.5529,-0.0809,0.1207,0.2217])/100
bond_2_coupon_down=Float_Bond_Valuation(cal_date=date(2022,5,18),start_date=date(2022,4,25),
                                      yearlenth=1,fre=4,R=[2.27,2.11-0.01],m=100,
```

```
                                    ACC_type="ACT_360",spread=-0.00156,r=0.01,
                                    curve_time=maturity,curve_list=ytm_rate)
lilv_dur=(bond_2_coupon_down[0]-bond_2_coupon_up[0])/(2*bond_2[0]*0.0001)
print("計算得到債券的利率久期：",lilv_dur)
lilv_con=(bond_2_coupon_down[0]+bond_2_coupon_up[0]-2*bond_2[0])/(bond_2[0]*0.0001**2)
print("計算得到債券的利率凸性：",lilv_con)
DV01=(licha_dur+lilv_dur)*bond_2[0]/10000
print("計算得到債券的基點價值：",DV01)
```

輸出結果：

```
計算得到債券的利率久期：  0.1748
計算得到債券的利率凸性：  0.0684
計算得到債券的基点价值：  0.011
```

# 5.3 含權債券的深入理解與估值

含權債券，一般是指包含投資者回售權、發行人贖回權、票面利率調整權等特殊條款的債券。

## 5.3.1 行權估值與到期估值

（1）行權估值。

含權債券通常具有贖回權或回售權，這裡的行權估值主要是假定行使贖回權或回售權，從而對債券進行估值。

（2）到期估值。

含權債通常具有贖回權或回售權，這裡的到期估值主要是假定不行使贖回權或回售權，但可能調整票面利率，直至債券到期，從而對債券進行估值。

【實例 5-13】金融機構 A 持有 20 陝煤債 01 債券，相關的債券資訊如表 5-11 所示。請計算 2020-5-14 日終該債券的行權估值。

▼ 表 5-11  20 陝煤債 01 債券的基本資訊

| 債券簡稱 | 20 陝煤債 01 | 債券程式 | 2080048 |
|---|---|---|---|
| 債券類型 | 企業債 - 普通企業債 | 發行人 | 陝西煤業化工集團有限責任公司 |
| 債券起息日 | 2020-3-17 | 債券到期日 | 2035-3-17 |
| 付息頻率 | 1 年 1 次 | 發行期限 | 15 年 |
| 息票類型 | 附息式固定利率 | 面額 | 100 元 |
| 計息基準 | ACT/ACT | 票面利率(%) | 3.94 |
| 債項評級 | AAA | 主體評級 | AAA |
| 回售條款 | 在本期債券存續期的第 7 個、第 12 個計息年度末，發行人刊登關於是否調整本期債券票面利率及調整幅度的公告後，投資者有權選擇在本期債券的投資者回售登記期內進行登記，將所持債券的全部或部分按面額回售給發行人，或選擇繼續持有本期債券 | | |
| 票面利率選擇權 | 在本期債券存續期的第 7 個、第 12 個計息年度末，發行人有權選擇上調或下調本期債券的票面利率，調整的幅度為 0 至 300 個基點（含本數），最終調整的幅度以《票面利率調整及投資者回售實施辦法的公告》為準 | | |

資料來源：Wind 資訊

【分析解答】對於行權估值，假定在第 7 個計息年度末投資者進行了行權（提前回售），則現金流計畫如表 5-12 所示。

▼ 表 5-12  20 陝煤債 01 債券行權剩餘期限付息計畫

| 現金流發生日 | 距離計算日年化時間（年） | 付息次數 | 現金流（元） |
|---|---|---|---|
| 2021-3-17 | 307/365 | 1 | 3.94 |
| 2022-3-17 | $\frac{307}{365}+1$ | 2 | 3.94 |
| 2023-3-17 | $\frac{307}{365}+2$ | 3 | 3.94 |

（續表）

| 現金流發生日 | 距離計算日年化時間（年） | 付息次數 | 現金流（元） |
|:---:|:---:|:---:|:---:|
| 2024-3-17 | $\frac{307}{365}+3$ | 4 | 3.94 |
| 2025-3-17 | $\frac{307}{365}+4$ | 5 | 3.94 |
| 2026-3-17 | $\frac{307}{365}+5$ | 6 | 3.94 |
| 2027-3-17 | $\frac{307}{365}+6$ | 7 | 103.94 |

　　與 5.1 節估值方法一致，這裡債券估值方法採用即期收益率。依據中債對應類型債券以及評級獲取即期收益率，如表 5-13 所示。

▼ 表 5-13　2020-5-14 日終中債企業債即期收益率（AAA）

| 關鍵期限（年） | 即期收益率（%） |
|:---:|:---:|
| 0 | 1.4310 |
| 0.08 | 1.4839 |
| 0.25 | 1.6209 |
| 0.5 | 1.7221 |
| 0.75 | 1.8243 |
| 1 | 1.8845 |
| 2 | 2.2232 |
| 3 | 2.5681 |
| 4 | 2.9579 |
| 5 | 3.1878 |
| 6 | 3.4523 |
| 7 | 3.6564 |
| 8 | 3.8775 |
| 9 | 4.0450 |

（續表）

| 關鍵期限（年） | 即期收益率（％） |
|:---:|:---:|
| 10 | 4.1277 |
| 15 | 4.3214 |
| 20 | 4.3482 |
| 30 | 4.5201 |

資料來源：中國債券資訊網——中債收益率、Wind 資訊

對各個現金流發生日對應的即期收益率做插值處理：

$$r_{\frac{307}{365}} = 1.846236\%$$

$$r_{\frac{307}{365}+1} = 2.169379\%$$

$$\cdots\cdots$$

$$r_{\frac{307}{365}+6} = 3.623968\%$$

根據市場行情以及評級等綜合資訊確定貼現的即期利差：

$$spread = 0.377676\%$$

依據債券的估值公式（5-1）：

$$PV = \frac{3.94}{\left(1 + \frac{1.846236\% + 0.377676\%}{1}\right)^{\frac{307}{365}}} + \frac{3.94}{\left(1 + \frac{2.169379\% + 0.377676\%}{1}\right)^{\frac{307}{365}+1}} + \cdots$$

$$+ \frac{103.94}{\left(1 + \frac{3.623968\% + 0.377676\%}{1}\right)^{\frac{307}{365}+6}} = 100.7175 \text{（元）}$$

下面使用 Python 計算該債券的行權價值，即直接呼叫前面已經寫好的 Fixed_Bond_Valuation 函數，輸入參數進行計算。

```
maturity=np.array([0,0.08,0.25,0.5,0.75,1,
                   2,3,4,5,6,7,8,9,10,15,20,30])
spot_rates=np.array([1.431,1.4839,1.6209,1.7221,1.8243,1.8845,2.2232,
                     2.5681,2.9579,3.1878,3.4523,3.6564,3.8775,4.045,
                     4.1277,4.3214,4.3482,4.5201])/100
```

```
bond_exer=Fixed_Bond_Valuation(cal_date=date(2020,5,14),start_date=date(2020,3,17),
                               yearlenth=15,fre=1,R=3.94,m=100,
                               ACC_type="ACT_ACT_AVE",spread=0.377676/100,
                               curve_time=maturity,curve_list=spot_rates)
print('計算得到債券的行權估值全價：',round(bond_ exer,4))
```

輸出結果：

計算得到債券的行权估值全价： 100.7175

對於到期估值，需要判斷未來的現金流。在債券存續期的第 7 個、第 12 個計息年度末，發行人有權選擇上調或下調本期債券的票面利率，調整的幅度為 0 至 300 個基點（含本數）。這裡實際調整為多少是未知數，需要進行估計，在 5.3.2 小節中會介紹如何確定均衡利率，從而估計實際調整的利率。

## 5.3.2 遠期收益率判斷法估值

遠期收益率判斷法的主要思想是根據預估的未來遠期收益率來判定債券是否行權、票面利率是否調整以及調整的幅度。

（1）計算均衡票面利率。

假定債券計息週期規則（如常見的按平均值付息），則債券的均衡票面利率可以使用以下公式進行求解：

$$P_0 = \sum_{i=1}^{n-1} \frac{\frac{100 \times C_x}{f}}{\left[1 + \frac{(r_{N,K_i} + \text{spread}_f)}{f}\right]^i} + \frac{\frac{100 \times C_x}{f} + M}{\left(1 + \frac{r_{N,K_n} + \text{spread}_f}{f}\right)^n} \tag{5 - 16}$$

$r_{N,K_i}$：$N$ 年之後期限為 $K_i$ 年的遠期的即期收益率。

$\text{spread}_f$：根據市場行情以及評級、期限、債券發行人等綜合資訊確定的遠期貼現的利差。

$M$：行權日的剩餘本金額。

$n$：行權日後債券剩餘的總付息次數。

$P_0$：約定的行權價格。

$C_x$：預期均衡票面利率。

$f$：債券的付息頻率。

$N$：計算日至行權日的時間（年）。

$K_i$：行權日至行權日之後每期現金流發生日的時間（年）。

【注】根據其他計息基準以及提前還本情況，可調整公式的分子。

（2）確定行權後的票面利率，判斷推薦方向。

確定預期均衡票面利率 $C_x$ 後，將其與未來票面利率調整範圍 $[C - r_d, C + r_u]$ 進行比較，基於合理假設確定行權結果和預期調整後的票面利率 $C_m$。

【注】若沒有明確約定下限或上限，則 $r_d = r_u = \infty$；若無調整票面利率條款，則 $r_d = r_u = 0$。

① 回售權判斷標準如表 5-14 所示。

▼ 表 5-14　回售權判斷標準

| 情況 | 判斷結果 | 預期調整票面利率 |
|---|---|---|
| $C_x > C + r_u$ | 將票面利率調整至最大，仍比均衡利率小，行權 | $C_m = C + r_u$ |
| $C_x \in [C - r_d, C + r_u]$ | 到期 | $C_m = C_x$ |
| $C_x < C - r_d$ | 到期 | $C_m = C - r_d$ |

② 贖回權判斷標準如表 5-15 所示。

▼ 表 5-15 贖回權判斷標準

| 情況 | 判斷結果 | | 預期調整票面利率 |
|---|---|---|---|
| $C_x \geq C - r_d$ | 到期 | | $C_m = C - r_d$ |
| $C_x < C - r_d$ | 將票面利率調整至最小仍比均衡利率大，行權 | | $C_m = C - r_d$ |

【注】假定發行人不會主動上調票面利率增加融資成本，在下調票面利率時會調整至下限水平。

（3）計算估值。

① 看短估值的計算方法（行權估值）。

假定債券計息週期規則，那麼該債券的看短估值全價為：

$$\text{PV} = \sum_{i=1}^{n-1} \frac{\frac{100 \times C_i}{f}}{\left(1 + \frac{r_{t_i} + \text{spread}}{f}\right)^{\frac{d}{\text{TS}}+i-1}} + \frac{\frac{100 \times C_i}{f} + P_0}{\left(1 + \frac{r_{t_n} + \text{spread}}{f}\right)^{\frac{d}{\text{TS}}+n-1}} \tag{5-17}$$

② 看長估值的計算方法（到期估值）。

假定債券計息週期規則，那麼該債券的看長估值全價為：

$$\text{PV} = \sum_{i=1}^{n} \frac{\frac{100 \times C_i}{f}}{\left(1 + \frac{r_{t_i} + \text{spread}}{f}\right)^{\frac{d}{\text{TS}}+i-1}} +$$

$$\sum_{i=n+1}^{n+k-1} \frac{\frac{100 \times C_m}{f}}{\left(1 + \frac{r_{t_i} + \text{spread}}{f}\right)^{\frac{d}{\text{TS}}+i-1}} + \frac{\frac{100 \times C_m}{f} + M}{\left(1 + \frac{r_{t_{n+k}} + \text{spread}}{f}\right)^{\frac{d}{\text{TS}}+n+k-1}} \tag{5-18}$$

PV：債券的估值全價。

$P_0$：約定的行權價格。

$r_{t_i}$：債券所在收益率曲線的對應即期收益率。

spread：利差，根據一級市場發行價格首次確定，結合二級市場報價交易情況進行調整；如果難以確認，也可依據第三方機構提供的估值全價反推。

$n$：計算日至行權日債券的總付息次數。

$k$：行權日至到期日債券的總付息次數。

$f$：債券的付息頻率。

$C_i$：利權前的票面利率。

$C_m$：由第（2）步估算得出的行權後票面利率。

$M$：行權日的剩餘本金額。

$d$：估值日至下一最近理論付息日的自然日天數。

TS：當前付息週期的自然日天數。

【注】根據其他計息基準以及提前還本情況，可調整公式的分子。

（4）含有多個行權日的處理方式。

暫時只考慮距離計算日最近的行權節點。當前的行權節點結束，考慮下一個行權節點，依此類推。

【實例 5-14】接實例 5-13，請計算 2020-5-14 日終該債券的到期估值。

【分析解答】首先，計算該債券的均衡票面利率。20 陝煤債 01 債券的行權日及以後的剩餘期限付息計畫如表 5-16 所示。

▼ 表 5-16  20 陝煤債 01 債券的行權日及以後的剩餘期限付息計畫

| 現金流發生日 | 距離計算日年化時間（年） | 付息次數 | 即期收益率（%） |
|---|---|---|---|
| 2027-3-17 | $\frac{307}{365}+6$ | 0 | 3.623968 |
| 2028-3-17 | $\frac{307}{365}+7$ | 1 | 3.842366 |
| 2029-3-17 | $\frac{307}{365}+8$ | 2 | 4.018384 |
| 2030-3-17 | $\frac{307}{365}+9$ | 3 | 4.114559 |
| 2031-3-17 | $\frac{307}{365}+10$ | 4 | 4.160284 |
| 2032-3-17 | $\frac{307}{365}+11$ | 5 | 4.199024 |
| 2033-3-17 | $\frac{307}{365}+12$ | 6 | 4.237764 |
| 2034-3-17 | $\frac{307}{365}+13$ | 7 | 4.276504 |
| 2035-3-17 | $\frac{307}{365}+14$ | 8 | 4.315244 |

依據即期收益率，計算未來行權日後遠的即期遠期收益率：

$$f_{\frac{307}{365}+6\sim\frac{307}{365}+7} = \frac{(1+3.842366\%)^{\left(\frac{307}{365}+7\right)}}{(1+3.623968\%)^{\left(\frac{307}{365}+6\right)}} - 1 = 5.348844\%$$

$$f_{\frac{307}{365}+6\sim\frac{307}{365}+8} = \sqrt[2]{\frac{(1+4.018384\%)^{\left(\frac{307}{365}+8\right)}}{(1+3.623968\%)^{\left(\frac{307}{365}+6\right)}}} - 1 = 5.378888\%$$

$$\cdots\cdots$$

$$f_{\frac{307}{365}+6\sim\frac{307}{365}+14} = \sqrt[8]{\frac{(1+4.315244\%)^{\left(\frac{307}{365}+14\right)}}{(1+3.623968\%)^{\left(\frac{307}{365}+6\right)}}} - 1 = 4.910036\%$$

根據市場行情以及評級、期限、債券發行人等綜合資訊確定遠期貼現的利差：

$$\text{spread}_f = 0.380\,2\%$$

$$P_0 = \frac{100 \times C_x / 1}{\left(1 + \frac{5.348844\% + 0.3802\%}{1}\right)^1} + \frac{100 \times C_x / 1}{\left(1 + \frac{5.378888\% + 0.3802\%}{1}\right)^2} + \cdots$$

$$+ \frac{100 \times C_x / 1 + 100}{\left(1 + \frac{4.910036\% + 0.3802\%}{1}\right)^8} = 100$$

可以得出

$$C_x = 5.3152 < 3.94 + \frac{300}{10000} = 6.94\%$$

即票面利率按發行人選擇權最高調整至 6.94%，但是依據遠期的即期收益率計算的均衡利率，預計發行人會將票面利率調整至 5.3152%。20 陝煤債 01 債券的（到期）剩餘期限付息計畫如表 5-17 所示。

▼ 表 5-17 20 陝煤債 01 債券的（到期）剩餘期限付息計畫

| 現金流發生日 | 距離計算日年化時間（年） | 付息次數 | 現金流（元） |
| --- | --- | --- | --- |
| 2021-3-17 | 307/365 | 1 | 3.94 |
| 2022-3-17 | $\frac{307}{365} + 1$ | 2 | 3.94 |
| 2023-3-17 | $\frac{307}{365} + 2$ | 3 | 3.94 |
| 2024-3-17 | $\frac{307}{365} + 3$ | 4 | 3.94 |
| 2025-3-17 | $\frac{307}{365} + 4$ | 5 | 3.94 |
| 2026-3-17 | $\frac{307}{365} + 5$ | 6 | 3.94 |
| 2027-3-17 | $\frac{307}{365} + 6$ | 7 | 3.94 |
| 2028-3-17 | $\frac{307}{365} + 7$ | 8 | 5.3152 |
| 2029-3-17 | $\frac{307}{365} + 8$ | 9 | 5.3152 |
| 2030-3-17 | $\frac{307}{365} + 9$ | 10 | 5.3152 |
| 2031-3-17 | $\frac{307}{365} + 10$ | 11 | 5.3152 |

（續表）

| 現金流發生日 | 距離計算日年化時間（年） | 付息次數 | 現金流（元） |
|---|---|---|---|
| 2032-3-17 | $\frac{307}{365}+11$ | 12 | 5.3152 |
| 2033-3-17 | $\frac{307}{365}+12$ | 13 | 5.3152 |
| 2034-3-17 | $\frac{307}{365}+13$ | 14 | 5.3152 |
| 2035-3-17 | $\frac{307}{365}+14$ | 15 | 105.3152 |

接著，為每個現金流發生日的即期收益率進行插值處理：

$$r_{\frac{307}{365}} = 1.846236\%$$

$$r_{\frac{307}{365}+1} = 2.169379\%$$

$$\cdots\cdots$$

$$r_{\frac{307}{365}+14} = 4.315244\%$$

根據市場行情以及評級、期限、債券發行人等綜合資訊確定利差：

$$\text{spread} = 0.365\%$$

最後，代入到期估值的公式進行計算：

$$PV = \frac{3.94}{\left(1+\frac{1.846236\%+0.365\%}{1}\right)^{\frac{307}{365}}} + \frac{3.94}{\left(1+\frac{2.169379\%+0.365\%}{1}\right)^{1.841\,1}}$$

$$+ \cdots \frac{5.3152}{\left(1+\frac{3.842366\%+0.365\%}{1}\right)^{\left(\frac{307}{365}+7\right)}} + \cdots$$

$$+ \frac{105.3152}{\left(1+\frac{4.315244\%+0.365\%}{1}\right)^{\left(\frac{307}{365}+14\right)}} = 100.8666$$

下面使用 Python 來計算到期估值。由於預估的票面利率發生了變動，這時需要修改用 Python 撰寫的 Fixed_Bond_Valuation 函數每期的票面利率。改寫後的函數命名為 Step_Bond_Valuation。

```python
# 載入需要使用的函數庫
from ACT_SUM import *
from datetime import date
import numpy as np
import scipy.interpolate as si
# 累進利率債券的估值函數（計算 PV）
def Step_Bond_Valuation(cal_date,start_date,yearlength,fre, R,
                        m,ACC_type,spread,curve_time,curve_list,):
    '''

    :param cal_date: 計算日期；
    :param start_date: 債券的起息日；
    :param yearlenth: 債券的發行年限；
    :param fre: 債券的付息頻率；
    :param R: 債券的百元票面利息付息計畫（支持累計利率）；
    :param m: 未到期債券的百元剩餘本金，無本金攤還計畫填寫數值，否則填寫目前攤還計畫；
    :param ACC_type: 債券的計息基準，如 'ACT_ACT_AVE','ACT_360','ACT_365'，可自行根據需求
增加；
    :param spread: 即期利差；
    :param curve_time: 收益率曲線的關鍵期限點（年）；
    :param curve_list: 對應關鍵期限點的收益率；
    :return: 返回計算債券的估值全價。
    '''

    # 生成付息計畫
    schedule = coupon_schedule(start_date=start_date, yearlength=yearlength, fre=fre)
    # 判斷計算日在哪兩個付息計畫之間
    for i in range(1, len(schedule)):
        if schedule[i] >= cal_date: break
    # 設定本金計畫，如填寫本金攤還計畫 list 不處理
    flag=1
    if isinstance(m,list):    # 有還本計畫
        flag=0
    else:            # 無還本計畫
        m = [m] * (len(schedule) - 1)
    # 計算日不處於最後付息週期的計算邏輯
    if  cal_date<schedule[-2]:
        # 生成債券的利息現金流計畫
        j = i
        ACC = []
        for j in range(j, len(schedule)):
            if ACC_type == 'ACT_ACT_AVE':
```

```
                            ACC.append(ACT_ACT_AVE(start_date=start_date, yearlenth=yearlenth,
                                        fre=fre, cal_date=schedule[j], coupon=R[j-1], m=m[j-1]))
                    elif ACC_type == 'ACT_360':
                            ACC.append(ACT_360(start_date=start_date, yearlenth=yearlenth,
                                        fre=fre, cal_date=schedule[j], coupon=R[j-1],m=m[j-1]))
                    elif ACC_type == 'ACT_365':
                            ACC.append(ACT_365(start_date=start_date, yearlenth=yearlenth,
                                        fre=fre, cal_date=schedule[j], coupon=R[j-1],m=m[j-1]))
            TS = schedule[i] - schedule[i - 1] #當前付息週期自然日天數
            d = schedule[i] - cal_date
            # 對相關現金流發生日進行收益率的插值處理
            coupon_time_list=[]
            for s in range(len(schedule[i:])):
                coupon_time_list.append(d.days/365+s/fre)
            func = si.interp1d(curve_time, curve_list, kind="slinear")   # 線性插值
            spot_new = func(coupon_time_list)
            # 求取現金流的貼現和
            ACC_list = []
            for n in range(0, len(ACC)):
                ACC_list.append((ACC[n]+m[i+n-2]-m[i+n-1])/
                                pow(1 + (spot_new[n]+spread) / fre, d / TS + n))
            ACC_list.append(m[-1]*flag / pow(1 + (spot_new[-1]+spread) / fre, d / TS + n ))
            return sum(ACC_list)
    #計算日處於最後付息週期的計算邏輯
    else:
        Last_ACC=ACT_ACT_AVE(start_date=start_date,yearlenth=yearlenth,fre=fre,
                            cal_date=schedule[-1],coupon=R,m=m[-1])
        FV=m[-1]+Last_ACC
        # 計算 D 與 TY
        TY_sch = coupon_schedule(start_date=start_date, yearlenth=1, fre=1)
        TY = TY_sch[-1] - TY_sch[-2]   # 當前計息年度的自然日天數，算頭不算尾
        D = schedule[-1] - cal_date   # 債券結算日至到期兌付日的自然日天數；
        func = si.interp1d(curve_time, curve_list, kind="slinear")   # 線性插值
        spot_new = func(D/TY)
        return FV/(1+(spot_new+spread)*D/TY)
```

呼叫 Step_Bond_Valuation 函數，並輸入相關債券參數，對債券進行估值。

```
maturity=np.array([0,0.08,0.25,0.5,0.75,1,
                   2,3,4,5,6,7,8,9,10,15,20,30])
spot_rates=np.array([1.431,1.4839,1.6209,1.7221,1.8243,1.8845,2.2232,
                     2.5681,2.9579,3.1878,3.4523,3.6564,3.8775,4.045,
                     4.1277,4.3214,4.3482,4.5201])/100
R1=[3.94]*7
R2=[5.3152]*(15-7)
R=R1+R2
bond_maturity_valuation=Step_Bond_Valuation(cal_date=date(2020,5,14),start_date=date(2020,3,17),
                                            yearlenth=15,fre=1,R=R,m=100,
                                            ACC_type="ACT_ACT_AVE",spread=0.365/100,
                                            curve_time=maturity,curve_list=spot_rates)
print('計算得到債券的到期估值全價：',round(bond_maturity_valuation,4))
```

輸出結果：

```
計算得到債券的到期估值全价： 100.8666
```

## 5.3.3 Hull-White 模型估值

赫爾（Hull）和懷特（White）在 1990 年發表的論文中的模型（Hull-White 模型），可以有效地描述短期利率波動變化，並適應原始期限結構。

$$d_{r(t)} = [\theta(t) - ar(t)]dt + \sigma dW_t \qquad (5-19)$$

短期利率 $r(t)$ 服從以下分佈：

$$E\{r(t)|F_s\} = r(s)e^{-a(t-s)} + \alpha(t) - \alpha(s)e^{-a(t-s)}$$

$$Var\{r(t)|F_s\} = \frac{\sigma^2}{2a}[1 - e^{-2a(t-s)}]$$

其中，

$$\alpha(t) = f^M(0,t) + \frac{\sigma^2}{2a}(1 - e^{-at})^2 \qquad (5-20)$$

$a$：利率平均值回歸常數。

$\sigma$：利率波動幅度。

$\theta(t)$：利率期限結構所確定的函數。

為了更為方便地計算，通常將以上運算式進行離散化並採用三叉樹進行模擬。定義利率過程的時間步進值為$\Delta t$，有：

$$r(t + \Delta t) - r(t) = [\theta(t) - r(t)]\Delta t + \sigma\sqrt{\Delta t}\varepsilon_t, \varepsilon_t \sim N(0,1)$$

可以得知：

$$r(t + \Delta t) - r(t) \sim N\{[\theta(t) - r(t)]\Delta t, \sigma^2 \Delta t\} \qquad (5 - 21)$$

上式表示 $r$ 的變動量服從平均值為$[\theta(t) - r(t)]\Delta t$、方差為 $\sigma^2 \Delta t$ 的正態分佈。

下面定義三叉樹的樹形利率節點之間的垂直距離為 $\Delta r$，三叉樹樹枝上行、平行、下行的機率分別為 $p_u$、$p_m$、$p_d$，則變動情況有三種，每個節點如圖 5-1 所示。

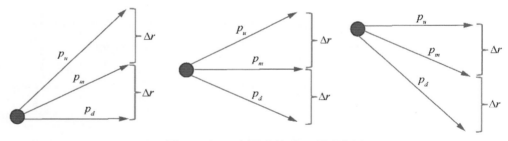

▲ 圖 5-1 每一步變動機率及變動幅度

每個節點下一期相鄰節點間的變動幅度均為 $\Delta r$。根據 Hull-White 模型可以計算 $\Delta r$ 的平均值和方差約束，可以得到 $\Delta r$ 的範圍，相應可計算出轉移機率的具體運算式。

下一階段，引入時間變動的飄移量 $v_i$，引入該變數後，節點 $(i,j)$ 的利率 $r$ 等於第一階段中建構的利率樹節點的 $r$ 加上 $v_i$。新建構的利率樹中，各分支結構的機率 $p_u$、$p_m$、$p_d$ 將保持不變。$v_i$ 的選取要保證所有貼現債券的價格與初始的期限結構一致。

$$\hat{\theta}(t) = \frac{v_i - v_{i-1}}{\Delta t} + a v_i \qquad (5-22)$$

其中，$\Delta t \to 0, \hat{\theta}(t) = \theta(t)$。

基於原始期限結構的校準如圖 5-2 所示。

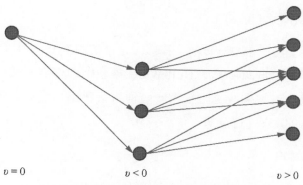

$v = 0$        $v < 0$        $v > 0$

▲ 圖 5-2 基於原始期限結構的校準

建構完標準三叉樹後，引入 $\theta$ 來描述初始期限結構特徵。對於樹中每個時點的樹杈，使用 $v$ 來進行修正。$v$ 透過下式分步遞迴得出：

$$v_m = \frac{\ln \left( \sum_{j=-n_m}^{n_m} Q_{m,j} \mathrm{e}^{-j\Delta r \Delta t} \right) - \ln P_{m+1}}{\Delta t} \qquad (5-23)$$

$Q_{m,j}$：債券達到利率樹 $(m,j)$ 節點支付 1 單位價格的貼現值（否則為 0）。

$n_m$：在 $m\Delta t$ 時，中間節點每條邊的節點個數。

根據動態規劃原理，在利率三叉樹上從後往前找出每個行權日的最佳策略對債券進行估值。最終可以計算含權債券的估值如下。

$$V_{\text{callput}} = V_{\text{callputbond}} - V_{\text{bond}} \qquad (5-24)$$

$V_{\text{callputbond}}$ ：含權估值，為採用 Hull-White 模型進行利率校準的估值。

$V_{\text{bond}}$ ：不含權估值，為普通不含權其他要素相同情況下的債券的估值。

$V_{\text{callput}}$ ：行使權估值，為含權估值與不含權估值之差。

【實例 5-15】債券相關資訊同實例 5-13，請採用 Hull-White 模型計算 2020-5-14 日終該債券的估值。

【分析解答】由於手工計算較為複雜，這裡使用 Python 中的 QuantLib 套件的含權債券模組進行計算。其中 Hull-White 模型中的相關參數用該類型債券三個月以上的對應收益率曲線進行校準，這裡直接舉出了已經調優後的具體參數 $a = 0.9665$，$\sigma = 0.0132$ 進行計算。

```python
# 載入需要使用的函數庫
import math
import numpy as np
import pandas as pd
import QuantLib as ql   # 未安裝，輸入 pip install QuantLib 命令進行安裝
import matplotlib.pyplot as plt
# 設定估值日期
calc_date=ql.Date(14,5,2020)
ql.Settings.instance().evaluationDate=calc_date
# 建構即期收益率曲線
spot_dates=[ql.Date(14,5,2020),ql.Date(14,6,2020),ql.Date(14,8,2020),
            ql.Date(14,11,2020),ql.Date(14,2,2021),ql.Date(14,5,2021),
            ql.Date(14,5,2022),ql.Date(14,5,2023),ql.Date(14,5,2024),
            ql.Date(14,5,2025),ql.Date(14,5,2026),ql.Date(14,5,2027),
            ql.Date(14,5,2028),ql.Date(14,5,2029),ql.Date(14,5,2030),
            ql.Date(14,5,2035),ql.Date(14,5,2040),ql.Date(14,5,2050)]
spot_rates=np.array([1.431,1.4839,1.6209,1.7221,1.8243,1.8845,2.2232,
                     2.5681,2.9579,3.1878,3.4523,3.6564,3.8775,4.045,
```

```
                            4.1277,4.3214,4.3482,4.5201])/100
discount_rate=spot_rates+0.365/100 # 增加貼現利差
day_count=ql.ActualActual(ql.ActualActual.Bond)
calendar=ql.China()
interpolation=ql.Linear()
compounding=ql.Compounded
compounding_frequency=ql.Annual
spot_curve=ql.ZeroCurve(spot_dates,discount_rate,day_count,calendar,interpolation,comp
ounding,compounding_frequency)
ts_handle=ql.YieldTermStructureHandle(spot_curve)
# 設定含權債券贖回或回售計畫
callability_schedule=ql.CallabilitySchedule()
call_price=100
calendar=ql.China()
callability_price=ql.BondPrice(call_price,ql.BondPrice.Clean)
callability_schedule.append(ql.Callability(callability_price,ql.Callability.Put,ql.
Date(17,3,2027)))
callability_schedule.append(ql.Callability(callability_price,ql.Callability.Put,ql.
Date(17,3,2032)))
# 含權債券的基本債券要素
issue_date=ql.Date(17,3,2020)
maturity_date=ql.Date(17,3,2035)
tenor=ql.Period('1Y')
accrual_convention=ql.Unadjusted
schedule=ql.Schedule(issue_date,maturity_date,tenor,calendar,accrual_convention,
                     accrual_convention,ql.DateGeneration.Backward,False)
settlement_days=0
face_amount=100
accrual_daycount=ql.ActualActual(ql.ActualActual.Bond)
coupon=0.0394
bond=ql.CallableFixedRateBond(settlement_days,face_amount,
                                schedule,[coupon],accrual_daycount,
                                ql.Following,face_amount,issue_date,callability_
schedule)
# 設定估值模型為 Hull-White 模型進行估值
def value_bond(a,s,grid_points,bond):
    model=ql.HullWhite(ts_handle,a,s)
    engine=ql.TreeCallableFixedRateBondEngine(model,grid_points)
    bond.setPricingEngine(engine)
    return bond
```

```
# 設定參數對含權債券進行估值
value_bond(0.9665,0.0132,1000,bond)
print(" 計算得到含權債券的估值全價 :",round(bond.dirtyPrice(),4))
```

輸出結果：

計算得到債券的含权估值全价：100.8312

使用 Python 計算不含權該債券的估值全價。

```
maturity=np.array([0,0.08,0.25,0.5,0.75,1,
                   2,3,4,5,6,7,8,9,10,15,20,30])
spot_rates=np.array([1.431,1.4839,1.6209,1.7221,1.8243,1.8845,2.2232,
                     2.5681,2.9579,3.1878,3.4523,3.6564,3.8775,4.045,
                     4.1277,4.3214,4.3482,4.5201])/100
bond_no_exer=Fixed_Bond_Valuation(start_date=date(2020,3,17),yearlenth=15,fre=1,
                     cal_date=date(2020,5,14),R=3.94,m=100,
                     ACC_type="ACT_ACT_AVE",spread=0.365/100,
                     curve_time=maturity,curve_list=spot_rates)
print(' 計算得到債券的不含權估值全價：',round(bond_no_exer,4))
```

輸出結果：

計算得到債券的不含权估值全价：94.1717

則行使權估值對投資者而言為：

$$V_{callput} = 100.8312 - 94.1717 = 6.6595$$

# 5.4 債券的關鍵利率久期

## 5.4.1 單券的關鍵利率久期

一般的久期度量的方法是計算收益率曲線平行上移或下移對債券價格的影響。如果收益率曲線在某個期限點上發生變化，或收益率曲線發生了扭曲，將如何影響債券的價格呢？下面將介紹更為精確的度量指標——關鍵利率久期。關鍵利率久期是關鍵期限點上的局部久期，它測量了收益率曲線上各個關鍵期限點的收益率變化對債券價格的影響。

$$KeyDur_i = -\frac{PV_{+,i} - PV_{-,i}}{2PV_0 \Delta r}, i = 1,2,\cdots,n \qquad (5-25)$$

$KeyDur_i$：第 $i$ 個關鍵期限點的關鍵利率久期。

$n$：關鍵期限點個數。一般來說關鍵利率久期的期限點是人為設置的，例如可以設置為 3M、6M、1Y、2Y、3Y、5Y、10Y、15Y、20Y、30Y 等。

$\Delta r$：關鍵期限點的收益率變化值，一般取 1BP。

$PV_{+,i}$：第 $i$ 個關鍵期限點收益率向上變動 $\Delta r$ 後債券的估值全價。

$PV_{-,i}$：第 $i$ 個關鍵期限點收益率向下變動 $\Delta r$ 後債券的估值全價。

$PV_0$：債券的估值全價。

依據所選擇的曲線不同，計算關鍵利率久期的方法也有一定差別。如果選擇到期收益率曲線，其是一條平坦的收益率曲線，計算相對來說比較簡便；而如果選擇即期收益率曲線，則關鍵期限點變動後，需要重新採用拔靴法建構即期收益率曲線，計算比較複雜。對債券來說，通常風險點最大的是最後一筆現金流，即最後一筆現金流所處的關鍵期限的收益率變動對債券的影響較大。由於比較流行的是採用到期收益率來進行計算，因此下面將介紹採用到期收益率計算關鍵利率久期的實例。

【實例 5-16】20 附息國債 16 債券的基本資訊如表 5-18 所示。假定該債券在 2022-4-22 日終的百元面額估值全價為 104.6444 元，到期收益率為 2.839657%，修正久期為 7.36。設置關鍵期限點為 3M、6M、1Y、2Y、3Y、5Y、15Y，計算該債券關鍵利率久期。

▼ 表 5-18 20 附息國債 16 債券的基本資訊

| | | | |
|---|---|---|---|
| **債券簡稱** | 20 附息國債 16 | **債券程式** | 200016 |
| **債券類型** | 國債 | **發行人** | 財政部 |
| **債券起息日** | 2020-11-19 | **債券到期日** | 2030-11-19 |
| **付息頻率** | 1 年 2 次 | **發行期限** | 10 年 |
| **息票類型** | 附息式固定利率 | **面額** | 100 元 |
| **計息基準** | 實際 / 實際 | **票面利率(%)** | 3.27 |

資料來源：中國貨幣網

【分析解答】接下來運用到期收益率曲線和公式（5-25）展示本例中債券關鍵利率久期的計算過程。

採用到期收益率計算債券的 $PV_0$：

$$PV_0 = \frac{3.27/2}{(1 + 2.839657\%/2)^{\frac{27}{181}+1-1}} + \frac{3.27/2}{(1 + 2.839657\%/2)^{\frac{27}{181}+2-1}} + \cdots$$

$$+ \frac{100 + \frac{3.27}{2}}{(1 + 2.839657\%/2)^{\frac{27}{181}+18-1}} = 104.6444 \ （元）$$

① 假定關鍵期限點 3M 的利率發生變動，則到期收益率變動 1 個 BP 的情況如表 5-19、圖 5-3 所示。

▼ 表 5-19 3M 關鍵期限點到期收益率變動 1BP 的情況

| 開始日期 | 結束日期 | 期限點 | 到期收益率（%） | +1BP 變動後（%） | - 1BP 變動後（%） |
|---|---|---|---|---|---|
| 2022-4-22 | 2022-4-22 | 0 | 2.839657 | 2.839657 | 2.839657 |
| 2022-4-22 | 2022-7-22 | 3M | 2.839657 | **2.849657** | **2.829657** |
| 2022-4-22 | 2022-10-22 | 6M | 2.839657 | 2.839657 | 2.839657 |
| 2022-4-22 | 2023-4-22 | 1Y | 2.839657 | 2.839657 | 2.839657 |
| 2022-4-22 | 2024-4-22 | 2Y | 2.839657 | 2.839657 | 2.839657 |

（續表）

| 開始日期 | 結束日期 | 期限點 | 到期收益率（%） | +1BP 變動後（%） | - 1BP 變動後（%） |
|---|---|---|---|---|---|
| 2022-4-22 | 2025-4-22 | 3Y | 2.839657 | 2.839657 | 2.839657 |
| 2022-4-22 | 2027-4-22 | 5Y | 2.839657 | 2.839657 | 2.839657 |
| 2022-4-22 | 2032-4-22 | 10Y | 2.839657 | 2.839657 | 2.839657 |
| 2022-4-22 | 2037-4-22 | 15Y | 2.839657 | 2.839657 | 2.839657 |

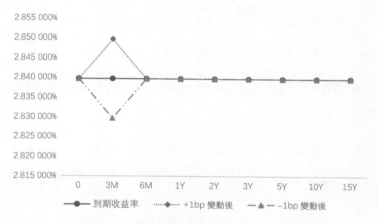

▲ 圖 5-3　3M 關鍵期限點到期收益率變動 1BP 情況

　　3M 關鍵期限點的利率變動會影響相鄰兩個期限點之間的到期收益率，查看 0 ～ 6M 的現金流發生日，對現金流發生日的到期收益率（+1BP 和 –1BP 後的收益率曲線）進行插值，例如 2022-5-19 的到期收益率計算如下。

$$y_{+,2022\text{-}5\text{-}19} = 2.839\,657\%$$
$$+ \frac{\text{days}(2022\text{-}5\text{-}19 - 2022\text{-}4\text{-}22)}{\text{days}(2022\text{-}7\text{-}22 - 2022\text{-}4\text{-}22)} \times (2.849657\% - 2.839657\%)$$
$$= 2.842624\%$$
$$y_{-,2022\text{-}5\text{-}19} = 2.839657\%$$
$$+ \frac{\text{days}(2022\text{-}5\text{-}19 - 2022\text{-}4\text{-}22)}{\text{days}(2022\text{-}7\text{-}22 - 2022\text{-}4\text{-}22)} \times (2.829657\% - 2.839657\%)$$
$$= 2.836690\%$$

$$PV_{+,3M} = \frac{3.27/2}{(1 + 2.842624\%/2)^{\frac{27}{181}+1-1}} + \frac{3.27/2}{(1 + 2.839657\%/2)^{\frac{27}{181}+2-1}} + \cdots$$

$$+ \frac{100 + \frac{3.27}{2}}{(1 + 2.839657\%/2)^{\frac{27}{181}+18-1}} = 104.6443968$$

$$PV_{-,3M} = \frac{3.27/2}{(1 + 2.836690\%/2)^{\frac{27}{181}+1-1}} + \frac{3.27/2}{(1 + 2.839657\%/2)^{\frac{27}{181}+2-1}} + \cdots$$

$$+ \frac{100 + \frac{3.27}{2}}{(1 + 2.839657\%/2)^{\frac{27}{181}+18-1}} = 104.6444039$$

$$KeyDur_{3M} = -\frac{104.6443968 - 104.6444039}{2 \times 104.6444 \times 0.0001} = 0.000339$$

【注】PV 取更高的精度會得到一致的結果。

② 假定關鍵期限點 6M 的利率發生變動,則到期收益率變動 1PB 的情況如表 5-20、圖 5-4 所示。

▼ 表 5-20　6M 關鍵期限點到期收益率變動 1BP 的情況

| 開始日期 | 結束日期 | 期限點 | 到期收益率（％） | +1BP 變動後（％） | -1BP 變動後（％） |
|---|---|---|---|---|---|
| 2022-4-22 | 2022-4-22 | 0 | 2.839657 | 2.839657 | 2.839657 |
| 2022-4-22 | 2022-7-22 | 3M | 2.839657 | 2.839657 | 2.839657 |
| 2022-4-22 | 2022-10-22 | 6M | 2.839657 | **2.849657** | **2.829657** |
| 2022-4-22 | 2023-4-22 | 1Y | 2.839657 | 2.839657 | 2.839657 |
| 2022-4-22 | 2024-4-22 | 2Y | 2.839657 | 2.839657 | 2.839657 |
| 2022-4-22 | 2025-4-22 | 3Y | 2.839657 | 2.839657 | 2.839657 |
| 2022-4-22 | 2027-4-22 | 5Y | 2.839657 | 2.839657 | 2.839657 |
| 2022-4-22 | 2032-4-22 | 10Y | 2.839657 | 2.839657 | 2.839657 |
| 2022-4-22 | 2037-4-22 | 15Y | 2.839657 | 2.839657 | 2.839657 |

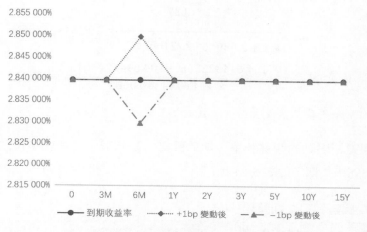

▲ 圖 5-4 6M 期限點到期收益率變動 1BP 情況

6M 關鍵期限點的利率變動會影響相鄰兩個期限點之間的到期收益率，查看 3M ～ 1Y 的現金流發生日，對現金流發生日的到期收益率（+1BP 和 -1BP 後的收益率曲線）進行插值，例如 2022-11-19 的到期收益率計算如下。

$$y_{+,2022\text{-}11\text{-}19} = 2.849\ 657\%$$
$$+ \frac{\text{days}(2022\text{-}11\text{-}19 - 2022\text{-}10\text{-}22)}{\text{days}(2023\text{-}4\text{-}22 - 2022\text{-}10\text{-}22)} \times (2.839657\% - 2.849657\%)$$
$$= 2.848119\%$$

$$y_{-,2022\text{-}11\text{-}19} = 2.829657\%$$
$$+ \frac{\text{days}(2022\text{-}11\text{-}19 - 2022\text{-}10\text{-}22)}{\text{days}(2023\text{-}4\text{-}22 - 2022\text{-}10\text{-}22)} \times (2.839657\% - 2.829657\%)$$
$$= 2.831195\%$$

$$PV_{+,6M} = \frac{3.27/2}{(1 + 2.839657\%/2)^{\frac{27}{181}+1-1}} + \frac{3.27/2}{(1 + 2.848119\%/2)^{\frac{27}{181}+2-1}} + \cdots$$
$$+ \frac{100 + \frac{3.27}{2}}{(1 + 2.839657\%/2)^{\frac{27}{181}+18-1}} = 104.644322556$$

$$PV_{-,6M} = \frac{3.27/2}{(1 + 2.839657\%/2)^{\frac{27}{181}+1-1}} + \frac{3.27/2}{(1 + 2.831195\%/2)^{\frac{27}{181}+2-1}} + \cdots$$

$$+ \frac{100 + \frac{3.27}{2}}{(1 + 2.839657\%/2)^{\frac{27}{181} + 18 - 1}} = 104.644477864$$

$$\text{KeyDur}_{6M} = -\frac{104.644322556 - 104.644477864}{2 \times 104.6444 \times 0.0001} = 0.007421$$

【注】PV 取更高的精度會得到一致的結果。

其他關鍵期限點的關鍵利率久期的計算方法類似,這裡就不再敘述。整理全部的關鍵利率久期,如表 5-21 所示。

▼ 表 5-21 關鍵利率久期整理

| 開始日期 | 結束日期 | 期限點 | 期限點(年) | 關鍵利率久期 |
|---|---|---|---|---|
| 2022-4-22 | 2022-4-22 | 0 | 0 | 0.000000 |
| 2022-4-22 | 2022-7-22 | 3M | 0.25 | 0.000339 |
| 2022-4-22 | 2022-10-22 | 6M | 0.5 | 0.007421 |
| 2022-4-22 | 2023-4-22 | 1Y | 1 | 0.026047 |
| 2022-4-22 | 2024-4-22 | 2Y | 2 | 0.058135 |
| 2022-4-22 | 2025-4-22 | 3Y | 3 | 0.139832 |
| 2022-4-22 | 2027-4-22 | 5Y | 5 | 2.321084 |
| 2022-4-22 | 2032-4-22 | 10Y | 10 | 4.808202 |
| 2022-4-22 | 2037-4-22 | 15Y | 15 | 0.000000 |
| | | 合計 | | 7.361060 |

$$\text{KeyDur}_{sum} = \text{KeyDur}_{3M} + \text{KeyDur}_{6M} + \cdots + \text{KeyDur}_{15Y}$$
$$= 0.000339 + 0.007421 + \cdots + 0.000000 = 7.361060$$

$$\approx 7.36 \ (\text{修正久期})$$

可以發現,計算的關鍵利率久期的合計結果約等於修正久期的結果,其中微小的誤差源自線性插值各個現金流發生日的利率。如果需要完全相同,可以按比例縮放進行歸一化處理。繪製的關鍵利率久期的圖形如圖 5-5 所示。

可以看到，最後一筆現金流（本金＋利息）的時間為 2030-11-19，其所處的關鍵期限點在 5Y 和 10Y 之間，這兩個關鍵期限利率久期較大，其他利息所處的關鍵期限點對關鍵利率久期影響較小。

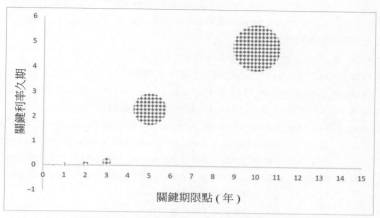

▲ 圖 5-5  20 附息國債 16 債券關鍵利率久期

下面使用 Python 撰寫計算關鍵利率久期的函數（Fixed_Bond_KeyDur）。

```python
# 載入需要使用的函數庫
import numpy as np
from datetime import date
from Fixed_Bond_Valuation import Fixed_Bond_Valuation
# 計算固定利率債券關鍵利率久期的函數
def Fixed_Bond_KeyDur(cal_date,curve_time,curve_list,start_
date,yearlenth,fre, R,m,ACC_type):
    '''
    :param cal_date: 計算日期；
    :param curve_time: 收益率曲線的關鍵期限點（年）；
    :param curve_list: 對應關鍵期限點的收益率；
    :param start_date: 債券的起息日；
    :param yearlenth: 債券的發行年限；
    :param fre: 債券的付息頻率；
    :param R: 債券的百元票面利息；
    :param m: 未到期債券的百元剩餘本金；
    :param ACC_type: 債券的計息基準，如 'ACT_ACT_AVE','ACT_360','ACT_365'，可自行根據需求
增加；
```

:return: 返回關鍵期限點、關鍵期限點關鍵利率久期、關鍵利率久期的合計值。
'''
```python
# 設定計算原始債券的 PV0
bond=Fixed_Bond_Valuation(start_date=start_date,yearlenth=yearlenth,fre=fre,
                cal_date=cal_date,R=R,m=m,ACC_type=ACC_type,spread=0,
                curve_time=curve_time,curve_list=curve_list)
# 計算關鍵期限點 3M 的關鍵利率久期
spot_rate_3M_up = curve_list*0.25/0.25
spot_rate_3M_up[1] = spot_rate_3M_up[1] + 0.0001
spot_rate_3M_down = curve_list*0.25/0.25
spot_rate_3M_down[1] = spot_rate_3M_down[1] - 0.0001
bond_3M_up=Fixed_Bond_Valuation(start_date=start_date,yearlenth=yearlenth,fre=fre,
                cal_date=cal_date,R=R,m=m, ACC_type=ACC_type,spread=0,
                curve_time=curve_time,curve_list=spot_rate_3M_up)
bond_3M_down=Fixed_Bond_Valuation(start_date=start_date,yearlenth=yearlenth,fre=fre,
                cal_date=cal_date,R=R,m=m,
                ACC_type=ACC_type,spread=0,
                curve_time=curve_time,curve_list=spot_rate_3M_down)
Key_Dur_3M=-(bond_3M_up-bond_3M_down)/(2*bond*0.0001)
# 計算關鍵期限點 6M 的關鍵利率久期
spot_rate_6M_up = curve_list*0.5/0.5
spot_rate_6M_up[2] = spot_rate_6M_up[2] + 0.0001
spot_rate_6M_down = curve_list*0.5/0.5
spot_rate_6M_down[2] = spot_rate_6M_down[2] - 0.0001
bond_6M_up=Fixed_Bond_Valuation(start_date=start_date,yearlenth=yearlenth,fre=fre,
                cal_date=cal_date,R=R,m=m,ACC_type=ACC_type,spread=0,
                curve_time=curve_time,curve_list=spot_rate_6M_up)
bond_6M_down=Fixed_Bond_Valuation(start_date=start_date,yearlenth=yearlenth,fre=fre,
                cal_date=cal_date,R=R,m=m, ACC_type=ACC_type,spread=0,
                curve_time=curve_time,curve_list=spot_rate_6M_down)
Key_Dur_6M=-(bond_6M_up-bond_6M_down)/(2*bond*0.0001)
# 計算關鍵期限點 1Y 的關鍵利率久期
spot_rate_1Y_up = curve_list*1/1
spot_rate_1Y_up[3] = spot_rate_1Y_up[3] + 0.0001
spot_rate_1Y_down = curve_list*1/1
spot_rate_1Y_down[3] = spot_rate_1Y_down[3] - 0.0001
bond_1Y_up=Fixed_Bond_Valuation(start_date=start_date,yearlenth=yearlenth,fre=fre,
                cal_date=cal_date,R=R,m=m,ACC_type=ACC_type,spread=0,
                curve_time=curve_time,curve_list=spot_rate_1Y_up)
```

```
bond_1Y_down=Fixed_Bond_Valuation(start_date=start_date,yearlenth=yearlenth,fre=fre,
                    cal_date=cal_date,R=R,m=m,ACC_type=ACC_type,spread=0,
                    curve_time=curve_time,curve_list=spot_rate_1Y_down)
Key_Dur_1Y=-(bond_1Y_up-bond_1Y_down)/(2*bond*0.0001)
# 計算關鍵期限點 2Y 的關鍵利率久期
spot_rate_2Y_up = curve_list*2/2
spot_rate_2Y_up[4] = spot_rate_1Y_up[4] + 0.0001
spot_rate_2Y_down = curve_list*2/2
spot_rate_2Y_down[4] = spot_rate_1Y_down[4] - 0.0001
bond_2Y_up=Fixed_Bond_Valuation(start_date=start_date,yearlenth=yearlenth,fre=fre,
                    cal_date=cal_date,R=R,m=m,ACC_type=ACC_type,spread=0,
                    curve_time=curve_time,curve_list=spot_rate_2Y_up)
bond_2Y_down=Fixed_Bond_Valuation(start_date=start_date,yearlenth=yearlenth,fre=fre,
                    cal_date=cal_date,R=R,m=m,ACC_type=ACC_type,spread=0,
                    curve_time=curve_time,curve_list=spot_rate_2Y_down)
Key_Dur_2Y=-(bond_2Y_up-bond_2Y_down)/(2*bond*0.0001)
# 計算關鍵期限點 3Y 的關鍵利率久期
spot_rate_3Y_up = curve_list*3/3
spot_rate_3Y_up[5] = spot_rate_3Y_up[5] + 0.0001
spot_rate_3Y_down = curve_list*3/3
spot_rate_3Y_down[5] = spot_rate_3Y_down[5] - 0.0001
bond_3Y_up=Fixed_Bond_Valuation(start_date=start_date,yearlenth=yearlenth,fre=fre,
                    cal_date=cal_date,R=R,m=m,ACC_type=ACC_type,spread=0,
                    curve_time=curve_time,curve_list=spot_rate_3Y_up)
bond_3Y_down=Fixed_Bond_Valuation(start_date=start_date,yearlenth=yearlenth,fre=fre,
                cal_date=cal_date,R=R,m=m,ACC_type=ACC_type,spread=0,
                curve_time=curve_time,curve_list=spot_rate_3Y_down)
Key_Dur_3Y=-(bond_3Y_up-bond_3Y_down)/(2*bond*0.0001)
# 計算關鍵期限點 5Y 的關鍵利率久期
spot_rate_5Y_up = curve_list*5/5
spot_rate_5Y_up[6] = spot_rate_5Y_up[6] + 0.0001
spot_rate_5Y_down = curve_list*5/5
spot_rate_5Y_down[6] = spot_rate_5Y_down[6] - 0.0001
bond_5Y_up=Fixed_Bond_Valuation(start_date=start_date,yearlenth=yearlenth,fre=fre,
                    cal_date=cal_date,R=R,m=m,ACC_type=ACC_type,spread=0,
                    curve_time=curve_time,curve_list=spot_rate_5Y_up)
bond_5Y_down=Fixed_Bond_Valuation(start_date=start_date,yearlenth=yearlenth,fre=fre,
                    cal_date=cal_date,R=R,m=m,ACC_type=ACC_type,spread=0,
                    curve_time=curve_time,curve_list=spot_rate_5Y_down)
```

```
Key_Dur_5Y=-(bond_5Y_up-bond_5Y_down)/(2*bond*0.0001)
# 計算關鍵期限點 10Y 的關鍵利率久期
spot_rate_10Y_up = curve_list*10/10
spot_rate_10Y_up[7] = spot_rate_10Y_up[7] + 0.0001
spot_rate_10Y_down = curve_list*10/10
spot_rate_10Y_down[7] = spot_rate_10Y_down[7] - 0.0001
bond_10Y_up=Fixed_Bond_Valuation(start_date=start_date,yearlenth=yearlenth,fre=fre,
                    cal_date=cal_date,R=R,m=m,ACC_type=ACC_type,spread=0,
                    curve_time=curve_time,curve_list=spot_rate_10Y_up)
bond_10Y_down=Fixed_Bond_Valuation(start_date=start_date,yearlenth=yearlenth,fre=fre,
                    cal_date=cal_date,R=R,m=m,ACC_type=ACC_type,spread=0,
                    curve_time=curve_time,curve_list=spot_rate_10Y_down)
Key_Dur_10Y=-(bond_10Y_up-bond_10Y_down)/(2*bond*0.0001)
# 計算關鍵期限點 15Y 的關鍵利率久期
spot_rate_15Y_up = curve_list*15/15
spot_rate_15Y_up[8] = spot_rate_10Y_up[8] + 0.0001
spot_rate_15Y_down = curve_list*15/15
spot_rate_15Y_down[8] = spot_rate_10Y_down[8] - 0.0001
bond_15Y_up=Fixed_Bond_Valuation(start_date=start_date,yearlenth=yearlenth,fre=fre,
                    cal_date=cal_date,R=R,m=m,ACC_type=ACC_type,spread=0,
                    curve_time=curve_time,curve_list=spot_rate_15Y_up)
bond_15Y_down=Fixed_Bond_Valuation(start_date=start_date,yearlenth=yearlenth,fre=fre,
                    cal_date=cal_date,R=R,m=m,ACC_type=ACC_type,spread=0,
                    curve_time=curve_time,curve_list=spot_rate_15Y_down)
Key_Dur_15Y=-(bond_15Y_up-bond_15Y_down)/(2*bond*0.0001)
return [0, 0.25, 0.5, 1, 2, 3, 5, 10,15],[0,Key_Dur_3M,Key_Dur_6M,Key_Dur_1Y,
        Key_Dur_2Y,Key_Dur_3Y,Key_Dur_5Y,Key_Dur_10Y,Key_Dur_15Y]
```

呼叫 Fixed_Bond_KeyDur 函數，輸入實例 5-16 中的相關參數，計算關鍵利率久期。

```
maturity = np.array([0, 0.25, 0.5, 1, 2, 3, 5, 10, 15])
spot_rate=np.array([2.839657,2.839657,2.839657,2.839657,2.839657,
                    2.839657,2.839657,2.839657,2.839657])/100
Fixed_Bond_KeyDur_test1=Fixed_Bond_KeyDur(cal_date=date(2022,4,22),
                    curve_time=maturity,curve_list=spot_rate,start_date=date(2020,11,19),
                    yearlenth=10,fre=2, R=3.27, m=100,ACC_type="ACT_ACT_AVE")
print(" 關鍵期限點：",Fixed_Bond_KeyDur_test1[0])
np.set_printoptions(suppress=True) #不使用科學記數法
```

```
print(" 各關鍵期限點關鍵利率久期 :\n",np.round(Fixed_Bond_KeyDur_test1[1],6))
print("20 附息國債 16 的關鍵利率久期：",np.round(sum(Fixed_Bond_KeyDur_test1[1]),6))
```

輸出結果：

```
关键期限点： [0, 0.25, 0.5, 1, 2, 3, 5, 10, 15]
各关键期限点关键利率久期：
 [ 0.        0.000339  0.007421  0.026047  0.058135  0.139832  2.321084
   4.808202 -0.      ]
20附息国债16的关键利率久期： 7.36106
```

【注】關鍵期限點是人為主觀定義的，例如想要增加 7Y、20Y 等期限，可以將 Fixed_Bond_ KeyDur 函數增加關鍵期限點進行改進。

## 5.4.2 組合的關鍵利率久期

組合，即投資組合，整個投資組合的關鍵利率久期，等於組合中每隻債券的關鍵利率久期的加權平均數：

$$\text{KRD}_i = \sum_{j=1}^{N} w_j \times \text{KeyDur}_{j,i} \qquad\qquad (5-26)$$

$\text{KRD}_i$：投資組合在關鍵期限點 $i$ 上的關鍵利率久期。

$w_j$：債券 $j$ 的市值在投資組合中的佔比。

$\text{KeyDur}_{j,i}$：債券 $j$ 在關鍵期限點 $i$ 上的關鍵利率久期。

【實例 5-17】交易員在 2022-4-22 持倉 20 附息國債 16 債券（債券資訊見實例 5-16）和 20 抗疫國債 02 債券的券面金額各有 1000 萬元，這兩隻債券的百元面額全價分別為 104.644400 元（到期收益率為 2.839657%）與 102.2703984 元（到期收益率為 2.710865%），持倉市值分別為 10464440.00 元與 10227039.84 元。計算該組合的關鍵利率久期。其中 20 抗疫國債 02 債券的相關資訊如表 5-22 所示。

▼ 表 5-22 20 抗疫國債 02 債券的基本資訊

| 債券簡稱 | 20 抗疫國債 02 | 債券程式 | 2000002 |
|---|---|---|---|
| 債券類型 | 國債 | 發行人 | 財政部 |
| 債券起息日 | 2020-6-19 | 債券到期日 | 2027-6-19 |
| 付息頻率 | 1 年 1 次 | 發行期限 | 7 年 |
| 息票類型 | 附息式固定利率 | 面額 | 100 元 |
| 計息基準 | 實際 / 實際 | 票面利率(%) | 2.71 |

資料來源：中國貨幣網

【分析解答】接下來結合【實例 5-16】和公式（5-26）介紹本例中債券組合的關鍵利率久期的計算過程。

對於 20 抗疫國債 02，同樣可以採用 5.4.1 節介紹的單券的關鍵利率久期方法計算關鍵利率久期。

兩隻債券的組合關鍵利率久期的計算，根據公式（5-26），有：

$$\text{KRD}_{3M} = \frac{10464440.00}{10464440.00 + 10227039.84} \times 0.000339$$
$$+ \frac{10227039.84}{10464440.00 + 10227039.84} \times 0.002595 = 0.001454$$

其他的組合關鍵利率久期類比計算，具體計算結果如表 5-23 所示。

▼ 表 5-23 組合關鍵利率久期明細

| 關鍵期限點 | 期限（年） | 20 附息國債 16 | 20 抗疫國債 02 | 組合關鍵利率久期 |
|---|---|---|---|---|
| 0 | 0 | 0.000000 | 0.000000 | 0.000000 |
| 3M | 0.25 | 0.000339 | 0.0025947 | 0.001454 |
| 6M | 0.5 | 0.007421 | 0 | 0.003753 |
| 1Y | 1 | 0.026047 | 0.02438 | 0.025223 |
| 2Y | 2 | 0.058135 | 0.0488244 | 0.053533 |

（續表）

| 關鍵期限點 | 期限（年） | 20 附息國債 16 | 20 抗疫國債 02 | 組合關鍵利率久期 |
|---|---|---|---|---|
| 3Y | 3 | 0.139832 | 0.1176696 | 0.128878 |
| 5Y | 5 | 2.321084 | 4.3160896 | 3.307142 |
| 10Y | 10 | 4.808202 | 0.1396501 | 2.500708 |
| 15Y | 15 | 0.000000 | 0.000000 | 0.000000 |
| 合計 | | 7.361060 | 4.649208 | 6.020691 |

組合關鍵利率久期如圖 5-6 所示。

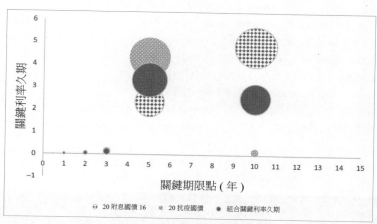

▲ 圖 5-6 組合關鍵利率久期

從圖 5-6 中可以看到，中間位置的深色氣泡圖為兩隻債券組合的關鍵利率久期，有一定的中和作用。如果購買的不同期限的債券足夠多，到期日平均分配在不同的期限點上，則關鍵利率久期就會在各個關鍵期限點上更為明顯，可以針對關鍵期限點進行精準對沖。

下面使用 Python 撰寫計算組合的關鍵利率久期的函數（Fixed_Bond_KeyDur_Portfo）。

```
def Fixed_Bond_KeyDur_Portfo(time_list,keydur_array,weight):
    '''
```

```
:param time_list: 收益率曲線的關鍵期限點（年）；
:param keydur_array: 各個子債券的關鍵利率久期，以矩陣方式輸入；
:param weight: 各個子債券佔總持倉的市值比率；
:return: 關鍵期限點和組合的關鍵利率久期
'''
keydur_array=keydur_array.T
keydurprofo=np.dot(keydur_array,weight)
return time_list,keydurprofo
```

20 附息國債 16 的關鍵利率久期在實例 5-16 已經計算，下面計算 20 抗疫國債 02 的關鍵利率久期：

```
spot_rate2=np.array([2.710865,2.710865,2.710865,2.710865,2.710865,
                     2.710865,2.710865,2.710865,2.710865])/100
Fixed_Bond_KeyDur_test2=Fixed_Bond_KeyDur(curve_time=maturity,curve_list=spot_rate2,
    start_date=date(2020,6,19),yearlenth=7,fre=1,cal_date=date(2022,4,22),R=2.71,
    m=100,ACC_type="ACT_ACT_AVE")
print(" 關鍵期限點：",Fixed_Bond_KeyDur_test2[0])
np.set_printoptions(suppress=True) #不使用科學記數法
print(" 各關鍵期限點關鍵利率久期 :\n",np.round(Fixed_Bond_KeyDur_test2[1],7))
print("20 抗疫國債 02 的關鍵利率久期：",np.round(sum(Fixed_Bond_KeyDur_test2[1]),6))
```

輸出結果：

```
关键期限点： [0, 0.25, 0.5, 1, 2, 3, 5, 10, 15]
各关键期限点关键利率久期：
 [ 0.         0.0025947 -0.         0.02438    0.0488244  0.1176696
   4.3160896  0.1396501 -0.        ]
20抗疫国债02的关键利率久期： 4.649208
```

輸入實例 5-16 中的相關參數與本例的參數，計算組合關鍵利率久期。

```
maturity=np.array([0, 0.25, 0.5, 1, 2, 3, 5, 10, 15])
Fixed_Bond_KeyDur_Portfo_test=Fixed_Bond_KeyDur_Portfo(time_list=maturity,
keydur_array=np.array([Fixed_Bond_KeyDur_test1[1],Fixed_Bond_KeyDur_test2[1]]),
weight=np.array([10464440.00/(10464440.00+10227039.84),10227039.84/(10464440.00+10227039.84)]))
print(" 關鍵期限點：",Fixed_Bond_KeyDur_Portfo_test[0])
print(" 關鍵期限點組合關鍵利率久期：\n",np.round(Fixed_Bond_KeyDur_Portfo_test[1],6))
print(" 組合的關鍵利率久期：",np.round(sum(Fixed_Bond_KeyDur_Portfo_test[1]),6))
```

輸出結果：

```
关键期限点: [ 0.    0.25 0.5  1.   2.   3.   5.   10.   15. ]
关键期限点组合关键利率久期:
[0.       0.001454 0.003753 0.025223 0.053533 0.128878 3.307142 2.500708
0.      ]
组合的关键利率久期:  6.020691
```

# 5.5 債券的風險價值與預期損失

　　風險價值（Value at Risk，VaR）是指持有資產一段時間並在替定的信賴區間（如95%、99%等）下，價格、利率或匯率等市場風險要素發生變化時可能對持有資產造成的最大損失。舉例來說，在持有期為1天、信賴區間為99%的情況下，若所計算的風險價值為100萬元，則表明資產在1天中的損失有99%的可能不會超過100萬元。預期損失（Expected Shortfall，ES）是指在正常市場條件下和一定的信賴區間下，測算出在替定的時間段內損失超過風險價值的條件期望值。預期損失考慮了超過風險價值損失的情況，改善了風險價值模型在處理損失分佈中可能出現的厚尾問題。目前理論界舉出的計算風險價值或預期損失有三種主要方法：方差協方差方法（如德爾塔-常態方法）、歷史模擬方法、蒙特卡洛模擬方法。由於在實操中歷史模擬方法無須假設正態分佈或其他分佈，而是基於歷史實際發生的資料進行的完全評價，操作相對簡單，更受到實務界青睞，因而本節主要介紹歷史模擬方法。

## 5.5.1 單券的風險價值與預期損失

　　對於單券的風險價值與預期損失的計算，無須考慮券與券之間的相關性。由於風險因數為利率，所以可以採用歷史的收益率曲線對債券進行重估值，計算債券的價值，然後對不同的債券價值做軋差後將損益排序，篩選需要的分位數。具體計算步驟如下。

　　（1）計算持有1天后債券的各期現金流剩餘到期時間 $T_1, T_2, T_3, \cdots, T_m$。

（2）提取計算日和前 250 個營業日的債券所在即期收益率曲線資料，每相隔 1 天相減，得到 250 個增量情景，並疊加至計算日收益率曲線，按照各期現金流剩餘到期時間進行收益率插值。

（3）使用當天的收益率曲線、插值後的疊加收益率曲線和即期利差對債券進行估值，共有 251 個估值。

（4）計算每相鄰日的債券的估值差值損益，並從小到大排列。

（5）計算得出債券在 $(1-\alpha)$ 信賴區間下持有期 1 天的風險價值為上述排列後的 $\alpha$ 的分位數 $\Delta PL_\alpha$：

$$VaR_{1-\alpha}(1_\mathrm{D}) = \Delta PL_\alpha \tag{5-27}$$

（6）篩選出小於等於 $\Delta PL_\alpha$ 的損益值，這些損益的平均值為 $\overline{\Delta PL_\alpha}$，則債券在信賴區間（$1-\alpha$）下持有期 1 天的預期損失為：

$$ES_{1-\alpha}(1_\mathrm{D}) = \overline{\Delta PL_\alpha} \tag{5-28}$$

（7）計算持有 $n$ 天後債券的風險價值與預期損失，將持有 1 天後債券的風險價值與預期損失乘以 $\sqrt{n}$。

$$VaR_{1-\alpha}(n_\mathrm{D}) = VaR_{1-\alpha}(1_\mathrm{D}) \times \sqrt{n} \tag{5-29}$$

$$ES_{1-\alpha}(n_\mathrm{D}) = ES_{1-\alpha}(1_\mathrm{D}) \times \sqrt{n} \tag{5-30}$$

【**實例 5-18**】根據實例 5-1 提供的債券基本資訊，收益率曲線取自「債券的 VaR 與 ES.xlsx」中的「即期收益率曲線企業債 AAA」工作表，計算 2022-5-20 債券的風險價值與預期損失。

【**分析解答**】由於歷史 250 個營業日的曲線資料較多，計算流程也較為複雜，所以本例使用 Python 直接撰寫 Fixed_Bond_VaR 函數進行計算。

```
#載入需要使用的函數庫
from Fixed_Bond_Valuation import Fixed_Bond_Valuation
from datetime import date
```

```python
import numpy as np
import pandas as pd
# 定義使用歷史模擬方法計算固定利率債券 VaR 的函數
def Fixed_Bond_VaR(cal_date,zero_rate_data,start_date,yearlenth,fre,R,m,
                   ACC_type,spread,confidence,holdingdays):
    '''
    :param cal_date: 計算日期；
    :param zero_rate_data: 關鍵期限點與即期收益率的矩陣；
    :param start_date: 債券起息日；
    :param yearlenth: 債券的年化期限；
    :param fre: 債券的付息頻率；
    :param R: 債券的百元票面利息；
    :param m: 債券的剩餘本金面額；
    :param ACC_type: 債券的計息基準；
    :param spread: 債券的貼現利差；
    :param confidence: 計算 VaR 的信賴區間；
    :param holdingdays: 計算 VaR 的持有天數；
    :return: 返回相關信賴區間和持有天數的 VaR 和 ES，疊加 250 個營業日收益率變動情景的債券的估
值差值損益。
    '''
    # 調整即期收益率曲線，疊加歷史 250 個營業日收益率變動的情景
    rate_PL_adust = (zero_rate_data.shift(1)-zero_rate_data).dropna(axis=0)
    mid_rate=rate_PL_adust+zero_rate_data.iloc[0]
    last_day_rate=pd.DataFrame(zero_rate_data.iloc[0]).T
    new_zero_rate=pd.concat([mid_rate,last_day_rate])
    new_zero_rate=new_zero_rate.sort_index(ascending=False)
    # 計算債券的 VaR
    bond_value=[]
    for indexs in new_zero_rate.index:
        zero_rates=(new_zero_rate.loc[indexs].values[0:])/100
        bond_value.append(Fixed_Bond_Valuation(start_date=start_date,
        yearlenth=yearlenth, fre=fre,cal_date=cal_date, R=R, m=m,
        ACC_type=ACC_type, spread=spread,
        curve_time=new_zero_rate.columns.tolist(),curve_list=zero_rates))
    diff_PL = []
    for i in range(1, len(bond_value)):
        x = bond_value[i-1] - bond_value[i]
        diff_PL.append(x)
    diff_PL=np.array(diff_PL)
```

```
VaR = np.percentile(diff_PL, (1 - confidence) * 100)
ES = diff_PL[diff_PL <= VaR].mean()
VaR_nday=VaR*np.sqrt(holdingdays)
ES_nday=ES*np.sqrt(holdingdays)
return [VaR_nday,ES_nday,bond_value,diff_PL]
```

載入 Excel 資料。

```
# 測試案例
data1=pd.read_excel('D:/ 債券的 VaR 與 ES.xlsx',
                    ' 即期收益率曲線企業債 AAA',header=0,index_col=0)
print(data1)
```

輸出結果：

```
              0.000    0.083    0.250    0.500    ...    10.000   15.000   20.000   30.000
2022-05-20   1.7609   1.7609   1.9091   2.0955    ...    3.6982   3.9294   4.0149   4.0732
2022-05-19   1.8027   1.8027   1.9412   2.1268    ...    3.7079   3.9389   4.0294   4.0915
2022-05-18   1.7856   1.7856   1.9740   2.1544    ...    3.7235   3.9565   4.0432   4.1136
2022-05-17   1.8045   1.8045   1.9900   2.1677    ...    3.7439   3.9767   4.0630   4.1213
2022-05-16   1.8604   1.8604   2.0125   2.1838    ...    3.7546   3.9877   4.0738   4.1328
...            ...      ...      ...      ...      ...      ...      ...      ...      ...
2021-05-26   2.4526   2.4526   2.5406   2.6857    ...    3.9795   4.2784   4.3851   4.6040
2021-05-25   2.4625   2.4625   2.5630   2.6958    ...    3.9837   4.2858   4.3832   4.6341
2021-05-24   2.4552   2.4552   2.5603   2.6958    ...    3.9842   4.2775   4.3867   4.6441
2021-05-21   2.4368   2.4368   2.5647   2.6978    ...    4.0092   4.2763   4.3697   4.6697
2021-05-20   2.4247   2.4247   2.5658   2.7041    ...    4.0214   4.2872   4.3796   4.6775

[251 rows x 14 columns]
```

呼叫 Fixed_Bond_VaR 函數並輸入參數進行計算。

```
Fixed_Bond_VaR_test1=Fixed_Bond_VaR(cal_date=date(2022,5,21),
                                    zero_rate_data=data1,start_date=date(2010,7,2),
                                    yearlenth=15,fre=1,
                                    R=4.68,m=100,ACC_type="ACT_ACT_AVE",
                                    spread=0.0011965,confidence=0.95,holdingdays=1)
print(' 信賴區間為 95%，持有 1 天的 VaR:',round(Fixed_Bond_VaR_test1[0],8))
print(' 信賴區間為 95%，持有 1 天的 ES:',round(Fixed_Bond_VaR_test1[1],8))
Fixed_Bond_VaR_test2=Fixed_Bond_VaR(cal_date=date(2022,5,21),
                                    zero_rate_data=data1,start_date=date(2010,7,2),
                                    yearlenth=15,fre=1,
                                    R=4.68,m=100,ACC_type="ACT_ACT_AVE",
                                    spread=0.0011965,confidence=0.95,holdingdays=10)
```

```
print(' 信賴區間為 95%，持有 10 天的 VaR:',round(Fixed_Bond_VaR_test2[0],8))
print(' 信賴區間為 95%，持有 10 天的 ES:',round(Fixed_Bond_VaR_test2[1],8))
Fixed_Bond_VaR_test3=Fixed_Bond_VaR(cal_date=date(2022,5,21),
                                    zero_rate_data=data1,start_date=date(2010,7,2),
                                    yearlenth=15,fre=1,
                                    R=4.68,m=100,ACC_type="ACT_ACT_AVE",
                                    spread=0.0011965,confidence=0.99,holdingdays=1)
print(' 信賴區間為 99%，持有 1 天的 VaR:',round(Fixed_Bond_VaR_test3[0],8))
print(' 信賴區間為 99%，持有 1 天的 ES:',round(Fixed_Bond_VaR_test3[1],8))
Fixed_Bond_VaR_test4=Fixed_Bond_VaR(cal_date=date(2022,5,21),
                                    zero_rate_data=data1,start_date=date(2010,7,2),
                                    yearlenth=15,fre=1,
                                    R=4.68,m=100,ACC_type="ACT_ACT_AVE",
                                    spread=0.0011965,confidence=0.99,holdingdays=10)
print(' 信賴區間為 99%，持有 10 天的 VaR:',round(Fixed_Bond_VaR_test4[0],8))
print(' 信賴區間為 99%，持有 10 天的 ES:',round(Fixed_Bond_VaR_test4[1],8))
```

【注】由於持有 1 天后為 2022-5-21，所以輸入的計算日期為 2022-5-21。

輸出結果：

```
置信水平為95%，持有1天的VaR: -0.09415843
置信水平為95%，持有1天的ES: -0.1292267
置信水平為95%，持有10天的VaR: -0.29775509
置信水平為95%，持有10天的ES: -0.40865069
置信水平為99%，持有1天的VaR: -0.13015362
置信水平為99%，持有1天的ES: -0.18113533
置信水平為99%，持有10天的VaR: -0.4115819
置信水平為99%，持有10天的ES: -0.57280021
```

## 5.5.2　組合的風險價值與預期損失

對於多券投資組合的情況，債券歷史的損益會相互對沖。計算方法如下。

（1）計算持有 1 天后每只債券的各期現金流年化剩餘到期時間為

$T_1, T_2, T_3, \cdots, T_m$。

（2）提取計算日和前 250 個營業日的債券所在即期收益率曲線資料，每相隔 1 天相減，得到 250 個增量情景，並疊加至計算日收益率曲線，按照各期現金流剩餘到期時間進行收益率插值。

（3）使用當天的每只債券的收益率曲線、插值後的疊加收益率曲線和即期利差對每只債券進行估值。

（4）計算相鄰日的每只債券的估值差值損益，將各隻債券的損益按照對應市值佔投資組合市值的比例進行加權平均，計算加權平均總損益，共 250 個值。

（5）將以上加權平均總損益按照從小到大順序排列。

（6）計算得出投資組合在 $(1-\alpha)$ 信賴區間下持有 1 天的風險價值為上述排列後的 $\alpha$ 的分位數 $\Delta SPL_\alpha$：

$$\text{Mul}_{\text{VaR}_{1-\alpha}}(1_D) = \Delta \text{SPL}_\alpha \tag{5 - 31}$$

（7）篩選出小於等於 $\Delta SPL_\alpha$ 的損益值，這些損益的平均值為 $\overline{\Delta SPL_\alpha}$，則投資組合在信賴區間（$1-\alpha$）下持有 $S$ 天的預期損失為：

$$\text{Mul}_{\text{ES}_{1-\alpha}}(1_D) = \overline{\Delta \text{SPL}_\alpha} \tag{5 - 32}$$

（8）計算持有 $n$ 天后投資組合的風險價值與預期損失，將持有 1 天后投資組合的風險價值與預期損失乘以 $\sqrt{n}$。

$$\text{Mul}_{\text{VaR}_{1-\alpha}}(n_D) = \text{Mul}_{\text{VaR}_{1-\alpha}}(1_D) \times \sqrt{n} \tag{5 - 33}$$

$$\text{Mul}_{\text{ES}_{1-\alpha}}(n_D) = \text{Mul}_{\text{ES}_{1-\alpha}}(1_D) \times \sqrt{n} \tag{5 - 34}$$

【實例 5-19】金融機構 A 持有 10 廣東高速債券面總額 1000000 元，該債券資訊同實例 5-1，此外還持有 20 抗疫國債 01 債券、21 寧波銀行 01 債券，券面總額分別為 2000000 元和 1000000 元，相關資訊如表 5-24 和表 5-25 所示。請

計算金融機構 A 持有的債券投資組合在 2022-05-20 持有 1 天，信賴區間為 95%
的風險價值與預期損失，並將上述結果與單券的結果相對比。

▼ 表 5-24　20 抗疫國債 01 債券的基本資訊

| 債券簡稱 | 20 抗疫國債 01 | 債券程式 | 2000001 |
|---|---|---|---|
| 債券類型 | 國債 - 記帳式國債 | 發行人 | 財政部 |
| 債券起息日 | 2020-6-19 | 債券到期日 | 2025-6-19 |
| 付息頻率 | 1 年 1 次 | 發行期限 | 5 年 |
| 息票類型 | 附息式固定利率 | 面額 | 100 元 |
| 計息基準 | ACT/ACT | 票面利率(%) | 2.41 |

資料來源：中國貨幣網

▼ 表 5-25　21 寧波銀行 01 債券的基本資訊

| 債券簡稱 | 21 寧波銀行 01 | 債券程式 | 2120028 |
|---|---|---|---|
| 債券類型 | 商業銀行債 - 商業銀行普通債 | 發行人 | 寧波銀行股份有限公司 |
| 債券起息日 | 2021-4-12 | 債券到期日 | 2024-4-12 |
| 付息頻率 | 1 年 1 次 | 發行期限 | 3 年 |
| 息票類型 | 附息式固定利率 | 面額 | 100 元 |
| 計息基準 | ACT/ACT | 票面利率(%) | 3.48 |
| 債項評級 | AAA | 主體評級 | AAA |

資料來源：中國貨幣網

　　【分析解答】下面撰寫 Fixed_Bond_VaR_Mul 函數來計算組合的風險價值
與預期損失。

```
# 載入需要使用的函數庫
from Fixed_Bond_VaR import Fixed_Bond_VaR
from datetime import date
import numpy as np
import pandas as pd
```

```
# 計算組合的 VaR 的函數
def Fixed_Bond_VaR_Mul(Fixed_Bond_VaR,Notional,confidence,holdingdays):
    '''
    :param Fixed_Bond_VaR: VaR 與 ES 組成的矩陣；
    :param Notional: 組合各券種的名義本金；
    :param confidence: 債券投資組合的信賴區間；
    :param holdingdays: 債券投資組合的持有期；
    :return: 返回債券投資組合的風險價值與預期損失。
    '''
    # 計算組合中每隻債券的權重
    market_value=[]
    for i in range(0,len(Notional)):
        market_value.append(Fixed_Bond_VaR[i][2][0]*Notional[i]/100)
    weight=np.matrix(market_value)/sum(market_value)
    # 計算加權平均的歷史每日損益
    PL=np.matrix(Fixed_Bond_VaR[0][3])
    for i in range(1,len(Notional)):
        PL=np.row_stack((PL,np.matrix(Fixed_Bond_VaR[i][3])))
    # 計算加權平均的 VaR 與 ES
    VaR_Mul = np.percentile(np.dot(weight,PL).tolist(), (1 - confidence) * 100)
    ES_Mul = np.array(np.dot(weight,PL).tolist())[np.array(np.dot(weight,PL).
tolist()) <= VaR_Mul].mean()
    VaR_nday_Mul = VaR_Mul * np.sqrt(holdingdays)*sum(market_value)/100
    ES_nday_Mul = ES_Mul * np.sqrt(holdingdays)*sum(market_value)/100
    return [VaR_nday_Mul,ES_nday_Mul]
```

下面呼叫 Fixed_Bond_VaR 和 Fixed_Bond_VaR_Mul 函數計算組合的風險價值與預期損失。

```
# 測試案例
data1=pd.read_excel('D:/ 債券的 VaR 與 ES.xlsx',
                    ' 即期收益率曲線企業債 AAA',header=0,index_col=0)
Fixed_Bond_VaR_test_all=[Fixed_Bond_VaR(cal_date=date(2022,5,21),
                    zero_rate_data=data1,start_date=date(2010,7,2),yearlenth=15,fre=1,
                    R=4.68,m=100,ACC_type="ACT_ACT_AVE",
                    spread=0.0011965,confidence=0.95,holdingdays=1)]
data2=pd.read_excel('D:/ 債券的 VaR 與 ES.xlsx',' 即期收益率曲線國債 ',header=0,index_col=0)
Fixed_Bond_VaR_test_all.extend([Fixed_Bond_VaR(cal_date=date(2022,5,21),
                    zero_rate_data=data2,start_date=date(2020,6,19),yearlenth=5,fre=1,
```

```
                    R=2.41,m=100,ACC_type="ACT_ACT_AVE",
                    spread=0.000703,confidence=0.95,holdingdays=1)])
data3=pd.read_excel('D: / 債券的 VaR 與 ES.xlsx',' 即期收益率曲線商業銀行普通債
AAA',header=0,index_col=0)
Fixed_Bond_VaR_test_all.extend([Fixed_Bond_VaR(cal_date=date(2022,5,21),
                    zero_rate_data=data3,start_date=date(2021,4,12),yearlenth=3,fre=1,
                    R=3.48,m=100,ACC_type="ACT_ACT_AVE",
                    spread=0.0004454,confidence=0.95,holdingdays=1)])
Fixed_Bond_VaR_Mul_test=Fixed_Bond_VaR_Mul(Fixed_Bond_VaR=Fixed_Bond_VaR_test_all,Noti
onal=[1000000,2000000,1000000], confidence=0.95,holdingdays=1)
print(' 信賴區間為 95%，債券投資組合持有 1 天的 VaR:',round(Fixed_Bond_VaR_Mul_test[0],2))
print(' 信賴區間為 95%，債券投資組合持有 1 天的 ES:',round(Fixed_Bond_VaR_Mul_test[1],2))
```

輸出結果：

```
置信水平为95%，债券投资组合持有1天的VaR: -3228.38
置信水平为95%，债券投资组合持有1天的ES: -5521.4
```

下面分別計算單券的風險價值與預期損失，再進行整理。

```
print(' 信賴區間為 95%，債券投資組合持有 1 天的 VaR( 單券計算整理 ):',
round(Fixed_Bond_VaR_test_all[0][0]/100*Fixed_Bond_VaR_test_all[0][2][0]/100*1000000+
      Fixed_Bond_VaR_test_all[1][0]/100*Fixed_Bond_VaR_test_all[1][2][0]/100*2000000+
      Fixed_Bond_VaR_test_all[2][0]/100*Fixed_Bond_VaR_test_all[2][2][0]/100*1000000,2))
print(' 信賴區間為 95%，債券投資組合持有 1 天的 ES( 單券計算整理 ):',
round(Fixed_Bond_VaR_test_all[0][1]/100*Fixed_Bond_VaR_test_all[0][2][0]/100*1000000+
      Fixed_Bond_VaR_test_all[1][1]/100*Fixed_Bond_VaR_test_all[1][2][0]/100*2000000+
      Fixed_Bond_VaR_test_all[2][1]/100*Fixed_Bond_VaR_test_all[2][2][0]/100*1000000,2))
```

輸出結果：

```
置信水平为95%，债券投资组合持有1天的VaR(单券计算汇总): -4323.44
置信水平为95%，债券投资组合持有1天的ES(单券计算汇总): -6763.45
```

由以上計算結果可以發現，持有 1 天，在 95% 信賴區間下，單券整理計算的風險價值和預期損失比直接用組合計算的風險價值和預期損失要小（絕對值則大），這是因為單券計算整理並未考慮各債券之間的正負相關性所導致的損益抵消情況。需要注意的是，這裡的計算僅考慮了市場風險利率的影響，並未考慮違約以及即期利差變動的影響。

# 5.6 本章小結

　　本章針對不同類型的債券（固定利率債券、浮動利率債券、含權債券）舉出了相關的估值與風險指標計算方法。除了考慮收益率整體平行移動（基礎的久期、凸性與基點價值）對債券的影響外，還增加了關鍵期限點收益率變動對債券的影響，即債券關鍵利率久期，進而可以對債券各個期限點進行精準風險對沖。對於債券整體的市場風險情況，本章還舉出了債券的風險價值和預期損失計算方法（歷史模擬方法）。

# 6 債券的會計與損益歸因分析

持有債券後，如何記錄每天的損益情況？這就必須要了解債券中與會計相關的基本概念。如果持有債券期間發生了買入或賣出，損益該如何歸因？本章主要解決這兩個問題。

# 6.1 新會計準則下債券 SPPI 分析

　　根據《國際財務報告準則第 9 號——金融工具》（IFRS9）的規定，合約現金流（Solely Payments of Principal and Interest，SPPI）測試取決於金融工具的合約條款設計。如果合約現金流特徵與基本借貸安排相一致，金融資產在特定日期產生的合約現金流僅為對本金和以未償付本金為基礎的利息的支付，則可以透過合約現金流測試。簡單來說，合約現金流的特徵為單純的本金和規則的利息償付。舉例來說，我們常見的固定利率附息債券透過 SPPI 測試。常見固定收益產品 SPPI 測試與會計三分類如圖 6-1 所示。

　　對於固定收益債券類產品，SPPI 測試的核心判斷邏輯主要考慮以下債券條款。

　　（1）浮動利率條款，如債券的浮動利率掛鉤指標、重置頻率、期限及利息計算方法等，以及是否存在貨幣時間價值修正。

　　（2）含權條款，如常見的贖回 / 回售條款、調換條款、轉股條款以及定向轉讓條款等。尤其對於折溢價購買的含回售條款或贖回條款的債券，要分析初始購買時含權條款的公允價值是否重大（含權條款公允價值佔購入價比例較高，則認為權的公允價值大）。

　　（3）永續條款，是否存在利息遞延支付條款以及遞延利息計息方式等。

　　（4）減記條款，主要包括核銷、減記、暫停索償條款等。

　　（5）資產支持證券條款，如剩餘風險、合格投資、分級、各級的信用風險等。

　　（6）其他條款，如有無追索特徵、條件更改等。

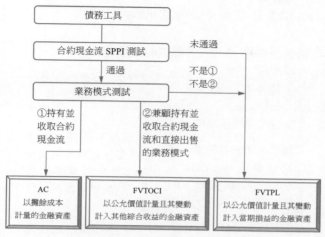

▲ 圖 6-1　常見固定收益產品（債務工具）SPPI 測試與會計三分類

　　表 6-1 總結了常見的固定收益類債券產品是否通過 SPPI 測試的基本判斷規則。

▼ 表 6-1　一般債券是否通過 SPPI 測試的判斷邏輯

| 分類 | 條件 1：利率測試 | 條件 2：條款測試 | 測試結果 |
|---|---|---|---|
| 固定利率債券（包括零息債券、累進利率債券） | 預設通過利率測試 | ① 含有減記條款<br>② 含轉股權條款<br>③ 含可調換條款<br>④ 含贖回條款<br>⑤ 含回售條款權<br>若不含以上任何條款，則通過條款測試；<br>若含有條件 2 中①～③中的任一條款，則不通過條款測試；<br>對於僅含有條件 2 中條款④或條款⑤的，則需要判斷贖回或回售是否僅針對本金與利息，若是，則可通過條款測試 | 當「條件 1：利率測試」和「條件 2：條款測試」都通過，才算 SPPI 測試成功 |
| 浮動利率債券 | 針對使用貸款利率、存款基準利率、Libor、Shibor 等的債券，若同時滿足以下條件，則通過利率測試：<br>① 本金跟利率的幣種相同<br>② 利率日期與定息日期相近<br>③ 沒有利率錯配<br>對於不滿足以上條件的浮動利率債券，直接不通過利率測試 | | |

表 6-2 為 ABS 債券是否通過 SPPI 測試的判斷邏輯。

▼ 表 6-2 ABS 債券是否通過 SPPI 測試的判斷邏輯

| 分類 | 條件 1：利率測試 | 條件 2：底層產品與份額測試 | 測試結果 |
|---|---|---|---|
| 份額為固定利率 | 預設通過利率測試 | ① 底層產品產生的現金流量僅為本金和以未償付本金為基礎的利息，例如底層產品為貸款<br>② 份額等級是最佳先或 AAA 評級<br>如果①②中任意一個為否，則不通過底層產品與份額測試 | 當「條件 1：利率測試」和「條件 2：底層產品與份額測試」都通過，才算 SPPI 測試成功 |
| 份額為浮動利率 | 針對使用貸款利率、存款基準利率、Libor、Shibor 等的債券，同時滿足以下條件，則通過利率測試：<br>① 本金跟利率的幣種相同<br>② 利率日期與定息日期相近<br>③ 沒有利率錯配 | | |

# 6.2 債券的攤餘成本法

## 6.2.1 攤餘成本的基本原理

對債券，無論是溢價還是折價買入（或賣出），都有每期帳面成本＝攤餘成本＋剩餘折溢價，而剩餘折溢價會隨著攤銷而趨近於 0，最終帳面成本總會回歸至債券的票面金額。從本質來說，攤餘成本就是債券未來所能帶來的現金流在當期的現值。

【實例 6-1】金融機構 A 於 2022-5-25 以 98.6437 元的淨價買入 1 張 19 附息國債 13 債券（面額 100 元），計算實際利率與攤餘成本攤銷情況。相關債券資訊如表 6-3 所示。

▼ 表 6-3　19 附息國債 13 債券的基本資訊

| 債券簡稱 | 19 附息國債 13 | 債券程式 | 190013 |
|---|---|---|---|
| 債券類型 | 國債 | 發行人 | 財政部 |
| 債券起息日 | 2019-10-17 | 債券到期日 | 2024-10-17 |
| 付息頻率 | 1 年 1 次 | 發行期限 | 5 年 |
| 息票類型 | 附息式固定利率 | 面額 | 100 元 |
| 計息基準 | 實際 / 實際 | 票面利率 (%) | 2.940 0 |

資料來源：中國貨幣網

【分析解答】在計算日 2022-5-25 來看，剩餘付息次數為 3 次，每次付息時進行一次折溢價的攤銷，債券最終到期時面額將收斂為 100 元，則有：

$$PV = \frac{2.94}{(1+r)^1} + \frac{2.94}{(1+r)^2} + \frac{2.94+100}{(1+r)^3} = 98.6437 \ (元)$$

由於只有 1 個未知數 $r$，採用牛頓法或二分法可以計算得到實際利率 $r = 3.4234\%$。

在計算得到實際利率後，依據下面的攤餘成本計算公式計算攤餘成本。

① 每期的實際利息 = 期初攤餘成本 × 實際利率。

② 每期的折溢價金額 = 實際利息 – 票面利息 = 實際利率下應付的利息 – 現金流入 = 期初攤餘成本 × 實際利率 – 票面金額 × 票面利率。

在無提前還本的情況下，攤到最後一期的期末攤餘成本為票面金額 100 元。

根據以上攤餘成本的原理，將以上債券的基本資訊代入計算後，可以得到每期的攤餘成本情況，如表 6-4 所示。

▼ 表 6-4 19 附息國債 13 債券的攤餘成本

| 期初 | 期末 | 期初攤餘成本（元） | 實際利率（%） | 實際利息（元） | 票面利息（元） | 折溢價金額（元） | 期末攤餘成本（元） |
|------|------|------|------|------|------|------|------|
| 2022-5-25 | 2022-10-17 | 98.6437 | 3.4234 | 3.377 | 2.94 | 0.4370 | 99.0807 |
| 2022-10-17 | 2023-10-17 | 99.0807 | 3.4234 | 3.392 | 2.94 | 0.4519 | 99.5326 |
| 2023-10-17 | 2024-10-17 | 99.5326 | 3.4234 | 3.407 | 2.94 | 0.4674 | 100.0000 |

## 6.2.2 攤餘成本的每日計算

上述基本概念介紹以及教科書（如 CPA 教材）中介紹的債券的攤銷方式都是按照付息頻率（或按年）進行攤銷處理的，過於理論化。而在實務操作中，如果選擇的會計方式是需要採用攤餘成本法的，則每日都要計提攤銷。本小節主要對實務中的攤銷計提方法進行詳細介紹。

依據《國際財務報告準則第 9 號——金融工具》（IFRS9），將原先的金融資產四分類更新為金融資產三分類，如表 6-5 所示。

▼ 表 6-5 金融資產分類對比

| 原四分類 | 新三分類 | 計量方式 |
|------|------|------|
| 貸款和應收款項 | 以攤餘成本計量的金融資產 | 攤餘成本 |
| 持有至到期投資 | | 攤餘成本 |
| 以公允價值計量且其變動計入當期損益的金融資產 | 以公允價值計量且其變動計入當期損益的金融資產 | 公允價值 |
| 可供出售金融資產 | 以公允價值計量且其變動計入其他綜合收益的金融資產 | 公允價值 |

與債券相關投資分類需要運用到攤餘成本的有：

① 以攤餘成本計量的金融資產（債權投資，對應舊會計準則持有至到期投資）；

② 以公允價值計量且其變動計入其他綜合收益的金融資產（其他債權投資，對應舊會計準則可供出售金融資產）。

【注】②計算過程中運用了攤餘成本並需要將其調整為公允價值。

接下來詳細介紹實務中每日攤銷的計算方法。通常來說，$T$ 日攤餘成本的基本原理由以下運算式舉出：

$$\text{EAC}_T = \text{SAC}_T + r_{\text{int}} - \text{AI}_{\text{day}} \tag{6-1}$$

$\text{EAC}_T$：$T$ 日期末攤餘成本。

$\text{SAC}_T$：$T$ 日期初攤餘成本。

$r_{int}$：$T$ 日應收實際利息。

$\text{AI}_{day}$：$T$ 日票面利息收入。

將攤餘成本的計算方法應用於每天，則有：

$$Z = \frac{T_{\text{discount\_nom\_remain}}}{T_{\text{discount\_amount\_remain}}} \tag{6-2}$$

$Z$：$T$ 日單位債券的攤銷餘額。

$T_{\text{discount\_nom\_remain}}$：$T$ 日債券已交割折溢價餘額。

$T_{\text{discount\_amount\_remain}}$：$T$ 日債券數量已交割餘額。

設定 $i$ 為票面日利率，在預知未來付息計畫利率的情況下設定為 $i_0, i_1, \cdots, i_t$，而 $t+1$ 代表剩餘付息次數，則每日的票面利率計算方式如下。

① 按平均值付息的付息債券。

$$i_k = \frac{\frac{C_{T+n}}{f}}{\mathrm{TS}_{T+n}} \tag{6-3}$$

$C_{T+n}$：$T+n$ 日對應的票面利率。

$f$ ：債券的付息頻率。

$\mathrm{TS}_{T+n}$：$T+n$ 日對應的付息週期自然日天數。

② 按實際天數付息的付息債券。

$$i_k = \frac{C_{T+n}}{\mathrm{TY}_{T+n}} \tag{6-4}$$

$C_{T+n}$：$T+n$ 日對應的票面利率。

$\mathrm{TY}_{T+n}$：$T+n$ 日對應的付息週期所在計息年度的自然日天數。

其他計息基準按照對應的計息基準進行調整。

設定從計算實際利率之日起至未來付息計畫日的自然日天數分別為 $k_1, k_2, k_3, \cdots, k_t$，至最後一期債券到期日的天數為 $n$。由於債券每日攤銷的折溢價為 $\left[(M+Z) \times y\right] - (M \times i)$，直至到期日最終攤銷價值為 $0$，債券回歸面額。則有：

$$z_1 = z_0 + (M + z_0)y - Mi_0 = z_0(1+y) + M(y - i_0)$$
$$z_2 = z_1(1+y) + M(y - i_0) = z_0(1+y)^2 + M(y - i_0)[(1+y) + 1]$$
$$z_3 = z_2(1+y) + M(y - i_0) = z_0(1+y)^3 + M(y - i_0)[(1+y)^2 + (1+y) + 1]$$
$$\cdots\cdots$$
$$z_{k_1} = z_0(1+y)^{k_1} + M(y - i_0)\sum_{j=0}^{k_1-1}(1+y)^j = z_0(1+y)^{k_1} + M(y - i_0)\frac{(1+y)^{k_1} - 1}{y}$$
$$\cdots\cdots$$
$$z_{k_2} = z_0(1+y)^{k_2} + M(y - i_0)\sum_{j=k_2-k_1}^{k_2-1}(1+y)^j + M(y - i_1)\sum_{j=0}^{k_2-k_1-1}(1+y)^j$$
$$\cdots\cdots$$

$$z_n = z_0(1+y)^n + M(y-i_0)\sum_{j=n-k_1}^{n-1}(1+y)^j +$$

$$M(y-i_1)\sum_{j=n-k_2}^{n-k_1-1}(1+y)^j + \cdots + M(y-i_t)\sum_{j=0}^{n-k_t-1}(1+y)^j$$

$$= z_0(1+y)^n + M(y-i_0)\frac{(1+y)^n-(1+y)^{n-k_1}}{y} +$$

$$M(y-i_1)\frac{(1+y)^{n-k_1}-(1+y)^{n-k_2}}{y} + \cdots + M(y-i_t)\frac{(1+y)^{n-k_t}-1}{y} = 0 \quad (6-5)$$

【注】針對 $z$ 的下標，我們分為 $1 \sim k_1$、$k_1 \sim k_2$、$k_2 \sim k_3$ 等階段。

$z_0$：持有每張債券時的初始折溢價餘額。

$M$：每張債券面額。

$y$：實際日利率。

$z_i$：每張債券折溢價餘額。

【注】實際日利率 $y$ 建議保留 12 位小數（儘量減少誤差）。

【實例 6-2】債券基本資訊同實例 6-1，假定購買的券面總額為 1000000 元，將攤銷方式改為按日攤銷，計算實際利率與每日攤銷金額情況。

【分析解答】購買日為 2022-5-25（$T$+0），購買的百元單位成本為 $P_t =$ 98.6437 元，面額 $M = 100$ 元。依據債券條件，付息頻率為每年 1 次，每年 10 月 17 日支付利息。19 附息國債 13 債券的票面日利率如表 6-6 所示。

▼ 表 6-6　19 附息國債 13 債券的票面日利率

| 現金流發生日 | 距離購買日天數 | 付息期間間隔天數 | 票面日利率 |
|---|---|---|---|
| 2022-10-17 | $k_1=145$ | 365 | $i_0=2.94\%/1/365$ |
| 2023-10-17 | $k_2=510$ | 365 | $i_1=2.94\%/1/365$ |
| 2024-10-17 | $k_3=n=876$ | 366 | $i_2=2.94\%/1/366$ |

令 $y$ 為實際日利率，初次購買由公式（6-2）和公式（6-5）有：

$$z_0 = P_t - M = 98.6437 - 100 = -1.3563$$

$$z_0(1+y)^{876} + 100(y-i_0)\frac{(1+y)^{876} - (1+y)^{876-145}}{y}$$

$$+100(y-i_1)\frac{(1+y)^{876-145} - (1+y)^{876-510}}{y}$$

$$+100(y-i_2)\frac{(1+y)^{876-510} - 1}{y} = 0$$

求解以上方程式，可以得到 $y = 0.009660625365\%$。

將日利率轉為年化實際利率則 $r = 0.009660625365\% \times 365 = 3.5261\%$，與實例 6-1 的 3.4234% 相比還是有一定差別的。以上是按照百元面額計算的，下面按券面總額 1000000 元整理計算可以得到按日攤銷的攤餘成本，如表 6-7 所示。

▼ 表 6-7 19 附息國債 13 債券按日攤銷的攤餘成本（2022-5-25 起）

| 日期 | 期初總攤餘成本（元） | 期初百元攤餘成本(元) | 實際日利率（%） | 實際百元日利息（元） | 票面百元日利息（元） | 期末百元攤餘成本(元) | 期末總攤餘成本（元） |
|---|---|---|---|---|---|---|---|
| 2022-5-25 | 986437.00 | 98.64370000 | 0.00966063 | 0.00952960 | 0.00805479 | 98.64517480 | 986451.75 |
| 2022-5-26 | 986451.75 | 98.64517480 | 0.00966063 | 0.00952974 | 0.00805479 | 98.64664975 | 986466.50 |
| 2022-5-27 | 986466.50 | 98.64664975 | 0.00966063 | 0.00952988 | 0.00805479 | 98.64812484 | 986481.25 |
| …… | | | | | | | |
| 2024-10-15 | 999967.45 | 99.99674479 | 0.00966063 | 0.00966031 | 0.00803279 | 99.99837232 | 999983.72 |
| 2024-10-16 | 999983.72 | 99.99837232 | 0.00966063 | 0.00966047 | 0.00803279 | 100.00000000 | 1000000.00 |
| 2024-10-17 | 1000000.00 | 100.00000000 | 0.00000000 | 0.00000000 | 0.00000000 | 100.00000000 | 1000000.00 |

【注】攤銷日期如果遇到節假日（如週末），也可以設定將週六、周日提前攤銷累計至週五。

下面採用 Python 來撰寫計算固定利率債券的實際日利率與每日攤銷結構表的函數（Fixed_ bond_day_Amotized）。

```python
# 載入需要使用的函數庫
from coupon_schedule import *
import scipy.optimize as so
import numpy as np
import pandas as pd
# 債券的攤餘成本法求解實際日利率的函數
def Fixed_bond_day_Amotized(cal_date,start_date,yearlenth,fre,coupon,m, Pt):
    '''
    :param cal_date: 計算日期；
    :param start_date: 債券的起息日；
    :param yearlenth: 債券的發行年限；
    :param fre: 債券的付息頻率；
    :param coupon: 債券的百元票面利息；
    :param m: 未到期債券的百元剩餘本金；
    :param Pt: 債券的購買淨價；
    :return: y: 債券的實際日利率；frame: 債券的攤銷結構。
    '''
    schedule = coupon_schedule(start_date=start_date, yearlenth=yearlenth, fre=fre)
    i = []
    k = [0]
    for s in range(1, len(schedule)):
        if schedule[s] >= cal_date:
            k.append((schedule[s]-cal_date).days)
            i.append(coupon/100/fre/(schedule[s] - schedule[s-1]).days)
    z0=Pt-m
    # 求解實際日利率的函數
    def f(y):
        med = []
        for j in np.arange(0, len(k) - 1):
            med.append(100 * (y - i[j]) * ((1 + y) ** (k[len(k) - 1] - k[j]) -
                        (1 + y) ** (k[len(k) - 1] - k[j + 1])) / y)
        return np.sum(med) + z0 * (1 + y) ** k[len(k) - 1]
    y = so.fsolve(f, 0.0001)[0]
    # 生成從計算日至持有到期的攤銷結構
    interestincome = []
    for x in range(len(i)):
        interestincome.extend([i[x]]*(k[x+1]-k[x]))
    interestincome = [q * 100 for q in interestincome]
    interestincome.append(0)    # 最後一天不計利息，計頭不計尾
    date = pd.date_range(start=cal_date, end=schedule[-1])
```

```
beginAmortized=np.zeros(len(date))
beginAmortized[0] = Pt
endAmortized = np.zeros(len(date))
accruedinterest = np.zeros(len(date))
for z in np.arange(0, len(date) - 1):
    accruedinterest[z] = beginAmortized[z] * y
    endAmortized[z] = beginAmortized[z] + accruedinterest[z] - interestincome[z]
    beginAmortized[z + 1] = endAmortized[z]
pd.options.display.precision=8    # 設置資料框保留 8 位有效數字
frame = pd.DataFrame({'date': date, 'beginAmortized': beginAmortized,
                'accruedinterest': accruedinterest, 'interestincome': interestincome,
                'endAmortized': endAmortized})   # 轉為資料框拼接
return y,frame
```

呼叫 Fixed_bond_day_Amotized 函數並輸入相關參數。

```
bond_amo_test=Fixed_bond_day_Amotized(cal_date=date(2022,5,25),start_date=date(2019,10,17),
                        yearlenth=5,fre=1,coupon=2.94,m=100, Pt=98.6437)
print('計算得到的日實際利率 (%)：',round(bond_amo_test[0]*100,12))
print('攤銷結構表 :\n',bond_amo_test[1])
```

輸出結果：

```
計算得到的日实际利率(%)：0.009660625365
攤销结构表:
            date  beginAmortized  accruedinterest  interestincome  endAmortized
0     2022-05-25     98.64370000       0.00952960      0.00805479   98.64517480
1     2022-05-26     98.64517480       0.00952974      0.00805479   98.64664975
2     2022-05-27     98.64664975       0.00952988      0.00805479   98.64812484
3     2022-05-28     98.64812484       0.00953003      0.00805479   98.64960007
4     2022-05-29     98.64960007       0.00953017      0.00805479   98.65107544
..           ...             ...              ...             ...           ...
872   2024-10-13     99.99349022       0.00966000      0.00803279   99.99511743
873   2024-10-14     99.99511743       0.00966015      0.00803279   99.99674479
874   2024-10-15     99.99674479       0.00966031      0.00803279   99.99837232
875   2024-10-16     99.99837232       0.00966047      0.00803279  100.00000000
876   2024-10-17    100.00000000       0.00000000      0.00000000    0.00000000

[877 rows x 5 columns]
```

【拓展】對於零息債券、浮動利率債券以及其他計息基準的債券，可以在 Fixed_bond_day_ Amotized 函數的基礎上改寫 Python 程式。

【**實例 6-3**】考慮後續進行了買入或賣出的情況，在實例 6-2 的基礎上，假定在 2022-5-26 繼續賣出 500000 元券面總額（$T+1$），淨價 $P_{t_1}$ = 98.8432 元的 19 附息國債 13；在 2022-5-27 買入 2000000 元券面總額（$T+0$），淨價 $P_{t_2}$ = 98.3653 元的 19 附息國債 13。計算該債券在 2022-5-27 的攤餘成本計畫。

【**分析解答**】在 2020-5-27 期初的剩餘折溢價餘額為 986466.50 − 1000000 = −13533.5（元）。

先考慮賣出情況，雖然交易日是 2022-5-26，但是實際交割日（$T+1$）為 2022-5-27，所以具體開始計算攤銷日應該是 2022-5-27。

賣出頭寸剩餘折溢價餘額 = 500000 × 98.64664975/100 − 500000 = −6766.75（元）。

再考慮買入情況，交割日為 2022-5-27，開始計算攤銷日也是 2022-5-27。

買入頭寸剩餘折溢價餘額 = 2000000 × 98.3653/100 − 2000000 = −32694（元），根據公式（6-2）和公式（6-5），有：

$$z_0 = \frac{-13533.5 - (-6766.75) + (-32694)}{1000000 - 500000 + 2000000} \times 100 = -1.57843$$

後續計算方法同實例 6-2。

可以計算得到日利率 $y$ = 0.009931397843%。

則 19 附息國債 13 債券按日攤銷的攤餘成本（2022-5-27 起）如表 6-8 所示。

▼ 表 6-8 19 附息國債 13 債券按日攤銷的攤餘成本（2022-5-27 起）

| 日期 | 期初總攤餘成本（元） | 期初百元攤餘成本（元） | 實際日利率（%） | 實際百元日利息（元） | 票面百元日利息（元） | 期末百元攤餘成本（元） | 期末總攤餘成本（元） |
|---|---|---|---|---|---|---|---|
| 2022-5-27 | 984215.70 | 98.42157000 | 0.00993140 | 0.00977464 | 0.00805479 | 98.42328984 | 984232.90 |
| 2022-5-28 | 984232.90 | 98.42328984 | 0.00993140 | 0.00977481 | 0.00805479 | 98.42500986 | 984250.10 |
| 2022-5-29 | 984250.10 | 98.42500986 | 0.00993140 | 0.00977498 | 0.00805479 | 98.42673004 | 984267.30 |
| …… | | | | | | | |

（續表）

| 日期 | 期初總攤餘成本（元） | 期初百元攤餘成本（元） | 實際日利率（%） | 實際百元日利息（元） | 票面百元日利息（元） | 期末百元攤餘成本（元） | 期末總攤餘成本（元） |
|---|---|---|---|---|---|---|---|
| 2024-10-15 | 999962.03 | 99.99620334 | 0.00993140 | 0.00993102 | 0.00803279 | 99.99810158 | 999981.02 |
| 2024-10-16 | 999981.02 | 99.99810158 | 0.00993140 | 0.00993121 | 0.00803279 | 100.00000000 | 1000000.00 |
| 2024-10-17 | 1000000.00 | 100.00000000 | 0.0000000 | 0.00000000 | 0.00000000 | 100.00000000 | 1000000.00 |

接下來使用 Python 呼叫寫好的 Fixed_bond_day_Amotized 函數並輸入相關參數。

```
bond_amo_test2=Fixed_bond_day_Amotized(cal_date=date(2022,5,27),start_date=date(2019,10,17),
                        yearlenth=5,fre=1,coupon=2.94,m=100, Pt=100-1.57843)
print(' 計算得到的日實際利率 (%)：',round(bond_amo_test2[0]*100,12)
print(' 攤銷結構表 :\n',bond_amo_test2[1])
```

輸出結果：

```
计算得到的日实际利率(%): 0.009931397843
摊销结构表:
            date  beginAmortized  accruedinterest  interestincome  endAmortized
0     2022-05-27     98.42157000      0.00977464       0.00805479    98.42328984
1     2022-05-28     98.42328984      0.00977481       0.00805479    98.42500986
2     2022-05-29     98.42500986      0.00977498       0.00805479    98.42673004
3     2022-05-30     98.42673004      0.00977515       0.00805479    98.42845040
4     2022-05-31     98.42845040      0.00977532       0.00805479    98.43017092
..           ...             ...             ...              ...           ...
870   2024-10-13     99.99240744      0.00993064       0.00803279    99.99430530
871   2024-10-14     99.99430530      0.00993083       0.00803279    99.99620334
872   2024-10-15     99.99620334      0.00993102       0.00803279    99.99810158
873   2024-10-16     99.99810158      0.00993121       0.00803279   100.00000000
874   2024-10-17    100.00000000      0.00000000       0.00000000     0.00000000

[875 rows x 5 columns]
```

# 6.3 債券的會計損益分析

6.2 節介紹了新會計準則中金融資產的會計三分類,接下來對金融資產會計三分類進行相關的會計損益分析。

(1)以攤餘成本計量的金融資產。

在該分類下的債券通常持有至到期,與市場的波動基本無關(除非債券違約),直接使用攤餘成本法入帳。

【實例 6-4】債券基本資訊同實例 6-1,假設購買的券面總額為 1000000 元,金融機構 A 購買後將其分類為以攤餘成本計量的金融資產,準備持有至到期。請計算並分析從購買日 2022-5-25 至 2022-5-29 日終的損益情況。

【分析解答】2022-5-25 購買債券單位面額成本為 98.6437 元。

2022-5-25 購買債券總成本:98.6437 × 1000000/100 = 986437.00(元)。

2022-5-29 日終攤餘成本:98.65107544 × 1000000/100 = 986510.75(元)(從實例 6-2 的 Python 輸出結果中可獲取)。

總已攤銷金額 = 986510.75 − 986437.00 = 73.75(元)。

總應計利息收入 = 0.00805479 × 5 × 1000000/100 = 402.74(元)。

因而持有債券的總收益 = 應計利息收入 + 攤銷收益(回歸面額)= 402.74 + 73.75 = 476.49。19 附息國債 13 債券在 2022-5-25—2022-5-29 的損益如表 6-9 所示。

▼ 表 6-9 19 附息國債 13 債券的損益(2022-5-25—2022-5-29)

| 總收益(元) | 應計利息收入(元) | 攤銷收益(元) |
|---|---|---|
| 476.49 | 402.74 | 73.75 |

【注】如果溢價(單位面額超過 100 元)買入,則攤銷收益為負數。

（2）以公允價值計量且其變動計入其他綜合收益的金融資產。

在該分類下的債券可以持有至到期，也可以隨時出售，比較靈活。對於淨價折溢價的部分，也是採用攤餘成本法；對於高於攤餘成本的部分，計入其他綜合收益而非投資收益，因此不影響當期的利潤。但是，如果賣出該分類下的債券，會將其他綜合收益調整至投資收益進而影響當期利潤。

【實例 6-5】債券基本資訊同實例 6-1，假設購買的券面總額為 1000000 元，金融機構 A 購買後將其分類為以公允價值計量且其變動計入其他綜合收益的金融資產。假定在 2022-5-30 賣出 500000 元券面總額（T+0），百元面額淨價為 98.8468 元的該債券。2022-5-29 與 2022-5-30 日終該債券百元面額淨價的公允價值分別為 98.7743 元、98.7954 元。請計算並分析從購買日 2022-5-25 至 2022-5-30 日終的損益情況。

【分析解答】首先依據條件，編制攤餘成本計畫，如表 6-10 所示。

▼ 表 6-10　19 附息國債 13 債券按日攤銷攤餘成本計畫（2022-5-25—2022-5-30）

| 日期 | 期初總攤餘成本（元） | 期初百元攤餘成本(元) | 實際日利率（%） | 實際百元日利息（元） | 票面百元日利息（元） | 期末百元攤餘成本（元） | 期末總攤餘成本（元） |
|---|---|---|---|---|---|---|---|
| 2022-5-25 | 986437.00 | 98.64370000 | 0.00966063 | 0.00952960 | 0.00805479 | 98.64517480 | 986451.75 |
| 2022-5-26 | 986451.75 | 98.64517480 | 0.00966063 | 0.00952974 | 0.00805479 | 98.64664975 | 986466.50 |
| 2022-5-27 | 986466.50 | 98.64664975 | 0.00966063 | 0.00952988 | 0.00805479 | 98.64812484 | 986481.25 |
| 2022-5-28 | 986481.25 | 98.64812484 | 0.00966063 | 0.00953003 | 0.00805479 | 98.64960007 | 986496.00 |
| 2022-5-29 | 986496.00 | 98.64960007 | 0.00966063 | 0.00953017 | 0.00805479 | 98.65107544 | 986510.75 |
| 2022-5-30 | 493255.38 | 98.65107544 | 0.00966063 | 0.00953031 | 0.00805479 | 98.65255096 | 493262.75 |

從持有到賣出前一天 2022-5-29 的攤銷損益分析如表 6-11 所示。

▼ 表 6-11　截至 2022-5-29 19 附息國債 13 債券的損益分析

| | 合計已攤銷金額（元） | 合計待攤銷金額（元） | 合計其他綜合收益（元） | 合計利息收入（元） |
|---|---|---|---|---|
| 1000000 元券面總額 | 986510.75 − 986437.00 = 73.75 | 1000000− 986510.75 = 13489.25 | (98.7743 − 98.65107544)× 1000000/100 =1 232.25 | 0.00805479×5× 1000000/100=402.74 |

2022-5-30 的損益分析如表 6-12 所示。

▼ 表 6-12　2022-5-30 19 附息國債 13 債券的損益分析

| | 合計已攤銷金額（元） | 合計待攤銷金額（元） | 合計其他綜合收益(元) | 合計利息收入（元） | 價差收益（元） |
|---|---|---|---|---|---|
| 賣出 500000 元券面總額 | 73.75/2 = 36.875 | 0 | 1232.25/2 = 616.125，結轉至投資收益 | 402.74/2 = 201.37 | (98.8468- 98.7743)× 500000/100= 362.5 |

結合以公允價值計量且其變動計入其他綜合收益的角度分析，則有：

賣出 500000 元券面總額總收益 = 攤銷金額 + 其他綜合收益 + 利息收入 + 價差收益 = 36.875 + 616.125 + 201.37 + 362.50 = 1216.87（元）。

（3）以公允價值計量且其變動計入當期損益的金融資產。

在該分類下的債券可以隨時出售，主要用於投機。

【實例 6-6】債券的基本資訊同實例 6-1，金融機構 A 購買後將其分類為以公允價值計量且其變動計入當期損益的金融資產，其他條件同實例 6-5。

【分析解答】由於其分類是以公允價值計量且其變動計入當期損益的金融資產，所以無須進行攤銷，只需每日盯市記錄公允價值變動損益與利息。

從買入和賣出的角度分析：

賣出 500000 元券面總額總收益 = 賣出淨價全額 − 買入淨價全額 + 利息收入

= 98.846 8 × 500000/100 − 986437.00/2 + 201.37

= 1216.87（元）。

可以發現，以上總收益計算結果和實例 6-5 相同。這是由於這兩種分類計量方式均是基於市場公允價值計量的，不同於實例 6-4 的按攤餘成本計量。

# 6.4 債券投資的損益分解

債券的買賣價差交易分析是透過各種細分要素將債券的價差收益進行分解。在計算債券的買賣價差時，最常見的假設是遠期收益率實現（隨著時間演進，未來期間的遠期收益率保持不變）。當未來時間到達時，該期的即期收益率等於之前預計的遠期收益率。現在來解釋如何將固定收益中債券投資的損益（Profit and Loss，PL）分解成四個部分。

① 持有利率滑動變化（Carry Roll-Down）：債券的持有利率滑動變化是為了在利率環境沒有變化的情況下估計所獲得的回報。在計算債券的持有利率滑動變化時，最常見的假設是遠期收益率實現。當未來時間到達時，該期的即期收益率等於之前預計的遠期收益率。

② 利率變化（Rate Changes）：這是實際的利率與持有利率滑動變化中假設的利率不相等時實現的回報。

③ 價差變化（Spread Changes）：這是債券相對於基準債券的價差發生變化時實現的回報。

④ 票息持有（Cash Carry）：持有債券所獲得的票息收入。

【實例 6-7】假定交易員在 2021-5-18 以 107.9039 元的全價購買了 10 廣東高速債（*T*+0）（日終市場價格為 108.14 元），2022-5-18 以 109.0722 元的全價賣出了該債券，計算該債券的損益（以上均按百元面額計算）。債券的相關基本資訊同實例 5-1。

【分析解答】首先依據市場價格計算出 2021-5-18 該債券的即期利差，其原始期限結構分析如表 6-13 所示。

▼ 表 6-13　10 廣東高速債原始期限結構分析

| 日期 | 距離 2021-5-18 期限（年） | 即期收益率（%） | 遠期收益率（%） | 現金流（元） |
|---|---|---|---|---|
| 2021-7-2 | $\frac{45}{365}$ | 2.4671 | 2.4671 | 4.68 |
| 2022-7-2 | $\frac{45}{365}+1$ | 2.9146 | 2.9700 | 4.68 |
| 2023-7-2 | $\frac{45}{365}+2$ | 3.1736 | 3.4652 | 4.68 |
| 2024-7-2 | $\frac{45}{365}+3$ | 3.4211 | 3.9487 | 4.68 |
| 2025-7-2 | $\frac{45}{365}+4$ | 3.5541 | 3.9706 | 104.68 |

依據債券現值公式反推計算 spread：

$$PV = \frac{4.68}{(1 + 2.4671\% + \text{spread})^{\frac{45}{365}}} + \frac{4.68}{(1 + 2.9146\% + \text{spread})^{\left(\frac{45}{365}+1\right)}} + \cdots$$
$$+ \frac{104.68}{(1 + 3.5541\% + \text{spread})^{\left(\frac{45}{365}+4\right)}} = 108.14 \text{ （元）}$$

可以計算得到 spread=0.07515%。

後續整個收益率曲線會發生變動，接下來分析曲線的收益率以及 spread 變動情況。該債券收益率曲線變化如圖 6-2 所示。

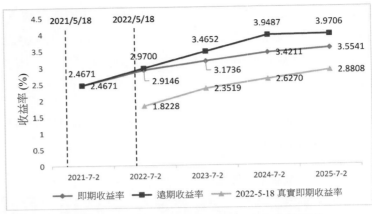

▲ 圖 6-2 10 廣東高速債對應收益率曲線變化

① 經過 1 年後，在 2022-5-18，我們假定 spread 不變，如果按照以上的遠期收益率實現情況，則：

$$PV = \frac{4.68}{(1 + 2.9700\% + spread)^{\frac{45}{365}}} + \frac{4.68}{(1 + 3.4652\% + spread)^{\left(\frac{45}{365}+1\right)}} + \cdots$$
$$+ \frac{104.68}{(1 + 3.9706\% + spread)^{\left(\frac{45}{365}+3\right)}} = 105.9514\ (元)$$

$$Carry\ Roll\text{-}Down = 105.9514 - 107.9039 = -1.9525$$

② 在 2022-5-18，查詢到的實際即期收益率（之前推算的遠期收益率並未實現）如表 6-14 所示。

▼ 表 6-14 10 廣東高速債的真實期限結構分析

| 日期 | 距離 2022-5-18 期限（年） | 即期收益率（％） | 現金流（元） |
|---|---|---|---|
| 2022-7-2 | 0.1233 | 1.8228 | 4.68 |
| 2023-7-2 | 1.1233 | 2.3519 | 4.68 |
| 2024-7-2 | 2.1233 | 2.6270 | 4.68 |
| 2025-7-2 | 3.1233 | 2.8808 | 104.68 |

繼續假定 spread 不變，則：

$$PV = \frac{4.68}{(1 + 1.8228\% + spread)^{\frac{45}{365}}} + \frac{4.68}{(1 + 2.3519\% + spread)^{\left(\frac{45}{365}+1\right)}} + \cdots$$
$$+ \frac{104.68}{(1 + 2.8808\% + spread)^{\left(\frac{45}{365}+3\right)}} = 109.223453 \text{ （元）}$$

$$\text{Rate Changes} = 109.223453 - 105.9514 = 3.272053$$

③ 在 2022-5-18，收益率按照查詢到的實際的即期收益率計算，實際 spread 變更為 spread' = 0.124848%。

$$PV = \frac{4.68}{(1 + 1.8228\% + spread')^{\frac{45}{365}}} + \frac{4.68}{(1 + 2.3519\% + spread')^{\left(\frac{45}{365}+1\right)}} + \cdots$$
$$+ \frac{104.68}{(1 + 2.8808\% + spread')^{\left(\frac{45}{365}+3\right)}} = 109.0722 \text{ （元）}$$

$$\text{Spread Changes} = 109.0722 - 109.223453 = -0.151253$$

在 2021-7-2 獲得票息收入 4.68 元。該債券損益分解明細如表 6-15 所示。

▼ 表 6-15　10 廣東高速債的損益分解明細

| 持有利率滑動變化（Carry Roll-Down） | -1.9525 元 |
|---|---|
| 利率變化（Rate Changes） | 3.272053 元 |
| 價差變化（Spread Changes） | -0.151253 元 |
| 票息持有（Cash Carry） | 4.68 元 |
| 總收益（以上分解要素相加） | -1.9525 + 3.272053 - 0.151253 + 4.68 = 5.8483 （元） |

實際上，總的持有損益還可以按最終賣出價格減去初始買入價格再加上持有期間的利息來計算。

109.0722（賣出）－107.9039（買入）+4.68（利息）=5.8483（元）

可以發現，最終計算結果和損益明細分解的整理結果（表 6-15）的總收益是相同的。

# 6.5 Campisi 績效歸因

## 6.5.1 Campisi 三因素歸因

債券的歸因研究遠遠落後於股票的歸因研究。由於債券與股票本質屬性存在差異，所以債券投資組合的業績歸因無法套用股票投資組合的業績歸因模型。股票更多受到公司經營管理情況、財務狀況及行業環境等影響，而債券不僅受到債券發行人自身因素的影響，還要受到市場收益率的影響。因此，債券組合和股票組合的業績歸因項不能一概而論，有必要尋找一種專門研究債券的業績歸因方法。

斯蒂芬 · 坎皮西（Stephen Campisi）在 20 世紀末提出了 Campisi 模型，該模型考慮到了債券品種本身的特徵和價格收入來源因素。按照 Campisi 模型，所有投資收益為持有期間的收入部分和持有期間價格變動部分之和，即總收益等於持有收入與價格收入之和。對債券來說，持有收入即持有期間獲得的靜態持有收益，價格變動即持有期內債券價格變動帶來的收益。

$$R = y \times \Delta t + (-MD) \times \Delta y \qquad (6-6)$$

$R$：債券的投資收益率。

$y$：債券的到期收益率。

$\Delta t$：計息區間時長。

$MD$：債券的修正久期。

$\Delta y$：區間內收益率變動情況。

債券價格與收益率變化成反比，債券收益率包含國債收益率和風險溢價兩部分：

① 國債是由國家發行的債券，國債收益率被認為是無風險收益率；

② 風險溢價是對債券發行人不能按時支付本金或利息的風險補償，通常被稱作「利差」。

因而，債券價格變動主要受國債收益率變動和風險溢價變動的影響。

將以上 $\Delta y$ 進行分解有：

$$\Delta y = \Delta y_1 + \Delta y_2 \qquad\qquad (6-7)$$

$\Delta y_1$：無風險收益率的波動。

$\Delta y_2$：該債券獨有的風險溢價（如流動性、信用、特殊條款等）的利差波動。

從而債券的投資收益率分解為：

$$R = \text{Rev}_{eff} + \text{Gov}_{eff} + \text{Sp}_{eff} = y \times \Delta t + (-\text{MD}) \times \Delta y_1 + (-\text{MD}) \times \Delta y_2 \qquad (6-8)$$

$R$：債券的投資收益率。

$\text{Rev}_{eff}$：收入效應。

$\text{Gov}_{eff}$：國債效應。

$\text{Sp}_{eff}$：利差效應。

即公式（6-8）滿足債券的投資收益率＝收入效應＋國債效應＋利差效應。債券收益率分解如圖 6-3 所示。

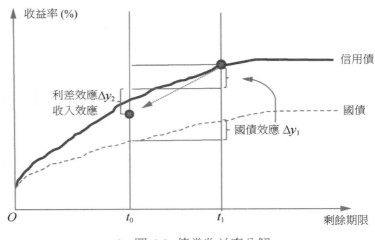

▲ 圖 6-3 債券收益率分解

假定持有債券一段時間（如從 $t_1$ 到 $t_0$），見圖 6-3，這期間的收益率（$\Delta y$）可以分為國債效應（$\Delta y_1$）和利差效應（$\Delta y_2$）。國債效應即隨國債的收益率變化產生的收益，而利差效應是由信用利差與流動性利差引起的收益。最終，對債券歸因得到收益率的三個部分：收入效應、國債效應和利差效應。如果存在上述三個效應都無法解釋的收益，全部歸入殘餘收益。實際操作中，利差效應較難確定，且歸因模型要保證各部分的收益率之和等於總收益率，因此本節計算 Campisi 模型中的利差效應（包含了殘餘收益）是「倒擠」算出的。

$$\text{Sp}_{\text{eff}} = R - \text{Rev}_{\text{eff}} - \text{Gov}_{\text{eff}} \qquad (6-9)$$

$$R = \frac{PV_2 - PV_1 + nC}{PV_1} \qquad (6-10)$$

$PV_2$：債券的賣出全價。

$PV_1$：債券的買入全價。

$nC$：中途的 $n$ 次付息整理。

【**實例 6-8**】債券的基本要素同實例 6-7，計算在 2021-5-18—2022-5-18 該
筆債券的 Campisi 三因素歸因，相關的其他要素如表 6-16 和表 6-17 所示。

▼ 表 6-16　10 廣東高速債的估值要素

| 日期 | 全價（元） | 到期收益率（%） | 修正久期 |
|---|---|---|---|
| 2021-5-18 | 107.9039 | 3.6675 | 3.58 |
| 2022-5-18 | 109.0722 | 2.9874 | 2.79 |

▼ 表 6-17　中債國債到期收益率

| 關鍵期限（年） | 收益率（%）（2021-5-18） | 收益率（%）（2022-5-18） |
|---|---|---|
| 0 | 1.6977 | 1.2268 |
| 0.08 | 1.7172 | 1.4503 |
| 0.17 | 1.8724 | 1.6481 |
| 0.25 | 1.8845 | 1.6601 |
| 0.5 | 2.1177 | 1.7905 |
| 0.75 | 2.2160 | 1.8443 |
| 1 | 2.3532 | 1.9275 |
| 2 | 2.6333 | 2.2439 |
| 3 | 2.7722 | 2.3356 |
| 4 | 2.8693 | 2.4402 |
| 5 | 2.9515 | 2.5424 |
| 6 | 3.0225 | 2.7067 |
| 7 | 3.0808 | 2.7899 |
| 8 | 3.1157 | 2.7870 |
| 9 | 3.1258 | 2.7824 |
| 10 | 3.1457 | 2.7801 |

資料來源：中國債券資訊網——中債收益率

【分析解答】首先插值各個久期對應時間的國債到期收益率。

2021-5-18 該債券期初久期對應國債收益率曲線到期收益率：

$$YTM_{2021\text{-}5\text{-}18} = 2.7722\% + \frac{3.58 - 3}{4 - 3} \times (2.8693\% - 2.7722\%) = 2.8285\%$$

2022-5-18 該債券期初久期對應國債收益率曲線到期收益率：

$$YTM_{2022\text{-}5\text{-}18} = 2.2439\% + \frac{2.79 - 2}{3 - 2} \times (2.3356\% - 2.2439\%) = 2.3163\%$$

根據本節介紹的公式計算得到表 6-18 的結果。

▼ 表 6-18　10 廣東高速債的 Campisi 三因素計算明細

| 名稱 | 計算公式 | 計算明細 |
|---|---|---|
| 收入效應 | $y \times \Delta t$ | $3.6675\% \times 1 = 3.6675\%$ |
| 國債效應 | $(-MD) \times \Delta y_1$ | $-3.58 \times (2.3163\% - 2.8285\%) = 1.8337\%$ |
| 利差效應 | 倒擠計算 | $5.4199\% - 3.6675\% - 1.8337\% = -0.0813\%$ |
| 債券的投資收益率 | $\dfrac{PV_2 - PV_1 + nC}{PV_1}$ | $\dfrac{109.0722 - 107.9039 + 4.68}{107.9039} \times 100\% = 5.4199\%$ |

需要注意的是，如果是持倉多券的情況，可將全價更改為市值，採用按比例加權的方式計算。

## 6.5.2　Campisi 六因素歸因

三因素歸因分析是沒有引入基準（benchmark）的，換句話說，這個債券組合自身就是基準。如果能夠找到或建構出一個較好的資產組合基準，那麼歸因模型能夠幫助我們做出更進一步的分析。這裡參考布林森（Brinson）算術法分解方式，除了收入效應、國債效應、利差效應，我們還可以分解出更細維度的效應。將上述三效應繼續分解如下。

（1）收入效應 = 息票效應 + 收斂效應。

① 息票效應：債券應計利息的收益（即票面利息收入）。

$$C_{\text{eff}} = \frac{C \times \frac{m}{100} \times \frac{d}{D}}{\text{PV}_1} \qquad (6-11)$$

$C_{\text{eff}}$：息票效應。

$C$：票息。

$m$：百元面額當前剩餘本金。

$d$：持有自然日天數。

$D$：年計算天數。

$\text{PV}_1$：債券的買入全價。

② 收斂效應（倒擠法計算）：時間流逝，債券價格逐漸回歸面額所帶來的收益。

$$\text{Converg}_{\text{eff}} = Rev_{eff} - C_{eff} \qquad (6-12)$$

$\text{Converg}_{\text{eff}}$：收斂效應。

$\text{Rev}_{\text{eff}}$：收入效應。

$C_{\text{eff}}$：息票效應。

（2）國債效應 = 國債平移效應 + 國債變形效應。

① 國債平移效應：基準組合曲線隨時間變化平移所產生的收益率曲線超額收益部分。

$$\text{Govtran}_{\text{eff}} = (-\text{MD}) \times \Delta y_{11} \qquad (6-13)$$

$\Delta y_{11}$ 表示基準組合曲線隨時間變動的理論變化。

② 國債變形效應（倒擠法計算）：實際組合和基準組合曲線不同的期限結構配置所產生的收益率曲線超額收益部分。

$$Covdistor_{eff} = Gov_{eff} - Govtran_{eff} \qquad (6-14)$$

（3）利差效應 = 行業利差效應 + 券種配置效應。

① 行業利差效應：行業利差變動所產生的超額收益。

$$Indsp_{eff} = (-MD) \times \Delta sp \qquad (6-15)$$

$\Delta sp$ 表示行業利差的變化。

② 券種配置效應（倒擠法計算）：實際組合與基準組合利差相同時，券種配置不同產生的超額收益。

$$Sec_{eff} = Sp_{eff} - Indsp_{eff} \qquad (6-16)$$

將以上所有分解總結如圖 6-4 所示。

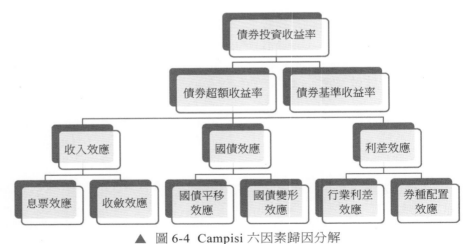

▲ 圖 6-4 Campisi 六因素歸因分解

【實例 6-9】接實例 6-8 中的相關資訊，假定基礎設施行業信用利差在兩個計算日（2021-5-18 與 2022-5-18）分別為 −19.97BP 與 −17.51BP，計算在 2021-5-18—2022-5-18 該筆債券的 Campisi 六因素歸因。

【分析解答】三因素歸因的計算方式同實例 6-8。其中國債平移效應的計算需要使用 2022-5-18 國債的插值 2.79 久期（假定曲線形態不變，久期變動到 2.79）的到期收益率：

$$YTM = 2.6333\% + \frac{2.79 - 2}{3 - 2} \times (2.7722\% - 2.6333\%) = 2.7430\%$$

其他具體計算明細如表 6-19 所示。

▼ 表 6-19 10 廣東高速債 Campisi 六因素計算明細

| 名稱 | 計算公式 | 計算明細 |
|---|---|---|
| 收入效應 | $y \times \Delta t$ | $3.6675\% \times 1 = 3.6675\%$ |
| 息票效應 | $\dfrac{C \times \frac{m}{100} \times \frac{d}{D}}{PV_1}$ | $\dfrac{4.68 \times \frac{100}{100} \times \frac{365}{365}}{107.9039} = 4.3372\%$ |
| 收斂效應 | $Rev_{eff} - C_{eff}$ | $3.6675\% - 4.3372\% = -0.6697\%$ |
| 國債效應 | $(-MD) \times \Delta y_1$ | $-3.58 \times (2.3163\% - 2.8285\%) = 1.8337\%$ |
| 國債平移效應 | $(-MD) \times \Delta y_{11}$ | $-3.58 \times (2.7430\% - 2.8285\%) = 0.3061\%$ |
| 國債變形效應 | $Gov_{eff} - Govtran_{eff}$ | $1.8337\% - 0.3061\% = 1.5276\%$ |
| 利差效應 | 倒擠計算 | $5.4199\% - 3.6675\% - 1.8337\% = -0.0813\%$ |
| 行業利差效應 | $(-MD) \times \Delta sp$ | $(-3.58) \times \dfrac{-17.51 - (-19.97)}{10000} \times 100\% = -0.0881\%$ |
| 券種配置效應 | $Sp_{eff} - Indsp_{eff}$ | $-0.0813\% - (-0.0881\%) = 0.0068\%$ |
| 債券的投資收益率 | $\dfrac{PV_2 - PV_1 + nC}{PV_1}$ | $\dfrac{109.0722 - 107.9039 + 4.68}{107.9039} \times 100\% = 5.4199\%$ |

需要注意的是，如果是持倉多券的情況，可將全價更改為市值，採用按比例加權的方式計算。

# 6.6  本章小結

　　《國際財務報告準則第 9 號——金融工具》的發佈使固定收益類的產品分類更為明確。本章首先介紹了新會計準則下的債券 SPPI 分析、攤餘成本法的計算原理（每日攤銷的計算模型）。在此基礎上，先採用會計的角度來分析債券持有及買賣價差的損益分析，接著從債券投資的角度分解損益，最後詳細介紹了業界廣泛採用的 Campisi 績效歸因方法。

# 7 債券現券交易方式

在了解完債券的基本概念、計算與計量模型後，債券的現券交易在真實市場上是如何進行的呢？這也是大家非常感興趣、想深入了解的話題。

債券的現券（或即期）交易，是指交易雙方以協商好的價格在當日（$T+0$）或下一營業日（$T+1$）轉讓債券所有權、辦理券款交割的交易行為。在中國，債券的現券交易主要在銀行間或交易所兩大市場中進行，交易的方式也豐富多樣。實際上，很多固定收益衍生品的交易方式與債券的交易方式非常類似，可以觸類旁通。本章主要介紹銀行間、交易所中現券的主要交易方式。

# 7.1 銀行間現券交易方式

債券的報價相比於股票的報價更為複雜，本節主要介紹銀行間債券交易中協商驅動、報價驅動和訂單驅動三大模式中常見的報價形式，如圖 7-1 所示。

▲ 圖 7-1 銀行間債券交易報價模式

協商驅動是以協商的方式驅動交易的，指交易雙方就債券的成交數量和成交價格等合約要素進行談判，接著透過交易市場與平臺簽訂合約並進行交割的交易方式，其中包括意向報價和對話報價。

報價驅動是以報價的方式驅動交易的，指主要以做市機構（或做市商）為仲介的交易方式。做市商可以根據自身狀況與市場的量價行情實行報價，並在其所報價位上滿足

買方和賣方的交易要求，以其自有資金或債券同買賣雙方進行交易。報價驅動包括請求報價、做市報價和指示性報價。

訂單驅動是以訂單的方式驅動交易的，指市場參與者提出債券的買賣委託指令或訂單，交易系統根據對應量價關係、時間先後關係等進行自動匹配撮合的交易方式，成交價由各方訂單之間的競爭關係確定。在中國銀行間債券市場中，訂單驅動通常透過匿名點擊交易，其中包括連續報價與集中報價。

## 7.1.1 意向報價

交易員有一定的交易意向時，可以匿名或公開姓名向（有交易資格的）市場成員進行公開報價，透過本幣系統的資訊交換後，可以轉 iDeal（外匯交易中心銀行間債券市場推出導向的首款專業即時通訊平臺）進行協商，生成對話報價，或直接向對手方發送對話報價。意向報價具體的流程如圖 7-2 所示。

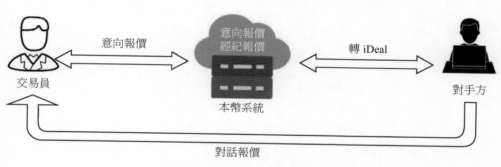

▲ 圖 7-2 意向報價流程

【實例 7-1】交易員 A 向市場發送一筆現券買入意向報價，債券程式為 220304，債券名稱為 22 進出 04，清算速度為 $T+1$，到期收益率為 3.3213%，券面總額為 1500 萬元。

【分析解答】意向報價介面如圖 7-3 所示。

▲ 圖 7-3 意向報價實例

後續轉 iDeal 協商後可轉入對話報價或直接發送對話報價。

## 7.1.2 對話報價

對話報價是詢價交易方式下特有的「討價還價」過程，是指交易的發起方向市場特定成員所做的報價。對話報價是一對一的報價，而非市場上所有交易成員導向的報價。對話報價時必須填寫所有交易要素,即買賣雙方一對一談判到成交。

通常報價的流程為兩個或三個交易環節,即對話報價—(詢價或報價交談)—確認成交。對話報價預設為當日收盤結束前有效。對話報價具體的流程如圖 7-4 所示。

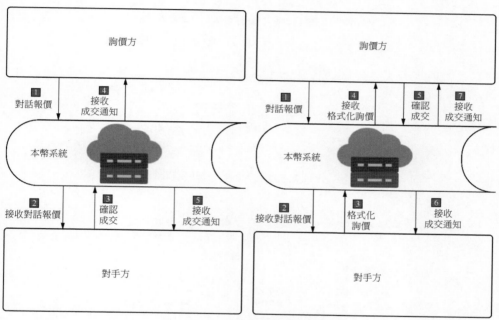

▲ 圖 7-4 對話報價流程

【實例 7-2】交易員 A(詢價方)向交易員 B(對手方)發送一筆現券買入對話報價,債券名稱為 22 附息國債 03(程式為 220003),清算速度為 $T+0$,結算日為 2022-6-28,淨價為 98.9526 元,到期收益率為 2.8750%,券面總額為 3000 萬元。其中結算方式為券款對付(債券和資金同步進行相對交收),清算類型為全額清算(逐筆清算並不進行軋差)。

【分析解答】對話報價介面如圖 7-5 所示。

發出報價後，等待對手方回覆（可以修改報價要素）。對手方回覆後，詢價方變為待成交狀態後即可點擊「成交」達成一筆對話報價交易（也可拒絕）。

▲ 圖 7-5　對話報價實例

## 7.1.3　請求報價

請求報價是指市場參與者向做市機構發起只含量、不含價的報價邀請，做市機構據以顯示可成交價格，市場參與者選擇做市機構報價確認成交的交易方式。簡單來說，請求報價中，出去買 / 賣商品只報買 / 賣的量，不報價，後續很多商家回覆買 / 賣的價格和數量。本幣系統按照價格優先、時間優先的原則自動排序做市機構回覆報價，市場參與者可同時選擇多個對手方報價確認成交。請求報價具體的流程如圖 7-6 所示。

【實例 7-3】交易員 X（詢價方）向市場做市機構 A 和 B 發送一筆現券賣出請求報價，債券名稱為 22 附息國債 03（程式為 220003），清算速度為 $T+1$，結算日為 2022-6-29，券面總額為 2000 萬元。

【分析解答】請求報價介面如圖 7-7 所示。

交易員 X 發起請求報價後，對應做市機構接收請求報價後可以給予請求回覆，交易員 X 可以選擇是否對該請求回覆確認成交。

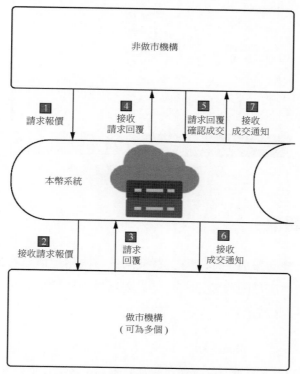

▲ 圖 7-6 請求報價流程

▲ 圖 7-7 請求報價實例

## 7.1.4 做市報價

做市報價是雙向報價，即同時在買賣兩個方向指定價格和最大可成交量的報價。做市機構透過雙向報價達成的交易視為做市機構的做市成交。做市報價具體的流程如圖 7-8 所示。

【注】FAK 訂單（Fill and kill orders）指如果訂單的成交數量不能達到委託的數量，則該訂單會被立即撤單；而如果訂單的成交數量可以達到委託的數量，則該訂單會被立即成交。

【**實例 7-4**】做市機構 A 發起銀行間現券雙邊做市報價，債券名稱為 22 附息國債 03（債券程式為 220003），清算速度為 $T+1$，結算日為 2022-6-29。其中，報買淨價為 98.9359 元，收益率為 2.8870%，券面總額為 30000 萬元；報賣淨價為 98.9942 元，收益率為 2.8700%，券面總額為 30000 萬元。

【分析解答】做市報價介面如圖 7-9 所示。

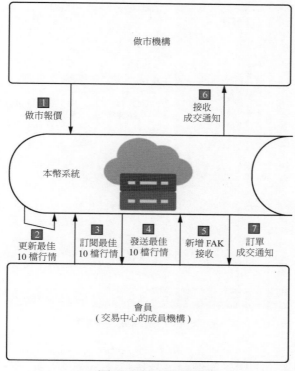

▲ 圖 7-8　做市報價流程

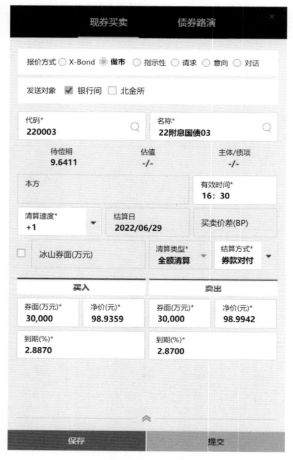

▲ 圖 7-9 做市報價實例

受價方看到做市機構的報價後，直接點擊「成交報價」即可成交，通常只能單邊確認成交。

## 7.1.5 指示性報價

指示性報價是做市機構可發送只含價格、不含量的雙邊指示性報價，該報價不可直接確認成交。指示性報價的具體流程如圖 7-10 所示。

【**實例 7-5**】做市機構 A 發起銀行間現券指示性報價，債券名稱為 22 農發清發 01（債券程式為 092218001），清算速度為 $T+1$，結算日為 2022-6-30。其中，報買淨價為 99.6828 元，收益率為 2.4650%；報賣淨價為 99.8341 元，收益率為 2.3701%。

【**分析解答**】買賣價差 = 買入到期收益率 − 賣出到期收益率 =2.4650% −2.3701%=9.49%。

指示性報價介面如圖 7-11 所示。

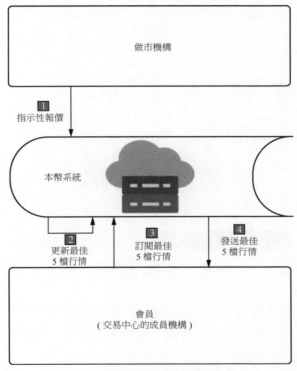

▲ 圖 7-10 指示性報價流程

▲ 圖 7-11 指示性報價實例

　　指示性報價發送後，可以凍結、撤銷和修改該筆報價，但是後續通常不可直接被成交，只可以轉換成請求報價，而轉換成請求報價時可發給一家做市機構，也可增加其他做市機構。

## 7.1.6 匿名點擊

　　匿名點擊是指交易雙方提交匿名的訂單，本幣系統根據授信按照價格優先、時間優先原則自動匹配成交的交易方式。未匹配成交的訂單可供參與機構點擊成交。匿名點擊交易流程分授信、交易、行情三部分。其中行情為參與機構向

本幣系統訂閱相關行情，本幣系統給予回饋是否推送。授信、交易流程如圖 7-12
所示。

在本幣系統中，債券交易的匿名點擊報價方式，也稱為 X-Bond。該方式又
可分為連續報價與集中報價。連續報價，在交易時段內可發送報價進行匹配撮
合，也可直接點擊成交。而集中報價是在集中報價時間段內進行報價，報價結
束後進行集中撮合。這裡主要對連續報價做簡介。

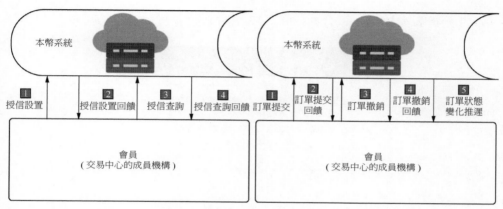

▲ 圖 7-12 授信（左）、交易（右）流程

在連續報價中，提交訂單後，本幣系統會根據參與者授信按照價格優先、
時間優先原則匹配。在匹配成交時，以先進入訂單簿的價格成交，而未匹配成
交的有效訂單，根據參與者的雙邊授信約束匿名顯示參與者可成交的市場最佳 5
檔價格（做市機構 10 檔）供點擊成交。訂單類型包含以下 4 種。

① 限價訂單：包括價格與券面總額的訂單，先和訂單簿中優於或等於該價
格的反方向訂單匹配成交，未撮合成功的進入訂單簿。

② 彈性訂單：除了價格與券面總額，還增加了價格彈性的訂單，可與優於
或等於底價價格的反方向訂單匹配成交。

③ 市轉限訂單：只含券面總額的訂單，按市場最佳價開始匹配，如果發送
的量大於市場上所有的反方向訂單量，則剩餘的量按成交的最次價格進入訂單
簿。

④ 市轉撤訂單：只含券面總額的訂單，按市場最佳價開始匹配，如果發送的量大於市場上所有的反方向訂單量，則剩餘的量全部撤銷。

【實例 7-6】機構 A（本方）發起銀行間現券 X-Bond 限價連續報價，債券名稱為 22 附息國債 03（債券程式為 220003），清算速度為 T+1，結算日為 2022-6-29。其中，報買淨價為 98.9526 元，收益率為 2.8750%，券面總額為 5 手（5000 萬元）。

【分析解答】X-Bond 介面如圖 7-13 所示。

▲ 圖 7-13　X-Bond 實例

由於是限價連續報價，所以後續匹配流程會按照價格優先、時間優先的原則自動匹配，未撮合成功的進入訂單簿。

# 7.2 交易所現券交易方式

交易所債券交易與銀行間債券交易存在一定差別。2019 年起，在證監會的指導下，交易所不斷推動建構獨立的債券交易規則系統，完善二級市場基礎制度建設。2022 年，上海證券交易所（上交所）公佈了《上海證券交易所債券交易規則》。該規則是上交所債券交易的基礎業務規則，對債券交易的各個環節做出了全面、整體和基礎性規定，自 2022 年 5 月 16 日起實施。該債券交易規則及配套指引相比於之前建立了相對獨立的也更加符合中國債券市場規則的債券交易規則系統，是提升債券二級市場流動性的重要舉措。本節主要介紹交易所債券交易的 5 種交易方式。

## 7.2.1 匹配成交

債券的匹配成交類似於股票撮合交易。當市場各方申報買入、賣出的價格和數量後，交易系統會依據價格優先、時間優先的原則進行自動匹配成交。同時，交易所會自動進行多邊淨額軋差結算。其中，價格優先的原則為：買入申報時，較高的買入價格優先於較低的買入價格；賣出申報時，較低的賣出價格優先於較高的賣出價格。時間優先的原則為：在價格與買賣方向均相同時，越早申報的訂單越早進行匹配成交。

交易所中，債券的匹配成交方式分為集合匹配（早上 9 點 15 分至 9 點 25 分）和連續匹配（集合匹配之後）。集合匹配是指在規定的一段時間內將所有的交易申報價格進行一次性集中匹配。連續匹配是指對申報的逐筆交易採用一定的規則連續進行匹配。如果在集合匹配中存在未成交的申報，會自動結轉至連續匹配中繼續匹配。集合匹配與連續匹配的成交價格確認規則見表 7-1。

▼ 表 7-1 不同匹配方式的成交價格確認規則

| 集合匹配成交價格 | 連續匹配成交價格 |
|---|---|
| ① 可實現最大成交量的價格<br><br>② 高於該價格的買入申報與低於該價格的賣出申報全部成交的價格<br><br>③ 與該價格相同的買方或賣方至少有一方全部成交的價格<br><br>兩個以上申報價格符合上述條件的，使未成交量最小的申報價格為成交價格；仍有兩個以上使未成交量最小的申報價格符合上述條件的，其中間價為成交價格。集合匹配階段的所有交易以同一價格成交 | ① 最高買入申報價格與最低賣出申報價格相同，該價格為成交價格<br><br>② 買入申報價格高於即時揭示的最低賣出申報價格，以即時揭示的最低賣出申報價格為成交價格<br><br>③ 賣出申報價格低於即時揭示的最高買入申報價格，以即時揭示的最高買入申報價格為成交價格<br><br>連續匹配的申報可以部分成交 |

規則來源：《上海證券交易所債券交易業務指南第 1 號——交易業務（2023 年修訂）》

【**實例 7-7**】當前市場有表 7-2 所示的債券交易連續報價（已調整時間優先因素），根據價格（單位：元）進行匹配確定成交價格。

▼ 表 7-2 連續報價下成交價格

| 情況一 | 情況二 | 情況三 |
|---|---|---|
| 最高申報買入價：98 元 | 買入申報價：98 元 | 即時揭示的最高買入申報價：98 元 |
| 最低申報賣出價：98 元 | 即時揭示的最低賣出申報價：97 元 | 賣出申報價格：98 元 |

【**分析解答**】情況一的成交價為 98 元，情況二的成交價為 97 元（對買方而言買便宜了），情況三的成交價為 98 元（對賣方而言賣貴了）。

## 7.2.2 點擊成交

交易員有時希望以確定的價格在市場上買入或賣出一定數量的債券，並且能在市場上迅速找到可以交易的對手，這時就可以採用點擊成交的方式。點擊成交的雙方通常稱為「報價方」與「點擊方」。報價方在市場上發出自己的報價，點擊方看到符合自己心理預期的價位，就可以點擊，由交易系統確認成交。其中，報價方可以發送單邊報價或雙邊報價，可以向指定的債券交易參與者發送報價。單邊報價是列明了單方向的債券價格和數量等要素的報價，雙邊報價是列明了買賣兩個方向的債券價格和數量等要素的報價。雙邊報價是開展債券做市（促進市場流動性）的核心交易報價方式之一。報價方發佈報價後，點擊方對報價進行點擊成交，若是雙邊報價，則可選擇一個方向進行點擊成交。

【實例 7-8】交易員 A 在 2022-6-28 向市場發送了債券程式為 018019（國開 2102）的單邊報價，買入數量為 20000（未啟用全額成交），淨價為 101.6945 元，到期收益率為 2.9525%，清算速度為 *T*+0。交易員 B 看到了該單向買入報價，並有意賣出數量 10000，點擊該筆報價進行成交。最終，雙方成交了 10000 數量的債券。

## 7.2.3 詢價成交

市場上有些債券交易並不是很活躍，也比較難確定這些債券的市場定價與成交狀況，需要向做市機構或市場其他成員問價獲取這些債券的市場定價資訊，尋找交易方。這時就可以採用詢價成交的方式。詢價成交是指向不超過一定數量的做市機構或其他交易對手發送詢價請求，並選擇 1 個或多個詢價回覆確認成交的交易方式。詢價方也可以向該債券的潛在交易者詢價。在收到詢價回覆前，潛在交易者將維持匿名。交易員可以向全市場或部分債券投資者發送意向申報。意向申報只表明意向，不可以直接確認成交。其他交易員可以透過詢價成交或協商成交等方式與意向申報方成交。詢價成交的主要流程為：詢價方發送詢價請求（品種、方向、數量、發送範圍、結算方式等）—被詢價方對詢價進行回覆（價格、數量）—詢價方對詢價回覆進行確認（數量）。

【實例 7-9】交易員 A 在 2022-6-28 向市場發送了證券程式為 184088（21 山能 04）的債券詢價請求報價，請求買入數量為 50000，任意選擇了 2 家交易商，結算速度為 *T*+0。

【分析解答】詢價請求介面如圖 7-14 所示。

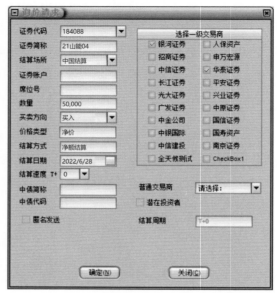

▲ 圖 7-14 詢價請求實例

後續被詢價方會對詢價進行回覆（價格、數量），交易員 A 會針對該回覆進行確認。

## 7.2.4 協商成交

交易員有時希望透過中間方或其他方式自行在市場上尋找交易對手，債券價格、數量等要素協商一致即可達成一對一的成交。這時就可以採用協商成交的方式。協商成交是指交易員透過協商（如一對一討價還價）等方式達成債券交易意向並向交易系統申報，經交易系統確認的成交方式。此外，協商成交方式下還有一種全新申報方式——合併申報。合併申報是指當交易員與不同對手方針對同一交易品種達成兩筆數量相同但交易方向相反的交易意向時，可以將兩筆交易合併向交易系統申報。合併申報由中間方發起，並由買賣雙方分別確認後成交。如果是淨額結算，中間方擔保交收帳戶軋差結算；如果是全額結算，根據兩筆交易的軋差結果進行逐筆全額結算交收。在此過程中，兩筆交易不是同時成功，就是同時失敗，中間方不會發生實際證券交收。

【實例 7-10】交易員 A（買方 A）在 2022-6-28 以 100.3 元的價格（對應百元面額）買入 20 萬元面額國開 2102，支出 200600 元，支出經手費 0.2 元，共支出 200600.2 元；交易員 B（賣方 B）以 100.1 元價格賣出 20 萬元面額國開 2102，收入 200200 元，支出經手費 0.2 元，共收入 200199.8 元，流程如圖 7-15 所示。請判斷中間方的收入情況。

【分析解答】中間方以 100.1 元的價格買入 20 萬元面額國開 2102，支出 200200 元，支出經手費 0.2 元，並以 100.3 元的價格賣出 20 萬元面額國開 2102，收入 200600 元，支出經手費 0.2 元，經過軋差後，收入 399.6 元。

▲ 圖 7-15 協商成交流程

## 7.2.5 競買成交

交易員有時希望對持有的債券進行快速變現，向全市場進行拍賣獲得當前最佳價格。這時就可以採用競買成交的交易方式。競買成交的參與人包括「賣方」和「應價方」。賣方在限定的時間內根據交易所競買成交規則將持有的債券賣給最佳出價的應價方（可以是單一或多個）。競買成交可以採用單一主體中標或多主體中標等方式。對於單一主體中標方式，中標方（最佳出價的應價方）以該筆交易的所有申報數量和對應最佳出價成交。對於多主體中標方式，有單一價格中標或各自報價應價價格成交兩種模式。競買成交的流程主要為：賣方發起競買預約——競買預約轉競買發起申報——應價方提交應價申報——達成交易。

【**實例 7-11**】在 2022-6-28，機構 A 賣出 100 萬元面額債券，當前競買成交方式為單一主體中標。其中，應價方 X 出價百元面額淨價 98 元，應價方 Y 出價百元面額淨價 98.5 元，應價方 Z 出價百元面額淨價 97 元。在規定的時間內，應價方 X 又出價百元面額淨價 99 元。則在應價申報時間結束時，應價方 X 舉出了最高價，成交價為百元面額淨價 99 元，淨價總額為 99 萬元，對應 100 萬元面額。

## 7.3 本章小結

目前中國比較大的債券交易市場為銀行間市場和交易所市場。本章分別對銀行間和交易所的債券交易方式進行了介紹。當前銀行間債券和交易所債券的交易方式不同。銀行間債券交易市場主要採用的是雙邊報價方式，實行一對一詢價談判方式進行交易居多，近年來也增加了匿名點擊等創新方式；交易所債券交易市場交易方式主要與股票市場較為類似，使用集合競價或連續競價撮合交易的方式居多。當然，《上海證券交易所債券交易規則》增加了很多交易方式，也符合統一大市場的發展規律。

# ⑧ 回購與債券借貸

　　本章主要介紹與債券結合的交易方式——回購和借貸。回購與借貸在交易方式上與債券類似，如常見的對話、請求報價方式等；在計量分析方法上，主要是計算對應策略需要付出的成本——利息金額。由於計算比較簡單，本章未舉出 Python 計算相關的程式，讀者可根據具體的公式自行撰寫完善。

# 8.1　質押式回購

當債券持有人持有一些不急於賣出變現的債券，又需要短期資金時，就可以將這些債券以一定的折扣質押一段時間，並支付一定的利息費用，從而獲取資金支持。從專業方面看，質押式回購指資金融入方（正回購方）在將債券出質給資金融出方（逆回購方）融入資金的同時，雙方約定在未來某一天由正回購方向逆回購方返還約定的利息和資金本金，並解除債券質押的行為。

## 8.1.1　銀行間質押式回購

銀行間質押式回購主要分為兩大類：全市場質押式回購（R 系列，如常見的 R001、R007 等）與存款性機構質押式回購（DR 系列，如常見的 DR001、DR007 等）。其中，「001」代表期限為 1 天（隔夜），「007」代表期限為 2～7 天。在中國比較有代表性的存款性機構就是銀行（主要參與 DR 系列質押式回購）。銀行是債券市場上最大的資金供給方，可信賴度相比其他普通機構更高，所以 DR 系列的質押式回購利率在市場上是最低的。相比之下，全市場質押式回購中，一些非銀機構也可參與，其信用沒有銀行那麼高，因而 R 系列的質押式回購利率會比 DR 系列的高一些。

圖 8-1 展示了 2015—2022 年 R007 與 DR007 的利率詳情，圖 8-2 展示了 2015—2022 年銀行間質押式回購的成交金額。

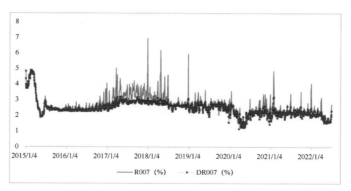

▲　圖 8-1　2015—2022 年 R007 與 DR007 利率
（資料來源：Wind 資訊）

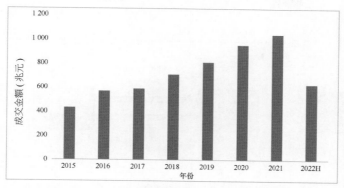

▲ 圖 8-2 2015—2022 年銀行間質押式回購成交金額
（資料來源：2015—2022 年銀行間本幣市場運行報告）

可以發現，銀行間質押式回購的成交金額穩定增長。作為金融機構的一種融資方式，質押式回購是不錯的選擇。接下來介紹質押式回購的交易流程與基本計算。圖 8-3 展示了銀行間質押式回購的基本流程。

在當期，逆回購方獲取質押債券（債券所有權依然歸正回購方），並將對應資金出借給正回購方；在未來，逆回購方收取之前出借的資金和約定的利息，並將質押債券歸還正回購方。

對於質押式回購，有以下公式計算回購利息與到期結算金額：

$$\text{PleRepo\_acc} = \text{Fir\_set\_amount} \times \frac{n}{D} \times r \tag{8-1}$$

$$\begin{aligned}\text{End\_set\_amount} &= \text{Fir\_set\_amount} + \text{PleRepo\_acc} \\ &= \text{Fir\_set\_amount} \times \left(1 + \frac{n}{D} \times r\right)\end{aligned} \tag{8-2}$$

PleRepo_acc：回購利息。

Fir_set_amount：回購首期結算金額。

End_set_amount：回購到期結算金額。

$n$：回購的實際佔款天數。

$D$：年化計算天數，依據實際的計息基準進行調整。

$r$：回購利率。

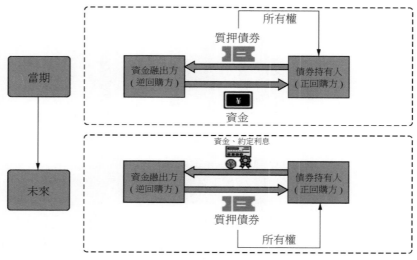

▲ 圖 8-3 銀行間質押式回購基本流程

【實例 8-1】交易員 A（本方）在 2019-12-9 做了一筆質押式回購對話報價（見圖 8-4）——正回購交易（$T+0$），券面總額為 100 萬元，質押券的折算比例為 70%，回購期限為 23 天，回購利率為 5%，計息基準為實際／實際（ISDA），計算回購利息與到期結算金額。

【分析解答】本例的計息基準為實際／實際（ISDA），需要調整上述公式中的 $\dfrac{n}{D}$。

$$\text{yearfactor} = \frac{n_1}{B_1} + \frac{n_2}{B_2} + (\text{YY}_2 - \text{YY}_1 - 1) = \frac{23}{365} + \frac{1}{366} + 0 = 0.06574594$$

$$\text{回購利息} = 700000.00 \times 5\% \times 0.06574594 = 2301.11 \text{（元）}$$

$$\text{到期結算金額} = 700000.00 + 2301.11 = 702301.11 \text{（元）}$$

【注】回購期限 ≠ 實際佔款天數。回購期限為 23 天，理論上到期結算日為 2019-12-9 加上 23 天，即 2020-1-1。由於元旦節放假，所以往後推遲到了營業日，實際佔款天數為 24 天，到期結算日為 2020-1-2。

▲ 圖 8-4 銀行間質押式回購對話報價實例

## 8.1.2 交易所質押式回購

交易所的債券質押式回購規則與銀行間市場有明顯不同。交易所的債券回購有三大類型：

① 債券通用質押式回購，有中央交易對手的競價撮合型回購；

② 債券協定回購，類似銀行間的質押式回購，實行點對點交易；

③ 三方回購，也是點對點交易，但是由中證登提供第三方質押品擔保及估值服務。

這裡主要介紹第①種回購。根據交易所的定義，債券通用質押式回購交易是指資金融入方將符合要求的債券申報質押，以相應折算率計算出的質押券價值為融資額度進行質押融資，交易雙方約定在回購期滿後返還資金，同時解除債券質押的交易。出質債券並融入資金的交易方為正回購方，融出資金的交易方為逆回購方。

在通用質押式回購中，融資額度是由不同債券品種按相應折算率折算出的，用以確定可透過質押式回購交易進行融資的額度。交易所公佈的回購期限包含 1 天、2 天、3 天、4 天、7 天、14 天、28 天、91 天和 182 天 9 個。目前交易按照價格優先、時間優先原則撮合成交；結算方式為軋差淨額結算，可以捲動續接持續融資，清算速度為 $T+0$，交收速度為 $T+1$。

對於交易所通用質押式回購，有以下公式計算購回價：

$$\text{Repo\_price} = 100 + r \times \frac{n}{365} \tag{8-3}$$

Repo_price：每百元資金購回價。

$r$：每百元資金到期年收益。

$n$：當次通用回購交易的首次資金交收日（含）至到期資金交收日（不含）的實際佔款天數。

對於回購佔款天數，需要注意節假日調整的情況，詳情見表 8-1。

▼ 表 8-1 通用質押式回購實際佔款天數計算

| 回購交易 | 首期清算日 | 到期清算日 | 首次資金交收日 | 到期資金交收日 | 實際佔款天數 |
|---|---|---|---|---|---|
| 週四 1 天期 | 週四 | 週五 | 週五 | 下週一 | 3 天 |
| 週四 3 天期 | 週四 | 下週一 | 週五 | 下週二 | 4 天 |
| 週五 1 天期 | 週五 | 下週一 | 下週一 | 下週二 | 1 天 |
| 週五 2 天期 | 週五 | 下週一 | 下週一 | 下週二 | 1 天 |

（續表）

| 回購交易 | 首期清算日 | 到期清算日 | 首次資金交收日 | 到期資金交收日 | 實際佔款天數 |
|---|---|---|---|---|---|
| 週五 3 天期 | 週五 | 下週一 | 下週一 | 下週二 | 1 天 |
| 週五 4 天期 | 週五 | 下週一 | 下週一 | 下週三 | 2 天 |

【注 1】由於採用 $T+1$ 交收制度，所以交收日為清算日的下一個交易日。

【注 2】到期清算日為首次清算日加上回購天數（按自然日），若到期清算日為非交易日，則延至下一交易日清算。

【實例 8-2】A 機構在 2020-12-28 做了一筆 3 天期的逆回購，本金 100 萬元，利率 3.3%，手續費 0.003%，計算回購價、預期收益以及手續費。

【分析解答】2020-12-28 為週一，到期交收日為 2021-1-1（元旦節假日），需要調整至 2021-1-4，所以實際佔款天數為 6 天。

$$\text{Repo\_price} = 100 + 100 \times 3.3\% \times \frac{6}{365} = 100.054247 \text{（萬元）}$$

$$\text{Profit} = 1000000 \times 3.3\% \times \frac{6}{365} = 542.47 \text{（元）}$$

$$\text{fee} = 1000000 \times 0.003\% = 30.00 \text{（元）}$$

## 8.1.3 質押式回購的功能

（1）促進資金融通。

質押式回購並不用轉移質押券的所有權，操作相對簡單，有助緩解市場資金結構性緊張，促進市場有效融資，方便現金流管理。

（2）增加債券市場流通性。

質押式回購能促進中國債券市場的發展，活躍債券交易，發揮債券的再融資功能，為社會提供一種新的融資方式。

## 8.2 買斷式回購

### 8.2.1 買斷式回購的基本原理

短期資金融通的方式除了 8.1 節介紹的質押式回購外，還有一種比較流行的方式是買斷式回購。買斷式回購指債券持有人（正回購方）將債券出售給債券購買方（逆回購方）的同時，雙方約定在未來某一天，正回購方再以約定價格從逆回購方買回相等數量同種債券的交易行為。

買斷式回購的期限為 1 天到 365 天，外匯交易中心將其按 1 天（OR001）、7 天（OR007）、14 天（OR014）、21 天（OR21）、1 個月（OR1M）、2 個月（OR2M）、3 個月（OR3M）、4 個月（OR4M）、6 個月（OR6M）、9 個月（OR9M）、1 年（OR1Y）分類，統計公佈買斷式回購的相關資訊。圖 8-5 展示了銀行間買斷式回購 2015—2022 年的成交金額。

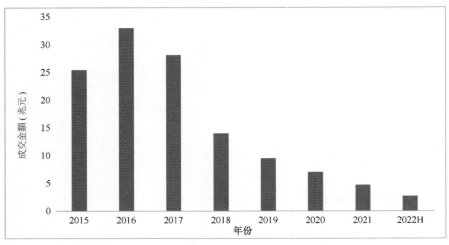

▲ 圖 8-5 銀行間買斷式回購 2015—2022 年成交金額
（資料來源：《2015—2022 年銀行間本幣市場運行報告》）

可以發現，銀行間買斷式回購的成交金額從 2017 年起逐步減少。對金融機構而言，銀行間買斷式回購的歷年成交金額遠小於銀行間質押式回購，這表明金融機構更偏重選擇銀行間質押式回購。接下來介紹買斷式回購的交易流程與基本計算。圖 8-6 展示了銀行間買斷式回購的基本流程。

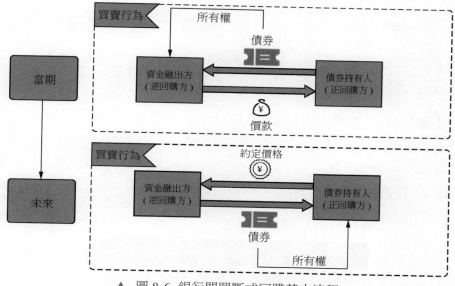

▲ 圖 8-6 銀行間買斷式回購基本流程

在當期，逆回購方購買一定數量的債券（所有權歸逆回購方）並支付金額給正回購方；在未來，逆回購方按照之前約定的時間和價格將之前買入的債券賣給正回購方（所有權歸正回購方）。

對於單券的買斷式回購，有以下公式計算到期結算金額：

$$\text{End\_set\_amount} = \left(\text{Fir\_set\_amount} \times \frac{n}{D} - C \times \frac{k}{D}\right) \times r - C + \text{Fir\_set\_amount} \qquad (8-4)$$

Fir _ set _ amount：首期結算金額。

End _ set _ amount：到期結算金額。

$n$：實際佔款天數。

$D$：年化計算天數，依據實際的計息基準進行調整。

$C$ ：回購期間發生的付息金額。

$k$ ：債券利息支付日至到期結算日的自然日天數。

$r$ ：回購利率。

【注】依據首期結算金額、到期結算金額、實際佔款天數等也可調整以上公式反算回購利率。

【**實例 8-3**】交易員 A（本方）在 2022-4-6 做了一筆買斷式回購（見圖 8-7）——正回購交易（$T$+0），標的券為 08 國債 02（該債券的資訊同實例 2-1），券面總額為 10 萬元，首次結算金額為 80000.00 元（折算比例為 80%），回購利率為 3%，實際佔款天數為 160 天，預設計息基準為實際 /365，計算到期結算金額。

▲ 圖 8-7 銀行間單券買斷式回購對話報價實例

【**分析解答**】08 國債 02 在回購期間發生了付息，利息支付日為 2022-8-28。

$$債券利息額 = \frac{4.16}{2} \times \frac{100000.00}{100} = 2080.00 \ (元)$$

$$到期結算金額 = \left(80000.00 \times \frac{160}{365} - 2080.00 \times \frac{16}{365}\right) \times 3\% - 2080.00 + 80000.00$$
$$= 78969.32 \ (元)$$

對於多券的買斷式回購，有以下公式計算到期結算金額（無須考慮中途付息的情況，簡易計算）：

$$End\_set\_amount = \sum_{i=1}^{n}\left[Fir\_set\_amount_i \times \left(1 + \frac{n}{D} \times r\right)\right] \qquad (8-5)$$

$Fir\_set\_amount_i$：第 $i$ 隻債券首期結算金額。

$End\_set\_amount$：到期結算總金額。

$n$：實際佔款天數。

$D$：年化計算天數，依據實際的計息基準進行調整。

$r$：回購利率。

【**實例 8-4**】交易員在 2022-4-6 做了一筆買斷式回購（見圖 8-8）——正回購交易（$T+0$）：標的券 1 為 08 國債 02（該債券的資訊同實例 2-1），券面總額為 10 萬元，首次結算金額為 80000.00 元（折算比例為 80%）；標的券 2 為 07 特別國債 07，券面總額為 10 萬元，首次結算金額為 100000.00 元。回購利率為 3%，實際佔款天數為 160 天，預設計息基準為實際 /365，計算到期結算金額。

▲ 圖 8-8 銀行間多券買斷式回購對話報價實例

【分析解答】

$$到期結算總金額 = 80000.00 \times \left(1 + \frac{160}{365} \times 3\%\right) + 100000.00 \times \left(1 + \frac{160}{365} \times 3\%\right)$$
$$= 182367.12 \ (元)$$

## 8.2.2 買斷式回購的功能

買斷式回購在操作過程中，質押券發生了所有權轉移，從債券持有人轉移到了資金融出方。資金融出方拿到抵押債券的所有權後，可對該債券自行處理（賣出或借出等），只要能夠保證在回購到期日有充足的質押券歸還給原始債券持有人即可。通常買斷式回購有以下功能。

（1）臨時性融資，即籌得短期資金。

（2）融入債券，短期內獲得該債券。一種機構常用的方式就是配合現券買賣實現做空。舉例來說，預期收益率上行，可以先逆回購債券，然後將其高價賣出（當前收益率低，價格高），經過一段時間後，將該債券低價買回（收益率高，價格低），完成回購套利。

（3）規避自營帳戶部分質押式回購的餘額限制（無法使用質押式回購則使用買斷式回購替代）。

# 8.3 債券借貸

## 8.3.1 債券借貸的基本原理

回購是以「債券」（資金）換「資金」（債券），而債券借貸是以「債券」換「債券」。當然，這裡換「債券」也不是白換，債券融入方（需求方）需要支付一定的利息。依據《銀行間債券市場債券借貸業務管理辦法》（中國人民銀行公告〔2022〕第 1 號）的定義，債券借貸是指債券融入方提供一定數量的履約保障品，從債券融出方借入標的債券，同時約定在未來某一日期歸還所借入標的債券，並由債券融出方返還履約保障品的債券融通行為。

債券借貸的期限為 1 天到 365 天（具體期限可由借貸雙方自行協商），中國外匯交易中心將其按 1 天（L001）、7 天（L007）、14 天（L014）、21 天（L021）、1 個月（L1M）、2 個月（L2M）、3 個月（L3M）、4 個月（L4M）、6 個月（L6M）、9 個月（L9M）、1 年（L1Y）分類，統計公佈債券借貸的成交資訊。圖 8-9 展示了銀行間債券借貸 2015—2022 年成交金額。

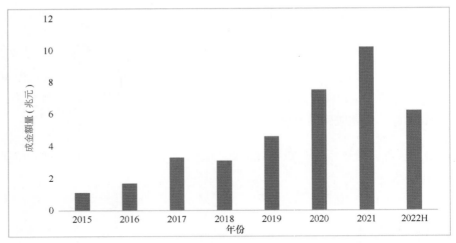

▲ 圖 8-9　銀行間債券借貸 2015—2022 年成交金額
（資料來源：《2015—2022 年銀行間本幣市場運行報告》）

可以發現，銀行間債券借貸的成交金額穩定增長。對金融機構來說，如果急需某些債券，採用債券借貸是一種不錯的選擇。

接下來介紹債券借貸的交易流程與基本計算。圖 8-10 展示了銀行間債券借貸的基本流程。

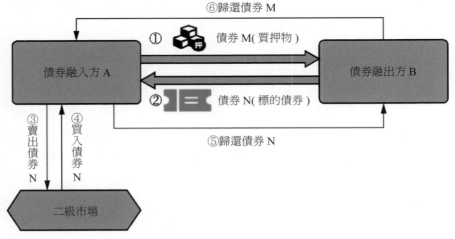

▲ 圖 8-10　銀行間債券借貸基本流程

債券融入方 A 將債券 M（質押物）質押給債券融出方 B，獲取需要做空的債券 N。接著，債券融入方 A 將融入的債券 N 賣出至二級市場，在一定時間後（借貸期限內），將債券 N 買回歸還至債券融出方 B。在借貸期限內，無論是否賣出債券 N，債券 N 的票息由 A 支付給 B。

對於債券借貸，有以下公式計算質押率與借貸費用：

$$\text{mort\_ratio} = \frac{\text{mort\_amount}}{\text{und\_amount}} \times 100\% \qquad (8-6)$$

$$\text{Fee} = \text{und\_amount} \times \text{Fee\_ratio} \times \frac{n}{D} \qquad (8-7)$$

mort_ratio：質押率。

mort_amount：質押券的券面總額。

und_amount：標的債券的券面總額。

Fee：借貸費用。

Fee_ratio：借貸費率。

$n$：實際借貸天數。

$D$：年化計算天數，依據實際的計息基準進行調整。

【實例 8-5】交易員 A（本方）在 2020-10-29 做了一筆融入債券借貸對話報價（見圖 8-11），融入 20 貼現國債 39（$T$+0），標的券面總額為 5000 萬元，借貸費率為 0.56%，借貸期限為 5 天。質押券為 20 興銀 5B 和 20 招銀和萃 2C，質押券的券面總額分別為 5000 萬元和 4000 萬元。預設計息基準為實際 /365，計算質押率與借貸費用。

【分析解答】

$$質押率 = \frac{5000 + 4000}{5000} \times 100\% = 180\%$$

$$借貸費用 = 50000000 \times 0.56\% \times \frac{5}{365} = 3835.62（元）$$

▲ 圖 8-11　銀行間債券借貸對話報價實例

## 8.3.2　債券借貸的功能

（1）當其他交易缺券時借券交割。可以借入債券用於其他業務的交割（現券買賣、質押式回購、國債期貨賣方實物交割）。

（2）聯合其他交易降低融資成本。將信用債作為質押，透過債券借貸買入利率債，從市場上獲得融資。當然，也可以直接使用利率債作為質押券融資。

（3）使用債券借貸做空（類比買斷式回購）。債券借入方可以借入市場活躍的債券，然後在市場上以較高的價格賣出。只要在借貸期限到期前，從市場上以低價買入之前賣出的債券，並用於債券借貸的到期交割即可，相當於從市場上獲取價差收益。

（4）聯合一級半市場套利。將一級半市場已經中標的債券（距離上市還有一個或幾個營業日）提前賣出，鎖定價格；事先借入同樣一隻債券，在二級市場上賣出，待一級半市場的債券上市後，將中標的債券還回去。請注意，這裡的一級半市場的債券必須是續發的債券，否則無法操作。

【實例 8-6】信用債置換利率債。交易員 A 需要淨融入資金，目前持倉 40 億元的信用債可供質押。透過債券借貸，交易員 A 可將其中的 20 億元信用債質押，借入 15 億元的利率債（質押率為 133%），借貸費率為 0.5%。

# 8.4  本章小結

本章在現券交易的基礎上，介紹了三種與債券結合的其他交易方式。質押式回購是以債券為權利質押的短期資金融通業務，但並不轉移債券的所有權。買斷式回購和債券借貸均轉移債券的所有權，均可以實現債券的賣空操作，二者有一定的相似性，也有所不同：債券借貸（「債券」換「債券」）業務相對靈活一些，債券借貸質押債券由雙方協商決定，可以與標的債券不同，選擇範圍較廣；而買斷式回購在買入債券時必須支付足額資金，限制較嚴。

# MEMO

# 9 國債期貨與標準債券遠期

本章介紹以債券為標的的衍生產品——國債期貨與標準債券遠期。二者較為類似，均是以債券為標的的衍生產品，不過國債期貨為交易所產品而標準債券遠期為銀行間產品。

# 9.1 國債期貨

## 9.1.1 中金所國債期貨簡介

按照中金所（中國金融期貨交易所）的定義，國債期貨作為利率期貨的主要品種，是指買賣雙方透過有組織的交易場所，約定在未來特定時間，按預先確定的價格和數量進行券款交收的國債交易方式。圖 9-1 簡要總結了中金所國債期貨的歷史發展沿革。

5 年期國債期貨合約上市

10 年期國債期貨合約上市

引入券款對付 (DVP) 交割模式

2 年期國債期貨合約上市；
啟動 30 年期國債期貨模擬交易

啟動國債期貨做市交易；
開展國債期貨期轉現交易方式

商業銀行、保險機構獲准
參與國債期貨市場

30 年期國債期貨於 2023 年 4 月在
中國金融期貨交易所上市交易

▲ 圖 9-1 中金所國債期貨的歷史發展沿革

2013 年國債期貨上市以來，其成交量、成交額除 2018 年與 2019 年外（經濟下行等因素），均呈現穩步上升的態勢，如圖 9-2 所示。

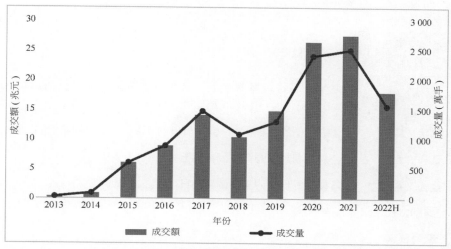

▲ 圖 9-2 國債期貨 2013—2022 年成交量與成交額

（資料來源：中金所官網）

目前，中金所有 2 年期、5 年期和 10 年期和 30 年期國債期貨。表 9-1 總結了前 3 種國債期貨的合約條款。

▼ 表 9-1 中金所國債期貨合約條款

| 產品 | 2 年期國債期貨 | 5 年期國債期貨 | 10 年期國債期貨 |
|---|---|---|---|
| 合約標的 | 面額為 200 萬元人民幣、票面利率為 3% 的名義中短期國債 | 面額為 100 萬元人民幣、票面利率為 3% 的名義中期國債 | 面額為 100 萬元人民幣、票面利率為 3% 的名義長期國債 |
| 可交割國債 | 發行期限不高於 5 年、合約到期月份首日剩餘期限為 1.5 ～ 2.25 年的記帳式附息國債 | 發行期限不高於 7 年、合約到期月份首日剩餘期限為 4 ～ 5.25 年的記帳式附息國債 | 發行期限不高於 10 年、合約到期月份首日剩餘期限不低於 6.5 年的記帳式附息國債 |
| 報價方式 | 百元淨價報價 | | |
| 最小變動價位 | 0.005 元 | | |
| 合約月份 | 最近的 3 個季月（3 月、6 月、9 月、12 月中的最近 3 個月循環） | | |

（續表）

| 最後交易日<br>交易時間 | 9:30—11:30 | | |
|---|---|---|---|
| 漲跌停板幅度 | 上一交易日結算價<br>±0.5% | 上一交易日結算價<br>±1.2% | 上一交易日結算價<br>±2% |
| 保證金標準 | 合約價值的 0.5% | 合約價值的 1% | 合約價值的 2% |
| 最後交易日 | 合約到期月份的第二個星期五 | | |
| 最後交割日 | 最後交易日後的第三個交易日 | | |
| 交割方式 | 實物交割 | | |
| 交易程式 | TS | TF | T |

【注】對於交易程式，如 TS2003，TS 表示 2 年期國債期貨合約，20 表示 2020 年，03 表示 3 月份合約。

資料來源：中金所官網

當買入或賣出一份國債期貨，後續的交割方式是怎樣的呢？ 2015 年 7 月，中金所將原來的買賣雙方舉手交割改為實行賣方舉手交割模式。進入交割月份後，最後交易日之前，賣方會員（非期貨公司）應當向交易所申報交割意向（如果是賣方客戶應當透過會員向交易所申報交割意向）。交割意向在當天下午 3 點 15 分前申報至交易所，並由交易所按照「申報意向優先，持倉日最久優先，相同持倉日按比例分配」的原則確定進入交割。當日未進行交割申報但被交易所確定進入交割的買方持倉，交易所根據賣方交券的國債託管帳戶，按照同國債託管機構優先原則在該買方客戶事先申報的國債託管帳戶中指定收券帳戶。

此外，針對國債期貨，最終確定交割的國債是哪只國債呢？這裡就引出了最廉價交割債券（Cheapest To Deliver，CTD）的概念，即賣方在可選擇的國債範圍內選擇一隻最廉價的國債給買方。對於如何確定最廉價交割債券，將在後面介紹。

## 9.1.2 國債期貨的功能

（1）套期保值。

① 買入套期保值。買入國債期貨，以防止未來買入的現券因利率下降、價格上升造成損失。通常來說，買入套期保值用於提前鎖定購入現券的利潤，相較於直接購買現券，國債期貨的保證金交易制度減少了投資者的資金佔用，提高了投資效率。

② 賣出套期保值。投資者在持有現券的同時，賣出國債期貨，以對沖利率上升時債券現券價格下跌的風險。

③ 交叉套期保值。有時購買現貨市場上的債券（如企業債、公司債等）在期貨市場上不一定有完全對應的債券。這時可以選擇具有類似相關性的國債期貨對其進行交叉套期保值。利用交叉套期保值，將國債期貨套期保值的物件由國債推廣至其他債券品種，如政策性金融債、企業債、公司債，乃至利率敏感型股票等。

（2）投機或套利交易。

① 投機交易。投資者根據預判的價格趨勢進行投機交易賺取利潤。

② 基差套利。投資者察覺到現券和國債期貨出現預期價差後，賣出（或買入）國債期貨並買入（或賣出）對應份額現券從而賺取價差利潤。

③ 跨期套利。投資者鎖定同一品種的國債期貨，觀察近 / 遠期的價差變化（擴大或縮小），買賣近 / 遠期月份的國債期貨來進行套利。

（3）最佳化資產配置。

國債期貨有利於投資者做資產分配、調控資產久期。

（4）經濟調控。

國債期貨增加了價格與利率的相關資訊，為經濟調控提供預期訊號。

## 9.1.3 國債期貨常見指標的計算

（1）轉換因數。

國債期貨參考虛擬的票面利率為 3% 的名義國債，實際到期交割的是真實的具體國債。實際可交割的國債，票面利率不同，剩餘期限也不同。因此，需要將其轉為名義的標準國債，使得到期交割在可交割國債之間儘量公平。將實際的國債轉換成名義標準國債的係數，就稱為轉換因數（Conversion Factor，CF）。

中金所公佈的國債期貨可交割國債的轉換因數的計算公式如下。

$$\mathrm{CF} = \frac{1}{\left(1+\frac{r}{f}\right)^{\frac{xf}{12}}} \times \left[\frac{c}{f} + \frac{c}{r} + \left(1-\frac{c}{r}\right) \times \frac{1}{\left(1+\frac{r}{f}\right)^{n-1}}\right] - \frac{c}{f} \times \left(1-\frac{xf}{12}\right) \quad (9-1)$$

$r$：對應 $n$ 年期國債合約的票面利率，3%。

$x$：交割月到下一付息月的月份數。

$n$：剩餘付息次數。

$c$：可交割國債的票面利率。

$f$：可交割國債每年的付息次數。

【注】計算結果四捨五入至小數點後 4 位。

【實例 9-1】表 9-2 為 22 附息國債 07（220007）的基本資訊。假定該債券在 2022-7-25 為可交割國債。計算 TF2209（9 月到期）、TF2212（12 月到期）以及 TF2303（下一年 3 月到期）的轉換因數。

▼ 表 9-2　22 附息國債 07 債券的基本資訊

| 債券簡稱 | 22 附息國債 07 | 債券程式 | 220007 |
|---|---|---|---|
| 債券類型 | 國債 | 發行人 | 財政部 |
| 債券起息日 | 2022-4-15 | 債券到期日 | 2027-4-15 |
| 付息頻率 | 1 年 | 發行期限 | 5 年 |
| 息票類型 | 附息式固定利率 | 面額 | 100 元 |
| 計息基準 | 實際 / 實際 | 票面利率（%） | 2.48 |

資料來源：中國貨幣網

【分析解答】以 TF2209 為例，將以上資訊代入公式（9-1）有：

$$r = 3\%, x = \text{months}(2023\text{-}4 - 2022\text{-}9) = 7, n = 5, c = 2.48\%, f = 1$$

$$\text{CF} = \frac{1}{\left(1 + \frac{3\%}{1}\right)^{\frac{7 \times 1}{12}}} \times \left[ \frac{2.48\%}{1} + \frac{2.48\%}{3\%} + \left(1 - \frac{2.48\%}{3\%}\right) \times \frac{1}{\left(1 + \frac{3\%}{1}\right)^{5-1}} \right]$$

$$- \frac{2.48\%}{1} \times \left(1 - \frac{7 \times 1}{12}\right)$$

$$= 0.9779$$

其他合約的計算方法與之類似。

下面採用 Python 撰寫 Bondfuture_CF 函數計算國債期貨可交割國債的轉換因數。

```python
# 載入需要使用的函數庫
import datetime as dt
from dateutil import rrule
# 計算國債期貨可交割國債的轉換因數的函數
def Bondfuture_CF(r,x,n,c,f):
    '''
    :param r: 國債期貨的基礎資產（合約標的）的票面利率；
    :param x: 國債期貨交割月至可交割債券下一付息月的月份數；
    :param n: 國債期貨到期後可交割債券的剩餘付息次數；
    :param c: 可交割債券的票面利率；
    :param f: 可交割債券每年的付息次數；
```

*:return: 返回計算國債期貨可交割國債的轉換因數 '''*

```
CF=1/pow(1+r/f,x*f/12)*(c/f+c/r+(1-c/r)/pow(1+r/f,n-1))-c*(1-x*f/12)/f
return CF
```

　　針對不同月份到期的國債期貨，將對應參數代入 Bondfuture_CF 函數計算轉換因數。

```
# 測試案例
Bond_CF1=Bondfuture_CF(r=3/100,x=rrule.rrule(rrule.MONTHLY, dt.date(2022,9,9),
                       until=dt.datetime(2023,4,15)).count()-1,n=int((dt.date(2027,4,15)-
                       dt.date(2022,9,9)).days/365)+1,c=2.48/100,f=1)
print('07 國債期貨（TF2209）可交割債券為 22 附息國債 07 的轉換因數 :',round(Bond_CF1,4))
Bond_CF2=Bondfuture_CF(r=3/100,x=rrule.rrule(rrule.MONTHLY, dt.date(2022,12,9),
                       until=dt.datetime(2023,4,15)).count()-1,n=int((dt.date(2027,4,15)
                       -dt.date(2022,9,9)).days/365)+1,c=2.48/100,f=1)
print('07 國債期貨（TF2209）可交割債券為 22 附息國債 07 的轉換因數 :',round(Bond_CF2,4))
Bond_CF3=Bondfuture_CF(r=3/100,x=rrule.rrule(rrule.MONTHLY, dt.date(2023,3,10),
                       until=dt.datetime(2023,4,15)).count()-1,n=int((dt.date(2027,4,15)-
                       dt.date(2022,9,9)).days/365)+1,c=2.48/100,f=1)
print('07 國債期貨（TF2209）可交割債券為 22 附息國債 07 的轉換因數 :',round(Bond_CF3,4))
```

　　輸出結果：

```
07國債期貨（TF2209）可交割債券為22附息國債07的轉換因子: 0.9779
07國債期貨（TF2209）可交割債券為22附息國債07的轉換因子: 0.9791
07國債期貨（TF2209）可交割債券為22附息國債07的轉換因子: 0.9803
```

（2）結算價格。

$$P_d = F \times \text{CF} + \text{AI} \qquad (9-2)$$

$P_d$：可交割債券的結算價格（全價），也稱為發票價格。

$F$：國債期貨的結算價格。

CF：可交割債券對應的轉換因數。

AI：可交割債券在第二交割日（配對繳款日）當天的應計利息。

【**實例 9-2**】交易員 A 在 2022-7-25 賣出 10 手（1 000 萬元面額）5 年期國債期貨 TF2212，成交價為 101.23 元，期貨結算日為 2022-12-9，集中交券日為 2022-12-12，配對繳款日為 2022-12-13。當前 TF2212 對應的可交割債券有 3 隻，分別為：22 附息國債 07（220007）（債券資訊同實例 9-1）——轉換因數 0.9791；22 附息國債 02（220002）（基本資訊見表 9-3）——轉換因數 0.9761；20 附息國債 08（200008）（基本資訊見表 9-4）——轉換因數 0.9937。分別計算這三隻債券的結算價格（發票價格）。

▼ 表 9-3　22 附息國債 02 債券的基本資訊

| 債券簡稱 | 22 附息國債 02 | 債券程式 | 220002 |
|---|---|---|---|
| 債券類型 | 國債 | 發行人 | 財政部 |
| 債券起息日 | 2022-1-20 | 債券到期日 | 2027-1-20 |
| 付息頻率 | 1 年 | 發行期限 | 5 年 |
| 息票類型 | 附息式固定利率 | 面額 | 100 元 |
| 計息基準 | 實際 / 實際 | 票面利率（%） | 2.37 |

資料來源：中國貨幣網

▼ 表 9-4　20 附息國債 08 債券的基本資訊

| 債券簡稱 | 20 附息國債 08 | 債券程式 | 200008 |
|---|---|---|---|
| 債券類型 | 國債 | 發行人 | 財政部 |
| 債券起息日 | 2020-6-4 | 債券到期日 | 2027-6-4 |
| 付息頻率 | 1 年 | 發行期限 | 7 年 |
| 息票類型 | 附息式固定利率 | 面額 | 100 元 |
| 計息基準 | 實際 / 實際 | 票面利率（%） | 2.85 |

資料來源：中國貨幣網

【分析解答】依據公式（9-2），3 隻債券的結算價格分別為：

$$P_{220007} = 101.23 \times 0.9791 + 1.64428 = 100.75857 \text{（元）}$$

$$P_{220002} = 101.23 \times 0.9761 + 2.12326 = 100.93386 \text{（元）}$$

$$P_{200008} = 101.23 \times 0.9937 + 1.49918 = 102.09143 \text{（元）}$$

（3）隱含回購利率（IRR）。

隱含回購利率是指當前購買國債現貨，賣出對應的期貨，然後把國債現貨用於期貨交割，這樣獲得的理論收益率。換句話說，隱含回購利率就是國債期貨的賣出方持有可交割債券到期交割獲得的理論年化收益率。計算可交割債券中每只債券的隱含回購利率，其中最大隱含回購利率的可交割債券即最廉價交割債券。

$$IRR = \frac{I + P_d - P_s}{P_s} \times \frac{365}{n} \times 100\% \qquad (9-3)$$

IRR ：隱含回購利率。

$I$ ：持有可交割債券期間獲得的利息。

$P_d$ ：發票價格。

$P_s$ ：可交割債券的全價。

$n$ ：持有可交割現券日至國債期貨結算日之間的自然日天數。

【注】未考慮期貨保證金及手續費成本，也未對持有期間可能存在的利息進行貼現，計算結果會略高於實際收益率。

【實例 9-3】在實例 9-2 的基礎上，交易員 A 想從這 3 隻債券中購買 1 只作為現貨對沖。當前 22 附息國債 07（220007）的百元面額全價為 100.4821 元，22 附息國債 02（220002）的百元面額全價為 100.5083 元，20 附息國債 08（200008）的百元面額全價為 101.6808 元。分別計算在 2022-7-25，各隻可交割債券的隱含回購利率，挑選最廉價交割債券。

【分析解答】依據公式（9-3）分別計算這 3 隻可交割債券的隱含回購利率：

$$\text{IRR}_{220007} = \frac{0 + 100.75857 - 100.4821}{100.4821} \times \frac{365}{141} \times 100\% = 0.7123\%$$

$$\text{IRR}_{220002} = \frac{0 + 100.93386 - 100.5083}{100.5083} \times \frac{365}{141} \times 100\% = 1.0961\%$$

$$\text{IRR}_{200008} = \frac{0 + 102.09143 - 101.6808}{101.6808} \times \frac{365}{141} \times 100\% = 1.0454\%$$

由以上計算結果可以得知，22 附息國債 02 的隱含回購利率最大，因而在當前日期來看，其可作為最廉價交割債券。

下面使用 Python 撰寫 Bondfuture_IRR 函數計算隱含回購利率。

```python
#載入需要使用的函數庫
from coupon_schedule import *
#計算國債期貨隱含回購利率的函數
def Bondfuture_IRR(cal_date,Pd,Ps, future_end_date,start_date,yearlenth,fre,coupon,m):
    '''
    :param cal_date: 計算日期；
    :param Pd: 發票價格；
    :param Ps: 可交割債券的全價；
    :param future_end_date: 期貨結算配對繳款日；
    :param start_date: 可交割債券起息日；
    :param yearlenth: 可交割債券的發行年限；
    :param fre: 可交割債券的付息頻率；
    :param coupon: 可交割債券的年化利息；
    :param m: 可交割債券的剩餘本金；
    :return: 返回計算可交割債券的隱含回購利率。
    '''
    schedule = coupon_schedule(start_date=start_date, yearlenth=yearlenth, fre=fre)
    for i in range(1, len(schedule)):
        if schedule[i] >= cal_date: break
    I=0
    if schedule[i]<future_end_date: #通常國債付息頻率不會大於 2
        I=coupon/fre * m / 100      #假定中間最多付息 1 次
    n=(future_end_date-cal_date).days
    IRR=(I+Pd-Ps)/Ps*365/n
    return IRR
```

將以上可交割債券及對應參數輸入 Bondfuture_IRR 函數進行計算。

```
# 測試案例
IRR_220007=Bondfuture_IRR(cal_date=date(2022,7,25),
                          Pd=100.75857,Ps=100.4821,future_end_date=date(2022,12,13),
                          start_date=date(2022,4,15),yearlenth=5,fre=1,coupon=2.48,m=100)
IRR_220002=Bondfuture_IRR(cal_date=date(2022,7,25),
                          Pd=100.93386,Ps=100.5083,future_end_date=date(2022,12,13),
                          start_date=date(2022,1,20),yearlenth=5,fre=1,coupon=2.37,m=100)
IRR_200008=Bondfuture_IRR(cal_date=date(2022,7,25),
                          Pd=102.09143,Ps=101.6808,future_end_date=date(2022,12,13),
                          start_date=date(2020,6,4),yearlenth=7,fre=1,coupon=2.87,m=100)
print('22 附息國債 07 的隱含回購利率 (%)：',round(IRR_220007*100,4))
print('22 附息國債 02 的隱含回購利率 (%)：',round(IRR_220002*100,4))
print('20 附息國債 08 的隱含回購利率 (%)：',round(IRR_200008*100,4))
```

輸出結果：

```
22附息国债07的隐含回购利率(%):  0.7123
22附息国债02的隐含回购利率(%):  1.0961
20附息国债08的隐含回购利率(%):  1.0454
```

（4）遠期的到期收益率。

遠期的到期收益率為以發票價格作為可交割債券的全價，以繳款日作為現券結算日計算的到期收益率。

【實例 9-4】接實例 9-2 和實例 9-3，以計算的可交割國債 22 附息國債 02 的發票價格 100.933 86 元為基準，繳款日為 2022-12-13，計算該可交割債券遠期的到期收益率。

【分析解答】將計算日調整為 2022-12-13，根據公式（3-4），有：

$$PV = \frac{2.37\% \times 1 \times 100 + 0}{(1 + y/1)^{\frac{38}{365}}} + \frac{2.37\% \times 1 \times 100 + 0}{(1 + y/1)^{\frac{38}{365}+1}} + \cdots + \frac{2.37\% \times 1 \times 100 + 100}{(1 + y/1)^{\frac{38}{365}+5-1}}$$

$$= 100.93386 \text{（元）}$$

可以計算出遠期的到期收益率 =2.679129%。

下面採用 Python 直接呼叫前面撰寫的 YTM_coupon_bond 函數，輸入對應參數計算遠期的到期收益率。

```
from YTM_coupon_bond import *
import numpy as np
bond_YTM_forward=YTM_coupon_bond(cal_date=date(2022,12,13),start_date=date(2022,1,20),
                                 yearlenth=5,fre=1,R=2.37,m=100,PV=100.93386,
                                 coupon_type="fixed",ACC_type="ACT_ACT_AVE",r=0)
print('計算得到債券的遠期的到期收益率(%)：',np.round(bond_YTM_forward*100,6))
```

輸出結果：

計算得到债券的远期的到期收益率(%)：　2.679129

（5）基差與隱含遠期價格。

基差，即現貨價格與遠期價格之間的差額。隱含遠期價格可理解為國債期貨中所隱含的可交割債券在實際交割時的遠期價格。對於一個國債期貨品種的某一隻可交割債券，隱含遠期價格與基差計算公式如下。

$$F_t = F \times \text{CF} \tag{9-4}$$
$$\text{Basis} = P - F_t \tag{9-5}$$

$F_t$：國債期貨中可交割債券的隱含遠期價格。

$F$：國債期貨的成交價格。

CF：可交割債券的轉換因數。

Basis：基差。

$P$：可交割債券的淨價。

【實例 9-5】在實例 9-3 的基礎上，假定購買的 22 附息國債 02 在 2022-7-25 百元面額全價為 100.5083 元，百元面額淨價為 99.3005 元，賣出 5 年期國債期貨 TF2212，成交價為 101.23 元，計算該可交割債券的隱含遠期價格與國債期貨的基差。

【分析解答】將條件代入公式（9-4）和公式（9-5）得到：

$$F_t = 101.23 \times 0.9761 = 98.810603$$
$$\text{Basis} = 99.3005 - 98.810603 = 0.489897$$

（6）持有收益。

對於國債期貨賣方，在國債現貨持有期間，能夠獲得持有期的利息收入，而持有債券所佔用的資金，需要付出一定的資金成本。

$$\text{Rev} = I - Cost \qquad (9-6)$$
$$I = c \times 100 \times \frac{n}{365} \qquad (9-7)$$
$$\text{Cost} = P_s \times R_c \times \frac{n}{365} \qquad (9-8)$$

$\text{Rev}$ ：持有收益。

$I$ ：持有期的利息收入。

$\text{Cost}$ ：佔用資金成本。

$c$ ：可交割債券票面利率。

$n$ ：佔用資金天數。

$P_s$ ：購買可交割債券的全價。

$R_c$ ：佔用資金成本的年化利率。

【**實例 9-6**】在實例 9-5 的基礎上，從購買日 2022-7-25 至配對繳款日 2022-12-13 使用的融資利率為 2.272 0%，計算持有收益。

【分析解答】

$$I = 2.37\% \times 100 \times \frac{\text{days}(2022\text{-}12\text{-}13 - 2022\text{-}7\text{-}25)}{365} = 0.91553 \text{ （元）}$$
$$\text{Cost} = 100.5083 \times 2.2720\% \times \frac{\text{days}(2022\text{-}12\text{-}13 - 2022\text{-}7\text{-}25)}{365} = 0.88214$$
$$\text{Rev} = 0.91553 - 0.88214 = 0.03339 \text{ （元）}$$

（7）國債期貨期權價值與淨基差。

按照無套利理論，國債期貨的當前價格應該等於理論的遠期價格。但實際上，國債期貨價格往往要低於理論的遠期價格。差額的部分，其實就國債期貨賣方所擁有的轉換期權的期權價值，即國債期貨賣方有權選擇哪隻可交割債券交割的權利價值。

$$BN = F_{\text{theory}} - F_t = (P - \text{Rev}) - F \times \text{CF}$$
$$= (P - F \times \text{CF}) - \text{Rev} = \text{Basis} - \text{Rev} \qquad (9-9)$$

BN ：轉換期權的價值，也稱為淨基差。

$F_{\text{theory}}$：持有可交割債券理論遠期價格。

$F_t$：國債期貨中可交割債券的隱含遠期價格。

$P$ ：可交割債券的淨價。

Rev ：持有可交割債券收益。

$F$ ：國債期貨的成交價格。

CF ：可交割債券的轉換因數。

Basis ：基差。

【實例 9-7】接實例 9-6，計算淨基差與期權價值。

【分析解答】在扣除持有收益後的理論遠期價格應該為：

$$F_{\text{theory}} = I - \text{Cost} = 99.3005 - 0.03339 = 99.26711 \text{ （元）}$$

在實例 9-5 中計算了 22 附息國債 02 的隱含遠期價格：

$$F_t = 98.810603 \text{ （元）}$$

依據無套利理論，理論遠期價格應當等於隱含遠期價格，然而二者的差值為：

$$\Delta F = 99.26711 - 98.810603 = 0.456507 \text{（元）}$$

這個差額就是國債期貨賣方的選擇權價值，也稱為淨基差。同樣，用基差減去持有可交割債券的收益也可得到相同結果：

$$\Delta F = \text{Basis} - \text{Rev} = 0.489897 - 0.03339 = 0.456507 \text{（元）}$$

（8）國債期貨的久期與基點價值。

根據國債期貨與最廉價交割債券（CTD）之間的關係，國債期貨的久期和基點價值計算方法如下。

① 國債期貨的基點價值約等於最廉價交割債券的基點價值除以其轉換因數。這是由於到期日時期貨價格收斂於最廉價交割債券的轉換價格，在到期日有：

$$F = \frac{P_d - \text{AI}}{\text{CF}} \tag{9 - 10}$$

$F$ ：期貨價格。

CF ：可交割債券對應的轉換因數。

$P_d$ ：可交割債券的結算價格（全價），也稱為發票價格。

AI ：可交割債券在第二交割日（配對繳款日）當天的應計利息。

則國債期貨的基點價值為：

$$F_{\text{DV01}} = \frac{\text{CTD}_{\text{DV01}}}{\text{CF}} \tag{9 - 11}$$

$F_{\text{DV01}}$ ：國債期貨的基點價值。

$\text{CTD}_{\text{DV01}}$ ：最廉價交割債券的基點價值。

CF ：最廉價交割債券的轉換因數。

② 國債期貨的久期約等於最廉價交割債券的久期。

$$F_{\text{dur}} \approx \text{CTD}_{\text{dur}} \qquad (9-12)$$

$F_{\text{dur}}$：國債期貨的久期。

$\text{CTD}_{\text{dur}}$：最廉價交割債券的久期。

【實例 9-8】在實例 9-3 的基礎上，已經得知在 2022-7-25 最廉價交割債券為 22 附息國債 02，求當日國債期貨的久期與基點價值。

【分析解答】呼叫 5.1.3 小節中已經寫好的 Fixed_Bond_Dur_Con 函數輸入對應參數直接計算。

```
# 載入需要使用的函數庫
from Fixed_Bond_Dur_Con import *
# 輸入對應參數
maturity=np.array([0,0.08,0.25,0.5,0.75,1,
                   2,3,4,5,6,7,8,9,10])
spot_rate=np.array([2.5350]*len(maturity))/100
bond_220002=Fixed_Bond_Dur_Con(cal_date=date(2022,7,25),start_date=date(2022,1,20),
                     yearlenth=5,fre=1,R=2.37,m=100,ACC_type="ACT_ACT_AVE",
                     spread=0,curve_time=maturity,curve_list=spot_rate)
print(' 計算得到 22 附息國債 02 的修正久期：',np.round(bond_220002[2],4))
print(" 計算得到 22 附息國債 02 的基點價值：",np.round(bond_220002[2]*bo
nd_220002[0]/10000,4))
print(" 國債期貨 TF2212 的久期：",np.round(bond_220002[2],4))
print(" 國債期貨 TF2212 的基點價值：",np.round(bond_220002[2]*bo
nd_220002[0]/10000/0.9761,4))
```

輸出結果：

```
計算得到22附息国债02的修正久期：  4.1578
計算得到22附息国债02的基点价值：  0.0418
国债期货TF2212的久期：  4.1578
国债期货TF2212的基点价值：  0.0428
```

## 9.2 標準債券遠期

### 9.2.1 標準債券遠期簡介

　　國債期貨與國債的相關性較高，國債期貨對國開債、農發債等政策性金融債以及信用債的對沖效果有限。因此，有必要進一步擴充其他類型債券的對沖策略。而標準券遠期正好能夠彌補這一空缺，可以為政策性金融債提供有效的風險對沖。

　　2015 年 4 月，在中國人民銀行指導下，中國外匯交易中心和上清所推出了標準化、在 X-Swap 系統交易並採用集中清算的銀行間利率衍生品——標準債券遠期。根據其基本定義，標準債券遠期是指在銀行間市場交易的，標的債券、交割日等產品要素標準化的債券遠期合約。債券遠期合約是以約定的價格、數量和時間在未來買賣標的債券的合約，即典型的場外非標準化合約。標準債券遠期將特定標的債券的債券遠期合約進行標準化，進一步促進了交易的流通性與市場的標準化發展。圖 9-3 展示了標準債券遠期的發展沿革。

▲ 圖 9-3 標準債券遠期發展沿革

從 2018—2022 年成交金額來看，標準債券遠期的成交金額在 2019 年和 2020 年達到高峰，如圖 9-4 所示。

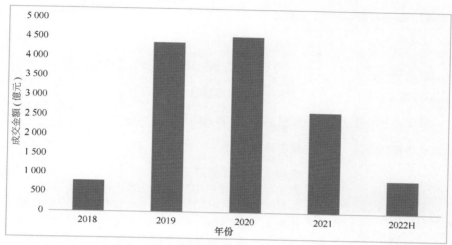

▲ 圖 9-4 標準債券遠期 2018—2022 年成交金額
（資料來源：《2018—2022 年銀行間本幣市場運行報告》）

標準債券遠期現金交割與實物交割有一定區別，表 9-5 總結了不同標準債券遠期合約的交割要素。

▼ 表 9-5 標準債券遠期合約交割要素

| 產品 | 現金交割合約 | 實物交割合約 |
|---|---|---|
| 合約標的 | 票面利率為 3%，定期付息的 3 年期 /5 年期 /10 年期虛擬的國開債、5 年期 /10 年期的虛擬的農發債 | 國開債 / 農發債標準債券遠期實物交割合約 |
| 合約程式 | CDB3/CDB5/CDB10/ADBC5/ADBC10，如 3 年期 2021 年 12 月交割的 CDB3_2112 | 國開債：CDB，以 P 結尾，如 CDB2_2203P<br>農發債：ADBC，以 P 結尾，如 ADBC2_2203P |
| 單位報價量 | 1 000 萬 / 手 | |

（續表）

| 報價方式 | 百元淨價（元） | |
|---|---|---|
| 最小價格變動 | 0.005 元 | |
| 合約月份 | 最近的 2 個季月 | |
| 合約到期交割日 | 合約月份的第三個星期三（節假日調整至下一營業日） | |
| 最後交易日 | 合約到期交割日的前一營業日 | |
| 新合約上市日 | 業務上線日、舊合約交割日 | |
| 清算方式 | 集中清算 | |
| 可交割債券 | 按待償期範圍選取合約上市前 21 個營業日中流動性最好的兩隻國開債/農發債作為可交割債券，若存在並列，則優先處理發行較晚的那隻。可交割債券在上市之初就已確認，且合約存續期內不變 | 按待償期範圍選取銀行間市場託管的、固定利息、不含權的一籃子國開債/農發債 |
| 交割貨款 | 買賣雙方按交割結算價計算 | 付券方交付可交割債券，付款方交割貨款 |

## 9.2.2　標準債券遠期的功能

（1）套期保值。

標準債券遠期為政策性金融債提供了利率風險套期保值工具，套期方式與國債期貨類似，只不過品種主要針對政策性金融債。

（2）投機或套利交易。

標準債券遠期的投機或套利方式與國債期貨類似。

（3）助力市場多元化發展。

標準債券遠期作為利率類期貨的新增品種，助力完善銀行間市場的多樣性。

## 9.2.3 標準債券遠期常見指標的計算

（1）標準債券遠期交割價。

合約到期交割可分為現金交割與實物交割兩類。

① 現金交割。

$$P_d = \sum_{i=1}^{t} \frac{3}{(1+\bar{r})^i} + \frac{100}{(1+\bar{r})^t} \tag{9-13}$$

$P_d$：到期交割價格。

$\bar{r}$：虛擬債券的到期收益率（最後交易日當天的一籃子可交割債券的中債平均收益率）。

$t$：虛擬債券的到期時間。

【實例 9-9】以 10 年期農發 ADBC10_2212 為例，最後交易日為 2022-12-20。假定兩隻可交割債券 21 農發 05（210405）和 21 農發 10（210410）在最後交易日的中債收益率分別為 3.013% 和 2.984%。計算 10 年期 3% 票面利率的虛擬債券的價格（到期交割價格）。

【分析解答】

$$\bar{r} = \frac{3.013\% + 2.984\%}{2} = 2.9985\%$$

$$P_d = \sum_{i=1}^{10} \frac{3}{(1+2.9985\%)^i} + \frac{100}{(1+2.9985\%)^{10}} = 100.01279628 \text{（元）}$$

下面採用 Python 直接呼叫前面撰寫的 Fixed_Bond_Valuation 函數，輸入對應參數計算標準債券遠期的到期交割價格。

```
# 載入需要使用的函數庫
from Fixed_Bond_Valuation import *
# 輸入對應參數
```

```
maturity=np.array([0,0.08,0.25,0.5,0.75,1,
                        2,3,4,5,6,7,8,9,10,15,20,30])
spot_rates=np.array([2.9985,2.9985,2.9985,2.9985,2.9985,2.9985,2.9985,
                        2.9985,2.9985,2.9985,2.9985,2.9985,2.9985,2.9985,
                        2.9985,2.9985,2.9985,2.9985])/100   #水準恒定的收益率曲線
bond_ ADBC10_2212=Fixed_Bond_Valuation(cal_date=date(2022,12,20),
                        start_date=date(2022,12,20),yearlenth=10,fre=1,
                        R=3,m=100,ACC_type="ACT_ACT_AVE",spread=0,
                        curve_time=maturity,curve_list=spot_rates)
print('計算得到標準債券遠期的到期交割價格：',round(bond_ ADBC10_2212,8))
```

輸出結果：

計算得到标准债券远期的到期交割价格： 100.01279628

② 實物交割。

最後交易日若標準債券遠期成交不少於 5 筆，交割結算價為該標準債券遠期當天全部交易的成交價格和成交量的加權平均價；若當日標準債券遠期成交少於 5 筆，交割結算價的計算公式為：

$$P_d = P_{(t-1)\text{day}} + P_{\text{bt}} - P_{(\text{bt}-1)\text{day}} \tag{9-14}$$

$P_d$：交割結算價。

$P_{(t-1)\text{day}}$：該標準債券遠期上一交易日結算價。

$P_{\text{bt}}$：基準合約當日結算價。

$P_{(\text{bt}-1)\text{day}}$：基準標準債券遠期上一交易日結算價。

【注】基準合約為當日離交割月份最近的標準債券遠期。

（2）標準債券遠期的定價。

首先，依據無套利原理為標準債券遠期定價，假定在交易日 $t$ 達成了一筆交割日為 $T$ 日的債券遠期交易，在 $t$ 日達成的債券遠期全價為：

$$P_T = P \times \left(1 + R \times \frac{n}{365}\right) \tag{9-15}$$

$$P_T = \left[P \times \left(1 + R \times \frac{n_1}{365}\right) - c\right] \times \left(1 + R \times \frac{n_2}{365}\right) \tag{9-16}$$

$P_T$：$t$ 日達成的債券遠期交易全價〔中途無付息參照公式（9-15），否則參照公式（9-16）〕。

$c$：$t$ 日與 $T$ 日之間發生的利息（如有）。

$n$：交易日到交割日的天數。

$n_1$：交易日到下一付息日的天數。

$n_2$：下一付息日到交割日的天數。

$R$：交易日到交割日之間的平均資金成本。

$P$：債券的即期全價。

其次，透過可交割債券的遠期全價推算出兩隻可交割債券的遠期收益率 $f_1$ 與 $f_2$。

再次，求取平均遠期收益率得到標準債券遠期的理論收益率。

$$\bar{f} = \frac{f_1 + f_2}{2} \tag{9-17}$$

$\bar{f}$：標準債券遠期的理論收益率。

$f_1$：可交割債券 1 的遠期收益率。

$f_2$：可交割債券 2 的遠期收益率。

最後，根據虛擬債券的收益率推算出虛擬債券的理論價格。

【實例 9-10】以 10 年期農發 ADBC10_2212 為例，最後交易日為 2022-12-20。假定兩隻可交割債券 21 農發 05（210405）（基本資訊見表 9-6）和 21 農發 10（210410）（基本資訊見表 9-7）在 2022-7-29 的當前全價分別為 104.2054 元、104.3559 元，當前平均資金成本為 2.5720%。在 2022-7-29 計算該標準債券遠期虛擬債券的理論價格。

▼ 表 9-6　21 農發 05 債券的基本資訊

| 債券簡稱 | 21 農發 05 | | 債券程式 | 210405 |
|---|---|---|---|---|
| 債券類型 | 政策性銀行債 | | 發行人 | 中國農業發展銀行 |
| 債券起息日 | 2021-5-24 | | 債券到期日 | 2031-5-24 |
| 付息頻率 | 1 年 1 次 | | 發行期限 | 10 年 |
| 息票類型 | 附息式固定利率 | | 面額 | 100 元 |
| 計息基準 | 實際 / 實際 | | 票面利率（%） | 3.52 |

資料來源：中國貨幣網

▼ 表 9-7　21 農發 10 債券的基本資訊

| 債券簡稱 | 21 農發 10 | | 債券程式 | 210410 |
|---|---|---|---|---|
| 債券類型 | 政策性銀行債 | | 發行人 | 中國農業發展銀行 |
| 債券起息日 | 2021-11-5 | | 債券到期日 | 2031-11-5 |
| 付息頻率 | 1 年 1 次 | | 發行期限 | 10 年 |
| 息票類型 | 附息式固定利率 | | 面額 | 100 元 |
| 計息基準 | 實際 / 實際 | | 票面利率（%） | 3.3 |

資料來源：中國貨幣網

【分析解答】首先求解兩隻可交割債券的遠期理論全價。

21 農發 05 中途不存在付息，即：

$$n = \text{days}(2022\text{-}12\text{-}20 - 2022\text{-}7\text{-}29) = 144$$

$$P_{210405} = 104.2054 \times \left(1 + 2.5720\% \times \frac{144}{365}\right) = 105.26277933 \ (元)$$

21 農發 10 中途存在付息，則：

$$n_1 = \text{days}(2022\text{-}11\text{-}5 - 2022\text{-}7\text{-}29) = 99$$
$$n_2 = \text{days}(2022\text{-}12\text{-}20 - 2022\text{-}11\text{-}5) = 45$$

$$P_{210410} = \left[104.3559 \times \left(1 + 2.5720\% \times \frac{99}{365}\right) - 3.3\right] \times \left(1 + 2.5720\% \times \frac{45}{365}\right)$$
$$= 102.10665075 \ (\text{元})$$

接著求解兩隻可交割債券的遠期理論收益率：

$$P_{210405} = \frac{3.52\% \times 1 \times 100 + 0}{(1 + f_1/1)^{\frac{155}{365}}} + \frac{3.52\% \times 1 \times 100 + 0}{(1 + f_1/1)^{\frac{155}{365}+1}} + \cdots + \frac{3.52\% \times 1 \times 100 + 100}{(1 + f_1/1)^{\frac{155}{365}+9-1}}$$
$$= 105.26277933 \ (\text{元})$$

$$P_{210410} = \frac{3.3\% \times 1 \times 100 + 0}{(1 + f_2/1)^{\frac{320}{365}}} + \frac{3.3\% \times 1 \times 100 + 0}{(1 + f_2/1)^{\frac{320}{365}+1}} + \cdots + \frac{3.3\% \times 1 \times 100 + 100}{(1 + f_2/1)^{\frac{320}{365}+9-1}}$$
$$= 102.106\,650\,75 \ (\text{元})$$

可以求得 $f_1 = 3.076129326\%$，$f_2 = 3.077548128\%$。

則虛擬債券的遠期理論收益率為：

$$\bar{f} = \frac{3.076129326\% + 3.077548128\%}{2} = 3.076838727\%$$

則虛擬債券的價格為：

$$P_d = \sum_{t=1}^{10} \frac{3}{(1 + 3.076838727\%)^1} + \frac{100}{(1 + 3.076838727\%)^{10}} = 99.34711287 \ (\text{元})$$

下面使用 Python 撰寫 SBF_prcing 函數計算標準債券遠期的定價。

```
# 載入需要使用的函數庫
from coupon_schedule import *
from YTM_coupon_bond import *
from Fixed_Bond_Valuation import *
import numpy as np
# 標準債券遠期的定價函數
def BondSBF_prcing (cal_date,start_date_1,yearlenth_1,fre_1,R_1,m_1,ACC_type_1,P_1,
```

```
                    start_date_2,yearlenth_2,fre_2,R_2,m_2,ACC_type_2,P_2,SBF_end_
date,R_cost):
    '''
    :param cal_date: 計算日期；
    :param start_date_1: 可交割債券 1 的起息日；
    :param yearlenth_1: 可交割債券 1 的年限；
    :param fre_1: 可交割債券 1 的付息頻率；
    :param R_1: 可交割債券 1 的票面年化利息；
    :param m_1: 可交割債券 1 的剩餘百元本金；
    :param ACC_type_1: 可交割債券 1 的計息基準；
    :param P_1: 可交割債券 1 的即期價格；
    :param start_date_2: 可交割債券 2 的起息日；
    :param yearlenth_2: 可交割債券 2 的年限；
    :param fre_2: 可交割債券 2 的付息頻率；
    :param R_2: 可交割債券 2 的票面年化利息；
    :param m_2: 可交割債券 2 的剩餘百元本金；
    :param ACC_type_2: 可交割債券 2 的計息基準；
    :param P_2: 可交割債券 2 的即期價格；
    :param SBF_end_date: 標準債券遠期交割日期；
    :param R_cost: 資金成本；
    :return: 返回計算標準債券遠期的定價。
    '''
    # 求解可交割債券 1 的遠期價格
    schedule_1 = coupon_schedule(start_date=start_date_1, yearlenth=yearlenth_1, fre=
fre_1)
    for i in range(1, len(schedule_1)):
        if schedule_1[i] >= cal_date: break
    n = (SBF_end_date - cal_date).days
    PT_1=P_1*(1+R_cost/100*n/365)
    if schedule_1[i] < SBF_end_date:   # 通常國債付息頻率不會大於 2
        I_1 = R_1 / fre_1 * m_1 / 100   # 假定中間最多付息 1 次
        n_1=(schedule_1[i]-cal_date).days
        n_2=(SBF_end_date-schedule_1[i]).days
        PT_1 = (P_1 * (1 + R_cost/100 * n_1 / 365)-I_1)*(1+R_cost/100 * n_2 / 365)
    # 求解可交割債券 2 的遠期價格
    schedule_2 = coupon_schedule(start_date=start_date_2, yearlenth=yearlenth_2, fre=
fre_2)
    for j in range(1, len(schedule_2)):
        if schedule_2[j] >= cal_date: break
```

```
        PT_2=P_2*(1+R_cost/100*n/365)
    if schedule_2[j] < SBF_end_date:  # 通常國債付息頻率不會大於 2
            I_2 = R_2 / fre_2 * m_2 / 100  # 假定中間最多付息 1 次
            n_1=(schedule_2[j]-cal_date).days
            n_2=(SBF_end_date-schedule_2[j]).days
            PT_2 = (P_2 * (1 + R_cost/100 * n_1 / 365)-I_2)*(1+R_cost/100 * n_2 / 365)
    print(' 可交割債券 1 的遠期全價：',round(PT_1,8))
    print(' 可交割債券 2 的遠期全價：',round(PT_2,8))
    #計算兩隻可交割債券的遠期理論收益率
    f_1=YTM_coupon_bond(start_date=start_date_1,yearlenth=yearlenth_1,fre=fre_1,
                        cal_date=SBF_end_date,R=R_1,m=m_1,PV=PT_1,
                        coupon_type="fixed",ACC_type=ACC_type_1,r=0)
    f_2=YTM_coupon_bond(start_date=start_date_2,yearlenth=yearlenth_2,fre=fre_2,
                        cal_date=SBF_end_date,R=R_2,m=m_2,PV=PT_2,
                        coupon_type="fixed",ACC_type=ACC_type_2,r=0)
    print(' 可交割債券 1 的遠期理論收益率 (%)：',np.round(float(f_1)*100,9))
    print(' 可交割債券 2 的遠期理論收益率 (%)：',np.round(float(f_2)*100,9))
    #計算虛擬債券的遠期收益率
    f=(f_1+f_2)/2
    print(' 虛擬債券的遠期理論收益率 (%)：', np.round(float(f)*100,9))
    #計算虛擬債券的價格
    Pd=Fixed_Bond_Valuation(start_date=SBF_end_date, yearlenth=10, fre=1,
                            cal_date=SBF_end_date, R=3, m=100,
                            ACC_type="ACT_ACT_AVE",spread=0,
                            curve_time=np.array([0,30]), curve_list=np.array([f,f]))
    return Pd
```

將對應參數輸入 SBF_prcing 函數進行計算。

```
# 測試案例
SBF_prcing_test=BondSBF_prcing (cal_date=date(2022,7,29),
                        start_date_1=date(2021,5,24),yearlenth_1=10,fre_1=1,R_1=3.52
,m_1=100,
                        ACC_type_1="ACT_ACT_AVE",P_1=104.2054,
                        start_date_2=date(2021,11,5),yearlenth_2=10,fre_2=1,R_2=3.3
,m_2=100,
                        ACC_type_2="ACT_ACT_AVE",P_2=104.3559,
                        SBF_end_date=date(2022,12,20),R_cost=2.5720)
print(' 計算得到該標準債券遠期的定價：',round(SBF_prcing_test,8))
```

輸出結果：

```
可交割债券1的远期全价： 105.26277933
可交割债券2的远期全价： 102.10665075
可交割债券1的远期理论收益率(%)： 3.076129326
可交割债券2的远期理论收益率(%)： 3.077548128
虚拟债券的远期理论收益率(%)： 3.076838727
计算得到该标准债券远期的定价： 99.34711287
```

（3）標準債券遠期的轉換因數與隱含回購利率。

標準債券遠期的轉換因數與隱含回購利率與國債期貨的計算方式相同，見 9.1.3 小節，這裡不重複介紹。

（4）標準債券遠期的風險指標計算。

標準債券遠期的基本風險指標的計算方式與國債期貨類似。值得注意的指標是 DV01，這裡認為標準債券遠期的 DV01 與虛擬債券的 DV01 大小相等。如以 10 年期的標準債券遠期為例，標的物是票面利率為 3% 的 10 年期的虛擬債券，因而 DV01 就是票面利率為 3% 的 10 年期的虛擬債券依據當前的到期收益率計算得出的。虛擬債券的久期接近 10，如果用可交割債券去計算就會略有差異，因而推薦用虛擬債券到期收益率計算 DV01。如果要計算不同期限點上的 DV01，則計算公式如下。

$$d_{\text{key}} = \frac{d_f}{2} \times \left( \frac{d_{\text{key1}}}{d_{f1}} + \frac{d_{\text{key2}}}{d_{f2}} \right) \tag{9 - 18}$$

$d_{\text{key}}$：標準債券遠期在某個期限點上的 DV01。

$d_f$：在交割日當天，虛擬債券的遠期 DV01。

$d_{f1}$、$d_{f2}$：在交割日當天，兩隻可交割債券的遠期 DV01。

$d_{\text{key1}}$、$d_{\text{key2}}$：在某個期限點上，兩隻可交割債券的 DV01。

【實例 9-11】假定在 2022-12-20 交割日虛擬債券的遠期 DV01 為 0.08，兩隻可交割債券的遠期 DV01 分別為 0.078、0.080 7；在 3M 期限點上兩隻可交割債券的 DV01 為 0.012、0.015，計算該標準債券遠期在 3M 期限點上的 DV01。

【分析解答】將條件代入公式（9-18）有：

$$d_{key} = \frac{0.08}{2} \times \left( \frac{0.012}{0.078} + \frac{0.015}{0.0807} \right) = 0.013589$$

## 9.3 本章小結

　　本章重點介紹了利率類的兩大衍生品——國債期貨與標準債券遠期。國債期貨是以國債為標的的期貨合約，在中金所交易；標準債券遠期是以國開債、農發債為標的的利率衍生品合約，在銀行間交易。從成交量上來看，國債期貨與標準債券遠期相比，量級更大也更為成熟。目前，標準債券遠期也在不斷最佳化完善，從現金交割擴充到實物交割。二者在本質、原理上相同，常見指標的計算也比較相似，功能上均可用於套利與風險對沖。

MEMO

# ⑩ 利率互換

## 10.1 利率互換介紹

　　利率互換是全球交易量最大的場外金融衍生品之一，也是在固定收益中與國債期貨及標準債券遠期同等重要的衍生品。雖然以上均是利率類的風險對沖衍生品，但是掛鉤的標的有一定區別，利率互換掛鉤銀行間市場交易品種的利率較多（如 Shibor3M、FR007、LPR 等）。「互換」也可以初步理解為固定利率與參考（或浮動）利率之間的互換。

### 10.1.1 利率互換簡介

　　利率互換（Interest Rate Swap，IRS），是指交易雙方約定在未來一定期限內，根據約定的本金和利率計算利息並進行利息交換的金融合約（通常是雙方以相同的名義本金互換固定和浮動利息）。利率互換不涉及債務本金的交換，不需要在期初和期末互換本金。利率互換還可被視為一系列遠期收益率協定的合成，遠期收益率協定則可被看作只含有單期的利率互換。圖 10-1 總結了中國利率互換的歷史發展沿革。

　　利率互換是銀行間債券市場最活躍的利率衍生品和利率風險對沖工具之一，日均成交量逾 800 億元。在 2022 年上半年，人民幣利率互換活躍程度有一定降低。從統計資料上來看，2022 年上半年利率互換共成交 10.5 萬筆，同比減少 25.2%，名義本金總額 8.4 兆元，同比減少 23.6%；日均成交 692 億元，同比減少約 24%。圖 10-2 展示了銀行間利率互換 2010—2022 年成交金額。

推出利率互換交易確認服務、沖銷服務、估值服務

2008 正式推出利率互換

2011

2012 推出利率互換定盤 / 收盤曲線

推出利率互換 X-Swap，集中清算

2014

2018 推出外幣利率互換

推出新版利率定盤 / 收盤曲線，推出貸款市場報價利率 (Loan Prime Rate，LPR) 曲線估值，推出利率互換即時承接業務

2019

▲ 圖 10-1　中國利率互換的歷史發展沿革

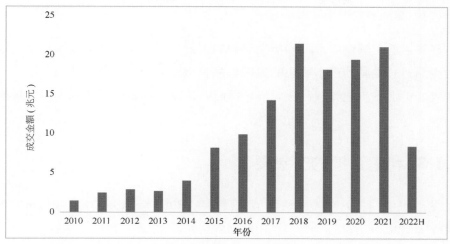

▲ 圖 10-2 銀行間利率互換 2010—2022 年成交金額
（資料來源：《2010—2022 年銀行間本幣市場運行報告》）

## 10.1.2 利率互換的功能

（1）減少融資成本。

不同主體在市場上的信用評級有高低差異，因而對應的融資利率也有差異。主體之間交換利息，可以達到互利共贏。

（2）規避利率風險。

在預期利率下降時，融資者可以採用利率互換將固定利率切換為浮動利率；反之，如果預期利率上升，則可以將浮動利率切換為固定利率。

（3）投機或套利。

經驗豐富的投資者可根據巨觀經濟與利率變化走勢應用利率互換進行資產管理與策略投資，獲取投資理財的收益。

（4）豐富債券市場品種。

　　儘管目前中國債券市場的衍生品種類相對有限，但是積極推廣利率互換等衍生產品對於推動利率市場化的處理程序有重要意義。透過這些衍生品，市場參與者能更進一步地管理利率風險，進而促進資金的有效配置和市場的健康發展。

## 10.1.3 利率互換的交易要素

　　從產品類型看，中國利率互換包括 FR007、Shibor 3M、Shibor O/N、LPR1Y、LPR5Y 等品種。利率互換的主要交易要素如表 10-1 所示。

▼ 表 10-1　利率互換的主要交易要素

| 要素名稱 | 要素含義 |
|---|---|
| 交易方向 | 買方：支付固定利率，收取參考（或浮動）利率<br>賣方：支付參考（或浮動）利率，收取固定利率 |
| 產品名稱 | 根據產品名稱可以區分出是標準的利率互換品種還是個性化品種 |
| 名義本金 | 買賣雙方計算利息的本金總額 |
| 固定利率 | 願意支付 / 收取的固定利率值，年化利率（％） |
| 參考利率 | 用於確定浮動利率的利率 |
| 參考利率確定日 | 確定參考利率的日期 |
| 重置頻率 | 確定新的參考利率的頻率（或週期）（包括日、周、季、半年、年等） |
| 起息日 | 利率互換開始計息的日期<br>通常預設起息日 = 成交日 +1 個營業日（可根據實際情況調整） |
| 到期日 | 利率互換的到期日，到期日 = 起息日 + 合約期限 |
| 支付週期 | 付息頻率（包括日、周、季、半年、年等） |
| 支付日 | 利率互換進行利息支付的日期<br>首次支付日 = 起息日 + 支付頻率 |

（續表）

| 要素名稱 | 要素含義 |
|---|---|
| 支付日調整 | 若某一交易相關日期並非營業日，根據營業日準則調整，包括「下一營業日」「經調整的下一營業日」「上一營業日」準則 |
| 計息基準 | 日計數基準（計算利息使用），一般包括實際/360、實際/365、30/360 等 |
| 計息方式 | 單利或複利計息 |
| 計息天數調整 | 支付日根據營業日準則調整時，計息天數是否按照實際天數進行調整 |

【注 1】①「下一營業日」：順延至下一營業日。

②「經調整的下一營業日」：順延至下一營業日，但如果下一營業日跨至下一月，則提前至上一營業日。

③「上一營業日」：提前至上一營業日。

【注 2】負利率：浮動利率支付方的應付金額為零，固定利率支付方應付金額應加上應付浮動金額的絕對值。

【實例 10-1】交易員 A 做了一筆起息日為 2021-7-30，固定利率為 2.68%，期限為 3 年，支付週期為季的 Shibor3M 利率互換，收/付息日規則為經調整的下一營業日，請生成收/付息日期計畫。

【分析解答】由於該筆利率互換的起息日為 2021-7-30，收/付息日規則為經調整的下一營業日，收/付息頻率為每季一次，因而日期計畫為按季的頻率增加，所以應當為 2021-7-30，2021-10-29，2022-1-31，…，2024-4-30，2024-7-30。

正常在不進行營業日準則調整的情況下，收/付息日計畫應該是按季計算的月末 30 號。這裡設置的是經調整的下一營業日準則，做了相應的調整。例如 2021-10-30 為週六，增加 1 個營業日後是 2021-11-1，發生了跨月，將其提前至上一營業日 2021-10-29；再如 2022-1-30 為周日，增加 1 個營業日後是 2022-1-31。

下面採用 Python 來撰寫收 / 付息日規則為經調整的下一營業日的計畫日期函數（coupon_ schedule_adjust）。

```python
# 載入需要使用的函數庫
import datetime
from datetime import date
from dateutil import relativedelta
# 起息日至到期日的收 / 付息日日期計畫生成函數 ( 經調整的下一營業日 )
def coupon_schedule_adjust(start_date,yearlenth,fre):
    '''
    :param start_date: 起息日；
    :param yearlenth: 金融產品的年限；
    :param fre: 付息頻率；
    :return: 返回計算付息間隔計畫。
    '''
    schedule=[start_date]
    if fre == 0:
        schedule.append(start_date+relativedelta.relativedelta(months=12*yearlenth))
    elif fre == 4:
        for i in range(3,int(yearlenth*3*4+1), 3):
            schedule.append(start_date+relativedelta.relativedelta(months=i))
    elif fre == 2:
        for i in range(6,int(yearlenth*6*2+1), 6):
            schedule.append(start_date+relativedelta.relativedelta(months=i))
    else:
        for i in range(12,int(yearlenth*12*1+1), 12):
            schedule.append(start_date+relativedelta.relativedelta(months=i))
    # 如果收 / 付息日是週末，順延到下一營業日，如果下一營業日跨至下一個月，則提前到上一營業日
    for s in range(0,len(schedule)):
        if schedule[s].weekday()==5 or schedule[s].weekday()==6:
            if (schedule[s] + datetime.timedelta(days=
                                        7-schedule[s].weekday())).month-schedule[s].month!=0:
                schedule[s]=schedule[s] - datetime.timedelta(days= schedule[s].weekday()-4)
            else:
                schedule[s]=schedule[s] + datetime.timedelta(days= 7-schedule[s].weekday())
    return schedule
```

輸入實例 10-1 中的對應參數。

```
schedule_test_adjust=coupon_schedule_adjust(start_date=date(2021,7,30),yearlenth=3,fre=4)
print(" 收 / 付息間隔計畫 : \n ",schedule_test_adjust)
```

輸出結果：

```
收/付息间隔计划:
 [datetime.date(2021, 7, 30), datetime.date(2021, 10, 29), datetime.date(2022, 1, 31),
  datetime.date(2022, 4, 29), datetime.date(2022, 7, 29), datetime.date(2022, 10, 31),
  datetime.date(2023, 1, 30), datetime.date(2023, 4, 28), datetime.date(2023, 7, 31),
  datetime.date(2023, 10, 30), datetime.date(2024, 1, 30), datetime.date(2024, 4, 30),
  datetime.date(2024, 7, 30)]
```

需要注意的是，這裡維護的只是週六、周日的節假日調整，實際操作中應當維護整個國家或地區的日曆，一般維護已知未來 1 ～ 2 年公佈的假日情況，未公佈的暫時僅維護週六、周日節假日。

## 10.1.4 利率互換的交易曲線系統

對於不同品種的利率互換，所掛鉤的基準利率、計息基準、重置週期與支付週期是不同的。表 10-2 總結了中國利率互換的浮動端參數系統。

▼ 表 10-2 中國利率互換的浮動端參數系統

| 基準利率分類 | 基準利率名稱 | 基準利率期限 | 浮動端計息基準 | 重置週期 | 支付週期 |
|---|---|---|---|---|---|
| Shibor | Shibor3M | 3M | 實際 /360 | 季 | 季 |
| | ShiborO/N | ON | 實際 /360 | 隔夜 | 到期 / 年 |
| 回購定盤利率 | FR007 | 7D | 實際 /365 | 7 天 | 季 |
| | FDR007 | 7D | 實際 /365 | 7 天 | 季 |
| 貸款市場報價利率（Loan Prime Rate，LPR） | LPR1Y（季付） | 1Y | 實際 /360 | 季 | 季 |
| | LPR5Y（季付） | 5Y | 實際 /360 | 季 | 季 |

（續表）

| 基準利率分類 | 基準利率名稱 | 基準利率期限 | 浮動端計息基準 | 重置週期 | 支付週期 |
|---|---|---|---|---|---|
| 存貸款基準利率 | 1 年定存（季付） | 1Y | 實際 /360 | 季 | 季 |
| | 1 年定存（年付） | 1Y | 實際 /360 | 年 | 年 |
| | 貸款利率 1 年 | 1Y | 實際 /360 | 年 | 年 |
| | 貸款利率 3 年 | 3Y | 實際 /360 | 年 | 年 |
| | 貸款利率 5 年 | 5Y | 實際 /360 | 年 | 年 |
| | 貸款利率 5 年以上 | 5Y | 實際 /360 | 年 | 年 |
| 債券收益率 | GB10 | 到期 | 實際 / 實際 | 季 | 季 |
| | CDB10 | 到期 | 實際 / 實際 | 季 | 季 |
| | D10/G10 | 到期 | 實際 / 實際 | 季 | 季 |
| | AAA3/D3 | 到期 | 實際 / 實際 | 季 | 季 |

【注】GB10 為 10 年期中債國債到期收益率。

CDB10 為 10 年期中債國開債到期收益率。

D10/G10 為 10 年期中債國開債到期收益率與 10 年期中債國債到期收益率之差。

AAA3/D3 為 3 年期中債中短期票據收益率與 3 年期中債國開債到期收益率之差。

經過多年的實踐，各類參考（或定盤）利率（如 Shibor 與 FR007）已成為貨幣市場上高度市場化的基準利率，並被廣泛用作利率互換和貨幣互換等衍生品的參考利率。2022 年上半年，中國有大約 88% 的利率互換交易使用 FR007 作為參考利率。圖 10-3 展示了 2022 年上半年中國利率互換品種成交額比例。

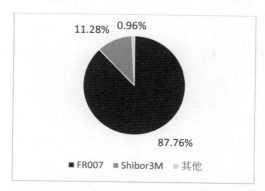

▲ 圖 10-3 2022 年上半年中國利率互換品種成交額比例
（資料來源：Wind 資訊）

在中國，流動性最好的利率互換是以 FR007 和 Shibor3M 為基準利率的。因此，本章主要介紹這兩個品種。

## 10.1.5 利率互換的交易與利息計算

在利率互換的交易中，在每個付息週期會發生固定利息或浮動利息的收付，利息的計算方法在固定端和浮動端也有一定差異，下面介紹兩端的具體利息計算方式。

（1）固定端利息計算公式。

$$C_{\text{fix},i} = Q \times r_{\text{fix}} \times \frac{N_i}{D} \tag{10-1}$$

$C_{\text{fix},i}$：固定端（固定利率）第 $i$ 個計息期支付或收取的現金流。

$Q$：單筆利率互換交易的名義本金。

$r_{\text{fix}}$：單筆利率互換交易的固定利率。

$D$：計息基準對應的年度天數。

$N_i$：計息期的自然日天數。

（2）浮動端利息計算公式。

① 浮動端單利利息計算公式。

$$C_{\text{float},i} = \sum_{j=1}^{n} Q \times \left( r_{\text{ref},j} + \text{bps} \right) \times \frac{d_j}{D} \qquad (10-2)$$

$C_{\text{float},i}$：浮動端（浮動利率）第 $i$ 個計息期支付或收取的現金流。

$Q$：單筆利率互換交易的名義本金。

$r_{\text{ref},j}$：第 $i$ 個計息期中第 $j$ 個重置日對應的浮動利率。

bps：利差。

$d_j$：第 $i$ 個計息期中第 $j$ 個重置期對應的自然日天數（算頭不算尾）。

$D$：浮動利率計息基準對應的年度天數。

② 浮動端複利利息計算公式。

$$C_{\text{float},i} = Q \times \left\{ \prod_{j=1}^{d_0} \left[ 1 + \frac{\left( r_{\text{ref},j} + \text{bps} \right) \times d_j}{D} \right] - 1 \right\} \qquad (10-3)$$

$C_{\text{float},i}$：浮動端（浮動利率）第 $i$ 個計息期支付或收取的現金流。

$Q$：單筆利率互換交易的名義本金。

$r_{\text{ref},j}$：第 $i$ 個計息期中第 $j$ 個重置日對應的浮動利率。

bps：利差。

$d_0$：第 $i$ 個計息期中包含的重置期個數。

$d_j$：浮動利率為每日定盤（如 ShiborO/N 或 FR001）時，如果當日（營業日）的下一自然日為營業日，當日的 $dj=1$；如果為節假日，則 $dj$ 等於當日（含）至下一營業日（不含）的自然日天數（如在週五一般有 $dj=3$）。浮動利率為其他週期定盤（如周、季等）時，$dj$ 為第 $i$ 個計息期中第 $j$ 個重置期對應的自然日天數（算頭不算尾）。

$D$：浮動利率計息基準對應的年度計息天數。

【實例 10-2】交易員 A（本方）在 2022-2-15 做了一筆 1 年期支付固定利率收取浮動利率的 Shibor3M 利率互換對話報價，名義本金為 1 000 萬元，固定端利率為 2.25%，浮動端參考利率為 Shibor3M，利差為 3BP，支付週期為季，具體的交易要素如圖 10-4 所示。

▲ 圖 10-4　Shibor3M 利率互換對話報價

【注】利率互換浮動端的參考利率的確定日通常在起息日的前一營業日。

【分析解答】圖 10-5 所示為一筆 1 年期支付固定利率收取浮動利率（Shibor3M+3BP）的重置計畫。重置頻率為季，重置日為 2022-2-15、2022-5-13、2022-8-15、2022-11-15。

▲ 圖 10-5　Shibor3M 利率互換重置計畫

2022-2-15 確定付息期間為 2022-2-16—2022-5-16 的利率。

2022-5-13 確定付息期間為 2022-5-16—2022-8-16 的利率。

【注】2022-5-15 為周日，依據重置日適用上一營業日準則，則實際參考利率日期採用 2022-5-13。

假定計算日（當前日期）為 2022-5-23，查詢中國貨幣網 Shibor3M 參考（定盤）利率並進行整理，整理整個重置計畫如表 10-3 所示。

▼ 表 10-3　Shibor3M 利率互換重置計畫（假定當前日期為 2022-5-23）

| 利率確定日 | 2022-2-15 | 2022-5-13 | 2022-8-15 | 2022-11-15 |
|---|---|---|---|---|
| 參考(定盤)利率(%) | 2.415 | 2.25 | 2.05 | 2.05 |
| 利差（%） | 0.03 | 0.03 | 0.03 | 0.03 |
| 計息區間 | 2022-2-16—2022-5-16 | 2022-5-16—2022-8-16 | 2022-8-16—2022-11-16 | 2022-11-16—2023-2-16 |
| 計息天數（天） | 89 | 92 | 92 | 92 |

【注】這裡第 3 期和第 4 期浮動端還未定盤，所以計算日當前並不知道未來的現金流，通常需要預估未來的現金流，具體方法見 10.3.2 小節。這裡暫時採用計算日前一營業日（2022-5-20）的基準利率 2.05% 作為參考（定盤）利率。

Shibor3M 固定端利息金額以單利方式計息，計息基準為實際 /365。

$$C_{\text{fix},1} = 10000000 \times 2.25\% \times \frac{89}{365} = 54863.01 \text{（元）}$$

$$C_{\text{fix},2} = 10000000 \times 2.25\% \times \frac{92}{365} = 56712.33 \text{（元）}$$

$$C_{\text{fix},3} = 10000000 \times 2.25\% \times \frac{92}{365} = 56712.33 \text{（元）}$$

$$C_{\text{fix},4} = 10000000 \times 2.25\% \times \frac{92}{365} = 56712.33 \text{（元）}$$

本例浮動端的利差為 0.03%，Shibor3M 浮動端利息金額以單利方式計算，計息基準為實際 /360，則浮動端利息計算：

$$C_{\text{float},1} = 10000000 \times (2.415\% + 0.03\%) \times \frac{89}{360} = 60445.83 \text{（元）}$$

$$C_{\text{float},2} = 10000000 \times (2.25\% + 0.03\%) \times \frac{92}{360} = 58266.67 \text{（元）}$$

$$C_{\text{float},3} = 10000000 \times (2.05\% + 0.03\%) \times \frac{92}{360} = 53155.56 \text{（元）}$$

$$C_{\text{float},4} = 10000000 \times (2.05\% + 0.03\%) \times \frac{92}{360} = 53155.56 \text{（元）}$$

本例為支付固定利率，收取浮動利率。

單筆利率互換結息金額 = 浮動端利息金額 – 固定端利息金額。

$$\text{netting}_1 = C_{\text{float},1} - C_{\text{fix},1} = 60445.83 - 54863.01 = 5582.82 \text{（元）}$$

$$\text{netting}_2 = C_{\text{float},2} - C_{\text{fix},2} = 58266.67 - 56712.33 = 1554.34 \text{（元）}$$

$$\text{netting}_3 = C_{\text{float},3} - C_{\text{fix},3} = 53155.56 - 56712.33 = -3556.77 \text{（元）}$$

$$\text{netting}_4 = C_{\text{float},4} - C_{\text{fix},4} = 53155.56 - 56712.33 = -3556.77 \text{（元）}$$

接下來，用 Python 撰寫計算 Shibor3M 利率互換的每期利息以及軋差利息的函數（Swap_ Shibor3M_coupon）。

```
# 載入需要使用的函數庫
import numpy as np
import datetime
from coupon_schedule_adjust import *
```

```
# 求解 Shibor3M 利率互換的每期利息以及軋差利息的函數
def Swap_Shibor3M_coupon(Q, rfix, rref, start_date,yearlenth,fre,paytype):
    '''
    :param Q: 本金；
    :param rfix: 每期固定端利率（矩陣輸入）；
    :param rref: 每期浮動端利率（矩陣輸入）；
    :param start_date: 利率互換的利息起息日；
    :param yearlenth: 利率互換的期限；
    :param fre: 利率互換的付息頻率；
    :param paytype: 'fix' 代表固定利率，'float' 代表浮動利率；
    :return: 返回固定利息金額、浮動利息金額、軋差金額。
    '''
    schedule_Shibor3M = coupon_schedule_adjust(start_date=start_date, yearlenth=yearl
enth,fre=fre)
    paymentfix_yearfraction=[]
    paymentfloat_yearfraction=[]
    for i in range(1,len(schedule_Shibor3M)):
            paymentfix_yearfraction.append((schedule_Shibor3M[i]-
                                            schedule_Shibor3M[i-1])/datetime.timedelta
(days=365))
            paymentfloat_yearfraction.append((schedule_Shibor3M[i]-
                                            schedule_Shibor3M[i-1])/datetime.
timedelta (days=360))
    # 轉為矩陣加速計算
    paymentfix_yearfraction=np.array(paymentfix_yearfraction)
    paymentfloat_yearfraction=np.array(paymentfloat_yearfraction)
    Cfix = Q * rfix * paymentfix_yearfraction
    Cfloat = Q * rref * paymentfloat_yearfraction
    if paytype=='fix':
            netting=Cfloat – Cfix
    else:
            netting=Cfix - Cfloat
    return C_fix, C_float, C_float - C_fix
```

呼叫 Swap_Shibor3M_coupon 函數並輸入對應參數計算利息及其軋差損益。

```
# 測試案例
fix_rate = np.array([2.25, 2.25, 2.25, 2.25]) / 100
float_rate = np.array([2.415+0.03, 2.25+0.03, 2.05+0.03, 2.05+0.03]) / 100
Swap_Shibor3M_coupon_test = Swap_Shibor3M_coupon(Q=10000000, rfix=fix_rate, rref=float_rate,
```

```
start_date=date(2022,2,16), yearlenth=1,fre=4,paytype='fix')
print('每期固定利息 ', np.round(np.array(Swap_Shibor3M_coupon_test[0]), 2))
print('每期浮動利息 ', np.round(np.array(Swap_Shibor3M_coupon_test[1]), 2))
print('每期軋差損益 ', np.round(np.array(Swap_Shibor3M_coupon_test[2]), 2))
```

輸出結果：

```
每期固定利息 [54863.01 56712.33 56712.33 56712.33]
每期浮动利息 [60445.83 58266.67 53155.56 53155.56]
每期轧差损益 [ 5582.82  1554.34 -3556.77 -3556.77]
```

【**實例 10-3**】交易員 A（本方）在 2021-12-31 做了一筆 1 年期支付固定利率收取浮動利率的 FR007 利率互換對話報價，名義本金為 1 000 萬元，固定端利率為 2.41%，浮動端參考利率為 FR007，利差為 3BP，支付週期為季，具體的交易要素如圖 10-6 所示。

▲ 圖 10-6　FR007 利率互換對話報價

【分析解答】這是一筆 1 年期支付固定利率收取浮動利率（FR007+3BP）的對話報價交易。支付週期為季，由於支付日的調整規則為經調整的下一營業日，首期定期支付日由 2022-4-4 調整為 2022-4-6，即第一個支付週期的總計息天數為 92 天。此外，重置頻率為周，所以第一個付息週期的計畫重置日為 2021-12-31，2022-1-10，…，2022-4-2，如圖 10-7 所示。

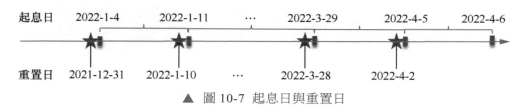

▲ 圖 10-7 起息日與重置日

假定計算日（當前日期）為 2022-2-23，查詢中國貨幣網 FR007 參考（定盤）利率並進行整理，可以得到第一個付息週期的明細表（季付，重置週期不完整），如表 10-4 所示。

▼ 表 10-4 FR007 利率互換的第一個付息週期重置利率

| 利率確定日 | 2021-12-31 | 2022-1-10 | … | 2022-3-28 | 2022-4-2 |
|---|---|---|---|---|---|
| 參考(定盤)利率(%) | 2.4 | 2.11 | … | 2.4 | 2.4 |
| 利差（%） | 0.03 | 0.03 | … | 0.03 | 0.03 |
| 計息區間 | 2022-1-4—2022-1-11 | 2022-1-11—2022-1-18 | … | 2022-3-29—2022-4-5 | 2022-4-5—2022-4-6 |
| 計息天數（天） | 7 | 7 | … | 7 | 1 |

【注】依據計算日，2022-2-28 之後的付息計畫暫未定盤，這裡暫時按照計算日前一營業日（$T-1$）的定盤利率 2.4% 替代。如果想要採用精確的參考利率，具體方法見 10.3.3 小節。

同理，第 2、3、4 期付息週期的計算方法與之相似。由於均不知未來的定盤利率，這裡暫時均按照計算日前一營業日（$T-1$）的定盤利率 2.4% 替代。

FR007 固定端利息金額以單利方式計算，計息基準為實際 /365。

$$C_{\text{fix},1} = 10000000 \times 2.41\% \times \frac{92}{365} = 60745.21 \text{ （元）}$$

$$C_{\text{fix},2} = 10000000 \times 2.41\% \times \frac{89}{365} = 58764.38 \text{ （元）}$$

$$\cdots\cdots$$

本例浮動端的利差為 0.03%，FR007 浮動端利息金額以複利方式計算，計息基準為實際 /365。

$$C_{\text{float},1} = 10000000 \times \left\{ \prod_{j=1}^{13} \left[ 1 + \frac{(r_{\text{ref},j} + 0.03\%) \times 7}{365} \right] \times \left[ 1 + \frac{(r_{\text{ref},14} + 0.03\%) \times 1}{365} \right] - 1 \right\}$$

$$= 10000000 \times \left\{ \left[ 1 + \frac{(2.4\% + 0.03\%) \times 7}{365} \right] \left[ 1 + \frac{(2.11\% + 0.03\%) \times 7}{365} \right] \cdots \right.$$

$$\left. \left[ 1 + \frac{(2.4\% + 0.03\%) \times 1}{365} \right] - 1 \right\} = 58009.76 \text{ （元）}$$

$$C_{\text{float},2} = 10000000 \times \left[ \prod_{j=1}^{12} \left( 1 + \frac{r_{\text{ref},j} \times 7}{365} \right) \times \left( 1 + \frac{r_{\text{ref},13} \times 5}{365} \right) - 1 \right]$$

$$= 10000000 \times \left\{ \left[ 1 + \frac{(2.4\% + 0.03\%) \times 7}{365} \right] \left[ 1 + \frac{(2.4\% + 0.03\%) \times 7}{365} \right] \cdots \right.$$

$$\left. \left[ 1 + \frac{(2.4\% + 0.03\%) \times 5}{365} \right] - 1 \right\} = 59414.28 \text{ （元）}$$

$$\cdots\cdots$$

本例為支付固定利率，收取浮動利率。

單筆利率互換結息金額 = 浮動端利息金額 – 固定端利息金額。

$$\text{netting}_1 = C_{\text{float},1} - C_{\text{fix},1} = 58009.76 - 60745.21 = -2735.45 \text{ （元）}$$

$$\text{netting}_2 = C_{\text{float},2} - C_{\text{fix},2} = 59414.28 - 58764.38 = 649.9 \text{ （元）}$$

$$\cdots\cdots$$

接下來，用 Python 撰寫計算 FR007 利率互換的每期利息以及軋差利息的函數（Swap_FR007_ coupon）。

```python
# 載入需要使用的函數庫
import numpy as np
import datetime
from coupon_schedule_adjust import *
# 求解 FR007 利率互換的利息與淨額結算
def Swap_FR007_coupon(Q,rfix,rref,start_date,yearlenth,fre,paytype):
    '''
    :param Q: 本金；
    :param rfix: 每期固定端利率（矩陣輸入）；
    :param rref: 每期浮動端利率（矩陣輸入）；
    :param start_date: 利率互換的起息日；
    :param yearlenth: 利率互換的年限；
    :param fre: 利率互換的付息頻率；
    :param paytype: 'fix' 代表固定利率，'float' 代表浮動利率；
    :return: 返回計算固定端利息、浮動端利息、軋差金額。
    '''
    schedule_FR007 = coupon_schedule_adjust(start_date=start_date, yearlenth=yearlenth, fre=fre)
    schedule_FR007[1]=date(2022,4,6) # 中國特定清明節假期，手工調整付息日，其他情況請註釋起來
    schedule_FR007[3]=date(2022,10,11) # 中國特定國慶日假期，手工調整付息日，其他情況請註釋起來
    paymentfix_yearfraction=[]
    paymentfloat_days=[]
    for i in range(1,len(schedule_FR007)):
            paymentfix_yearfraction.append((schedule_FR007[i]-
                                            schedule_FR007[i-1])/datetime.timedelta
(days=365))
            paymentfloat_days.append((schedule_FR007[i]-
                                      schedule_FR007[i-1])/datetime.timedelta
(days=1))
    # 轉為矩陣加速計算
    paymentfix_yearfraction=np.array(paymentfix_yearfraction)
    paymentfloat_days=np.array(paymentfloat_days)
    # 計算固定端利息
    Cfix=Q * rfix * paymentfix_yearfraction
    # 判斷浮動端每期是否不存在殘端
    stump=paymentfloat_days % 7
    for s in range(0,len(stump)):
            if stump[s]==0:
                stump[s]=7
    # 計算浮動端每期利息
```

```
C=np.ones(len(rfix))
Cfloat=np.ones(len(rref))
for i in range(len(rref)):
        for j in range(len(rref[i])-1):
                C[i]=(1+rref[i][j]*7/365)*C[i]
                j=j+1
        C[i]=(1+rref[i][len(rref[i])-1]*stump[i]/365)*C[i]
        Cfloat[i]=Q*(C[i]-1)
        i=i+1
if paytype=='fix':
        netting=Cfloat - Cfix
else:
        netting=Cfix - Cfloat
return Cfix,Cfloat,Cfloat-Cfix
```

呼叫 Swap_FR007_coupon 函數並輸入對應參數計算每期利息與軋差金額。

```
# 測試案例
ref=[np.array([2.4,2.11,2.22,2.08,2.27,2.18,2.02,2.15,2.4,2.4,2.4,2.4,2.4,2.4])/100+
0.03/100,
     np.array([2.4]*13)/100+0.03/100,
     np.array([2.4]*15)/100+0.03/100,
     np.array([2.4]*13)/100+0.03/100]
fix_rate=np.array([2.41]*4)/100
Swap_FR007_coupon_test=Swap_FR007_coupon(Q=10000000,rfix=fix_rate,rref=ref,start_date=
date(2022,1,4), yearlenth=1,fre=4,paytype='fix')
print(' 每期固定利息 ',np.round(np.array(Swap_FR007_coupon_test[0]),2))
print(' 每期浮動利息 ',np.round(np.array(Swap_FR007_coupon_test[1]),2))
print(' 每期軋差損益 ',np.round(np.array(Swap_FR007_coupon_test[2]),2))
```

輸出結果：

```
每期固定利息 [60745.21 58764.38 65367.12 56123.29]
每期浮动利息 [58009.76 59414.28 66111.95 56736.34]
每期轧差损益 [-2735.45    649.9    744.83    613.05]
```

## 10.2 利率互換即期與遠期收益率曲線的建構

### 10.2.1 利率互換即期收益率曲線的建構

4.3 節已經介紹了債券的即期收益率曲線的建構，這裡利率互換的即期收益率曲線的建構原理與其類似。基本假設條件為：即期收益率曲線分段線性，每個標準期限即期收益率線性相連。下面以利率互換曲線標準期限（付息週期為 3M）為基準，以期初固定端現金流現值為面額，採用拔靴法建構利率互換即期收益率曲線。具體以 Shibor3M 為例，計算方法如下。

（1）首先求出未來每個付息日，以及每個付息日（含付息日以下關鍵期限）距離估值日（$T+1$）的實際天數：

$$\text{Day}_{1D}, \text{Day}_{1w}, \text{Day}_{2w}, \text{Day}_{1M}, \text{Day}_{3M}, \cdots, \text{Day}_{10Y}$$

（2）對於 3M 期限及以下期限（如 1D、1W、2W、1M、3M），貼現因數為：

$$DF_i = \frac{1}{1 + \text{Shibor}_i \times \dfrac{\text{Day}_i}{360}}, \quad i = 1D, 1W, 2W, 1M, 3M \tag{10-4}$$

$Shibor_i$：計算日（$T$）的 Shibor。

（3）對於 6M、9M 和 1Y 期限，可透過下面的拔靴法公式遞推求解貼現因數：

$$DF_k = \frac{1 - R_k \times \sum_{i=3M}^{k-3M} \dfrac{(\text{Day}_i - \text{Day}_{i-3M}) \times DF_i}{365}}{1 + R_k \times \dfrac{\text{Day}_k - \text{Day}_{k-3M}}{365}}, \quad k = 6M, 9M, 1Y \tag{10-5}$$

【注】$i$ 按付息頻率 3M 遞增。

$R_k$：固定端利率，通常為 $Shibor3M$ 的定盤（或收盤）報價利率。

$DF_k$：付息日為 $k$ 的貼現因數。

（4）求出每個付息日的即期收益率，應滿足：

$$SC_t = -\ln\left(\frac{DF_t}{\frac{Day_t}{365}}\right) \times 100\% \tag{10-6}$$

$DF_t$：付息日為 $t$ 的貼現因數。

$SC_t$：付息日為 $t$ 的即期收益率。

（5）由於利率互換原始資料中沒有 15M、18M、21M 等期限的收盤報價（平均值）固定利率，所以不能直接按照上述方法求出 $DF_{15M}$、$DF_{18M}$、$DF_{21M}$、$DF_{2Y}$。假設 $SC_{2Y}$ 為未知數，基於 $1Y \sim 2Y$ 即期收益率曲線的線性假設：

$$SC_k = SC_{1Y} + \frac{Day_k - Day_{1Y}}{Day_{2Y} - Day_{1Y}} \times (SC_{2Y} - SC_{1Y}) \times 100\% \tag{10-7}$$

$$DF_k = e^{-SC_k \times \frac{Day_k}{365}}, \quad k = 15M, 18M, 21M, 2Y \tag{10-8}$$

將資料代入公式（10-5）類比計算，未知數只有 $SC_{2Y}$，可求出 15M、18M、21M、2Y 期限的貼現因數和即期收益率。

同理，可求出 27M，30M，33M，3Y，…，10Y 期限的貼現因數和即期收益率。

【注】如果是其他計息基準或付息頻率，可根據實際情況調整公式。

【實例 10-4】已知 2022-5-23 的日終利率資料：3M 以下（含 3M）是同業拆借中心公佈的 Shibor 利率，3M 以上是 Shibor3M 利率互換收盤報價（平均值），具體資訊如表 10-5 所示。請依據該資料建構 Shibor3M 貼現因數和即期收益率曲線。

▼ 表 10-5 Shibor3M 利率互換 2022-5-23 收盤報價（平均值）

| 開始日期 | 結束日期 | 期限點 | 利率（%） | 指標 |
|---|---|---|---|---|
| 2022-5-23 | 2022-5-24 | 1D | 1.3230 | Shibor |
| 2022-5-24 | 2022-5-31 | 1W | 1.6930 | Shibor |
| 2022-5-24 | 2022-6-7 | 2W | 1.7040 | Shibor |
| 2022-5-24 | 2022-6-24 | 1M | 1.9000 | Shibor |
| 2022-5-24 | 2022-8-24 | 3M | 2.0210 | Shibor |
| 2022-5-24 | 2022-11-24 | 6M | 2.1523 | Shibor3M |
| 2022-5-24 | 2023-2-24 | 9M | 2.2349 | Shibor3M |
| 2022-5-24 | 2023-5-24 | 1Y | 2.3038 | Shibor3M |
| 2022-5-24 | 2024-5-24 | 2Y | 2.4763 | Shibor3M |
| 2022-5-24 | 2025-5-26 | 3Y | 2.6150 | Shibor3M |
| 2022-5-24 | 2026-5-25 | 4Y | 2.7608 | Shibor3M |
| 2022-5-24 | 2027-5-24 | 5Y | 2.8840 | Shibor3M |
| 2022-5-24 | 2029-5-24 | 7Y | 3.0700 | Shibor3M |
| 2022-5-24 | 2032-5-24 | 10Y | 3.2489 | Shibor3M |

【注 1】通常清算速度為 $T+1$，後續均從 $T+1$ 日開始計算，可以依據需求調整為 $T+N$。

【注 2】結束日期調整規則為經調整的下一營業日。

【分析解答】對於 3M 及其以下的期限，根據公式（10-4）和公式（10-6），以 3M 期限為例計算貼現因數和即期收益率：

$$\text{Day}_{3M} = \text{days}(2022\text{-}8\text{-}24 - 2022\text{-}5\text{-}24) = 92$$

$$\text{DF}_{3M} = \frac{1}{1 + 2.0210\% \times \dfrac{92}{360}} = 0.99486176$$

$$\text{SC}_{3M} = \frac{-\ln(\text{DF}_{3M})}{92/365}100\% = \frac{-\ln(0.99486176)}{92/365}100\% = 2.0438\%$$

【注】這裡計算的即期收益率為調整為連續複利後的即期收益率,當然也可以根據實際情況採用一般複利。

對於 6M、9M 和 1Y 期限,根據公式(10-5)和公式(10-6),以 6M、9M 期限為例計算貼現因數和即期收益率:

$$\text{DF}_{6M} = \frac{1 - R_{6M} \times \frac{(\text{Day}_{3M} - \text{Day}_{1D}) \times \text{DF}_{3M}}{365}}{1 + R_{6M} \times \frac{\text{Day}_{6M} - \text{Day}_{3M}}{365}} = \frac{1 - 2.1523\% \times \frac{92 \times 0.99486176}{365}}{1 + 2.1523\% \times \frac{92}{365}}$$

$$= 0.98923632$$

$$\text{DF}_{9M} = \frac{1 - R_{9M} \times \left[\frac{(\text{Day}_{3M} - \text{Day}_{1D}) \times \text{DF}_{3M}}{365} + \frac{(\text{Day}_{6M} - \text{Day}_{3M}) \times \text{DF}_{6M}}{365}\right]}{1 + R_{9M} \times \frac{\text{Day}_{9M} - \text{Day}_{6M}}{365}}$$

$$= \frac{1 - 2.2349\% \times \left[\frac{92 \times 0.99486176}{365} + \frac{92 \times 0.98923632}{365}\right]}{1 + 2.2349\% \times \frac{92}{365}} = 0.98328422$$

$$\text{SC}_{6M} = \frac{-\ln(\text{DF}_{6M})}{\text{Day}_{6M}/365} 100\% = \frac{-\ln(0.98923632)}{184/365} 100\% = 2.1468\%$$

$$\text{SC}_{9M} = \frac{-\ln(\text{DF}_{9M})}{\text{Day}_{9M}/365} 100\% = \frac{-\ln(0.98328422)}{276/365} 100\% = 2.2293\%$$

1Y 期限的計算方法同樣進行遞迴,計算得出$\text{SC}_{1Y} = 2.2983\%$。

對於 1Y ~ 2Y 期限,根據公式(10-7)和公式(10-8),假定即期收益率線性相連,則有:

$$\text{SC}_{15M} = \text{SC}_{1Y} + \frac{\text{Day}_{15M} - \text{Day}_{1Y}}{\text{Day}_{2Y} - \text{Day}_{1Y}} \times (\text{SC}_{2Y} - \text{SC}_{1Y}) \times 100\%$$

$$\text{SC}_{18M} = \text{SC}_{1Y} + \frac{\text{Day}_{18M} - \text{Day}_{1Y}}{\text{Day}_{2Y} - \text{Day}_{1Y}} \times (\text{SC}_{2Y} - \text{SC}_{1Y}) \times 100\%$$

$$\text{SC}_{21M} = \text{SC}_{1Y} + \frac{\text{Day}_{21M} - \text{Day}_{1Y}}{\text{Day}_{2Y} - \text{Day}_{1Y}} \times (\text{SC}_{2Y} - \text{SC}_{1Y}) \times 100\%$$

$$\text{DF}_{15M} = e^{-\text{SC}_{15M} \times 15M/365}$$

$$\text{DF}_{18M} = e^{-\text{SC}_{18M} \times 18M/365}$$

$$\text{DF}_{21M} = e^{-\text{SC}_{21M} \times 21M/365}$$

$$\text{DF}_{2Y} = e^{-\text{SC}_{2Y} \times 2Y/365}$$

$$100 \times R_{2Y} \times \sum_{i=3M}^{2Y} \frac{(\text{Day}_i - \text{Day}_{i-3M}) \times \text{DF}_i}{365} + \text{DF}_{2Y} \times 100 = 100$$

【注】$i$ 按付息頻率 3M 遞增。

由以上計算式可以看到未知數只有，代入資料後進行單變數求解，可以計算得到：

$$\text{SC}_{2Y} = 2.4717\%; \ \text{SC}_{21M} = 2.4300\%$$
$$\text{SC}_{18M} = 2.3855\%; \ \text{SC}_{15M} = 2.3419\%$$

後續同理，可求出 27M，30M，33M，3Y，…，10Y 期限的貼現因數和即期利率。

由於手工計算較為煩瑣，下面採用 Python 撰寫 Swap_Zerocurve 函數來求解 Shibor3M 的貼現因數和即期收益率曲線。

```python
# 載入需要使用的函數庫
import pandas as pd
import numpy as np
from datetime import date
import datetime
from dateutil import relativedelta
from coupon_schedule_adjust import coupon_schedule_adjust
# 求解 Shibor3M 的貼現因數和即期收益率曲線的函數
def Swap_Zerocurve(start_date,cleanspeed,yearlenth,fre,term,ave_price,D_fix,D_float):
    '''
    :param start_date: 起息日；
    :param cleanspeed: T+1,T+0; T+1 代表起息日為交易日的下一個營業日；
    :param yearlenth: 年限；
    :param fre: 付息頻率；
    :param term: 市場資料標準期限點，參見測試案例；
    :param ave_price: 市場資料報價，參見測試案例；
    :param D_fix: 固定端年度計算天數，360 或 365；
    :param D_float: 浮動端年度計算天數，360 或 365；
    :return: 返回貼現因數和即期收益率。
    '''
    # 將原始資料處理成標準的資料格式
    schedule = coupon_schedule_adjust(start_date=start_date, yearlenth=yearlenth, fre
```

```
=fre)
    yield_data=pd.DataFrame({'term':term,'ave_price':ave_price*100})
    # 建構長端利率
    begin_date=([schedule[0]]*(len(schedule)-1))
    long_yield=pd.DataFrame({'begin_date':begin_date,'end_date':schedule[1:],
                             'term':list(np.linspace(0.25,term[-1],int(term[-1]/
0.25)))})
    long_yield=long_yield.join(yield_data.set_index('term'),on='term')
    # 建構短端利率
    short_yield=yield_data[yield_data['term']<0.25]
    if cleanspeed=='T+1':
        short_yield_start_date=[schedule[0]-datetime.timedelta(days=1)]
    else:short_yield_start_date=[schedule[0]]
    short_yield_start_date.extend([schedule[0]]*(len(short_yield)-1))
    short_yield.insert(loc=0, column='begin_date',value=short_yield_start_date)
    short_yield_end_date=[]
    for i in range(0,len(short_yield)):
        if short_yield['term'][i]*D_fix<30:
            dummy=short_yield_start_date[i]+datetime.timedelta(days=short_yield['term']
[i]*D_fix)
        elif short_yield['term'][i]*D_fix==30:
            dummy=short_yield_start_date[i]+relativedelta.relativedelta(months=1)
            if dummy.isoweekday() in set((6, 7)):
                dummy += datetime.timedelta(days=8-dummy.isoweekday())
        else:
            dummy=short_yield_start_date[i]+relativedelta.relativedelta(months=2)
            if dummy.isoweekday() in set((6, 7)):
                dummy += datetime.timedelta(days=8-dummy.isoweekday())
        short_yield_end_date.append(dummy)
    short_yield.insert(loc=1, column='end_date', value=short_yield_end_date)
    # 完整利率市場資料
    all_yield_data=pd.concat([short_yield,long_yield],ignore_index=True)
    # 利率互換即期（或零息）收益率曲線與貼現因數的建構
    t=np.array((all_yield_data.end_date-all_yield_data.begin_date).dt.days/D_fix)
    DF=np.array(1/(1+all_yield_data.ave_price/100*(all_yield_data.end_date-
                all_yield_data.begin_date).dt.days/D_float))   #3M 及以下的貼現因數
    Zerorate=-np.log(DF)/t   #3M 及以下的即期收益率
    add=np.zeros(len(t))
    M_3=all_yield_data[all_yield_data.term==0.25].index.tolist() # 查詢期限為 3M 或 0.25
年的行序號
```

```python
add[M_3]=t[M_3]*DF[M_3]    # 從第 3 個月起後續需要進行拔靴處理，增加輔助列
i=M_3[0]+1
Y_1=all_yield_data[all_yield_data.term==1].index.tolist()   # 查詢期限為 1Y 的行序號
while(i<Y_1[0]+1):    # 大於 3M，小於或等於 1Y 的貼現因數的計算
    DF[i]=(1-all_yield_data.ave_price[i]/100*add[i-1])/
        (1+all_yield_data.ave_price[i]/100*(all_yield_data.end_date[i]-
        all_yield_data.end_date[i-1]).days/D_fix)
    add[i]=(all_yield_data.end_date[i]-all_yield_data.end_date[i-1]).days/D_fix*
DF[i]+add[i-1]
    i=i+1
Zerorate=-np.log(DF)/t    # 計算小於或等於 1Y 的即期收益率
# 尋找 ave_price 列的遺漏值索引
for columnname in all_yield_data.columns:
    if all_yield_data[columnname].count() != len(all_yield_data):
        loc = all_yield_data[columnname][all_yield_data[columnname].isnull().
values==
                True].index.tolist()
c = []    # 生成一個空列表，用來放新列表
for i in range(len(loc)-1):
    if (loc[i+1] - loc[i]) != 1 :   # 後者減前者
        c.append(loc[i+1])            # 增加元素到新清單
c.append(len(all_yield_data.index.tolist()))   # 得到需要插值的即期收益率索引
# 假定即期收益率之間服從線性關係，可利用拔靴法推導 1 年以上期限的即期收益率
def Zero_rate_slove(start,end):
    import scipy.optimize as so
    def f(y):
        i=start+1
        while(i<=end):
            Zerorate[i]=Zerorate[start]+(all_yield_data.end_date[i]-all_yield_
data. end_date[start])/
            (all_yield_data.end_date[end]-all_yield_data.end_date[start])*(y-
Zerorate[start])
            add[i]=(all_yield_data.end_date[i]-all_yield_data.end_date[i-1]).
days/
            D_fix*DF[i]+add[i-1]
            i=i+1
        DF[start+1:end]=np.exp(-t[start+1:end]*Zerorate[start+1:end])
        DF[end]=np.exp(-t[end]*y)
        return 100*all_yield_data.ave_price[end]/100*add[end]+100*DF[end]-100
    return so.fsolve(f,0.01)
```

```
# 呼叫即期收益率函數整理計算
Zerorate[c[0]-1]=Zero_rate_slove(loc[0]-1,c[0]-1)
i=1
while(i<len(c)):
    Zerorate[c[i]-1]=Zero_rate_slove(c[i-1]-1,c[i]-1)
    i=i+1
Zerorate=np.array(Zerorate)*100
all_yield_data.insert(loc=4,column='DF',value=DF)
all_yield_data.insert(loc=5,column='Zero_rate',value=np.round(Zerorate,4))
return all_yield_data
```

呼叫 Swap_Zerocurve 函數並輸入對應參數建構 Shibor3M 的即期收益率曲線。

```
# 測試案例
term=np.array([1/365,7/365,14/365,30/365,0.25,0.5,0.75,1,2,3,4,5,7,10])
ave_price=np.array([1.3230,1.6930,1.7040,1.9000,2.0210,2.1523,2.2349,2.3038,2.4763,
2.6150,2.7608,
2.8840,3.0700,3.2489])/100
Swap_Shibor3M_Zerocurve_test=Swap_Zerocurve(start_date=date(2022,5,24),
cleanspeed='T+1',yearlenth=10,fre=4,term=term,ave_price=ave_price,D_fix=365,D_float=360)
print(Swap_Shibor3M_Zerocurve_test)
```

輸出結果（部分）：

| | begin_date | end_date | term | ave_price | DF | Zero_rate |
|---|---|---|---|---|---|---|
| 0 | 2022-05-23 | 2022-05-24 | 0.002740 | 1.3230 | 0.999963 | 1.3414 |
| 1 | 2022-05-24 | 2022-05-31 | 0.019178 | 1.6930 | 0.999671 | 1.7162 |
| 2 | 2022-05-24 | 2022-06-07 | 0.038356 | 1.7040 | 0.999338 | 1.7271 |
| 3 | 2022-05-24 | 2022-06-24 | 0.082192 | 1.9000 | 0.998367 | 1.9248 |
| 4 | 2022-05-24 | 2022-08-24 | 0.250000 | 2.0210 | 0.994862 | 2.0438 |
| 5 | 2022-05-24 | 2022-11-24 | 0.500000 | 2.1523 | 0.989236 | 2.1468 |
| 6 | 2022-05-24 | 2023-02-24 | 0.750000 | 2.2349 | 0.983284 | 2.2293 |
| 7 | 2022-05-24 | 2023-05-24 | 1.000000 | 2.3038 | 0.977279 | 2.2983 |
| 8 | 2022-05-24 | 2023-08-24 | 1.250000 | NaN | 0.971104 | 2.3419 |
| 9 | 2022-05-24 | 2023-11-24 | 1.500000 | NaN | 0.964756 | 2.3855 |
| 10 | 2022-05-24 | 2024-02-26 | 1.750000 | NaN | 0.958095 | 2.4300 |
| 11 | 2022-05-24 | 2024-05-24 | 2.000000 | 2.4763 | 0.951703 | 2.4717 |
| 12 | 2022-05-24 | 2024-08-26 | 2.250000 | NaN | 0.944894 | 2.5078 |
| 13 | 2022-05-24 | 2024-11-25 | 2.500000 | NaN | 0.938182 | 2.5427 |
| 14 | 2022-05-24 | 2025-02-24 | 2.750000 | NaN | 0.931356 | 2.5776 |
| 15 | 2022-05-24 | 2025-05-26 | 3.000000 | 2.6150 | 0.924419 | 2.6125 |

## 10.2.2 利率互換遠期收益率曲線的建構

　　利率互換遠期收益率是基於利率互換即期收益率曲線推算的未來日期的遠期收益率。以標的利率是 Shibor3M 的遠期收益率為例，Shibor3M 利率互換收盤曲線的最長期限是 10Y，對應的日期記為 $\text{Day}_{10Y}$，同時考慮遠期收益率期限因素，假定標準的付息頻率為季，未來每個付息日依次是 $\text{Day}_{3M}$, $\text{Day}_{6M}$, $\text{Day}_{9M}$,..., $\text{Day}_{10Y\text{-}3M}$, $\text{Day}_{10Y}$。未來某個付息日的遠期 Shibor3M 預測值基於 Shibor3M 利率互換收盤曲線即期收益率所隱含的遠期收益率（或貼現因數）曲線計算而得。

$$\text{Shibor3M}_{T+i-3M,T+i} = \left(\frac{\text{DF}_{\text{Day}_{T+i-3M}}}{\text{DF}_{\text{Day}_{T+i}}} - 1\right) \times \frac{360}{\text{Day}_{T+i} - \text{Day}_{T+i-3M}} \times 100\%$$
$$i = 3M, 6M, 9M, \cdots, 10Y \tag{10-9}$$

$\text{Shibor3M}_{T+i-3M,T+i}$：$T+i-3M$ 至 $T+i$ 之間 Shibor3M 的遠期收益率。

$\text{DF}_{T+i}$：期限為 $T+i$ 的貼現因數。

【注 1】如果是其他計息基準或付息頻率，可根據實際情況調整公式。

【注 2】其他標的利率的遠期收益率演算法同理可得。

　　【實例 10-5】依據實例 10-4 求出的 Shibor3M 即期收益率和貼現因數，求解估值日（$T+1$）（2022-5-24）的 Shibor3M 遠期收益率曲線。

$$\text{Shibor3M}_{0,3M} = \left(\frac{1}{\text{DF}_{3M}} - 1\right) \times \frac{360}{\text{Day}_{3M} - \text{Day}_1} = \left(\frac{1}{0.99486176} - 1\right) \times \frac{360}{92} \times 100\%$$
$$= 2.0210\%$$

$$\text{Shibor3M}_{3M,6M} = \left(\frac{\text{DF}_{3M}}{\text{DF}_{6M}} - 1\right) \times \frac{360}{\text{Day}_{6M} - \text{Day}_{3M}} = \left(\frac{0.99486176}{0.98923632} - 1\right) \times \frac{360}{92} \times 100\%$$
$$= 2.2252\%$$

$$\cdots\cdots$$

$$\text{Shibor3M}_{10Y-3M,10Y} = \left(\frac{\text{DF}_{10Y-3M}}{\text{DF}_{10Y}} - 1\right) \times \frac{360}{\text{Day}_{10Y} - \text{Day}_{10Y-3M}} \times 100\%$$
$$= \left(\frac{0.72710952}{0.72013340} - 1\right) \times \frac{360}{90} \times 100\% = 3.8749\%$$

　　下面採用 Python 撰寫 Swap_Forwardcurve 函數來建構 Shibor3M 的遠期收益率曲線。

```python
# 載入需要使用的函數庫
import pandas as pd
import numpy as np
from datetime import date
from Swap_Zerocurve import Swap_Zerocurve
# 求解 Shibor3M 的遠期收益率曲線的函數
def Swap_Forwardcurve(Zerocurve):
    '''
    :param Zerocurve: 輸入已建構好的即期收益率曲線；
    :return: 返回遠期收益率曲線。
    '''
    k=0
    quarterone=(Zerocurve['term'][Zerocurve['term']==0.25].index).tolist()
    first=(1/Zerocurve['DF'][quarterone[0]]-1)*360/
    ((Zerocurve['end_date'][quarterone[0]]-Zerocurve['end_date'][0]).days)
    forwardrate=[first*100]
    for i in Zerocurve['term']:
        if i > 0.25:
            yearfractor=Zerocurve['end_date'][k]-Zerocurve['end_date'][k-1]
            forwardrate.append((Zerocurve['DF'][k-1]/Zerocurve['DF'][k]-1)*360/
(yearfractor.days)*100)
        k=k+1
    term=Zerocurve['term'][quarterone[0]:].tolist()
    forwardcurve=pd.DataFrame({'term':term,'Forward_rate':np.round(forwardrate,4)})
    Allcurve=Zerocurve.join(forwardcurve.set_index('term'),on='term')
    return Allcurve
```

　　呼叫 Swap_Forwardcurve 函數並輸入對應參數建構 Shibor3M 的遠期收益率曲線。

```python
# 測試案例
term=np.array([1/365,7/365,14/365,30/365,0.25,0.5,0.75,1,2,3,4,5,7,10])
ave_price=np.array([1.3230,1.6930,1.7040,1.9000,2.0210,2.1523,2.2349,2.3038,2.4763,
                    2.6150,2.7608,2.8840,3.0700,3.2489])/100
Swap_Shibor3M_Zerocurve_test=Swap_Zerocurve(start_date=date(2022,5,24),
cleanspeed='T+1',yearlenth=10,fre=4,term=term,ave_price=ave_price,D_fix=365,D_float=365)
```

```
Swap_Shibor3M_Forwardcurve_test=Swap_Forwardcurve(Zerocurve=Swap_Shibor3M_Zerocurve_test)
print(Swap_Shibor3M_Forwardcurve_test)
```

輸出結果（部分）：

| | begin_date | end_date | term | ... | DF | Zero_rate | Forward_rate |
|---|---|---|---|---|---|---|---|
| 0 | 2022-05-23 | 2022-05-24 | 0.002740 | ... | 0.999963 | 1.3414 | NaN |
| 1 | 2022-05-24 | 2022-05-31 | 0.019178 | ... | 0.999671 | 1.7162 | NaN |
| 2 | 2022-05-24 | 2022-06-07 | 0.038356 | ... | 0.999338 | 1.7271 | NaN |
| 3 | 2022-05-24 | 2022-06-24 | 0.082192 | ... | 0.998367 | 1.9248 | NaN |
| 4 | 2022-05-24 | 2022-08-24 | 0.250000 | ... | 0.994862 | 2.0438 | 2.0210 |
| 5 | 2022-05-24 | 2022-11-24 | 0.500000 | ... | 0.989236 | 2.1468 | 2.2252 |
| 6 | 2022-05-24 | 2023-02-24 | 0.750000 | ... | 0.983284 | 2.2293 | 2.3687 |
| 7 | 2022-05-24 | 2023-05-24 | 1.000000 | ... | 0.977279 | 2.2983 | 2.4855 |
| 8 | 2022-05-24 | 2023-08-24 | 1.250000 | ... | 0.971104 | 2.3419 | 2.4883 |
| 9 | 2022-05-24 | 2023-11-24 | 1.500000 | ... | 0.964756 | 2.3855 | 2.5748 |
| 10 | 2022-05-24 | 2024-02-26 | 1.750000 | ... | 0.958095 | 2.4300 | 2.6625 |
| 11 | 2022-05-24 | 2024-05-24 | 2.000000 | ... | 0.951703 | 2.4717 | 2.7476 |
| 12 | 2022-05-24 | 2024-08-26 | 2.250000 | ... | 0.944894 | 2.5078 | 2.7599 |
| 13 | 2022-05-24 | 2024-11-25 | 2.500000 | ... | 0.938182 | 2.5427 | 2.8301 |
| 14 | 2022-05-24 | 2025-02-24 | 2.750000 | ... | 0.931356 | 2.5776 | 2.8994 |
| 15 | 2022-05-24 | 2025-05-26 | 3.000000 | ... | 0.924419 | 2.6125 | 2.9688 |

下面繪製利率互換收益率曲線，並對比市場報價、即期收益率與遠期收益率。

```
# 載入需要使用的函數庫
import matplotlib.pyplot as plt
from pylab import mpl
mpl.rcParams['font.sans-serif']=['SimHei']
mpl.rcParams['axes.unicode_minus']=False
# 按照計息週期繪製收益率曲線
plt.figure(figsize=(10,6))
ax=plt.gca()
ax.yaxis.set_ticks_position('left')
ax.spines['left'].set_position(('data',0))
plt.plot(term,ave_price*100,label=u' 市場報價 ( 平均值 )',lw=2.5)
plt.plot(Swap_Shibor3M_Forwardcurve_test['term'],Swap_Shibor3M_Forwardcurve_test
['Zero_rate'],label=u' 即期收益率 ',linestyle='-.',lw=2.5)
plt.plot(Swap_Shibor3M_Forwardcurve_test['term'][4:],Swap_Shibor3M_Forwardcurve_test
```

```
['Forward_rate'][4:],label=u' 遠期收益率 ',linestyle='--',lw=2.5)
plt.xlabel(u' 期限 ( 年 )',fontsize=16)
plt.ylabel(u' 收益率 (%)',fontsize=16)
plt.title(u' 收益率曲線 ',fontsize=20)
plt.xticks(fontproperties = 'Times New Roman', size = 16)
plt.yticks(fontproperties = 'Times New Roman', size = 16)
plt.legend(loc=4,fontsize=16)
plt.show()
```

輸出結果如圖 10-8 所示。

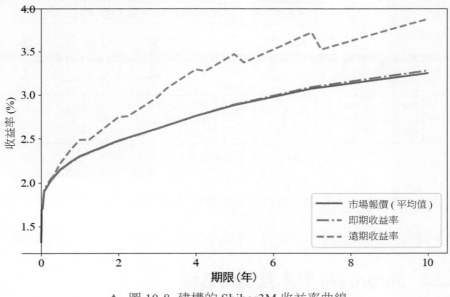

▲ 圖 10-8 建構的 Shibor3M 收益率曲線

由圖 10-8 可以看出，建構的利率互換零息即期收益率曲線與市場報價（平均值）曲線較為接近，遠期收益率曲線並未出現較大的抖動與明顯的鋸齒狀。

# 10.3 利率互換的估值與風險計量

## 10.3.1 估值原理與步驟

對一筆利率互換，設未來有 $n$ 期現金支付，求出未來現金流支付日固定端與浮動端的現金流，分別將其貼現並軋差即得到利率互換的價值。利率互換的估值流程如圖 10-9 所示。

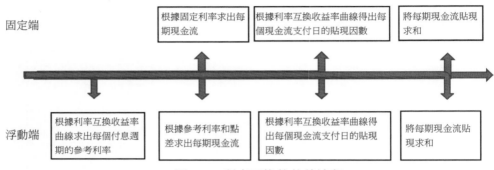

▲ 圖 10-9 利率互換的估值流程

固定利率支付方利率互換價值 = 浮動端現金流現值 − 固定端現金流現值。

固定利率收取方利率互換價值 = 固定端現金流現值 − 浮動端現金流現值。

## 10.3.2 Shibor3M 利率互換的估值

（1）Shibor3M 利率互換固定端現值的計算。

對於一筆 Shibor3M 利率互換，設該筆利率互換固定端利率為 $R$，面額為 $P$。未來現金流支付日距估值日（$T+1$）的天數分別為 $Day_1, Day_2, ..., Day_n$。假設即期收益率曲線分段線性，可利用線性插值求出對應即期收益率 $SC_{Day_1}$，$SC_{Day_2}, ..., SC_{Day_n}$。求出即期收益率後根據以下公式反求貼現因數。

$$DF_{Day_k} = e^{-SC_{Day_k} \times \frac{Day_k}{365}} \tag{10-10}$$

則固定端的現值計算公式為：

$$\text{fixlegPV} = P \times R \times \left( \begin{array}{c} \frac{\text{Day}_1}{365} \times \text{DF}_{\text{Day}_1} + \frac{\text{Day}_2 - \text{Day}_1}{365} \times \text{DF}_{\text{Day}_2} + \cdots \\ + \frac{\text{Day}_n - \text{Day}_{n-1}}{365} \times \text{DF}_{\text{Day}_n} \end{array} \right) \quad (10-11)$$

$P$：利率互換交易的名義本金。

$R$：固定端利率。

$\text{DF}_{\text{Day}_k}$：對應期限的貼現因數。

（2）Shibor3M 利率互換浮動端現值的計算。

已知 Shibor3M 利率互換當前付息週期浮動端參考利率（$f_1$），設第 $k$ 次利息支付參考利率為 $f_k$，利用下面的公式可求出 $f_k$。

$$\left( 1 + f_k \times \frac{\text{Day}_k - \text{Day}_{k-1}}{360} \right) = \frac{\text{DF}_{\text{Day}_{k-1}}}{\text{DF}_{\text{Day}_k}}, \quad k = 2,3,\cdots,n \quad (10-12)$$

$$\text{floatlegPV} = P \times \left[ \begin{array}{c} f_1' \times \frac{\text{Day}_1}{360} \times \text{DF}_{\text{Day}_1} + f_2' \times \frac{\text{Day}_2 - \text{Day}_1}{360} \times \text{DF}_{\text{Day}_2} + \cdots \\ + f_n' \times \frac{\text{Day}_n - \text{Day}_{n-1}}{360} \times \text{DF}_{\text{Day}_n} \end{array} \right] \quad (10-13)$$

【注】$f_i'$ 是加上利差後計算的浮動端的實際利率。

（3）Shibor3M 利率互換估值日（$T$+1）價值的計算。

$$\text{payfix}_{\text{value}} = \text{floatlegPV} - \text{fixlegPV} \quad (10-14)$$

$$\text{receivefix}_{\text{value}} = \text{fixlegPV} - \text{floatlegPV} \quad (10-15)$$

【實例 10-6】結合實例 10-2 中的交易要素和實例 10-4 中已建構好的 Shibor3M 即期收益率和貼現因數曲線，計算該筆交易的參考利率（遠期收益率），並對該筆交易進行估值。

【分析解答】由於計算日為 2022-5-23，估值日（*T*+1）為 2022-5-24，所以前兩個付息週期的參考利率已知，主要是求解後兩個付息週期的參考利率，這就需要採用即期收益率曲線來推算未來的參考利率。具體的計算過程參見表 10-6。

▼ 表 10-6　Shibor3M 利率互換估值計算

| 定盤日期 | 參考利率（%） | 點差（%） | 浮動端利率（%） | 計息開始日期 | 計息結束日期 | 計息天數 | 即期收益率（%） | 貼現因數 |
|---|---|---|---|---|---|---|---|---|
| 2022-2-15 | 2.4150 | 0.03 | 2.4450 | 2022-2-16 | 2022-5-16 | 89 | | |
| 2022-5-13 | 2.5000 | 0.03 | **2.5300** | 2022-5-16 | 2022-8-16 | 92 | **2.0282** | 0.99534324 |
| 2022-8-15 | **2.2135** | 0.03 | **2.2435** | 2022-8-16 | 2022-11-16 | 92 | **2.1378** | 0.98974445 |
| 2022-11-15 | **2.3578** | 0.03 | **2.3878** | 2022-11-16 | 2023-2-16 | 92 | **2.2221** | 0.9838165 |

【注】加粗部分數值見下面的詳細計算。

① 採用實例 10-4 建構好的收益率曲線，針對大於估值日的計息結束日期，分別對其進行插值，求得即期收益率。

$$SC_{2022\text{-}8\text{-}16} = 1.9248\% + \frac{days(2022\text{-}8\text{-}16 - 2022\text{-}6\text{-}24)}{days(2022\text{-}8\text{-}24 - 2022\text{-}6\text{-}24)} \times (2.0438\% - 1.9248\%)$$
$$= 2.0282\%$$

其他兩個日期類比求解。

② 根據即期收益率，用公式（10-10）反推貼現因數。

$$DF_{2022\text{-}8\text{-}16} = e^{-2.028\,2\% \times days(2022\text{-}8\text{-}16 - 2022\text{-}5\text{-}24)/365} = 0.99534324$$

其他兩個日期類比求解。

③ 根據貼現因數，用公式（10-12）求得未來的參考利率。

由於當前付息週期已定盤，所以知道當期付息週期的參考利率。

$$f_1 = 2.5\%$$

$$\left(1 + f_2 \times \frac{92}{360}\right) = \frac{0.99534324}{0.98974445}$$

$$\left(1 + f_3 \times \frac{92}{360}\right) = \frac{0.98974445}{0.9838165}$$

可以得到：

$$f_2 = 2.2135\%, \ f_3 = 2.3578\%$$

加上利差即得到浮動端的利率。

$$f_1' = 2.53\%, \ f_2' = 2.2435\%, \ f_3' = 2.3878\%$$

【注】在當前估值日期，利率互換的第一筆現金流已經支付（無須考慮歷史成本），$f_1$ 從當前付息週期（本例中為第二筆現金流）開始計算。

④ 根據公式（10-11）和公式（10-13）計算固定端與浮動端的現值。

$$\text{fixlegPV} = 10000000 \times 2.25\% \times \left(\frac{92}{365} \times 0.99534324 + \cdots + \right.$$

$$\left. \frac{92}{365} \times 0.9838165\right) = 168373.47$$

$$\text{floatlegPV} = 10000000 \times \left(2.53\% \times \frac{92}{360} \times 0.99534324 + \cdots \right.$$

$$\left. +2.3878\% \times \frac{92}{360} \times 0.9838165\right) = 181135.08$$

⑤ 根據公式（10-14）計算該筆利率互換的價值。

$$\text{payfix}_{\text{value}} = 181135.08 - 168373.47 = 12761.61$$

下面採用 Python 撰寫 Swap_Valuation 函數來對 Shibor3M 利率互換進行估值。

```
# 載入需要使用的函數庫
import numpy as np
```

```
from datetime import date
import scipy.interpolate as si
from coupon_schedule_adjust import coupon_schedule_adjust
from Swap_Zerocurve import Swap_Zerocurve
# 利率互換的估值函數
def Swap_Valuation(cal_date,Zerocurve,start_date,yearlenth,fre,R,fk,spread,P,paytype
,D_fix,D_float):
    '''
    :param cal_date: 計算日期；
    :param Zerocurve: 利率互換或即期收益率曲線；
    :param start_date: 利率互換起息日；
    :param yearlenth: 利率互換年限；
    :param fre: 利率互換的付息頻率；
    :param R: 利率互換固定端利率；
    :param fk: 利率互換當期付息週期浮動端參考利率；
    :param spread: 利率互換浮動端的利差；
    :param P: 利率互換的名義本金；
    :param paytype: 利率互換的類型，fix 代表固定利率，float 代表浮動利率；
    :param D_fix: 固定端年度計算天數，360 或 365；
    :param D_float: 浮動端年度計算天數，360 或 365；
    :return: 返回利率互換的估值結果。
    '''
    coupon_schedule_adjust_test=coupon_schedule_adjust(start_date=start_date,
                                        yearlenth=yearlenth,fre=fre)
    paymentday_yearfraction=[]
    payint_days=[]
    for i in range(0,len(coupon_schedule_adjust_test)):
        if coupon_schedule_adjust_test[i]>cal_date:
            paymentday_yearfraction.append((coupon_schedule_adjust_test[i]-cal_
date). days/D_fix) # 支付日距離估值日年化時間
            payint_days.append((coupon_schedule_adjust_test[i]-
                            coupon_schedule_adjust_test[i-1]).days)
    Curve_yearfraction=(Zerocurve['end_date']-Zerocurve['begin_date']).dt.days/D_fix
    func=si.interp1d(Curve_yearfraction,Zerocurve['Zero_rate'],kind="slinear") # 載入
原始 x、y 軸資料，採用線性插值
    paymentday_Zerorate=func(paymentday_yearfraction)    # 插值各期支付日的即期收益率
    DF=np.exp(-paymentday_Zerorate/100*np.array(paymentday_yearfraction).T)    # 求解各
期支付日貼現因數
    yearfactor_fix=np.array(payint_days)/D_fix
```

```python
yearfactor_float=np.array(payint_days)/D_float
#計算浮動端參考利率
f=np.zeros(len(DF))
f[0]=fk
i=1
while i<len(DF):      #計算未來的參考利率
    f[i]=(DF[i-1]/DF[i]-1)/yearfactor_float[i]
    i=i+1
f=f+spread
PVfloat=P*sum(f*yearfactor_float*DF) #計算浮動端現金流現值
PVfix=P*R*sum(DF*yearfactor_fix) #計算固定端現金流現值
# 根據利率互換的方向計算利率互換的價值
if paytype=='float':
    Valuation=PVfix-PVfloat      #軋差計算估值
else: Valuation=PVfloat-PVfix
return Valuation
```

呼叫 Swap_Valuation 函數並輸入參數計算 Shibor3M 利率互換的估值。

```python
# 測試案例
valueday=date(2022,5,24)   #計算日
# 建構估值曲線
term=np.array([1/365,7/365,14/365,30/365,0.25,0.5,0.75,1,2,3,4,5,7,10])
ave_price=np.array([1.3230,1.6930,1.7040,1.9000,2.0210,2.1523,2.2349,2.3038,2.4763,
2.6150,2.7608,
2.8840,3.0700,3.2489])/100
Zerocurve=Swap_Zerocurve(start_date=date(2022,5,24), cleanspeed='T+1',yearlenth=10,fre=4,
                    term=term,ave_price=ave_price,D_fix=365,D_float=360)
# 輸入利率互換參數對其進行估值
Swap_Shibor3M_Valuation_test=Swap_Valuation(cal_date=valueday,Zerocurve=Zerocurve,
                    start_date=date(2022,2,16),yearlenth=1,fre=4,R=2.45/100,
        fk=2.5/100,spread=0.03/100,P=10000000,paytype='fix',D_fix=365,D_float=360)
print(' 該筆利率互換的估值為：',round(Swap_Shibor3M_Valuation_test,2))
```

輸出結果：

```
该笔利率互换的估值为：  12761.61
```

### 10.3.3 FR007 利率互換的估值

FR007 利率互換固定端現金流計算與 Shibor3M 利率互換固定端現金流計算相同，這裡不複述，主要介紹浮動端的現金流計算方法。

（1）FR007 當前付息週期浮動端現金流的計算。

對於一筆 FR007 利率互換，在當前付息週期已知 $m$ 個利率重置週期，參考利率分別為 $\mathrm{fr}_1, \mathrm{fr}_2, \cdots, \mathrm{fr}_m$。第 $m+1$ 個利率重置週期起始日 $\mathrm{Day}_0$ 到第一次現金支付日 $\mathrm{Day}_1$ 期間遠期收益率設為 $f_1$，則有：

$$\left(1 + f_1 \times \frac{\mathrm{Day}_1 - \mathrm{Day}_0}{365}\right) = \frac{\mathrm{DF}(\mathrm{Day}_0)}{\mathrm{DF}(\mathrm{Day}_1)} \tag{10-16}$$

當前付息週期的現金流計算公式如下。

$$C_1 = P \times \left[\left(1 + f_1' \times \frac{\mathrm{Day}_1 - \mathrm{Day}_0}{365}\right) \times \left(1 + \mathrm{fr}_m' \times \frac{t_m}{365} \times \prod_{i=1}^{m-1}\left(1 + \mathrm{fr}_i' \times \frac{7}{365}\right) - 1\right)\right] \tag{10-17}$$

【注】$f_i'$ 是加上利差後計算的浮動端的實際利率。

（2）FR007 浮動端現金流現值的計算。

設第 $k$ 次利息支付參考利率為 $f_k$，利用下面的公式可求出未來的參考利率 $f_k$。

$$\left(1 + f_k \times \frac{\mathrm{Day}_k - \mathrm{Day}_{k-1}}{365}\right) = \frac{\mathrm{DF}(\mathrm{Day}_{k-1})}{\mathrm{DF}(\mathrm{Day}_k)} \tag{10-18}$$

$$\mathrm{floatlegPV} = C_1 \times \mathrm{DF}_{\mathrm{Day}_1} + P \times \left[\begin{array}{l} f_2' \times \dfrac{\mathrm{Day}_2 - \mathrm{Day}_1}{365} \times \mathrm{DF}_{\mathrm{Day}_2} + \cdots \\ + f_n' \times \dfrac{\mathrm{Day}_n - \mathrm{Day}_{n-1}}{365} \times \mathrm{DF}_{\mathrm{Day}_n} \end{array}\right] \tag{10-19}$$

【注】$f_i'$ 是加上利差後計算的浮動端的實際利率。

（3）FR007 利率互換估值日（$T+1$）價值的計算。

$$\mathrm{payfix}_{\mathrm{value}} = \mathrm{floatlegPV} - \mathrm{fixlegPV} \tag{10-20}$$

$$\mathrm{receivefix}_{\mathrm{value}} = \mathrm{fixlegPV} - \mathrm{floatlegPV} \tag{10-21}$$

【實例 10-7】結合實例 10-3 中的交易要素和表 10-7 中已經建構好的 FR007 收益率曲線，在 2022-2-23 求當前付息週期的浮動端現金流。

▼ 表 10-7　FR007 利率互換 2022-2-23 日終即期收益率曲線

| 計息開始日期 | 計息結束日期 | 期限點 | 利率（％） | 指標 | DF | 即期收益率（％） |
|---|---|---|---|---|---|---|
| 2022-2-23 | 2022-2-24 | 1D | 2.0600 | FR001 | 0.99994356 | 2.0599% |
| 2022-2-24 | 2022-3-3 | 1W | 2.4500 | FR007 | 0.99953036 | 2.4494% |
| 2022-2-24 | 2022-3-10 | 2W | 2.3200 | FR014 | 0.99911093 | 2.3190% |
| 2022-2-24 | 2022-3-24 | 1M | 2.1913 | FR007 | 0.99832182 | 2.1895% |
| 2022-2-24 | 2022-5-24 | 3M | 2.1825 | FR007 | 0.99470646 | 2.1767% |
| 2022-2-24 | 2022-8-24 | 6M | 2.1810 | FR007 | 0.98927176 | 2.1751% |
| 2022-2-24 | 2022-11-24 | 9M | 2.1853 | FR007 | 0.98383151 | 2.1794% |
| 2022-2-24 | 2023-2-24 | 1Y | 2.2011 | FR007 | 0.97828710 | 2.1952% |
| 2022-2-24 | 2023-5-24 | 15M | | FR007 | 0.97284248 | 2.2136% |
| 2022-2-24 | 2023-8-24 | 18M | | FR007 | 0.96715519 | 2.2325% |
| 2022-2-24 | 2023-11-24 | 21M | | FR007 | 0.96140919 | 2.2515% |
| 2022-2-24 | 2024-2-26 | 2Y | 2.2763 | FR007 | 0.95547914 | 2.2709% |
| 2022-2-24 | 2024-5-24 | 27M | | FR007 | 0.94971820 | 2.2964% |
| 2022-2-24 | 2024-8-26 | 30M | | FR007 | 0.94347474 | 2.3236% |
| 2022-2-24 | 2024-11-25 | 33M | | FR007 | 0.93734441 | 2.3500% |
| 2022-2-24 | 2025-2-24 | 3Y | 2.3800 | FR007 | 0.93113155 | 2.3763% |

【分析解答】由於計算日為 2022-2-23，估值日（T+1）為 2022-2-24，所以當前付息週期已知的最新的參考利率為 2022-2-21 的 2.15%。已知的參考利率可以採用複利進行計算，而未知的參考利率採用遠期收益率進行預測。具體的計算過程如表 10-8 所示。

▼ 表 10-8　FR007 利率互換估值計算

| 定盤日期 | 參考利率（%） | 開始日期 | 到期日期 | 即期收益率（%） | 貼現因數 |
|---|---|---|---|---|---|
| 2021-12-31 | 2.4000 | 2022-1-4 | 2022-1-11 | | |
| 2022-1-10 | 2.1100 | 2022-1-11 | 2022-1-18 | | |
| 2022-1-17 | 2.2200 | 2022-1-18 | 2022-1-25 | | |
| 2022-1-24 | 2.0800 | 2022-1-25 | 2022-2-1 | | |
| 2022-1-30 | 2.2700 | 2022-2-1 | 2022-2-8 | | |
| 2022-2-7 | 2.1800 | 2022-2-8 | 2022-2-15 | | |
| 2022-2-14 | 2.0200 | 2022-2-15 | 2022-2-22 | | |
| 2022-2-21 | 2.1500 | 2022-2-22 | 2022-3-1 | 2.3381 | 0.99967976 |
| 2022-2-28 | **2.1680** | 2022-3-1 | 2022-3-8 | | |
| | | 2022-3-8 | 2022-3-15 | | |
| | | 2022-3-15 | 2022-3-22 | | |
| | | 2022-3-22 | 2022-3-29 | | |
| | | 2022-3-29 | 2022-4-5 | | |
| | | 2022-4-5 | 2022-4-6 | 2.1867 | 0.99754672 |

【注】加粗數值的未來參考利率計算見下文。

在當前付息週期已知 $m$ 個利率重置週期，參考利率分別為：

$$fr_1 = 2.4\%, fr_2 = 2.11\%, \cdots, fr_8 = 2.15\%$$

當前付息週期已知的參考利率的天數 =days（2022-3-1—2022-1-4）= 56

當前付息週期未定盤參考利率的天數 =days（2022-4-6—2022-3-1）= 36

① 依據表 10-7 舉出的 FR007 收益率曲線，分別求取 2022-3-1 與 2022-4-6 的即期收益率與貼現因數。

$$\text{SC}_{2022\text{-}3\text{-}1} = 2.0599\% + \frac{\text{days}(2022\text{-}3\text{-}1 - 2022\text{-}2\text{-}24)}{\text{days}(2022\text{-}3\text{-}3 - 2022\text{-}2\text{-}24)} \times (2.4494\% - 2.0599\%)$$
$$= 2.3381\%$$

$$\text{DF}_{2022\text{-}3\text{-}1} = e^{-2.3381\% \times \text{days}(2022\text{-}3\text{-}1 - 2022\text{-}2\text{-}24)/365} = 0.99967976$$

2022-4-6 即期收益率與貼現因數類比求解。

② 根據公式（10-16）求取當前付息週期未定盤的參考利率。

$$\left(1 + f_1 \times \frac{36}{365}\right) = \frac{0.99967976}{0.99754672}$$
$$f_1 = 2.1680\%$$

③ 加上利差（案例中為 3BP）可以得到實際浮動端計算的每個子利率。

$$f_1' = f_1 + 3\text{BP} = 2.1980\%$$
$$\text{fr}_1' = 2.43\%, \ \text{fr}_2' = 2.14\%, \ \cdots, \ \text{fr}_8' = 2.18\%$$

④ 根據公式（10-17）計算當前付息週期的現金流。

$$C_1 = 100000000 \times \left[\left(1 + 2.1980\% \times \frac{36}{365}\right) \times \left(1 + 2.18\% \times \frac{7}{365} \times \prod_{t=1}^{7}\left(1 + \text{fr}_i' \times \frac{7}{365}\right) - 1\right]\right.$$
$$= 55690.41 \ (\text{元})$$

值得注意的是，FR007 利率互換的當前付息週期現金流的計算採用複利計算較為精確，為計算簡便，後續未定盤的參考利率可以採用類似 Shibor3M 利率互換的單利計算方式〔公式（10-18）〕。這裡不重複寫 Python 程式，感興趣的讀者可以在實例 10-6 Python 程式的基礎上撰寫 FR007 利率互換的估值程式。

## 10.3.4 利率互換的 DV01 與利率互換關鍵期限的 DV01

（1）利率互換的 DV01。

利率互換的 DV01 的含義是相對於初始利率互換的估值，即如果市場要求收益率上、下波動 5 個基點時，利率互換估值的變動值。計算某筆利率互換的 DV01，假設曲線各期限收益率均上漲 5 個基點，求出該筆利率互換的價格 $\mathrm{Swap}_V(+5\mathrm{bps})$；假設曲線各期限收益率均下降 5 個基點，求出該筆利率互換的價格 $\mathrm{Swap}_V(-5\mathrm{bps})$。DV01 的具體計算公式如下。

$$DV01 = \frac{\mathrm{Swap}_V(+5\mathrm{bps}) - \mathrm{Swap}_V(-5\mathrm{bps})}{10} \tag{10-22}$$

【實例 10-8】在實例 10-6 中已經對該筆 Shibor3M 利率互換進行了估值，假定其他所有條件一致，計算該筆利率互換的 DV01。

【分析解答】由於採用公式（10-22）的衝擊法進行重估值（某個參數發生細微變化，重新計算估值）計算比較煩瑣，下面直接採用 Python 撰寫 Swap_DV01 函數來計算 Shibor3M 利率互換的 DV01。

```python
# 載入需要使用的函數庫
import numpy as np
import pandas as pd
from datetime import date
from Swap_Zerocurve import Swap_Zerocurve
from Swap_Valuation import Swap_Valuation
# 計算利率互換的 DV01 的函數
def Swap_DV01(cal_date,term,ave_price,cleanspeed,
              start_date,yearlenth,fre,R,fk,spread,P,paytype,D_fix,D_float):
    '''
    :param cal_date: 計算日期；
    :param term: 市場報價曲線的年化期限點；
    :param ave_price: 收盤報價（平均值）；
    :param cleanspeed: 清算速度，T+1 或 T+0；
    :param start_date: 利率互換的起息日；
    :param yearlenth: 利率互換的年化時間；
    :param fre: 利率互換的付息頻率；
```

```
    :param R: 利率互換固定端利率；
    :param fk: 利率互換當前付息週期定盤利率；
    :param spread: 利率互換浮動端的利差；
    :param P: 利率互換的名義本金；
    :param paytype: 利率互換的類型，fix 代表固定利率，float 代表浮動利率；
    :param D_fix: 固定端年度計算天數，360 或 365；
    :param D_float: 浮動端年度計算天數，360 或 365；
    :return: 返回計算利率互換的 DV01。
    '''
    Zerocurve_up=Swap_Zerocurve(start_date=cal_date,cleanspeed=cleanspeed,
                                yearlength=term[-1],fre=fre,term=term,
                                ave_price=np.array(ave_price*1)+0.05/100,
                                D_fix=D_fix,D_float=D_float)
    valuation_Swap_up=Swap_Valuation(cal_date=cal_date,Zerocurve=Zerocurve_up,
                                start_date=start_date,yearlenth=yearlenth,fre=fr
e,R=R,
                                fk=fk,spread=spread,P=P,paytype=paytype,
                                D_fix=D_fix,D_float=D_float)
    Zerocurve_down=Swap_Zerocurve(start_date=cal_date,cleanspeed=cleanspeed,
                                yearlength=term[-1],fre=fre,term=term,
                                ave_price=np.array(ave_price*1)-0.05/100,
                                D_fix=D_fix,D_float=D_float)
    valuation_Swap_down=Swap_Valuation(cal_date=cal_date,Zerocurve=Zerocurve_down,
                                start_date=start_date,yearlenth=yearlenth,fre=fre
,R=R,
                                fk=fk,spread=spread,P=P,paytype=paytype,
                                D_fix=D_fix,D_float=D_float)
    DV01=(valuation_Swap_up-valuation_Swap_down)/10
    return DV01
```

　　呼叫 Swap_DV01 函數並輸入對應參數計算利率互換的 DV01。

```
# 測試案例
valueday=date(2022,5,24)   # 估值日
# 建構估值曲線
term=np.array([1/365,7/365,14/365,30/365,0.25,0.5,0.75,1,2,3,4,5,7,10])
ave_price=np.array([1.3230,1.6930,1.7040,1.9000,2.0210,2.1523,2.2349,2.3038,2.4763,
2.6150,2.7608,2.8840,3.0700,3.2489])/100
# 呼叫 Swap_DV01 函數計算利率互換的 DV01
```

```
Swap_Shibor3M_DV01=Swap_DV01(cal_date=valueday,term=term,ave_price=ave_price,
                             cleanspeed='T+1',start_date=date(2022,2,16),
                             yearlenth=1,fre=4,R=2.45/100,fk=2.5/100,spread=0.03/100,
                             P=10000000,paytype='fix',D_fix=365,D_float=360)
print('該筆利率互換的DV01：',round(Swap_Shibor3M_DV01,2))
```

輸出結果：

```
该笔利率互换的DV01：  494.95
```

（2）利率互換關鍵期限的 DV01。

利率互換關鍵期限的 DV01 和債券的關鍵利率久期類似。關鍵期限是人為主觀定義的，例如定義關鍵期限為 1D、7D、1M、3M 等。計算利率互換某個關鍵期限的 DV01，可以假設該期限利率上漲和下跌 5BP，其他期限利率保持不變，重新計算出利率互換的估值，演算法與公式（10-22）相似。

【實例 10-9】在實例 10-8 中已經計算了該筆利率互換的 DV01，請求解該筆利率互換關鍵期限的 DV01。

【分析解答】由於該筆利率互換的存續期小於 1 年，為計算簡捷，儘量減少程式篇幅，這裡關鍵期限定義為 1D、7D、14D、1M、3M、6M、9M、1Y。當然，感興趣的讀者可以進行擴充，重複的程式這裡不複述。下面直接採用 Python 撰寫 Swap_KEYDV01 函數來計算 Shibor3M 利率互換關鍵期限的 DV01。

```
# 載入需要使用的函數庫
import numpy as np
import pandas as pd
import datetime
from datetime import date
import scipy.interpolate as si
from coupon_schedule_adjust import coupon_schedule_adjust
from Swap_Zerocurve import Swap_Zerocurve
from Swap_Valuation import Swap _Valuation
# 計算利率互換關鍵期限的 DV01 的函數
def Swap_KEYDV01(cal_date,term,ave_price,cleanspeed,start_date,yearlenth,fre,R,fk,spre
ad,P,paytype,D_fix,D_float):
```

```
...
    :param cal_date: 計算日期；
    :param term: 市場報價曲線的年化期限點；
    :param ave_price: 收盤報價（平均值）；
    :param cleanspeed: 清算速度，T+1 或 T+0；
    :param start_date: 利率互換的起息日；
    :param yearlenth: 利率互換的年化時間；
    :param fre: 利率互換的付息頻率；
    :param R: 利率互換固定端利率；
    :param fk: 利率互換當前付息週期參考利率；
    :param spread: 利率互換浮動端的利差；
    :param P: 利率互換的名義本金；
    :param paytype: 利率互換的類型，fix 代表固定利率，float 代表浮動利率；
    :param D_fix: 固定端年度計算天數，360 或 365；
    :param D_float: 浮動端年度計算天數，360 或 365；
    :return: 返回計算利率互換關鍵期限的 DV01。
    ...
    # 關鍵期限 1D
    ave_price_1D_up=np.array(ave_price)
    ave_price_1D_up[0]=ave_price_1D_up[0]+0.05/100    # 關鍵期限點 1D 上升 5BP
    Zerocurve_1D_up=Swap_Zerocurve(start_date=cal_date,cleanspeed=cleanspeed,
                    yearlenth=term[-1],fre=fre,term=term,ave_price=ave_price_1D_up,
                    D_fix=D_fix,D_float=D_float)
    valuation_Swap_1D_up=Swap_Valuation(cal_date=cal_date,Zerocurve=Zerocurve_1D_up,
                    start_date=start_date,yearlenth=yearlenth,fre=fre,R=R,
                    fk=fk,spread=spread,P=P,paytype=paytype,
                    D_fix=D_fix,D_float=D_float)
    ave_price_1D_down=np.array(ave_price)
    ave_price_1D_down[0]=ave_price_1D_down[0]-0.05/100 # 關鍵期限點 1D 下降 5BP
    Zerocurve_1D_down=Swap_Zerocurve(start_date=cal_date,cleanspeed=cleanspeed,
                    yearlenth=term[-1],fre=fre,term=term,ave_price=ave_price_1D_down,
                    D_fix=D_fix,D_float=D_float)
    valuation_Swap_1D_down=Swap_Valuation(cal_date=cal_date,Zerocurve=Zerocurve_1D_down,
                    start_date=start_date,yearlenth=yearlenth,fre=fre,R=R,
                    fk=fk,spread=spread,P=P,paytype=paytype,
                    D_fix=D_fix,D_float=D_float)
    KEYDV01_1D=(valuation_Swap_1D_up-valuation_Swap_1D_down)/10
    # 關鍵期限 7D
    ave_price_7D_up=np.array(ave_price)
```

```
ave_price_7D_up[1]=ave_price_7D_up[1]+0.05/100   # 關鍵期限點 7D 上升 5BP
Zerocurve_7D_up=Swap_Zerocurve(start_date=cal_date,cleanspeed=cleanspeed,
                yearlenth=term[-1],fre=fre,term=term,ave_price=ave_price_7D_up,
                D_fix=D_fix,D_float=D_float)
valuation_Swap_7D_up=Swap_Valuation(cal_date=cal_date,Zerocurve=Zerocurve_7D_up,
                start_date=start_date,yearlenth=yearlenth,fre=fre,R=R,
                fk=fk,spread=spread,P=P,paytype=paytype,
                D_fix=D_fix,D_float=D_float)
ave_price_7D_down=np.array(ave_price)
ave_price_7D_down[1]=ave_price_7D_down[1]-0.05/100    # 關鍵期限點 7D 下降 5BP
Zerocurve_7D_down=Swap_Zerocurve(start_date=cal_date,cleanspeed=cleanspeed,
                yearlenth=term[-1],fre=fre,term=term,ave_price=ave_price_7D_down,
                D_fix=D_fix,D_float=D_float)
valuation_Swap_7D_down=Swap_Valuation(cal_date=cal_date,Zerocurve=Zerocurve_7D_down,
                start_date=start_date,yearlenth=yearlenth,fre=fre,R=R,
                fk=fk,spread=spread,P=P,paytype=paytype,
                D_fix=D_fix,D_float=D_float)
KEYDV01_7D=(valuation_Swap_7D_up-valuation_Swap_7D_down)/10
# 關鍵期限 14D
ave_price_14D_up=np.array(ave_price)
ave_price_14D_up[2]=ave_price_14D_up[2]+0.05/100     # 關鍵期限點 14D 上升 5BP
Zerocurve_14D_up=Swap_Zerocurve(start_date=cal_date,cleanspeed=cleanspeed,
                yearlenth=term[-1],fre=fre,term=term,ave_price=ave_price_14D_up,
                D_fix=D_fix,D_float=D_float)
valuation_Swap_14D_up=Swap_Valuation(cal_date=cal_date,Zerocurve=Zerocurve_14D_up,
                start_date=start_date,yearlenth=yearlenth,fre=fre,R=R,
                fk=fk,spread=spread,P=P,paytype=paytype,
                D_fix=D_fix,D_float=D_float)
ave_price_14D_down=np.array(ave_price)
ave_price_14D_down[2]=ave_price_14D_down[2]-0.05/100    # 關鍵期限點 14D 下降 5BP
Zerocurve_14D_down=Swap_Zerocurve(start_date=cal_date,cleanspeed=cleanspeed,
                yearlenth=term[-1],fre=fre,term=term,ave_price=ave_price_14D_down,
                D_fix=D_fix,D_float=D_float)
valuation_Swap_14D_down=Swap_Valuation(cal_date=cal_date,Zerocurve=Zerocurve_14D_down,
                start_date=start_date,yearlenth=yearlenth,fre=fre,R=R,
                fk=fk,spread=spread,P=P,paytype=paytype,
                D_fix=D_fix,D_float=D_float)
KEYDV01_14D=(valuation_Swap_14D_up-valuation_Swap_14D_down)/10
# 關鍵期限 1M
```

```python
ave_price_1M_up=np.array(ave_price)
ave_price_1M_up[3]=ave_price_1M_up[3]+0.05/100     # 關鍵期限點 1M 上升 5BP
Zerocurve_1M_up=Swap_Zerocurve(start_date=cal_date,cleanspeed=cleanspeed,
                  yearlenth=term[-1],fre=fre,term=term,ave_price=ave_price_1M_up,
                  D_fix=D_fix,D_float=D_float)
valuation_Swap_1M_up=Swap_Valuation(cal_date=cal_date,Zerocurve=Zerocurve_1M_up,
                  start_date=start_date,yearlenth=yearlenth,fre=fre,R=R,
                  fk=fk,spread=spread,P=P,paytype=paytype,
                  D_fix=D_fix,D_float=D_float)
ave_price_1M_down=np.array(ave_price)
ave_price_1M_down[3]=ave_price_1M_down[3]-0.05/100    # 關鍵期限點 1M 下降 5BP
Zerocurve_1M_down=Swap_Zerocurve(start_date=cal_date,cleanspeed=cleanspeed,
                  yearlenth=term[-1],fre=fre,term=term,ave_price=ave_price_1M_down,
                  D_fix=D_fix,D_float=D_float)
valuation_Swap_1M_down=Swap_Valuation(cal_date=cal_date,Zerocurve=Zerocurve_1M_down,
                  start_date=start_date,yearlenth=yearlenth,fre=fre,R=R,
                  fk=fk,spread=spread,P=P,paytype=paytype,
                  D_fix=D_fix,D_float=D_float)
KEYDV01_1M=(valuation_Swap_1M_up-valuation_Swap_1M_down)/10
# 關鍵期限 3M
ave_price_3M_up=np.array(ave_price)
ave_price_3M_up[4]=ave_price_3M_up[4]+0.05/100    # 關鍵期限點 3M 上升 5BP
Zerocurve_3M_up=Swap_Zerocurve(start_date=cal_date,cleanspeed=cleanspeed,
                  yearlenth=term[-1],fre=fre,term=term,ave_price=ave_price_3M_up,
                  D_fix=D_fix,D_float=D_float)
valuation_Swap_3M_up=Swap_Valuation(cal_date=cal_date,Zerocurve=Zerocurve_3M_up,
                  start_date=start_date,yearlenth=yearlenth,fre=fre,R=R,
                  fk=fk,spread=spread,P=P,paytype=paytype,
                  D_fix=D_fix,D_float=D_float)
ave_price_3M_down=np.array(ave_price)
ave_price_3M_down[4]=ave_price_3M_down[4]-0.05/100    # 關鍵期限點 3M 下降 5BP
Zerocurve_3M_down=Swap_Zerocurve(start_date=cal_date,cleanspeed=cleanspeed,
                  yearlenth=term[-1],fre=fre,term=term,ave_price=ave_price_3M_down,
                  D_fix=D_fix,D_float=D_float)
valuation_Swap_3M_down=Swap_Valuation(cal_date=cal_date,Zerocurve=Zerocurve_3M_down,
                  start_date=start_date,yearlenth=yearlenth,fre=fre,R=R,
                  fk=fk,spread=spread,P=P,paytype=paytype,
                  D_fix=D_fix,D_float=D_float)
KEYDV01_3M=(valuation_Swap_3M_up-valuation_Swap_3M_down)/10
```

```
# 關鍵期限 6M
ave_price_6M_up=np.array(ave_price)
ave_price_6M_up[5]=ave_price_6M_up[5]+0.05/100   # 關鍵期限點 6M 上升 5BP
Zerocurve_6M_up=Swap_Zerocurve(start_date=cal_date,cleanspeed=cleanspeed,
               yearlenth=term[-1],fre=fre,term=term,ave_price=ave_price_6M_up,
               D_fix=D_fix,D_float=D_float)
valuation_Swap_6M_up=Swap_Valuation(cal_date=cal_date,Zerocurve=Zerocurve_6M_up,
               start_date=start_date,yearlenth=yearlenth,fre=fre,R=R,
               fk=fk,spread=spread,P=P,paytype=paytype,
               D_fix=D_fix,D_float=D_float)
ave_price_6M_down=np.array(ave_price)
ave_price_6M_down[5]=ave_price_6M_down[5]-0.05/100    # 關鍵期限點 6M 下降 5BP
Zerocurve_6M_down=Swap_Zerocurve(start_date=cal_date,cleanspeed=cleanspeed,
               yearlenth=term[-1],fre=fre,term=term,ave_price=ave_price_6M_down,
               D_fix=D_fix,D_float=D_float)
valuation_Swap_6M_down=Swap_Valuation(cal_date=cal_date,Zerocurve=Zerocurve_6M_down,
               start_date=start_date,yearlenth=yearlenth,fre=fre,R=R,
               fk=fk,spread=spread,P=P,paytype=paytype,
               D_fix=D_fix,D_float=D_float)
KEYDV01_6M=(valuation_Swap_6M_up-valuation_Swap_6M_down)/10
# 關鍵期限 9M
ave_price_9M_up=np.array(ave_price)
ave_price_9M_up[6]=ave_price_9M_up[6]+0.05/100   # 關鍵期限點 9M 上升 5BP
Zerocurve_9M_up=Swap_Zerocurve(start_date=cal_date,cleanspeed=cleanspeed,
               yearlenth=term[-1],fre=fre,term=term,ave_price=ave_price_9M_up,
               D_fix=D_fix,D_float=D_float)
valuation_Swap_9M_up=Swap_Valuation(cal_date=cal_date,Zerocurve=Zerocurve_9M_up,
               start_date=start_date,yearlenth=yearlenth,fre=fre,R=R,
               fk=fk,spread=spread,P=P,paytype=paytype,
               D_fix=D_fix,D_float=D_float)
ave_price_9M_down=np.array(ave_price)
ave_price_9M_down[6]=ave_price_9M_down[6]-0.05/100    # 關鍵期限點 9M 下降 5BP
Zerocurve_9M_down=Swap_Zerocurve(start_date=cal_date,cleanspeed=cleanspeed,
               yearlenth=term[-1],fre=fre,term=term,ave_price=ave_price_9M_down,
               D_fix=D_fix,D_float=D_float)
valuation_Swap_9M_down=Swap_Valuation(cal_date=cal_date,Zerocurve=Zerocurve_9M_down,
               start_date=start_date,yearlenth=yearlenth,fre=fre,R=R,
               fk=fk,spread=spread,P=P,paytype=paytype,
               D_fix=D_fix,D_float=D_float)
```

```
KEYDV01_9M=(valuation_Swap_9M_up-valuation_Swap_9M_down)/10
# 關鍵期限 1Y
ave_price_1Y_up=np.array(ave_price)
ave_price_1Y_up[7]=ave_price_1Y_up[7]+0.05/100    # 關鍵期限點 1Y 上升 5BP
Zerocurve_1Y_up=Swap_Zerocurve(start_date=cal_date,cleanspeed=cleanspeed,
                 yearlenth=term[-1],fre=fre,term=term,ave_price=ave_price_1Y_up,
                 D_fix=D_fix,D_float=D_float)
valuation_Swap_1Y_up=Swap_Valuation(cal_date=cal_date,Zerocurve=Zerocurve_1Y_up,
                 start_date=start_date,yearlenth=yearlenth,fre=fre,R=R,
                 fk=fk,spread=spread,P=P,paytype=paytype,
                 D_fix=D_fix,D_float=D_float)
ave_price_1Y_down=np.array(ave_price)
ave_price_1Y_down[7]=ave_price_1Y_down[7]-0.05/100   # 關鍵期限點 1Y 下降 5BP
Zerocurve_1Y_down=Swap_Zerocurve(start_date=cal_date,cleanspeed=cleanspeed,
                 yearlenth=term[-1],fre=fre,term=term,ave_price=ave_price_1Y_down,
                 D_fix=D_fix,D_float=D_float)
valuation_Swap_1Y_down=Swap_Valuation(cal_date=cal_date,Zerocurve=Zerocurve_1Y_down,
                 start_date=start_date,yearlenth=yearlenth,fre=fre,R=R,
                 fk=fk,spread=spread,P=P,paytype=paytype,
                 D_fix=D_fix,D_float=D_float)
KEYDV01_1Y=(valuation_Swap_1Y_up-valuation_Swap_1Y_down)/10
# 結果以資料框的形式展現
KEYDV01=pd.DataFrame({'KeyDV01':['1D','7D','14D','1M','3M','6M','9M','1Y','SUM'],
                 'Value':[KEYDV01_1D,KEYDV01_7D,KEYDV01_14D,KEYDV01_1M,KEYDV01_3M,
                     KEYDV01_6M,KEYDV01_9M,KEYDV01_1Y,
                     KEYDV01_1D+KEYDV01_7D+KEYDV01_14D+KEYDV01_1M+KEYDV01_3M+
                     KEYDV01_6M+KEYDV01_9M+KEYDV01_1Y]})
    return KEYDV01
```

　　呼叫 Swap _KEYDV01 函數並輸入參數計算利率互換關鍵期限的 DV01。

```
# 測試案例
valueday=date(2022,5,24)    # 估值日
# 建構估值曲線
term=np.array([1/365,7/365,14/365,30/365,0.25,0.5,0.75,1,2,3,4,5,7,10])
ave_price=np.array([1.3230,1.6930,1.7040,1.9000,2.0210,2.1523,2.2349,2.3038,2.4763,
2.6150,2.7608,
2.8840,3.0700,3.2489])/100
# 呼叫 Swap_KEYDV01 函數計算利率互換的關鍵期限 DV01
```

```
Swap_KEYDV01=Swap_KEYDV01(cal_date=valueday,term=term,ave_price=ave_price,
                          cleanspeed='T+1',start_date=date(2022,2,16),
                          yearlenth=1,fre=4,R=2.45/100,fk=2.5/100,spread=0.03/100,
                          P=10000000,paytype='fix',D_fix=365,D_float=360)
print(Swap_KEYDV01)
```

輸出結果：

```
   KeyDV01       Value
0       1D    0.000000
1       7D    0.000000
2      14D    0.000000
3       1M  -30.410670
4       3M -201.943950
5       6M   63.002965
6       9M  663.572035
7       1Y    0.000000
8      SUM  494.220380
```

可以發現，各個關鍵期限點的 DV01 求和後（494.22）與該筆利率互換的 DV01（494.95）基本相同，這是在預期內的，細小的偏差來自市場利率變動重新拔靴以及對各個關鍵期限點插值。當然可以採用比例縮放的方式歸一化處理，使得各個關鍵期限點的 DV01 求和後和該筆利率互換的 DV01 完全相同。下面用圖形展示各個關鍵期限點的 DV01。

```
# 繪製利率互換關鍵期限的 DV01 圖
import matplotlib.pyplot as plt
from pylab import mpl
mpl.rcParams['font.sans-serif']=['SimHei']
mpl.rcParams['axes.unicode_minus']=False
x=Swap_KEYDV01['KeyDV01'][:-1]
y=Swap_KEYDV01['Value'][:-1]
plt.figure(figsize=(10,6))
plt.plot(x,[0]*len(x),color = 'red') # 繪製直線
plt.bar(x, y, width=0.6,color="#87CEFA") # 繪製柱狀圖
plt.xlabel(u' 關鍵期限 ',fontsize=16)
plt.ylabel(u' 關鍵期限 DV01',fontsize=16)
plt.title(u' 關鍵期限 DV01 分佈圖 ',fontsize=20)
plt.show()
```

輸出結果如圖 10-10 所示。

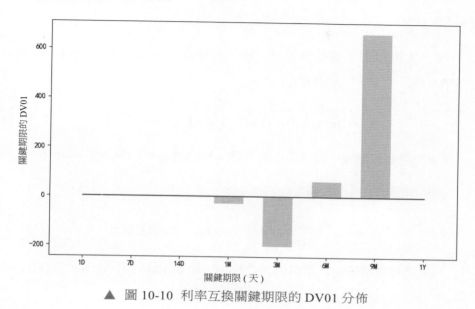

縱軸：關鍵期限的 DV01　橫軸：關鍵期限（天）

▲ 圖 10-10 利率互換關鍵期限的 DV01 分佈

需要指出的是，如果計算多筆利率互換關鍵期限的 DV01，可以採用類似債券關鍵利率久期的方法用市值加權進行整理。

## 10.3.5 利率互換的風險價值與預期損失

在 5.5 節中已經詳細介紹了採用歷史模擬法計算債券的風險價值與預期損失，而利率互換的風險價值與預期損失的計算方法類似，這裡稍做改進。目前來看，利率互換的歷史收益率資料可以追溯的時間較長，可以使用 5 年的歷史時間。具體的計算步驟如下。

（1）使用計算日的市場資料作為基本情景，計算出帳戶的估值 $V_0$。

（2）使用近 5 年營業日的收益率資料 $l_t$，每相隔 5 天相減（持有期為 5 天），得到 1 000 個以上的增量情景 $r_t$：

$$\Delta r_t = l_t - l_{t-5}, \quad t = 1,2,\cdots,1000 \text{ 及以上} \qquad (10-23)$$

　　以上表示兩個情景中相同的標準關鍵期限（如間隔 5 天的 Shibor3M）相減，每 5 天相減保證了一定的平滑性和穩定性。

　　（3）使用指數加權移動平均（Exponentially Weighted Moving-Average，EWMA）法計算 1000+ 個波動率：

$$\sigma_t = \sqrt{\lambda\sigma_{t-1}^2 + (1-\lambda)\Delta r_t^2}, \quad t = 1, 2, \cdots, 1000 \text{ 及以上} \qquad (10-24)$$

以上也是對每個標準關鍵期限做計算，初始值 $\sigma_0 = 1.1\%$ ， $\lambda = 0.992$ 。

　　（4）對增量情景進行適當調整修正：

$$\Delta S_t = \frac{\sigma_{1\,000+} + \sigma_t}{2\sigma_t}\Delta r_t, \quad t = 1, 2, \cdots, 1000 \text{ 及以上} \qquad (10-25)$$

　　（5）將增量情景和計算日的情景疊加，得到 1000 多個情景，計算出 1000 多個 $PV$：

$$V_t = \text{PV}(l_t + \Delta S_t), \quad t = 1, 2, \cdots, 1000 \text{ 及以上} \qquad (10-26)$$

　　（6）將以上計算出的 1000 多個 PV 與計算日當天的 PV 相減，得到 1000 多個損益：

$$\text{PL}_t = \text{PV}(l_t + \Delta S_t) - \text{PV}(l_t), t = 1, 2, \cdots, 1000 \text{ 及以上} \qquad (10-27)$$

　　（7）將損益從小到大排序：

$$\text{PL}_t^{\text{sort}}, \quad t = 1, 2, \cdots, 1000 \text{ 及以上} \qquad (10-28)$$

　　（8）5 天持有期信賴區間 $(1-\alpha)$ 的 VaR 為第 $\alpha$ 分位數損益：

$$\text{VaR}_{1-\alpha}(5_{\text{D}}) = \text{PL}_\alpha^{\text{sort}} \qquad (10-29)$$

　　（9）篩選出小於等於 $\text{PL}_\text{á}^{\text{sort}}$ 的損益，這些損益的平均值為 $\overline{\text{PL}_\text{á}^{\text{sort}}}$，則利率互換在信賴區間 $(1-a)$ 下持有期為 5 天的 $ES$ 為：

$$\mathrm{ES}_{1-\alpha}(5_{\mathrm{D}}) = \overline{\mathrm{PL}_\alpha^{\mathrm{sort}}} \tag{10-30}$$

（10）依據平方根法則，可以將 5 天持有期變更為 1 天、10 天等：

$$\mathrm{VaR}_{1-\alpha}(1_{\mathrm{D}}) = \sqrt{\frac{1}{5}} \mathrm{VaR}_{1-\alpha}(5D) \tag{10-31}$$

$$\mathrm{VaR}_{1-\alpha}(10_{\mathrm{D}}) = \sqrt{\frac{10}{5}} \mathrm{VaR}_{1-\alpha}(5D) \tag{10-32}$$

$$\mathrm{ES}_{1-\alpha}(1_{\mathrm{D}}) = \sqrt{\frac{1}{5}} \mathrm{ES}_{1-\alpha}(5D) \tag{10-33}$$

$$\mathrm{ES}_{1-\alpha}(10_{\mathrm{D}}) = \sqrt{\frac{10}{5}} \mathrm{ES}_{1-\alpha}(5D) \tag{10-34}$$

【實例 10-10】結合實例 10-6 中的交易要素，收益率曲線取自「Shibor3M 的 VaR 與 ES.xlsx」中的「Shibor3M 報價曲線」工作表，計算 2022-5-23 該筆利率互換 95% 信賴區間且持有期為 5 天的風險價值與預期損失。

【分析解答】由於歷史 5 年的收益率曲線資料較多，計算流程也較為複雜，因此使用 Python 直接撰寫 Swap_VaR 函數進行計算。

```python
# 載入需要使用的函數庫
from Swap_Zerocurve import Swap_Zerocurve
from Swap_Valuation import Swap_Valuation
from datetime import date
import numpy as np
import pandas as pd
# 計算利率互換 VaR 的函數
def Swap_VaR(cal_date,his_data,lamuda, cleanspeed,
             start_date,yearlenth,fre,R,fk,spread,P,paytype,confidence,holdingdays):
    '''
    :param cal_date: 計算日期；
    :param his_data: 關鍵期限點，歷史報價收益率資料；
    :param lamuda: 採用 EWMA 法計算波動率的 λ 值；
    :param cleanspeed: 清算速度；
    :param start_date: 利率互換的起息日；
```

```
    :param yearlenth: 利率互換的年限；
    :param fre: 利率互換的付息頻率；
    :param R: 利率互換固定端利率；
    :param fk: 利率互換浮動端當前付息週期參考利率；
    :param spread: 利率互換浮動端的利差；
    :param P: 利率互換的名義本金；
    :param paytype: 利率互換的類型，'fix' 代表固定利率，'float' 代表浮動利率；
    :param confidence: 計算利率互換 VaR 和 ES 的信賴區間；
    :param holdingdays: 計算利率互換 VaR 和 ES 的持有期天數；
    :return: 返回計算利率互換 VaR 和 ES 的結果。
    '''
    rate_PL = (his_data.shift(5) - his_data).dropna(axis=0)
    rate_PL.reset_index(drop=True, inplace=True)
    # 建構初始波動率
    vol = rate_PL * 1
    lamuda = lamuda
    vol.iloc[0] = (lamuda * 0.011 ** 2 + (1 - lamuda) * rate_PL.iloc[0] ** 2) ** (1 / 2)
    # 採用 EWMA 法建構波動率矩陣
    for i in range(1, len(vol)):
        vol.iloc[i] = (lamuda * vol.iloc[i - 1] ** 2 + (1 - lamuda) * rate_PL.iloc[i]
** 2) ** (1 / 2)
    # 對增量情景進行適當調整修正
    S_PL = vol * 1
    for j in range(0, len(S_PL)):
        S_PL.iloc[j] = np.multiply((S_PL.iloc[-1] + S_PL.iloc[j]) / (2 * S_PL.
iloc[j]), rate_PL.iloc[j])
    # 將增量情景和計算日的情景疊加
    rate_fin = S_PL * 1
    for k in range(0, len(rate_fin)):
        rate_fin.iloc[k] = averate.iloc[0] + rate_fin.iloc[k]
    # 計算計算日利率互換的估值
    Zerocurve = Swap_Zerocurve(start_date=cal_date, cleanspeed=cleanspeed,
                    yearlenth=his_data.columns.tolist()[-1], fre=4,
                    term=his_data.columns.tolist(), ave_price=np.array(his_data.iloc
[0].tolist())/100)
    Swap_Shibor3M_intial_value=Swap_Valuation(cal_date=cal_date,
                            Zerocurve=Zerocurve,start_date=start_date,
                            yearlenth=yearlenth,fre=fre,
                            R=R,fk=fk,spread=spread,P=P, paytype=paytype)
    # 採用歷史模擬法計算損益
```

```
Swap_Shibor3M_value_PL=[]
for indexs in rate_fin.index:
        ave_rates=(rate_fin.loc[indexs].values[0:])
        Zerocurve = Swap_Zerocurve(start_date=cal_date, cleanspeed=cleanspeed,
                        yearlenth=his_data.columns.tolist()[-1], fre=4,
                        term=his_data.columns.tolist(), ave_price=np.array(ave_rates)/100)
        Swap_Shibor3M_value_PL.append(Swap_Valuation(cal_date=cal_date,
                        Zerocurve=Zerocurve,start_date=start_date, yearlenth=yearlenth,
                        fre=fre, R=R,fk=fk, spread=spread, P=P,
                        paytype=paytype)-Swap_Shibor3M_intial_value)
diff_PL=np.array(Swap_Shibor3M_value_PL)
VaR = np.percentile(diff_PL, (1 - confidence) * 100)
ES = diff_PL[diff_PL <= VaR].mean()
VaR_nday=VaR*np.sqrt(holdingdays/5)
ES_nday=ES*np.sqrt(holdingdays/5)
return [VaR_nday,ES_nday]
```

載入歷史 5 年的收益率報價資料。

```
# 測試案例
averate=pd.read_excel('D:/Shibor3M 的 VaR 與 ES.xlsx','Shibor3M 報價曲線 ',header=0,index_
col=0)
print(averate)
```

輸出結果：

```
              0.002740   0.019178   0.038356   ...   5.000000   7.000000   10.000000
2022-05-23    1.3230     1.6930     1.7040     ...   2.8840     3.0700     3.2489
2022-05-20    1.3220     1.6650     1.7010     ...   2.9054     3.0938     3.2725
2022-05-19    1.4140     1.6540     1.6690     ...   2.8950     3.0788     3.2588
2022-05-18    1.3260     1.6470     1.6450     ...   2.8858     3.0839     3.2563
2022-05-17    1.3250     1.5840     1.5940     ...   2.9238     3.1086     3.2775
...           ...        ...        ...        ...   ...        ...        ...
2017-06-01    2.6525     2.8660     3.4738     ...   4.5730     4.7766     4.9560
2017-05-26    2.6090     2.8530     3.4644     ...   4.6612     4.8219     5.0186
2017-05-25    2.6110     2.8430     3.4576     ...   4.6600     4.7895     4.9295
2017-05-24    2.6230     2.8426     3.4513     ...   4.6865     4.8405     5.0044
2017-05-23    2.6540     2.8571     3.4489     ...   4.6984     4.8522     5.0371

[1182 rows x 14 columns]
```

呼叫 Swap_VaR 函數並輸入相關參數進行計算。

```
Swap_Shibor_3M_VaR_test=Swap_VaR(cal_date=date(2022,5,24),his_data=averate,lamuda=0.
992,
                   cleanspeed='T+1',start_date=date(2022,2,16),yearlenth=1,fre=4
,R=2.45/100,
                   fk=2.5/100,spread=0.03/100,P=10000000,paytype='fix',
                   confidence=0.95,holdingdays=5)
print('信賴區間為95%，持有5天的VaR:',round(Swap_Shibor_3M_VaR_test[0],2))
print('信賴區間為95%，持有5天的ES:',round(Swap_Shibor_3M_VaR_test[1],2))
```

輸出結果：

```
置信水平為95%，持有5天的VaR: -8930.31
置信水平為95%，持有5天的ES: -12269.55
```

# 10.4 本章小結

　　利率互換作為重要的固定收益利率類衍生品之一，在市場中發揮了舉足輕重的作用。本章主要對中國的利率互換產品做了詳細的介紹，包含基本的合約要素、利息計算方法、利率互換收益率曲線的建構方法以及根據相關曲線對利率互換進行估值與風險計量。如果想要精準對沖，還需要計算利率互換關鍵期限的 DV01，這與債券的關鍵利率久期的計算方法相似。在最後，為衡量利率互換的市場風險，介紹了實務中常用的利率互換的風險價值與預期損失的計算方法（歷史模擬法）。

# ⑪ 利率期權

　　規避利率風險的固定收益類衍生品，除了國債期貨、標準債券遠期和利率互換之外，還有一類相對複雜的產品——利率期權。利率期權包含利率買權、利率賣權、利率上下限期權、利率雙限期權與利率互換期權。目前在中國外匯交易中心交易的利率期權有利率上下限期權與利率互換期權。本章主要介紹這兩類利率期權。

# 11.1 利率上下限期權介紹

## 11.1.1 利率上限期權與利率下限期權

　　利率上限期權本質上是一系列利率看漲期權，借款人可以透過購買利率上限期權來防止利率上升。如果參考利率高於上限利率，借款人將獲得高於上限利率的差額補償；相反，如果參考利率下降，借款人可以以市場較低的利率融資，唯一的支出是購買利率上限期權所支付的期權費。購買利率下限期權可以防止利率下降。這與利率上限期權正好相反，因為當參考利率低於下限利率時，會獲得低於下限利率的賠付額。利率下限期權可用於防止利率下降導致收入下降（例如擁有大量浮動利率資產）。

　　利率上限／下限期權可以分解為一系列看漲／看跌期權子利率期權，這些看漲／看跌期權存在於協定的每個時期。用數學術語來說，利率上限／下限期權每期子期權的損益是：

$$\text{PL}_{\text{caplet}_i} = P \times \text{yearfractor}_i \times \text{Max}(f_i' - H, 0) \qquad (11-1)$$
$$\text{PL}_{\text{floorlet}_i} = P \times \text{yearfractor}_i \times \text{Max}(L - f_i', 0) \qquad (11-2)$$

$\text{PL}_{\text{caplet}_i}$ ：利率上限期權的每期子期權損益。

$\text{PL}_{\text{floorlet}_i}$ ：利率下限期權的每期子期權損益。

$P$ ：名義本金。

$\text{yearfractor}_i$ ：每期年化時間。

$f_i'$ ：每期定盤的參考利率加上利差。

$H$ ：利率上限期權的執行利率。

$L$ ：利率下限期權的執行利率。

　　單筆來看，利率上下限期權拆分成子期權後，隨標的價格變化的損益與股票期權相似，只不過對應的標的更換為了利率，行權價格更換為了上限／下限（執行）利率。具體的損益情況如圖 11-1 所示。

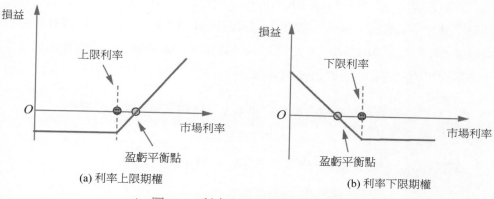

(a) 利率上限期權　　　　　　　　(b) 利率下限期權

▲ 圖 11-1 利率上下限期權子期權損益

## 11.1.2 利率上下限期權的功能

　　（1）規避利率風險。

　　利率上限（或下限）期權透過設置利率上限（或下限），可以保證期權持有人實際承擔的利率成本不超過利率上限（或不低於利率下限）。

　　（2）投機或套利。

　　經驗豐富的投資者可根據巨觀經濟與利率變化走勢應用利率上下限期權進行資產管理與策略投資，獲得投資理財的收益。

　　（3）深化金融體制改革，加快利率市場化處理程序。

　　利率上下限期權（尤其掛鉤 LPR）的定價能提供常見基準利率的預期走勢相關資訊，進而加快利率市場化處理程序，完善價格發現功能。

## 11.1.3 利率上下限期權交易要素

2020 年 1 月中國外匯交易中心發佈的《關於試點利率期權業務有關準備事項的通知》指出，全國銀行間同業拆借中心將於 2020 年 2 月 24 日起試運行利率期權交易及相關服務。當前，中國的交易品種包括 LPR1Y、LPR5Y、FDR001、FDR007 等利率上下限期權，它們都是歐式期權。中國外匯交易中心推出的利率上下限期權的主要交易要素如表 11-1 所示。

▼ 表 11-1 中國外匯交易中心推出的利率上下限期權的主要交易要素

| 期權類型 | 利率上限期權、利率下限期權 |
|---|---|
| 期權期限 | 6M、9M、1Y 等標準期限（可根據實際情況調整） |
| 合約程式 | 標準格式為「Cap/Floor_ 參考利率 _ 期權期限」，比如 Cap_LPR1Y_6M 的含義是標的為 LPR1Y、期權期限為 6M 的利率上限期權 |
| 名義本金 | 100 萬元（1 手） |
| 期權價格 | 報價形式：基點（BP） |
| 隱含波動率 | 單位為年化百分比，可以自行指定，也可以由市場價格反推得到 |
| 期權費 | 期權費 = 期權價格 × 單位名義本金 × 手數 |
| 執行利率 | ① 標準合約的執行價格：6M、9M、1Y ② 相鄰兩檔行權價格相差 10BP ③ 可調整執行利率 |
| 期權費支付日 | 預設期權費支付日 = 交易日 +1 個營業日（可根據實際情況調整） |
| 起始日 | 預設起始日 = 交易日 +1 個營業日（可根據實際情況調整） |
| 到期日 | 預設到期日 = 起始日 + 期權期限（可根據實際情況調整） |
| 參考利率 | LPR1Y、LPR5Y、FDR001、FDR007 等 |
| 利差 | 單位 BP |
| 重置頻率 | 付息頻率（預設按季支付） |

（續表）

| 清算 / 交割方式 | 雙邊清算 / 現金交割 |
|---|---|
| 支付週期 | 預設按季支付（可根據實際情況調整） |
| 支付日調整 | 預設經調整的下一營業日（可根據實際情況調整） |

【實例 11-1】交易員 A（本方）試圖在 2021-3-8 成交一筆基於 LPR1Y 的利率上限期權，發起了對話報價，如圖 11-2 所示。

▲ 圖 11-2 利率上限期權對話報價

【注】對話報價是針對一個交易員發送的，必須完整填寫所有交易要素。

該利率上限期權的期限為 1Y，合約程式為 Cap_LPR1Y_1Y，名義本金為 1000 萬元，期權價格為 80BP，期權費為 80000 元，執行利率為 3.8%，期權費支付日為 2021-3-9，起始日為 2021-3-9，到期日為 2022-3-9，參考利率為 LPR1Y，利差為 0BP，重置頻率為季（即每 3 個月重置一次參考利率），支付週期為季，計息方法為單利，計息基準為實際 /360，支付日調整的規則為經調整的下一營業日。

假定當前日期為 2021-3-30，查詢中國外匯交易中心官網的 LPR1Y 利率，目前只確定了第 1 期的參考利率 3.85%，其他暫時以最新的利率水準延伸處理，具體的損益計算如表 11-2 所示。

▼ 表 11-2 利率上限期權損益計算明細

| 利率確定日 | 計息區間 | 計算利率(%) | 利率上限期權損益（萬元） |
|---|---|---|---|
| 2021-2-20 | 2021-3-9—2021-6-9 | 3.85 | $1000 \times 92/360 \times Max(3.85\%-3.8\%,0)=0.1278$ |
| 2021-5-20 | 2021-6-9—2021-9-9 | 3.85 | $1000 \times 92/360 \times Max(3.85\%-3.8\%,0)=0.1278$ |
| 2021-8-20 | 2021-9-9—2021-12-9 | 3.85 | $1000 \times 91/360 \times Max(3.85\%-3.8\%,0)=0.1264$ |
| 2021-11-20 | 2021-12-9—2022-3-9 | 3.85 | $1000 \times 90/360 \times Max(3.85\%-3.8\%,0)=0.1250$ |

【注】計算利率 = 參考利率 + 利差 = 3.85% + 0 = 3.85%。

## 11.1.4 利率上限期權與利率下限期權的平價關係

可以這樣建構一個組合，購買一筆利率上限期權並賣出一筆利率下限期權（同一標的，如 LPR1Y），且二者的執行利率一樣。利率上限期權在參考利率大於執行利率時，提供的收益為「參考利率 – 執行利率」；同樣，賣出利率下限期權在參考利率低於執行利率時提供的收益為「參考利率 – 執行利率」。根據以上組合，在所有情況下的組合收益均為「參考利率 – 執行利率」，這剛好與一筆支付固定利率收取浮動利率的利率互換的收益一致。所以利率上限期權與利率下限期權存在平價關係，即：

$$cap - floor = swap \qquad\qquad (11-3)$$

cap ：利率上限期權。

floor ：利率下限期權。

swap ：支付固定利率的利率互換。

# 11.2 利率上下限期權波動率曲面的建構

## 11.2.1 波動率曲面介紹

波動率可以簡單理解為金融產品價格的波動幅度。波動幅度越大，波動率就越大。影響市場波動的因素有很多，主要是市場參與者的增加以及其對近期市場的預期。對利率期權而言，波動率是一個非常有用的工具。利率期權交易的盈利能力很大程度上取決於波動率。只有當波動率較小時，期權賣方的境況才較好；但是，賣方也利用波動率對沖金融產品，以防標的價格大幅下跌。

通常市場上有時間維度的波動率，也有執行價維度的波動率。將各時間、執行價的波動率資料連接起來，可以得到一張三維的波動率曲面。波動率曲面可以全域反映整個市場的波動率情況，提供對應期權要素的波動率。波動率曲面除了可以幫助交易員確定期權的最佳組合，以使利潤最大化，也可以幫助中台風險人員對交易進行監控，把握市場整體的風險狀況。

## 11.2.2 波動率曲面的常用建構方法

通常波動率曲面市場的報價不連續或出現跳躍等情況，需要特殊處理，在執行價維度或時間維度採用模型擬合或插值進行處理。

在執行價維度常用的模型有赫斯頓隨機波動率（Heston Stochastic Volatility）模型、參數隨機波動率（Stochastic Alpha Beta Rho，SABR）模型、隨機波動率啟發（Stochastic Volatility Inspired，SVI）模型等，常用的插值法有線性插值、三次樣條插值、埃爾米特插值等。在時間維度的處理常用的插值法有：在期限點內部基於方差線性插值，期限點外部採用最臨近期限點的值水平延伸處理。

## 11.2.3 利率上下限期權波動率曲面的具體建構

由於中國利率期權市場目前品種相對較少，資料也比較平穩，因此這裡暫不採用過於複雜的模型，主要介紹較為簡單的建構方法——布萊克（Black）法，具體步驟如下。

（1）獲取利率期權隱含波動率的樣本報價資料（日終報價機構的報價）。對所有報價機構的報買、報賣波動率去掉最大值和最小值後分別取算術平均值，再計算報買、報賣平均值，作為該標的類型、執行價、關鍵期限的波動率。

（2）由於部分執行價無相關資料，在執行價維度採用三次樣條插值（具體方法見 4.2.2 小節），邊緣資料採用外插法（與最鄰近值一致）將資料補全。

（3）目前市場的報價一般採用綜合波動率（Cap Vol 或 Flat Vol），對後續非標準期限的子期權的估值並不是很方便，需將綜合波動率轉為子期權波動率（Caplet Vol 或 Spot Vol），然後插值計算關鍵期限的子期權波動率。舉例來說，已知一個利率上限期權的行權價格固定、支付週期為季、剩餘 1 年到期，綜合波動率和子期權波動率的關係如表 11-3 所示。

▼ 表 11-3 利率上限期權綜合波動率與子期權波動率的關係

| 層級 | 綜合波動率 | 子期權波動率 | 計算恒等式 |
|------|-----------|------------|-----------|
| 第一層 | $\sigma_{6M}$ | $\sigma_{6M}^{Fwd}$ | $f(cap(t_{6M})) = f(caplet(t_{6M}))$ |
| 第二層 | $\sigma_{9M}$ | $\sigma_{9M}^{Fwd}$ | $f(cap(t_{9M})) = f(caplet(t_{6M})) + f(caplet(t_{9M}))$ |
| 第三層 | $\sigma_{1Y}$ | $\sigma_{1Y}^{Fwd}$ | $f(cap(t_{1Y})) = f(caplet(t_{6M})) + f(caplet(t_{9M})) + f(caplet(t_{1Y}))$ |

其中 $f$ 函數採用的是 Black 公式：

$$f(cap(t_n)) = \sum_{i=6M}^{n} DF(t_i) \times \frac{t_i - t_{i-1}}{D} \times [(F_i - K) \times N(d_i) + \sigma_n\sqrt{T_i} \times \varphi(d_i)], n = 6M, 9M, 1Y$$

$$f(caplet(t_k)) = DF(t_k) \times \frac{t_k - t_{k-1}}{D} \times [(F_k - K) \times N(d_k) + \sigma_k\sqrt{T_k} \times \varphi(d_k)], k = 6M, 9M, 1Y$$

$$d_i = \frac{F_i - K}{\sigma_i\sqrt{T_i}}, N(d) = \int_{-\infty}^{d} \varphi(\varepsilon)d\varepsilon, \ \varphi(d) = \frac{1}{\sqrt{2\pi}}e^{-\frac{d^2}{2}} \qquad (11-4)$$

$t_i$：子期權距離到期的自然日天數。

$DF(t_i)$：貼現因數，根據參考利率和參考利率互換收盤曲線拔靴關鍵期限點即期利率，再插值計算得到貼現因數（方法同 10.2.1 小節）。

$D$：年化計算天數，根據實際計息基準確定。

$F_i$：子期權對應的遠期收益率。

$\sigma_i$：子期權的波動率。

$T_i$：子期權利率確定日距估值日的年化時間。

$K$：執行利率。

第一層的綜合波動率 $\sigma_{6M}$ 和子期權波動率（均為 $\sigma_{6M}^{Fwd}$）是相等的；第二層採用第一層的波動率計算出的中間結果，可以求出 9M 的子期權波動率 $\sigma_{9M}^{Fwd}$；第三層採用前兩層計算的中間結果，求出 1Y 的子期權波動率 $\sigma_{1Y}^{Fwd}$。

（4）求出子期權波動率後，由於部分非關鍵期限無相關資料，在時間維度，關鍵期限點之間採用方差線性插值。舉例來說，已知兩個平均期權（At The Money，ATM）的波動率：關鍵期限為 6M 的 ATM 的波動率為 $\sigma_{6M}$，剩餘到期的自然日天數為 $t_{6M}$；關鍵期限為 9M 的波動率為 $\sigma_{9M}$，剩餘到期的自然日天數為 $t_{9M}$。基於方差線性插值得到 8M 的 ATM 期權波動率為：

$$\sigma_{8M} = \sqrt{\left[\sigma_{6M}^2 \times \frac{t_{6M}}{D} + \frac{t_{8M} - t_{6M}}{t_{9M} - t_{6M}}\left(\sigma_{9M}^2 \times \frac{t_{9M}}{D} - \sigma_{6M}^2 \times \frac{t_{6M}}{D}\right)\right] \times \frac{D}{t_{8M}}} \qquad (11-5)$$

【注】對於不同的計息基準，$D$ 依據實際情況進行調整。

此外，在關鍵期限點外維，假設該期限波動率與最臨近的關鍵期限對應的波動率相等。由此，可以繪製出以 $X$ 軸為執行價格，$Y$ 軸為到期時間，$Z$ 軸為波動率的整個波動率曲面。

【實例 11-2】表 11-4 與表 11-5 分別是 2021-3-30 日終的 LPR1Y 的利率上下限期權經資料處理後的波動率報價，LPR1Y 收盤收益率報價。根據以上資訊，繪製子期權的波動率曲面。

▼ 表 11-4　LPR1Y 收盤報價（2021-3-30）

| 合約標的 | 期權期限 | 執行利率（%） | 買入〔隱含波動率（%）〕 | 賣出〔隱含波動率（%）〕 | 均值〔隱含波動率（%）〕 |
|---|---|---|---|---|---|
| LPR1Y | 6M | 3.7000 | 0.3014 | 0.6271 | 0.4643 |
| LPR1Y | 6M | 3.8000 | 0.2836 | 0.5953 | 0.4395 |
| LPR1Y | 6M | 3.9000 | 0.2899 | 0.5863 | 0.4381 |
| LPR1Y | 6M | 4.0000 | 0.3079 | 0.6150 | 0.4614 |

（續表）

| 合約<br>標的 | 期權<br>期限 | 執行利率<br>（%） | 買入<br>〔隱含波動率<br>（%）〕 | 賣出<br>〔隱含波動率<br>（%）〕 | 均值<br>〔隱含波動率<br>（%）〕 |
|---|---|---|---|---|---|
| LPR1Y | 6M | 4.1000 | 0.3192 | 0.6335 | 0.4763 |
| LPR1Y | 9M | 3.7000 | 0.2949 | 0.6119 | 0.4534 |
| LPR1Y | 9M | 3.8000 | 0.2976 | 0.6028 | 0.4502 |
| LPR1Y | 9M | 3.9000 | 0.3089 | 0.6419 | 0.4754 |
| LPR1Y | 9M | 4.0000 | 0.3066 | 0.6350 | 0.4708 |
| LPR1Y | 1Y | 3.6000 | 0.2804 | 0.5726 | 0.4265 |
| LPR1Y | 1Y | 3.7000 | 0.2814 | 0.5746 | 0.4280 |
| LPR1Y | 1Y | 3.8000 | 0.3034 | 0.5978 | 0.4506 |
| LPR1Y | 1Y | 3.9000 | 0.2969 | 0.6152 | 0.4561 |
| LPR1Y | 1Y | 4.0000 | 0.2960 | 0.6060 | 0.4510 |
| LPR1Y | 1Y | 4.1000 | 0.2589 | 0.5746 | 0.4167 |

資料來源：Wind 資訊

▼ 表 11-5 LPR1Y 收盤收益率報價（2021-3-30）

| 開始日期 | 結束日期 | 期限 | 指標 | 收盤報價（平均值）利率（%） |
|---|---|---|---|---|
| 2021-03-30 | 2021-3-31 | 1D | LPR1Y | 3.8500 |
| 2021-03-30 | 2021-6-30 | 3M | LPR1Y | 3.8500 |
| 2021-03-30 | 2021-9-30 | 6M | LPR1Y | 3.9250 |
| 2021-03-30 | 2021-12-30 | 9M | LPR1Y | 3.9438 |
| 2021-03-30 | 2022-3-30 | 1Y | LPR1Y | 3.9763 |
| 2021-03-30 | 2023-3-30 | 2Y | LPR1Y | 4.0463 |

（續表）

| 開始日期 | 結束日期 | 期限 | 指標 | 收盤報價（平均值）利率（%） |
|---|---|---|---|---|
| 2021-03-30 | 2024-3-29 | 3Y | LPR1Y | 4.0863 |
| 2021-03-30 | 2025-3-31 | 4Y | LPR1Y | 4.1100 |
| 2021-03-30 | 2026-3-30 | 5Y | LPR1Y | 4.1250 |
| 2021-03-30 | 2028-3-30 | 7Y | LPR1Y | 4.0950 |
| 2021-03-30 | 2031-3-31 | 10Y | LPR1Y | 4.0950 |

【注】1D 和 3M 期限採用最近 1 年期 LPR 參考利率延伸處理。
資料來源：中國貨幣網

【分析解答】這裡建構波動率曲面的執行價格為 3.6%、3.7%、3.8%、3.9%、4.0%、4.1%，由於部分執行價格如 3.6%、4.1% 無相關波動率平均值資料，這裡先用外插法補充完整平均值資料。補充完整後的資料為：

$$\text{LPR1Y}_{6M}(3.6\%) = 0.4643\%,$$
$$\text{LPR1Y}_{9M}(3.6\%) = 0.4534\%, \quad \text{LPR1Y}_{9M}(4.1\%) = 0.4708\%$$

接下來，從綜合波動率剝離出各個子期權的波動率。依據公式（11-4），以執行價格為 3.7% 為例，由於第一層 $\text{cap}(t_{6M})$ 與 $\text{caplet}(t_{6M})$ 波動率相同，所以無須剝離。第二層 $\text{cap}(t_{9M})$ 的子期權波動率剝離如下。

$$f\big(\text{cap}(t_{9M})\big) = \text{DF}(t_{6M}) \times \frac{t_{6M} - t_{3M}}{360} \times \big[(F_{6M} - K) \times N(d_{6M}) + \sigma_{9M}\sqrt{T_{6M}} \times \varphi(d_{6M})\big] +$$
$$\text{DF}(t_{9M}) \times \frac{t_{9M} - t_{6M}}{360} \times \big[(F_{9M} - K) \times N(d_{9M}) + \sigma_{9M}\sqrt{T_{9M}} \times \varphi(d_{9M})\big]$$

$$f(\text{caplet}(t_{6M})) = \text{DF}(t_{6M}) \times \frac{t_{6M} - t_{3M}}{360} \times \big[(F_{6M} - K) \times N(d_{6M}) + \sigma_{6M}^{\text{Fwd}}\sqrt{T_{6M}} \times \varphi(d_{6M})\big]$$

$$f(\text{caplet}(t_{9M})) = \text{DF}(t_{9M}) \times \frac{t_{9M} - t_{6M}}{360} \times \big[(F_{9M} - K) \times N(d_{9M}) + \sigma_{9M}^{\text{Fwd}}\sqrt{T_{9M}} \times \varphi(d_{9M})\big]$$

$$f(\text{cap}(t_{9M})) = f(\text{caplet}(t_{6M})) + f(\text{caplet}(t_{9M}))$$

對於 $F_{6M}$ 和 $F_{9M}$，可以採用 LPR1Y 收益率曲線中對應的即期收益率或貼現因數反推出遠期收益率；其他參數，代入相關數值。由於只有 1 個未知數 $\sigma_{9M}^{Fwd}$，可以求出期限為 9M 的子期權的波動率為 0.444333%。採用同樣的方式，可以求出期限為 1Y 的子期權波動率為 0.380831%。

對應其他執行價格，使用相同的子期權剝離方法將各個子期權的波動率剝離出來。求出各個行權價格子期權波動率後，可繪製整個波動率曲面。當然如果想要獲取更為精細的期限的子期權波動率，可以採用方差線性插值如 7M、8M 等期限點。此外，在關鍵期限點外的波動率設置和最臨近的關鍵期限的波動率相等。

下面使用 Python 撰寫 Capvol_Strip 函數計算利率上限子期權的波動率。

```python
# 載入需要使用的函數庫
import pandas as pd
import numpy as np
import math
import datetime
from datetime import date
from Swap_Zerocurve import Swap_Zerocurve
from Swap_Forwardcurve import Swap_Forwardcurve
import scipy.optimize as so
from scipy.stats import norm
# 剝離子期權波動率的函數
def Capvol_Strip(Cap_vol_ave,Yield_curve):
    '''
    :param Cap_vol_ave: 以資料框形式輸入的綜合波動率（見測試案例）；
    :param Yield_curve: 以資料框形式輸入的收益率曲線（見測試案例）；
    :return: 返回計算利率上限子期權的波動率。
    '''
    # 對輸入估值曲線增加年化計息天數列
    acc_yearfactor=np.diff(Yield_curve['end_date'])/datetime.timedelta(days=360)
    acc_yearfactor=np.append(None,acc_yearfactor)
    Yield_curve.insert(loc=3, column='acc_yearfactor', value=acc_yearfactor)
    # 連結曲線和波動率的所有對應資料
    Cap_vol_data=Cap_vol_ave[Cap_vol_ave.term>=0.5]
    Cap_vol_all=Cap_vol_data.join(Yield_curve.set_index('term'), on='term')
```

```python
Cap_vol_all.reset_index(drop=True, inplace=True)  # 重置索引
strike_price=Cap_vol_all['strike']
strike_price=strike_price.drop_duplicates()
standard_term=Cap_vol_all['term']
standard_term=standard_term.drop_duplicates()
standard_term.reset_index(drop=True,inplace=True)  # 重置索引
# 採用綜合波動率計算各種行權價格與到期時間下的價值
f_cap_compre=[]
for i in strike_price:
        a=Cap_vol_all[Cap_vol_all['strike'] == i]
        j=0
        while j<len(standard_term):
                abc = 0
                for k in range(0,j+1):
                        b=a[a['term']==standard_term[k]]
                        comvol = a[a['term'] == standard_term[j]]
                        d=(b['Forward_rate']/100-b['strike']/100)/(comvol['ave_vol'].
tolist()[0]/
                            100*np.sqrt((b['end_date']-b['begin_date']).dt.days/360))
                        N_d=norm.cdf(d)
                        fai_d=1/(np.sqrt(2*math.pi))*np.exp(-d*d/2)
                        abc=float(abc+b['DF'] * b['acc_yearfactor'] *
                            ((b['Forward_rate'] / 100 - b['strike'] / 100) * N_d + \
                            comvol['ave_vol'].tolist()[0]/100*np.sqrt((b['end_date']-
                            b['begin_date']).dt.days/360)*fai_d))
                f_cap_compre.append(abc)
                j=j+1
Cap_vol_all=Cap_vol_all.sort_values(['strike','term'], ascending=True)
Cap_vol_all.reset_index(drop=True, inplace=True)  # 重置索引
Cap_vol_all['f_cap_compre_value']=f_cap_compre
# 剝離出子期權波動率
Cap_vol_all['f_cap_child_vol']=Cap_vol_all['ave_vol']
for i in strike_price:
        a=Cap_vol_all[Cap_vol_all['strike'] == i]
        j=1
        while j<len(standard_term):
                b = a[a['term'] == standard_term[j]]
                c = a[a['term'] == standard_term[j-1]]
                def f(y):
```

```
                        abc = float(c['f_cap_compre_value'])
                        d=(b['Forward_rate']/100-b['strike']/100)/
                           (y/100*np.sqrt((b['end_date']-b['begin_date']).
dt.days/360))
                        N_d=norm.cdf(d)
                        fai_d=1/(np.sqrt(2*math.pi))*np.exp(-d*d/2)
                        abc=abc+float(b['DF'] * b['acc_yearfactor'] *
                           ((b['Forward_rate'] / 100 - b['strike'] / 100) * N_d + \
                           y/100*np.sqrt((b['end_date']-b['begin_date']).
dt.days/360)*fai_d))
                        return abc*10000-b['f_cap_compre_value']*10000
                vol = so.fsolve(f, 0.1)
                Cap_vol_all.loc[(Cap_vol_all['strike'] == i) &
                        (Cap_vol_all['term'] == standard_term[j]),('f_cap_child_
vol')]=vol
                j=j+1
        # 內外連接資料框使得資料完整，期限小於 0.5Y 的使用 0.5Y 的波動率
        low_term=Cap_vol_ave[Cap_vol_ave.term<0.5]
        low_term=pd.merge(low_term, Yield_curve, on=['term'], how='left')
        low_term=low_term[['underlying','term','strike','begin_date','end_date','DF']]
        Cap_vol_all=pd.concat([low_term, Cap_vol_all])
        Cap_vol_all=Cap_vol_all[['underlying','term','strike','begin_date','end_date',
                        'DF','ave_vol','f_cap_child_vol']]
        Cap_vol_all.reset_index(drop=True, inplace=True)  # 重置索引
        Cap_vol_all=Cap_vol_all.sort_values(['strike','term'], ascending=True)
        Cap_vol_all.fillna(method='bfill',inplace=True)
        Cap_vol_all.reset_index(drop=True, inplace=True)  # 重置索引
        return Cap_vol_all
```

首先，輸入市場資料，對應參數期限、執行價格、波動率參數。

```
# 測試案例
# 配置輸入綜合波動率
Cap_vol_ave = pd.DataFrame({"underlying": ['LPR1Y']*24, # 依據實際長度填寫
    "term": [1/365,1/365,1/365,1/365,1/365,1/365,
             0.5,0.5,0.5,0.5,0.5,0.5,
             0.75,0.75,0.75,0.75,0.75,0.75,
             1,1,1,1,1,1],
    "strike":[3.6,3.7,3.8,3.9,4,4.1,
```

```
                3.6,3.7,3.8,3.9,4,4.1,
                3.6,3.7,3.8,3.9,4,4.1,
                3.6,3.7,3.8,3.9,4,4.1],
# 無值填寫 None，保持資料的一致性
    "ave_vol":[None,0.4643,0.4395,0.4381,0.4614,0.4763,
                None,0.4643,0.4395,0.4381,0.4614,0.4763,
                None,0.4534,0.4502,0.4754,0.4708,None,
                0.4265,0.4280,0.4506,0.4561,0.4510,0.4167]})
# 外插填充鄰近值
Cap_vol_ave.fillna(method='pad', inplace=True)
Cap_vol_ave.fillna(method='bfill', inplace=True)
print(Cap_vol_ave)
```

輸出結果：

|    | underlying | term    | strike | ave_vol |
|----|-----------|---------|--------|---------|
| 0  | LPR1Y     | 0.00274 | 3.6    | 0.4643  |
| 1  | LPR1Y     | 0.00274 | 3.7    | 0.4643  |
| 2  | LPR1Y     | 0.00274 | 3.8    | 0.4395  |
| 3  | LPR1Y     | 0.00274 | 3.9    | 0.4381  |
| 4  | LPR1Y     | 0.00274 | 4.0    | 0.4614  |
| 5  | LPR1Y     | 0.00274 | 4.1    | 0.4763  |
| 6  | LPR1Y     | 0.50000 | 3.6    | 0.4763  |
| 7  | LPR1Y     | 0.50000 | 3.7    | 0.4643  |
| 8  | LPR1Y     | 0.50000 | 3.8    | 0.4395  |
| 9  | LPR1Y     | 0.50000 | 3.9    | 0.4381  |
| 10 | LPR1Y     | 0.50000 | 4.0    | 0.4614  |
| 11 | LPR1Y     | 0.50000 | 4.1    | 0.4763  |
| 12 | LPR1Y     | 0.75000 | 3.6    | 0.4763  |
| 13 | LPR1Y     | 0.75000 | 3.7    | 0.4534  |
| 14 | LPR1Y     | 0.75000 | 3.8    | 0.4502  |
| 15 | LPR1Y     | 0.75000 | 3.9    | 0.4754  |
| 16 | LPR1Y     | 0.75000 | 4.0    | 0.4708  |
| 17 | LPR1Y     | 0.75000 | 4.1    | 0.4708  |
| 18 | LPR1Y     | 1.00000 | 3.6    | 0.4265  |
| 19 | LPR1Y     | 1.00000 | 3.7    | 0.4280  |
| 20 | LPR1Y     | 1.00000 | 3.8    | 0.4506  |
| 21 | LPR1Y     | 1.00000 | 3.9    | 0.4561  |
| 22 | LPR1Y     | 1.00000 | 4.0    | 0.4510  |
| 23 | LPR1Y     | 1.00000 | 4.1    | 0.4167  |

　　輸入市場的收益率報價，呼叫 Swap_Zerocurve 函數與 Swap_Forwardcurve 函數建構出 LPR1Y 的即期收益率曲線和遠期收益率曲線。

```
# 配置利率曲線
term=np.array([1/365,0.25,0.5,0.75,1,2,3,4,5,7,10])
ave_price=np.array([3.85,3.85,3.925,3.9438,3.9763,4.0463,4.0863,4.11,4.125,4.095,
4.095])/100
Swap_LPR1Y_Zerocurve_test=Swap_Zerocurve(start_date=date(2021,3,30),cleanspeed='T+0',
            yearlenth=10, fre=4,term=term,ave_price=ave_price,D_fix=365,D_float=360)
Swap_LPR1Y_Forwardcurve_test=Swap_Forwardcurve(Zerocurve=Swap_LPR1Y_Zerocurve_test)
print(Swap_LPR1Y_Forwardcurve_test)
```

　　輸出結果：

```
    begin_date    end_date       term    ...         DF   Zero_rate   Forward_rate
0   2021-03-30  2021-03-31    0.00274    ...   0.999893      3.9033            NaN
1   2021-03-30  2021-06-30    0.25000    ...   0.990257      3.8844         3.8923
2   2021-03-30  2021-09-30    0.50000    ...   0.980503      3.9058         3.8927
3   2021-03-30  2021-12-30    0.75000    ...   0.970864      3.9247         3.9278
4   2021-03-30  2022-03-30    1.00000    ...   0.961199      3.9573         4.0217
..         ...         ...        ...    ...        ...         ...            ...
36  2021-03-30  2030-03-29    9.00000    ...   0.692972      4.0739         4.0382
37  2021-03-30  2030-06-28    9.25000    ...   0.685968      4.0739         4.0389
38  2021-03-30  2030-09-30    9.50000    ...   0.678808      4.0740         4.0396
39  2021-03-30  2030-12-30    9.75000    ...   0.671948      4.0740         4.0389
40  2021-03-30  2031-03-31   10.00000    ...   0.665157      4.0740         4.0389

[41 rows x 7 columns]
```

　　將波動率報價參數與收益率曲線參數輸入 Capvol_Strip 函數中計算。

```
# 使用 Capvol_Strip 函數剝離出子期權波動率
Capvol_Strip_test=Capvol_Strip(Cap_vol_ave=Cap_vol_ave,Yield_curve=Swap_LPR1Y_
Forwardcurve_test)
print(Capvol_Strip_test)
```

輸出結果：

| | underlying | term | strike | begin_date | end_date | DF | ave_vol | f_cap_child_vol |
|---|---|---|---|---|---|---|---|---|
| 0 | LPR1Y | 0.00274 | 3.6 | 2021-03-30 | 2021-03-31 | 0.999893 | 0.4763 | 0.476300 |
| 1 | LPR1Y | 0.50000 | 3.6 | 2021-03-30 | 2021-09-30 | 0.980503 | 0.4763 | 0.476300 |
| 2 | LPR1Y | 0.75000 | 3.6 | 2021-03-30 | 2021-12-30 | 0.970864 | 0.4763 | 0.476300 |
| 3 | LPR1Y | 1.00000 | 3.6 | 2021-03-30 | 2022-03-30 | 0.961199 | 0.4265 | 0.321598 |
| 4 | LPR1Y | 0.00274 | 3.7 | 2021-03-30 | 2021-03-31 | 0.999893 | 0.4643 | 0.464300 |
| .. | ... | ... | ... | ... | ... | ... | ... | ... |
| 19 | LPR1Y | 1.00000 | 4.0 | 2021-03-30 | 2022-03-30 | 0.961199 | 0.4510 | 0.419788 |
| 20 | LPR1Y | 0.00274 | 4.1 | 2021-03-30 | 2021-03-31 | 0.999893 | 0.4763 | 0.476300 |
| 21 | LPR1Y | 0.50000 | 4.1 | 2021-03-30 | 2021-09-30 | 0.980503 | 0.4763 | 0.476300 |
| 22 | LPR1Y | 0.75000 | 4.1 | 2021-03-30 | 2021-12-30 | 0.970864 | 0.4708 | 0.466640 |
| 23 | LPR1Y | 1.00000 | 4.1 | 2021-03-30 | 2022-03-30 | 0.961199 | 0.4167 | 0.339289 |

其中，**f_cap_child_vol** 為剝離出的子期權波動率，如果期限小於 0.5Y（6M），則統一採用期限為 0.5Y 的波動率。下面繪製波動率曲面。

```python
# 繪製波動率曲面
strike = np.array(Capvol_Strip_test['strike'])
ttm = np.array(Capvol_Strip_test['term'])
iv = np.array(Capvol_Strip_test['f_cap_child_vol'])
# 載入相關函數庫
import matplotlib.pyplot as plt
from pylab import mpl
mpl.rcParams['font.sans-serif']=['SimHei']
mpl.rcParams['axes.unicode_minus']=False
# 繪圖
fig = plt.figure()
ax = fig.add_subplot(projection='3d')
surf=ax.plot_trisurf(ttm, strike, iv,cmap='viridis', edgecolor='none')
ax.set_xlim(1,0)
ax.set_xlabel(' 到期時間（年）')
ax.set_ylabel(' 執行利率 (%)')
ax.set_zlabel(' 波動率 (%)')
plt.title(u' 波動率曲面圖 ',fontsize=16)
fig.colorbar(surf,location='left')
plt.show()
```

輸出結果如圖 11-3 所示。

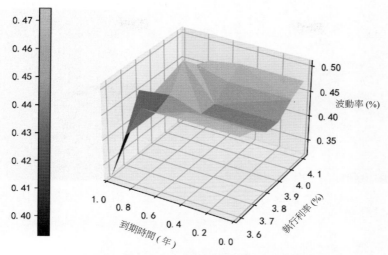

▲ 圖 11-3　利率上限期權子期權波動率曲面

# 11.3　利率上下限期權的估值與風險指標

## 11.3.1　利率上下限期權現值的計算

為了支援標的利率為負值的情況，採用常態模型對利率上下限期權進行估值，即假設標的利率服從正態分佈。

對於付息為 $n$ 期、執行利率為 $K$ 的利率上限期權現值（或估值）為：

$$\text{PV(cap)} = P \sum_{i=1}^{n} \text{DF}(t_i) \times \frac{t_i - t_{i-1}}{D} \times [(F_i - K) \times N(d_i) + \sigma_n \sqrt{T_i} \times \varphi(d_i)],$$

$$i = 1, 2, 3, \cdots, n \qquad (11-6)$$

對於付息為 $n$ 期、執行利率為 $K$ 的利率下限期權現值（或估值）為：

$$\text{PV(floor)} = P \sum_{i=1}^{n} \text{DF}(t_i) \times \frac{t_i - t_{i-1}}{D} \times [(K - F_i) \times N(-d_i) + \sigma_n \sqrt{T_i} \times \varphi(-d_i)],$$

$$i = 1,2,3,\cdots,n \qquad\qquad (11-7)$$

其中，

$$d_i = \frac{F_i - X}{\sigma_i \sqrt{T_i}}, \quad N(d_i) = \int_{-\infty}^{d_i} \varphi(\varepsilon)\mathrm{d}\varepsilon, \quad \varphi(d_i) = \frac{1}{\sqrt{2\pi}} e^{-\frac{d_i^2}{2}}$$

$t_i$：剩餘到期的自然日天數。

$n$：付息期。

$P$：名義本金。

$\text{DF}(t_i)$：貼現因數，根據參考利率互換收盤曲線拔靴關鍵期限點即期收益率，再計算插值得到貼現因數（方法同 10.2.1 小節）。

$D$：年化計算天數，根據實際計息基準調整。

$F_i$：第 $i$ 個子期權對應的遠期收益率（如有利差，需要加上利差）。

$\sigma_i$：將期權隱含波動率曲線轉為子期權隱含波動率後，根據利率上下限期權子期權要素分別插值得到的波動率，即利率上下限期權子期權波動率。

$T_i$：第 $i$ 個子期權利率確定日距計算估值日的年化時間。

$K$：執行利率。

另外，需要注意的是，若估值當日該子期權的 $F_i$ 已經確定且未到期，則該子期權的估值為

利率上限子期權：

$$P \times \text{Max}(F_i - K, 0) \times \frac{t_i - t_{i-1}}{D} \times \text{DF}(t_i) \qquad\qquad (11-8)$$

或為利率下限子期權：

$$P \times \text{Max}(K - F_i, 0) \times \frac{t_i - t_{i-1}}{D} \times \text{DF}(t_i) \qquad (11-9)$$

【實例 11-3】假定當前日期為 2021-3-30，根據實例 11-1 中的交易要素以及實例 11-2 中建構的波動率曲面，對該筆利率上限期權進行估值。

【分析解答】由於在實例 11-2 中，已經建構出了剝離子期權的波動率曲面，這裡只需插值對應波動率曲面的波動率，代入 Black 公式，將子期權的價值計算出來進行整理，即得到該筆利率上下限期權的總價值。利率上下限期權估值中間參數如表 11-6 所示。

▼ 表 11-6　利率上下限期權估值計算

| 開始日期 | 現金流發生日 | 即期收益率(％) | 貼現因數 | 遠期收益率(％) | 波動率(％) |
|---|---|---|---|---|---|
| 2021-3-30 | 2021-6-9 | 3.8844 | 0.992472 | 3.850000 | — |
| 2021-3-30 | 2021-9-9 | 3.9009 | 0.982721 | 3.882888 | 0.439500 |
| 2021-3-30 | 2021-12-9 | 3.9203 | 0.973080 | 3.919668 | 0.455982 |
| 2021-3-30 | 2022-3-9 | 3.9497 | 0.963446 | 3.999783 | 0.452787 |

【注】為簡化處理，表 11-6 中的波動率插值方式為時間維度和執行價維度方差線性插值。

上述後續 3 期浮動利率均未確定，因此採用遠期收益率估計得出。最後整理子期權價值有：

$$\text{PV(cap)} = 10000000 \times$$

$$\left\{ \begin{aligned} &0.982721 \times \frac{92}{360} \times [(3.882888\% - 3.8\%) \times 0.691839 + 0.4395\% \times \sqrt{0.141667} \times 0.351887] + \cdots + \\ &0.963446 \times \frac{90}{360} \times [(3.999783\% - 3.8\%) \times 0.707506 + 0.452787\% \times \sqrt{0.652778} \times 0.343675] \end{aligned} \right\}$$

$$= 13867.62$$

需要注意的是，通常利率上下限期權交易是不包括首期的現金流的，這是因為簽訂利率上下限期權時已知首期的現金流，無須重複計算。下面使用 Python 建構利率上限期權的估值函數（Cap_Valuation）。

```python
# 載入需要使用的函數庫
import pandas as pd
import numpy as np
from coupon_schedule_adjust import coupon_schedule_adjust
import scipy.interpolate as si
from Capvol_Strip import *
# 利率上限期權的估值函數 Cap_Valuation
def Cap_Valuation(vol_surface,voluation_curve,start_date,yearlenth,fre,strike_
price,cal_date,P,fk,D):
    '''
    :param vol_surface: 輸入建構好的子期權波動率曲面（具體樣例見測試案例）；
    :param voluation_curve: 輸入對應的估值曲線（具體樣例見測試案例）；
    :param start_date: 利率上限期權的起息日；
    :param yearlenth: 利率上限期權的年限；
    :param fre: 利率上限期權的付息頻率；
    :param strike_price: 利率上限期權的執行利率；
    :param cal_date: 計算日期；
    :param P: 名義本金；
    :param fk: 當前付息週期的浮動端參考利率；
    :param D: 年計算天數，取 360 或 365；
    :return: 返回利率上限期權的子期權的價值和其他中間數值。
    '''
    # 對波動率資料進行標準化處理
    # 到期時間一維矩陣
    vol_time=(vol_surface['end_date']-vol_surface['begin_date']).dt.days/D
    vol_time=np.array(vol_time.drop_duplicates())
    # 行權價格一維矩陣
    vol_strike=vol_surface['strike']
    vol_strike=np.array(vol_strike.drop_duplicates())
    # 波動率二維矩陣
    vol_array=np.array(vol_surface['f_cap_child_vol'])/100
    vol_array=vol_array.reshape(len(vol_strike),len(vol_time))
    # 二維插值函數
    varianceMatrix=(vol_array**2)*vol_time    # 方差插值（非波動率）
    # 利率上限期權的付息計畫
```

```
    cap_schdule_list = coupon_schedule_adjust(start_date=start_date,yearlen
th,fre=fre)
    for j in range(1, len(cap_schdule_list)):
        if cap_schdule_list[j] >= cal_date: break
    maturity=(np.array(cap_schdule_list[j:])-cal_date)/datetime.timedelta(days=D)
    from dateutil.relativedelta import relativedelta
    rate_confirm_yearfactor=(np.array(cap_schdule_list[j:])+
            relativedelta(months=-4,days=11)-cal_date)/datetime.timedelta(days=D)
    datetime.timedelta(days=D)
    acc_year=np.diff(cap_schdule_list[j-1:])/datetime.timedelta(days=D)
    # 插值波動率，貼現因數，遠期收益率
    cal_vol=[]
    child_vol=[]
    cal_DF=[]
    for i in range(0,len(maturity)):
        interp = si.interp2d(vol_time, vol_strike, varianceMatrix, kind='linear')
        cal_vol.append(np.sqrt(interp(maturity[i],strike_price*100)/maturity[i]))
        child_vol.append(cal_vol[i][0])
        interp_DF=si.interp1d((voluation_curve['end_date']-voluation_curve['begin_
date']).dt.days/D,
                            np.log(voluation_curve['DF']),kind='linear')
        cal_DF.append(np.exp(interp_DF(maturity[i])))
    cap_f=[fk/100]
    i = 1
    while i < len(cal_DF):    # 計算未來的遠期收益率 / 參考利率
        cap_f.append((cal_DF[i - 1] / cal_DF[i] - 1) / voluation_curve['acc_yearfactor']
[i+1])
        i = i + 1
    # 求解利率上限價值
    Caplet_value=[0]
    if j > 1:
        Caplet_value[0]=P*max(fk-strike_price,0)*acc_year[0]*cal_DF[0]
    for k in range(1,len(cal_DF)):
        d = (cap_f[k] - strike_price) / (child_vol[k]* np.sqrt(rate_confirm_yearfactor
[k]))
        N_d = norm.cdf(d)
        fai_d = 1 / (np.sqrt(2 * math.pi)) * np.exp(-d * d / 2)
        Caplet_value.append(np.array(cal_DF[k] * acc_year[k] * ((cap_f[k] - strike_
price) * N_d + \
```

```
                                      child_vol[k] * np.sqrt(rate_confirm_yearfactor
[k]) * fai_d))*P)
    # 將計算的中間明細參數轉為資料框,方便查詢
    cap_valuation_data = pd.DataFrame({"Caplet_value": Caplet_value,   # 依據實際長度填寫
        "acc_year": acc_year,                                          # 子期權計息年化時間
        "maturity":maturity,                                           # 子期權剩餘到期時間
        "cal_DF":cal_DF,                                               # 支付日貼現因數
        "cap_f":np.array(cap_f)*100,                                   # 計算子期權價值的遠
期收益率
        "child_vol":np.array(child_vol)*100})                         # 子期權波動率
    return cap_valuation_data
```

　　輸入相關參數到 Cap_Valuation 函數,其中 Capvol_Strip_test 為實例 11-2 中剝離好的子期權波動率曲面,Swap_LPR1Y_Forwardcurve_test 為實例 11-2 中建構好的 LPR1Y 即期收益率曲線和遠期收益率曲線。

```
# 測試案例
Cap_Valuation_test=Cap_Valuation(vol_surface=Capvol_Strip_test,voluation_curve=Swap_LPR1Y
                                 Forwardcurve_test, start_date=date(2021,3,9),
                                 yearlenth=1,fre=4,strike_price=3.8/100,
                                 cal_date=date(2021,3,30),P=10000000,fk=3.85/100,D=360)
print(Cap_Valuation_test)
```

　　輸出結果:

```
   Caplet_value  acc_year  maturity   cal_DF    cap_f  child_vol
0      0.000000  0.255556  0.197222  0.992472  3.850000   0.439500
1   2902.000944  0.255556  0.452778  0.982721  3.882888   0.439500
2   4532.851098  0.252778  0.705556  0.973080  3.919668   0.455982
3   6432.772109      0.25  0.955556  0.963446  3.999783   0.452787
該笔利率上限期权的估值为:  13867.62
```

　　可以發現,在估值日當前付息週期的子期權的價值為 0,因為這是簽訂利率上下限期權的首期現金流,不計入利率上下限期權的估值;後面 3 期的子期權價值逐漸升高,這主要是因為遠期收益率(cap_f)不斷增大。

【實例 11-4】將利率上下限期權的起息日改為 2020-12-18，重新計算該筆利率上限期權的價值。

```
# 測試案例
Cap_Valuation_test_2=Cap_Valuation(vol_surface=Capvol_Strip_test,
                                   voluation_curve=Swap_LPR1Y_Forwardcurve_test,
                                   start_date=date(2020,12,18),
                                   yearlenth=1,fre=4,strike_price=3.8/100,
                                   cal_date=date(2021,3,30),P=10000000,fk=3.85/100
,D=360)
print(Cap_Valuation_test_2)
print(' 該筆利率上限期權的估值為：',np.round(sum(Cap_Valuation_test_2['Caplet_value']),2))
```

輸出結果：

| | Caplet_value | acc_year | maturity | cal_DF | cap_f | child_vol |
|---|---|---|---|---|---|---|
| 0 | 1266.945200 | 0.255556 | 0.222222 | 0.991522 | 3.850000 | 0.439500 |
| 1 | 4844.721792 | 0.261111 | 0.483333 | 0.981559 | 3.972134 | 0.439500 |
| 2 | 4704.769813 | 0.252778 | 0.736111 | 0.971918 | 3.923942 | 0.457745 |

該笔利率上限期权的估值为： 10816.44

可以發現，在估值日當前付息週期的子期權的價值並不為 0，這是因為根據合約，當前已經是簽訂利率上下限期權後的第 2 期現金流，並非首期，需要對其進行估值計算。

## 11.3.2 利率上下限期權風險指標的計算

利率上下限期權常見的風險指標有 Delta、Gamma、Vega 和 Theta，根據常見的使用方式對其進行以下定義：

（1）Delta：標的資產（每段的遠期收益率）價格變動 1 個基點後期權價值的變動幅度。

$$\text{Delta} = \frac{\text{PV}_{F+} - \text{PV}_{F-}}{2 \times 0.0001} \qquad (11-10)$$

$PV_{F+}$：每段遠期收益率上升 1 個基點時的利率上限 / 下限期權價格。

$PV_{F-}$：每段遠期收益率下降 1 個基點時的利率上限 / 下限期權價格。

【注】為保證 11.6 節計算風險價值方便，這裡對分母係數進行了擴大（Gamma 與 Vega 的計算與之相似，也需要擴大分母係數）。

（2）Gamma：標的資產價格變動 1 個基點後 Delta 的變動幅度。

$$\text{Gamma} = \frac{PV_{F+} + PV_{F-} - 2PV}{0.0001^2} \qquad (11-11)$$

PV：利率上限 / 下限期權的初始估值價格。

$PV_{F+}$：每段遠期收益率上升 1 個基點時的利率上限 / 下限期權價格。

$PV_{F-}$：每段遠期收益率下降 1 個基點時的利率上限 / 下限期權價格。

（3）Vega：波動率變動 1 個基點後期權價值的變動幅度。

$$\text{Vega} = \frac{PV_{v+} - PV_{v-}}{2 \times 0.0001} \qquad (11-12)$$

$PV_{v+}$：每段波動率上升 1 個基點時的利率上限 / 下限期權價格。

$PV_{v-}$：每段波動率下降 1 個基點時的利率上限 / 下限期權價格。

（4）Theta：估值日後 1 天期權價值相對當日的變動價值。

$$\text{Theta} = PV_{+1\,\text{day}} - PV \qquad (11-13)$$

$PV_{+1\,\text{day}}$：估值日後 1 天利率上限 / 下限期權的價值。

PV：利率上限 / 下限期權的初始估值。

【**實例 11-5**】假定當前日期為 2021-3-30，接實例 11-4 的相關要素與計算過程，計算該筆利率上限期權的風險指標。

【分析解答】由於採用公式（11-10）、公式（11-11）、公式（11-12）與公式（11-13）的衝擊法進行了重估值（某個參數發生細微變化，重新計算 PV），每次重新計算 PV 較為煩瑣，下面使用 Python 撰寫 Cap_greeks 函數計算風險指標。

```python
# 載入需要使用的函數庫
from Cap_Valuation import *
# 計算利率上限期權的希臘字母的函數
def Cap_greeks(Cap_Valuation,strike_price,P,fk):
    '''
    :param Cap_Valuation: 根據Cap_Valuation模組中的估值計算子期權價值和其他參數；
    :param strike_price: 執行利率；
    :param P: 名義本金；
    :param fk: 當前付息週期的參考利率；
    :return: 返回計算利率上限期權的希臘字母。
    '''

    def Caplet_valuation(forward_rate,acc_year,maturity,cal_DF,child_vol):
        Caplet_value = [0]
        if Cap_Valuation['Caplet_value'][0]==0:
            Caplet_value[0] = P * max(fk-strike_price,0) * acc_year[0] * cal_DF[0]
        for k in range(1, len(forward_rate)):
            d = (forward_rate[k]/100-strike_price) / (child_vol[k]/100 * np.sqrt
(maturity[k]))
            N_d = norm.cdf(d)
            fai_d = 1 / (np.sqrt(2 * math.pi)) * np.exp(-d * d / 2)
            Caplet_value.append(np.array(cal_DF[k] * acc_year[k] * ((forward_rate
[k]/100 \
                                - strike_price) * N_d + \
                                child_vol[k]/100 * np.sqrt(maturity[k]) * fai_d))
* P)
        return sum(Caplet_value)
    # 計算 Delta
    f_up=np.append(Cap_Valuation['cap_f'][0]/100,Cap_Valuation['cap_f'][1:]/100+1
/10000)*100
    f_down=np.append(Cap_Valuation['cap_f'][0]/100,Cap_Valuation['cap_f'][1:]/100-1/
10000)*100
    PV_f_up=Caplet_valuation(forward_rate=f_up,acc_year=Cap_Valuation['acc_year'],
                                maturity=Cap_Valuation['maturity'],cal_DF=Cap_Valuation
```

```
['cal_DF'],
                            child_vol=Cap_Valuation['child_vol'])
    PV_f_down=Caplet_valuation(forward_rate=f_down,acc_year=Cap_Valuation['acc_year'],
                            maturity=Cap_Valuation['maturity'],cal_DF=Cap_Valuation
['cal_DF'],
                            child_vol=Cap_Valuation['child_vol'])
    Delta=(PV_f_up-PV_f_down)/(2*0.0001)
    # 計算 Gamma
    Gamma=(PV_f_up+PV_f_down-2*sum(Cap_Valuation['Caplet_value']))/(0.0001*0.0001)
    # 計算 Vega
    v_up=(Cap_Valuation['child_vol']/100+1/10000)*100
    v_down=(Cap_Valuation['child_vol']/100-1/10000)*100
    PV_v_up=Caplet_valuation(forward_rate=Cap_Valuation['cap_f'],acc_year=Cap_Valuation
['acc_year'],
                            maturity=Cap_Valuation['maturity'],cal_DF=Cap_Valuation
['cal_DF'],
                            child_vol=v_up)
    PV_v_down=Caplet_valuation(forward_rate=Cap_Valuation['cap_f'],
                            acc_year=Cap_Valuation['acc_year'],
                            maturity=Cap_Valuation['maturity'],cal_DF=Cap_Valuation
['cal_DF'],
                            child_vol=v_down)
    Vega=(PV_v_up-PV_v_down)/(2*0.0001)
    # 計算 Theta
    maturity=Cap_Valuation['maturity']-1/360
    cal_DF=-np.log(Cap_Valuation['cal_DF'])/Cap_Valuation['maturity']
    for i in range(0,len(cal_DF)):
            cal_DF[i]=np.exp(-cal_DF[i]*maturity[i])
            PV_oneday=Caplet_valuation(forward_rate=Cap_Valuation['cap_f'],
                                    acc_year=Cap_Valuation['acc_year'],
                                    maturity=maturity,cal_DF=cal_DF,
                                    child_vol=Cap_Valuation['child_vol'])
    Theta=PV_oneday-sum(Cap_Valuation['Caplet_value'])
    greeks = pd.DataFrame({"Delta":[np.round(Delta,2)], "Gamma": [np.round(Gamma,2)],
                            "Vega": [np.round(Vega,2)],"Theta": [np.round(Theta,2)]})
    return greeks
```

輸出相關參數至 Cap_greeks 函數中計算風險指標。

```
# 測試案例
Cap_greek_sensitiviy=Cap_greeks(Cap_Valuation=Cap_Valuation_test,strike_price=3.8/100,
P=10000000,fk=3.85/100)
print(Cap_greek_sensitiviy)
```

輸出結果：

```
          Delta         Gamma        Vega       Theta
0    4688043.63   8.042101e+11   2281452.26   3997.75
```

# 11.4 利率互換期權介紹

## 11.4.1 利率互換期權簡介

利率互換期權（Swaption），也稱為掉期期權，是指以利率互換或其他類型互換為交易對象的期權。利率互換期權有兩種主要類型：支付固定利率的利率互換期權（Payer's Swaption）和收取固定利率的利率互換期權（Receiver's Swaption）。在支付固定利率的利率互換期權中，買方有權但無義務簽訂利率互換合約，成為固定利率付款人和浮動利率收款人。收取固定利率的利率互換期權中，買方有權但無義務簽訂利率互換合約，成為固定利率收款人和浮動利率付款人。

一般利率互換期權是場外交易合約，買賣雙方需要就互換期權的價格、互換期權到期的時間、名義金額和固定 / 浮動利率達成一致。除這些條款外，買方和賣方還必須就利率互換期權的品種（百慕大、歐式或美式）達成一致。這些品種名稱與地理無關，而是與執行利率互換期權的方式有關。

　　① 百慕大利率互換期權：買方在約定的特定有效期內行權，並在預定的日期進行利率互換交易。

　　② 歐式利率互換期權：買方只能在利率互換期權到期日行使期權並進行利率互換交易。

　　③ 美式利率互換期權：買方可在利率互換期權發起日至到期日之間的任何一天行使期權並進行利率互換交易（發起後可能會有一段很短的鎖定期）。

　　圖 11-4 以歐式利率互換期權為例，展示該類期權隨市場參考利率變化的損益。

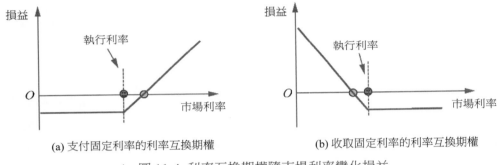

(a) 支付固定利率的利率互換期權　　　　(b) 收取固定利率的利率互換期權

▲ 圖 11-4 利率互換期權隨市場利率變化損益

　　對於支付固定利率的利率互換期權，當市場利率較低時（低於執行利率），期權買方沒有義務必須行權，可以放棄行權；當市場利率較高時（高於執行利率），期權買方可以選擇行權，進入利率互換交易，支付較低的固定利率而收取較高的浮動利率。

　　對於收取固定利率的利率互換期權，當市場利率較低時（低於執行利率），期權買方可以行權，收取較高的固定利率而支付較低的浮動利率；當市場利率較高時（高於執行利率），期權的買方可以選擇不行權。

需要注意的是，期權的買方通常會承擔期權費的溢價成本。

## 11.4.2 利率互換期權的功能

（1）規避利率風險。

利率互換期權給投資者一個選擇，如果預期未來利率符合自己的預期，可以行權進入利率互換交易。當然，如果這個選擇期權有較大的不確定性，仍然有餘地判斷後續是否進入利率互換交易。其規避風險的方式相比利率互換增加了前端的選擇性。

（2）投機或套利。

經驗豐富的投資者可根據巨觀經濟與利率變化走勢，應用利率互換期權進行資產管理與策略投資，獲取投資理財的收益。

（3）加快利率市場化處理程序。

結合利率互換期權和利率互換，金融機構和企業可對沖利率變動的利率風險，提高資金利率與互換參考利率的聯動程度，利於推動利率市場化。

## 11.4.3 利率互換期權的平價關係

11.1.4 小節介紹了利率上限期權與利率下限期權的平價關係，歐式支付固定利率互換期權和收取固定利率互換期權之間也存在類似的關係。

可以建構這樣一個組合：購買支付固定利率互換期權，賣出收取固定利率互換期權，兩者執行利率相同。

　① 當市場利率大於等於執行利率時，行使支付固定利率互換期權權利，而對手方的收取固定利率互換期權則不會行權；組合的頭寸為支付固定利率的利率互換。

　② 當市場利率小於行權利率時，支付固定利率的利率互換期權沒有價值，放棄行權；而收取固定利率的利率互換期權被行權；組合淨頭寸為賣出收取固定利率的利率互換。

　因此，上面的組合與遠期支付固定利率的利率互換等價。具體用以下公式表示：

$$\text{swaption}_{\text{payer}} - \text{swaption}_{\text{receiver}} = \text{swap}_{\text{forward}} \qquad (11-14)$$

$\text{swaption}_{\text{payer}}$：支付固定利率互換期權。

$\text{swaption}_{\text{receiver}}$：收取固定利率互換期權。

$\text{swap}_{\text{forward}}$：遠期支付固定利率的利率互換。

## 11.4.4　利率互換期權的交易要素

　利率互換期權是利率期權中重要的一類產品，經中國人民銀行批復同意，2020 年 3 月 23 日起利率期權交易及相關服務在全國銀行間交易中心（中國外匯交易中心）試運行。利率期權的推出，是中國利率市場化改革的又一歷史性事件，標誌著利率風險對沖市場進一步成熟。目前中國外匯交易中心推出的利率互換期權的主要交易要素如表 11-7 所示。

▼ 表 11-7 利率互換期權主要交易要素

| 期權類型 | 固定利率支付方利率互換期權（Call）、固定利率收取方利率互換期權（Put） |
|---|---|
| 期權期限 | 1M、3M、6M、9M、1Y 等標準期限（可依據實際情況調整） |
| 合約程式 | 格式：SWPT_ 參考利率 _ 期權期限 × 利率互換期限 C/P<br>舉例來說，SWPT_LPR1Y_1Y5YC 為標的為 LPR1Y，期權期限為 1 年的固定利率支付方利率互換期權，利率互換期限為 5 年 |
| 名義本金 / 手數 | 單位名義本金 100 萬元（1 手） |
| 執行利率 | 利率互換期權的行權價格（利率）（可根據實際情況調整） |
| 期權價格 | 基點報價（2 位小數），如 300 表示為 300BP。單位變動 0.01BP |
| 隱含波動率 | 單位為年化百分比，可以自行確定，也可以由市場價格反推得到 |
| 期權費 | 期權費 = 期權價格 × 名義本金 |
| 期權費支付日 | 交易日 +1 個營業日（可依據實際情況調整） |
| 行權日 | 交易日 + 期權期限（可依據實際情況調整） |
| 清算 / 交割方式 | 雙邊清算 / 實物交割 |
| 標的利率互換條款 | 當前中國外匯交易中心只有固定利率和浮動利率之間的互換（暫無浮動換浮動的情況），套用現有利率互換範本 |
| 產品名稱 | 以 LPR1Y/LPR5Y 等為參考利率的利率互換（如 LPR1Y_6M、LPR1Y_1Y、LPR1Y_2Y、LPR1Y_3Y、LPR5Y_1Y、LPR5Y_5Y） |
| 起息日 | 行權日 +1 個營業日（可依據實際情況調整） |

【實例 11-6】交易員 A 試圖在 2021-2-24 買入一筆基於 LPR1Y 的利率互換期權，發起了對話報價，如圖 11-5 所示。該利率互換期權的期權期限為 1Y，合約程式為 SWPT_LPR1Y_1Y2YC，名義本金為 2000 萬元，期權價格為 20BP，期權費為 40000 元，執行利率為 4.1%，期權費支付日為 2021-2-25，期權起始日為 2021-2-24，期權行權日為 2022-2-24，參考利率為 LPR1Y；利率互換的起息日為 2022-2-25，到期日為 2024-2-25，參考利率為 LPR1Y，利差為 0BP，重置頻率為季，即每 3 個月重置一次參考利率，支付週期為季，計息方法為單利，計息基準為實際 /365，支付日調整的規則為經調整的下一營業日。

▲ 圖 11-5 利率互換期權對話報價

【注】對話報價是針對一個交易員發送的，必須完整填寫所有交易要素。

利率互換期權交易流程如圖 11-6 所示。

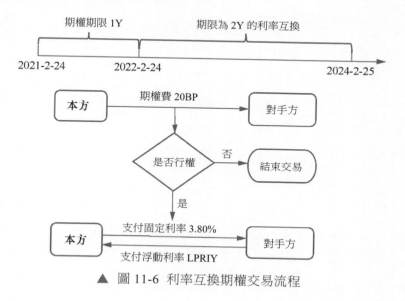

▲ 圖 11-6 利率互換期權交易流程

交易員 A 在 1 年後（2022 年 2 月 24 日）會判斷是否行權，如果行權，執行期限為 2 年的利率互換交易，否則終止並結束交易。

# 11.5 利率互換期權的估值與風險指標

## 11.5.1 利率互換期權波動率曲面的建構

對於利率互換期權的波動率曲面建構，無須像利率上下限期權那樣從綜合波動率中剝離出子期權波動率，建構相對較為輕鬆。為保證資料的連續性，在對基本資料進行清洗處理後可直接在執行價維度或時間維度進行插值處理。

【實例 11-7】表 11-8 是 2021-3-30 日終的 LPR1Y_1Y 的利率互換期權經資料清洗後的波動率報價，根據該報價，繪製當日日終利率互換期權的波動率曲面。

▼ 表 11-8 LPR1Y_1Y 日終波動率報價（2021-3-30）

| 合約標的 | 期權期限 | 執行利率（%） | 買入〔隱含波動率（%）〕 | 賣出〔隱含波動率（%）〕 | 均值〔隱含波動率（%）〕 |
|---|---|---|---|---|---|
| LPR1Y_1Y | 1M | 3.6500 | 0.2854 | 0.6369 | 0.4612 |
| LPR1Y_1Y | 1M | 3.7000 | 0.2869 | 0.6289 | 0.4579 |
| LPR1Y_1Y | 1M | 3.7500 | 0.2865 | 0.6418 | 0.4641 |
| LPR1Y_1Y | 1M | 3.8000 | 0.2809 | 0.6234 | 0.4521 |
| LPR1Y_1Y | 1M | 3.8500 | 0.2717 | 0.6139 | 0.4428 |
| LPR1Y_1Y | 1M | 3.9000 | 0.2713 | 0.6105 | 0.4409 |
| LPR1Y_1Y | 1M | 3.9500 | 0.2801 | 0.6133 | 0.4467 |
| LPR1Y_1Y | 1M | 4.0000 | 0.3039 | 0.6834 | 0.4936 |
| LPR1Y_1Y | 1M | 4.0500 | 0.3009 | 0.6557 | 0.4783 |
| LPR1Y_1Y | 2M | 3.6500 | 0.2758 | 0.6404 | 0.4581 |
| LPR1Y_1Y | 2M | 3.7000 | 0.2954 | 0.6515 | 0.4735 |
| LPR1Y_1Y | 2M | 3.7500 | 0.2761 | 0.6420 | 0.4590 |
| LPR1Y_1Y | 2M | 3.8000 | 0.2730 | 0.6233 | 0.4481 |
| LPR1Y_1Y | 2M | 3.8500 | 0.2800 | 0.6262 | 0.4531 |
| LPR1Y_1Y | 2M | 3.9000 | 0.2670 | 0.6114 | 0.4392 |
| LPR1Y_1Y | 2M | 3.9500 | 0.2675 | 0.6017 | 0.4346 |
| LPR1Y_1Y | 2M | 4.0000 | 0.2811 | 0.6192 | 0.4502 |
| LPR1Y_1Y | 2M | 4.0500 | 0.2998 | 0.6570 | 0.4784 |
| LPR1Y_1Y | 3M | 3.6500 | 0.2966 | 0.6396 | 0.4681 |
| LPR1Y_1Y | 3M | 3.7000 | 0.2935 | 0.6343 | 0.4639 |
| LPR1Y_1Y | 3M | 3.7500 | 0.2946 | 0.6412 | 0.4679 |
| LPR1Y_1Y | 3M | 3.8000 | 0.2889 | 0.6306 | 0.4598 |
| LPR1Y_1Y | 3M | 3.8500 | 0.2818 | 0.6179 | 0.4498 |

（續表）

| 合約標的 | 期權期限 | 執行利率（%） | 買入〔隱含波動率（%）〕 | 賣出〔隱含波動率（%）〕 | 均值〔隱含波動率（%）〕 |
|---|---|---|---|---|---|
| LPR1Y_1Y | 3M | 3.9000 | 0.2821 | 0.6188 | 0.4505 |
| LPR1Y_1Y | 3M | 3.9500 | 0.2869 | 0.6205 | 0.4537 |
| LPR1Y_1Y | 3M | 4.0000 | 0.2719 | 0.6240 | 0.4480 |
| LPR1Y_1Y | 3M | 4.0500 | 0.2918 | 0.6572 | 0.4745 |
| LPR1Y_1Y | 6M | 3.6000 | 0.2959 | 0.6564 | 0.4761 |
| LPR1Y_1Y | 6M | 3.7000 | 0.2890 | 0.6369 | 0.4630 |
| LPR1Y_1Y | 6M | 3.8000 | 0.2936 | 0.6349 | 0.4642 |
| LPR1Y_1Y | 6M | 3.9000 | 0.2811 | 0.6085 | 0.4448 |
| LPR1Y_1Y | 6M | 4.0000 | 0.2849 | 0.6144 | 0.4497 |
| LPR1Y_1Y | 6M | 4.1000 | 0.2767 | 0.6351 | 0.4559 |
| LPR1Y_1Y | 9M | 3.6000 | 0.3039 | 0.6679 | 0.4859 |
| LPR1Y_1Y | 9M | 3.7000 | 0.2971 | 0.6515 | 0.4743 |
| LPR1Y_1Y | 9M | 3.8000 | 0.3038 | 0.6471 | 0.4754 |
| LPR1Y_1Y | 9M | 3.9000 | 0.2905 | 0.6204 | 0.4555 |
| LPR1Y_1Y | 9M | 4.0000 | 0.2948 | 0.6275 | 0.4611 |
| LPR1Y_1Y | 9M | 4.1000 | 0.2811 | 0.6446 | 0.4628 |
| LPR1Y_1Y | 1Y | 3.6000 | 0.3221 | 0.6841 | 0.5031 |
| LPR1Y_1Y | 1Y | 3.7000 | 0.3251 | 0.6807 | 0.5029 |
| LPR1Y_1Y | 1Y | 3.8000 | 0.3212 | 0.6639 | 0.4925 |
| LPR1Y_1Y | 1Y | 3.9000 | 0.3101 | 0.6441 | 0.4771 |
| LPR1Y_1Y | 1Y | 4.0000 | 0.3091 | 0.6448 | 0.4769 |
| LPR1Y_1Y | 1Y | 4.1000 | 0.2905 | 0.6574 | 0.4739 |

資料來源：Wind 資訊

【分析解答】表 11-8 中部分執行利率的波動率無報價，關鍵期限執行利率外的波動率採用最臨近值進行補全（下面具體實現還增加了 1/365 期限的臨界點，否則外插會出現問題）。關鍵期限點內部的波動率採用方差線性插值或三次樣條插值。下面採用 Python 撰寫 Swaption_volsurface 函數實現。

```python
# 載入需要使用的函數庫
import pandas as pd
import numpy as np
from scipy.interpolate import Rbf
from pylab import mpl
import matplotlib.pyplot as plt
mpl.rcParams['font.sans-serif']=['SimHei']
mpl.rcParams['axes.unicode_minus']=False
# 建構利率互換期權波動率曲面的函數
def Swaption_volsurface(term,strike,vol):
    '''
    :param term: 以資料框形式輸入的到期期限（年）（見測試案例）；
    :param strike: 以資料框形式輸入的行權價格（見測試案例）；
    :param vol: 以資料框形式輸入的波動率（見測試案例）；
    :return: 返回計算利率插值後的期限（年），行權價格與波動率。
    '''
    Variance=(vol*100)**2*term               # 波動率調整為方差，採用方差插值
    func = Rbf(term,strike*100,Variance,function='Cubic') # 三次樣條插值
    new_term=np.linspace(min(term),max(term),12) # 需要插值的期限點
    new_strike=np.linspace(min(strike*100),max(strike*100),12) # 需要插值的行權價格
    ttm=new_term.tolist()*len(new_term)
    stk=sorted(new_strike.tolist()*len(new_strike))
    iv=[]
    for x,y in zip(ttm, stk):
        iv.append((func(x,y)/x)**(1/2))
    # 繪圖
    fig = plt.figure()
    ax = fig.add_subplot(projection='3d')
    surf=ax.plot_trisurf(ttm,stk,iv,cmap='viridis', edgecolor='none')
    ax.set_xlim(1,0)
    ax.set_xlabel('到期時間（年）')
    ax.set_ylabel('執行利率 (%)')
    ax.set_zlabel('波動率 (%)')
```

```python
    plt.title(u' 波動率曲面圖 ',fontsize=16)
    fig.colorbar(surf,location='left')
    plt.show()
    # 採用資料框歸一化資料
    volsurface = pd.DataFrame({"term": ttm,"strike": stk,"vol":iv})
    return volsurface
```

將原始資料設置為資料框，輸入至 Swaption_volsurface_test 函數。

```python
# 測試案例
# 配置輸入報價平均波動率（term,strike,ave_vol）
Cap_vol_ave = pd.DataFrame({
    "term": [1/365,1/365,1/365,1/365,1/365,1/365,1/365,1/365,1/365,1/365,1/365,
             1/12,1/12,1/12,1/12,1/12,1/12,1/12,1/12,1/12,1/12,1/12,
             2/12,2/12,2/12,2/12,2/12,2/12,2/12,2/12,2/12,2/12,2/12,
             3/12,3/12,3/12,3/12,3/12,3/12,3/12,3/12,3/12,3/12,3/12,
             6/12,6/12,6/12,6/12,6/12,6/12,
             9/12,9/12,9/12,9/12,9/12,9/12,
             1,1,1,1,1,1],
    "strike":[3.6,3.65,3.7,3.75,3.8,3.85,3.9,3.95,4,4.05,4.1,
              3.6,3.65,3.7,3.75,3.8,3.85,3.9,3.95,4,4.05,4.1,
              3.6,3.65,3.7,3.75,3.8,3.85,3.9,3.95,4,4.05,4.1,
              3.6,3.65,3.7,3.75,3.8,3.85,3.9,3.95,4,4.05,4.1,
              3.6,3.7,3.8,3.9,4,4.1,
              3.6,3.7,3.8,3.9,4,4.1,
              3.6,3.7,3.8,3.9,4,4.1],
"ave_vol":[0.4612,0.4612,0.4579,0.4641,0.4521,0.4428,0.4409,0.4467,0.4936,0.4783,0.4783,
           0.4612,0.4612,0.4579,0.4641,0.4521,0.4428,0.4409,0.4467,0.4936,0.4783,0.4783,
           0.4581,0.4581,0.4735,0.4590,0.4481,0.4531,0.4392,0.4346,0.4502,0.4784,0.4784,
           0.4681,0.4681,0.4639,0.4679,0.4598,0.4498,0.4505,0.4537,0.4480,0.4745,0.4745,
           0.4761,0.4630,0.4642,0.4448,0.4497,0.4559,
           0.4859,0.4743,0.4754,0.4555,0.4611,0.4628,
           0.5031,0.5029,0.4925,0.4771,0.4769,0.4739]})
Swaption_volsurface_test=Swaption_volsurface(term=Cap_vol_ave["term"],
                                             strike=Cap_vol_ave["strike"]/100,
                                             vol=Cap_vol_ave["ave_vol"]/100)
print(Swaption_volsurface_test)
```

輸出插值後的結果和波動率曲面（見圖 11-7）：

```
         term  strike       vol
0     0.00274     3.6  0.461200
1     0.09340     3.6  0.459668
2     0.18406     3.6  0.459907
3     0.27472     3.6  0.470262
4     0.36538     3.6  0.473842
..        ...     ...       ...
139   0.63736     4.1  0.457299
140   0.72802     4.1  0.461623
141   0.81868     4.1  0.466648
142   0.90934     4.1  0.471165
143   1.00000     4.1  0.473900

[144 rows x 3 columns]
```

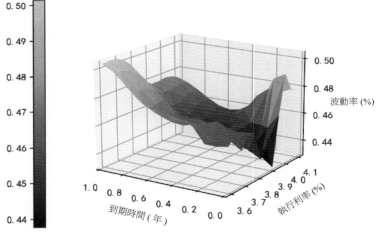

▲ 圖 11-7　利率互換期權波動率曲面

　　需要注意的是，1/365 期限點以及部分臨界執行利率下波動率是無報價資料的，這裡為保證外插插值外插不出現問題，已將其賦值為最鄰近的波動率數值。此外，這裡對到期時間也做了簡化處理，實際更精準的建構需要按計息基準與支付日調整規則計算精確的到期年化時間再進行插值。

## 11.5.2 利率互換期權現值的計算

考慮到利率互換期權可能出現負利率的情況，使用常態模型對利率互換期權進行估值。

① 利率互換看漲期權（固定利率支付方）現值（或估值）為：

$$\text{PV(Call)} = P \sum_{i=1}^{n} \text{DF}(t_i) \times \frac{(t_i - t_{i-1})}{D} \times \left[ (F - K) \times N(d) + \sigma\sqrt{T} \times \varphi(d) \right] \qquad (11-15)$$

② 利率互換看跌期權（固定利率收取方）現值（或估值）為：

$$\text{PV(Put)} = P \sum_{i=1}^{n} \text{DF}(t_i) \times \frac{(t_i - t_{i-1})}{D} \times \left[ (K - F) \times N(-d) + \sigma\sqrt{T} \times \varphi(-d) \right] \qquad (11-16)$$

其中，

$$d = \frac{F - K}{\sigma\sqrt{T}}, N(d) = \int_{-\infty}^{d} \varphi(\varepsilon)\mathrm{d}\varepsilon, \varphi(d) = \frac{1}{\sqrt{2\pi}} e^{-\frac{d^2}{2}}$$

$P$：名義本金；

$n$：利率互換的期數；

$\text{DF}(t_i)$：貼現因數，根據參考利率互換收盤曲線拔靴關鍵期限點即期收益率，再計算插值得到貼現因數（方法同 10.2.1 小節）。

$D$：年化計算天數，根據實際計息基準進行調整。

$\sigma$：將日終期權隱含波動率曲線插值得到的估值波動率。

$T$：期權剩餘年化到期時間。

$K$：執行利率。

$F$：遠期互換利率。

遠期互換利率的計算方法如下。

假如一筆利率互換從 $T_0$ 開始交易，利息支付發生在 $T_1, T_2, \cdots, T_n$。定義 $T = T_0$，本金是 1，則在 $t$ 時刻（$t<T$）的遠期互換利率是 $F$。對於利率互換交易，如果在最後一筆支付中加入本金，則在交易初始日浮動端的估值等於本金。如果讓固定端等於浮動端，則有：

$$F \sum_{i=0}^{n-1} (T_{i+1} - T_i) \times \mathrm{DF}(t, T_{i+1}) = \mathrm{DF}(t, T_0) - \mathrm{DF}(t, T_n) \qquad (11-17)$$

那麼在 $t$ 時刻，遠期互換利率為：

$$F = \frac{\mathrm{DF}(t, T_0) - \mathrm{DF}(t, T_n)}{\sum_{i=0}^{n-1}(T_{i+1} - T_i) \times \mathrm{DF}(t, T_{i+1})} \times 100\% \qquad (11-18)$$

其中， $\mathrm{DF}(t, T_i)$ 為從 $T_i$ 時刻貼現到 $t$ 時刻的貼現因數。

【實例 11-8】假定當前日期為 2021-3-30，根據實例 11-6 中的交易要素以及實例 11-7 中建構的波動率曲面，對該筆利率互換期權進行估值。該筆利率互換期權收盤收益率如表 11-9 所示。

▼ 表 11-9 LPR1Y 收盤收益率（2021-3-30）

| 開始日期 | 結束日期 | 期限 | 指標 | 收盤報價（平均值）利率（％） |
|---|---|---|---|---|
| 2021-3-30 | 2021-3-31 | 1D | LPR1Y | 3.8500 |
| 2021-3-30 | 2021-6-30 | 3M | LPR1Y | 3.8500 |
| 2021-3-30 | 2021-9-30 | 6M | LPR1Y | 3.9250 |
| 2021-3-30 | 2021-12-30 | 9M | LPR1Y | 3.9438 |
| 2021-3-30 | 2022-3-30 | 1Y | LPR1Y | 3.9763 |
| 2021-3-30 | 2023-3-30 | 2Y | LPR1Y | 4.0463 |
| 2021-3-30 | 2024-3-29 | 3Y | LPR1Y | 4.0863 |
| 2021-3-30 | 2025-3-31 | 4Y | LPR1Y | 4.1100 |

（續表）

| 開始日期 | 結束日期 | 期限 | 指標 | 收盤報價（平均值）利率（%） |
|---|---|---|---|---|
| 2021-3-30 | 2026-3-30 | 5Y | LPR1Y | 4.1250 |
| 2021-3-30 | 2028-3-30 | 7Y | LPR1Y | 4.0950 |
| 2021-3-30 | 2031-3-31 | 10Y | LPR1Y | 4.0950 |

【注】1D 和 3M 期限採用最近 1 年期 LPR 參考利率延伸處理。
資料來源：中國貨幣網

【分析解答】先依據交易要素和 LPR1Y 收益率報價計算遠期互換利率 $F$。表 11-10 是中間計算結果。

▼ 表 11-10 利率期權遠期互換利率計算

| | 日期 | 即期收益率（%） | $DF(t, T_n)$ | $T_{i+1} - T_i$ |
|---|---|---|---|---|
| 估值日 | 2021-3-30 | | | |
| 期權到期日 | 2022-2-24 | | | |
| 互換起息日 | 2022-2-25 | 3.9450 | 0.964720 | |
| 現金流支付日 | 2022-5-25 | 3.9680 | 0.955252 | 0.243836 |
| | 2022-8-25 | 3.9858 | 0.945508 | 0.252055 |
| | 2022-11-25 | 4.0036 | 0.935780 | 0.252055 |
| | 2023-2-27 | 4.0218 | 0.925860 | 0.257534 |
| | 2023-5-25 | 4.0341 | 0.916788 | 0.238356 |
| | 2023-8-25 | 4.0444 | 0.907289 | 0.252055 |
| | 2023-11-27 | 4.0546 | 0.897637 | 0.257534 |
| | 2024-2-26 | 4.0650 | 0.888346 | 0.249315 |

根據公式（11-18）可以計算得到遠期互換利率 $F$ 為：

$$F = \frac{0.964720 - 0.888346}{0.955252 \times 0.243836 + 0.945508 \times 0.252055 + \cdots + 0.888346 \times 0.249315} \times 100\%$$
$$= 4.1386\%$$

計算利率互換期權的價值需要獲取對應 2022-2-24 為期權行權日，執行利率為 4.1% 的波動率。這裡採用三次樣條函數對方差進行插值後開方，計算得到波動率為：

$$\sigma = 0.471055\%$$

接下來計算看漲利率互換期權的價值。

$$PV(Call) = 20\,000\,000 \times (0.955\,252 \times 0.243\,836 + 0.945\,508 \times 0.252\,055 + \cdots +$$
$$0.888346 \times 0.249315) \times \left[ (4.1386\% - 4.1\%) \times N\left( \frac{4.1386\% - 4.1\%}{0.471055\% \times \sqrt{0.906849}} \right) + \right.$$
$$\left. 0.471055\% \times \sqrt{0.906849} \times \varphi\left( \frac{4.1386\% - 4.1\%}{0.471055\% \times \sqrt{0.906849}} \right) \right] = 73417.74$$

下面使用 Python 撰寫 Swaption_swap_rate_vol 函數，先計算遠期互換利率與估值波動率。

```python
# 載入需要使用的函數庫
import pandas as pd
import numpy as np
import datetime
from datetime import date
from coupon_schedule_adjust import coupon_schedule_adjust
from Swap_Zerocurve import Swap_Zerocurve
from Swaption_volsurface import *
from scipy.interpolate import Rbf
import scipy.interpolate as si
# 計算利率互換期權遠期互換利率與估值波動率的函數
def Swaption_swap_rate_vol(valuation_curve,vol_curve,cal_date,
                           opt_enddate,stk,start_date,yearlenth,fre,D):
    '''
    :param valuation_curve: 以資料框形式輸入的估值曲線（見測試案例）；
```

:param vol_curve: 以資料框形式輸入的波動率曲面（見測試案例）；

:param cal_date: 計算日期；

:param opt_enddate: 利率互換期權結束日期；

:param stk: 執行利率；

:param start_date: 利率互換期權的利率互換起息日；

:param yearlenth: 利率互換期權的利率互換的年限；

:param fre: 利率互換期權的利率互換的付息頻率；

:param D: 年度計算天數；

:return: 返回遠期互換利率，估值波動率，計息年化時間，利率互換支付日貼現因數，每個付息日距離估值日的年化時間。

'''

```
Swaption_schedule_test_adjust=coupon_schedule_adjust(start_date=start_date,
                                       yearlenth=yearlenth,fre=fre)
yearfactor_forward=np.diff(Swaption_schedule_test_adjust)/datetime.timedelta(days=
D) # 遠期每個付息的年化天數
maturity_forward=(np.array(Swaption_schedule_test_adjust)-cal_date)/datetime.
timedelta (days=D) # 每個付息日距離估值日的年化時間
Curve_yearfraction=(valuation_curve['end_date']-valuation_curve['begin_date']).
dt.days/D
func=si.interp1d(Curve_yearfraction,np.log(valuation_curve['DF']),kind="slinear")
# 採用對數線性插值貼現因數
paymentday_DF=np.exp(func(maturity_forward.tolist()))
F=(paymentday_DF[0]-paymentday_DF[-1])/(sum(np.multiply(paymentday_DF[1:],
  yearfactor_ forward))) # 計算得到遠期互換利率
# 插值波動率
Variance=(vol_curve['vol']**2)*vol_curve['term']      # 波動率調整為方差，採用方差插值
func = Rbf(vol_curve['term'],vol_curve['strike'],Variance,function='Cubic') # 三次
樣條插值
t=(opt_enddate-cal_date)/datetime.timedelta(days=D)
swap_vol=(func(t,stk/100)/t)**(1/2)
return F*100,swap_vol,yearfactor_forward,paymentday_DF,maturity_forward
    ''' 返回計算的參數解釋：F*100: 遠期互換利率；
        swap_vol：利率互換期權插值波動率；
        yearfactor_forward：利率互換的計息年化時間；
        paymentday_DF：利率互換支付日貼現因數；
        maturity_forward：每個付息日距離估值日的年化時間。
        '''
```

呼叫 Swaption_swap_rate_vol 函數，輸入相關參數計算。

```
# 測試案例
term=np.array([1/365,0.25,0.5,0.75,1,2,3,4,5,7,10])
ave_price=np.array([3.85,3.85,3.925,3.9483,3.9763,4.0463,4.0863,4.11,4.125,4.095,
4.095])/100
Swaption_LPR1Y_Zerocurve_test=Swap_Zerocurve(start_date=date(2021,3,30),
    cleanspeed='T+0',yearlenth=10,fre=4,term=term,ave_price=ave_price,D_fix=365,D_
float=360)
Swaption_swap_rate_vol_test=Swaption_swap_rate_vol(valuation_curve=Swaption_LPR1Y_
Zerocurve_test,vol_curve=Swaption_volsurface_test,cal_date=date(2021,3,30),
opt_enddate=date(2022,2,24),stk=4.1/100,start_date=date(2022,2,25),yearlenth=2,fre=4
,D=365)
print(' 遠期互換利率 (%)：',round(Swaption_swap_rate_vol_test[0],4))
print(' 該利率互換期權的估值波動率 (%)：',round(Swaption_swap_rate_vol_test[1],6))
```

輸出結果：

```
远期互换利率(%)： 4.1386
该利率互换期权的估值波动率(%)： 0.471055
```

接下來撰寫 Swaption_Valuation 函數計算該筆利率互換期權在 2021-3-30 的估值。

```
# 載入需要使用的函數庫
from Swaption_swap_rate_vol import *
from scipy.stats import norm
import math
# 利率互換期權估值的函數
def Swaption_Valuation(F,vol,yearfactor,DF,P,stk,cal_date,start_date,opt_type,D):
    '''
    :param F: 遠期互換利率；
    :param vol: 估值的波動率；
    :param yearfactor: 遠期互換付息年化時間；
    :param DF: 遠期互換付息日貼現因數；
    :param P: 利率互換期權的名義本金；
    :param stk: 執行利率；
    :param cal_date: 計算日期；
    :param start_date: 利率互換期權的利率互換起息日；
    :param opt_type: 利率互換期權類型，call 或 put；
```

```
:param D: 年度計算天數;
:return: 返回計算該利率互換期權的估值。
'''
d = (F/100-stk) / (vol/100*(np.sqrt((start_date-cal_date).days/D)))
N_d = norm.cdf(d)
N_neg_d=norm.cdf(-d)
fai_d = 1 / (np.sqrt(2 * math.pi)) * np.exp(-d * d / 2)
fai_neg_d=1 / (np.sqrt(2 * math.pi)) * np.exp(d * (-d) / 2)
if opt_type=='call':
    PV=P*sum(yearfactor*DF[1:])*((F/100-stk)*N_d+vol/100*
        (np.sqrt((start_date-cal_date).days/D))*fai_d)
else:
    PV=P*sum(yearfactor*DF[1:])*((stk-F/100)*N_neg_d+vol/100*
        (np.sqrt((start_date-cal_date).days/D))*fai_neg_d)
return PV
```

呼叫 Swaption_Valuation 函數，輸入相關參數（遠期互換利率 $F$、波動率 vol、遠期互換付息年化時間 yearfactor、遠期互換付息日貼現因數 DF）進行估值。

```
# 測試案例
Swaption_Valuation_test=Swaption_Valuation(F=Swaption_swap_rate_vol_test[0],
                                    vol=Swaption_swap_rate_vol_test[1],
                                    yearfactor=Swaption_swap_rate_vol_
test[2],
                                    DF=Swaption_swap_rate_vol_test[3],
P=20000000,stk=4.1/100,cal_date=date(2021,3,30),start_date=date(2022,2,24),opt_type=
'call',D=365)
print(' 該筆利率互換期權的估值為：',round(Swaption_Valuation_test,2))
```

輸出結果：

```
該笔利率互换期权的估值为：  73417.74
```

## 11.5.3 利率互換期權風險指標的計算

利率互換期權常見的風險指標有 Delta、Gamma、Vega 和 Theta，其定義如下。

（1）Delta：標的資產（遠期互換利率）價格變動 1 個基點後期權價值的變動幅度。

$$Delta = \frac{PV_{F+} - PV_{F-}}{2 \times 0.0001} \qquad (11-19)$$

$PV_{F+}$：遠期互換利率上升 1 個基點時的利率互換期權價格。

$PV_{F-}$：遠期互換利率下降 1 個基點時的利率互換期權價格。

【注】為保證 11.6 節計算風險價值方便，這裡對分母係數進行了擴大（Gamma 與 Vega 的計算與之相似，也需要擴大分母係數）。

（2）Gamma：標的資產價格變動 1 個基點後 Delta 的變動幅動。

$$Gamma = \frac{PV_{F+} + PV_{F-} - 2PV}{0.0001^2} \qquad (11-20)$$

$PV$：利率互換期權的初始估值價格。

$PV_{F+}$：遠期互換利率上升 1 個基點時的利率互換期權價格。

$PV_{F-}$：遠期互換利率下降 1 個基點時的利率互換期權價格。

（3）Vega：波動率變動 1 個基點後期權價值的變動幅動。

$$Vega = \frac{PV_{v+} - PV_{v-}}{2 \times 0.0001} \qquad (11-21)$$

$PV_{v+}$：波動率上升 1 個基點時的利率互換期權價格。

$PV_{v-}$：波動率下降 1 個基點時的利率互換期權價格。

（4）Theta：估值日後 1 天期權價值相對當日的變動價值。

$$Theta = PV_{+1\,day} - PV \qquad (11-22)$$

$PV_{+1day}$：估值日後 1 天利率互換期權的價值。

$PV$：利率互換期權的初始估值。

【**實例 11-9**】假定當前日期為 2021-3-30，接實例 11-8，計算該筆利率互換期權的風險指標。

【**分析解答**】採用公式（11-19）、公式（11-20）、公式（11-21）與公式（11-22）的衝擊法進行了重估值（某個參數發生細微變化，重新計算 PV），計算比較煩瑣，下面使用 Python 撰寫 Swaption_greeks 函數對利率互換期權風險指標進行計算。

```python
# 載入需要使用的函數庫
from Swaption_swap_rate_vol import *
from scipy.stats import norm
from Swaption_Valuation import Swaption_Valuation
import math
# 計算利率互換期權希臘字母的函數
def Swaption_greeks(F,vol,yearfactor,DF,maturity_fac,P,stk,cal_date,start_date,opt_
type,D):
    '''
    :param F: 遠期互換利率；
    :param vol: 估值的波動率；
    :param yearfactor: 遠期互換付息年化時間；
    :param DF: 遠期互換付息日貼現因數；
    :param maturity_fac: 每個付息日距離估值日的年化時間；
    :param P: 利率互換期權的名義本金；
    :param stk: 執行利率；
    :param cal_date: 計算日期；
    :param start_date: 利率互換期權的利率互換起息日；
    :param opt_type: 利率互換期權類型，call 或 put；
    :param D: 年度計算天數；
    :return: 返回計算該利率互換期權的風險指標。
    '''
    PV_origin=Swaption_Valuation(F=F,vol=vol,yearfactor=yearfactor,DF=DF,
                        P=P,stk=stk,cal_date=cal_date,
                        start_date=start_date,opt_type=opt_type,D=D)
    # 計算 Delta
    F_up=(F/100+0.0001)*100
    F_down=(F/100-0.0001)*100
    PV_F_up=Swaption_Valuation(F=F_up,vol=vol,yearfactor=yearfactor,DF=DF,
                        P=P,stk=stk,cal_date=cal_date,
```

```
                                    start_date=start_date,opt_type=opt_type,D=D)
    PV_F_down=Swaption_Valuation(F=F_down,vol=vol,yearfactor=yearfactor,DF=DF,
                                P=P,stk=stk,cal_date=cal_date,
                                start_date=start_date,opt_type=opt_type,D=D)
    Delta=(PV_F_up-PV_F_down)/(2*0.0001)
    # 計算 Gamma
    Gamma=(PV_F_up+PV_F_down-2*PV_origin)/(0.0001*0.0001)
    # 計算 Vega
    v_up=(vol/100+1/10000)*100
    v_down=(vol/100-1/10000)*100
    PV_v_up=Swaption_Valuation(F=F,vol=v_up,yearfactor=yearfactor,DF=DF,
                              P=P,stk=stk,cal_date=cal_date,
                              start_date=start_date,opt_type=opt_type,D=D)
    PV_v_down=Swaption_Valuation(F=F,vol=v_down,yearfactor=yearfactor,DF=DF,
                                P=P,stk=stk,cal_date=cal_date,
                                start_date=start_date,opt_type=opt_type,D=D)
    Vega=(PV_v_up-PV_v_down)/(2*0.0001)
    # 計算 Theta
    maturity=maturity_fac-1/D
    cal_DF=-np.log(DF)/maturity_fac
    for i in range(0,len(cal_DF)):
            cal_DF[i]=np.exp(-cal_DF[i]*maturity[i])
    PV_oneday=Swaption_Valuation(F=F,vol=vol,yearfactor=yearfactor,DF=cal_DF,
    P=P,stk=stk,cal_date=cal_date+datetime.timedelta(days=1),
                        start_date=start_date,opt_type=opt_type,D=D)
    Theta=PV_oneday-PV_origin
    greeks = pd.DataFrame({"Delta":[np.round(Delta,2)], "Gamma": [np.round(Gamma,2)],
                            "Vega": [np.round(Vega,2)],"Theta": [np.round(Theta,2)]})
    return greeks
```

呼叫 Swaption_greeks 函數，輸入對應參數進行計算。

```
Swaption_greeks_test=Swaption_greeks(F=Swaption_swap_rate_vol_test[0],
                                    vol=Swaption_swap_rate_vol_test[1],
                                    yearfactor=Swaption_swap_rate_vol_test[2],
                                    DF=Swaption_swap_rate_vol_test[3],
                                    maturity_fac=Swaption_swap_rate_vol_test[4],
                                    P=20000000,stk=4.1/100,cal_date=date(2021,3,30),
                                    start_date=date(2022,2,24),opt_type='call',D=365)
print(Swaption_greeks_test)
```

輸出結果：

```
         Delta          Gamma           Vega    Theta
0  19719481.66   3.270155e+09   13969866.58    -91.4
```

# 11.6 利率期權風險價值的簡易計算

對於複雜產品風險價值的計算，可以採用泰勒展開式將產品的損益變動分解出來，採用敏感度一階模型或二階模型進行簡易估計。

## 11.6.1 敏感度一階模型計算風險價值

假設交易組合由單一期權組成，標的資產的當前價格為 $S$，期權價格變動的潛在損失為：

$$\Delta P = \frac{\partial P}{\partial S} \Delta S \qquad (11-23)$$

$\Delta P$：交易組合在 1 天內的價值變化。

$\Delta S$：1 天內標的資產價格的變化。

假定價格變動服從正態分佈，則交易組合的風險價值可以表示為：

$$\text{VaR}_{1-\alpha}(1_\text{D}) = \text{Delta} \times (l_\alpha \times \sigma \times S) \qquad (11-24)$$

$\text{VaR}_{1-á}(1_\text{D})$：持有 1 天，信賴區間為 $1-\alpha$ 的 VaR。

$\alpha$：顯示水準，則信賴區間為 $1-\alpha$。

Delta：因風險因數（利率期權為標的利率）變動引起的期權價值潛在損失的一階導估計。

$l_a$：顯示水準的分位數對應的值，如 $\alpha = 5\%$ 對應 1.645。

$\sigma$：標的資產的波動率。

$S$：標的資產的價格。

【注】對於組合持倉期權，則需要計算不同持倉之間的相關矩陣，進行整理處理。

【實例 11-10】某持倉的利率互換期權的 Delta 為 20000000，根據歷史資料計算的標的利率日波動率為 1%，當前標的價格為 3.87%，請採用敏感度一階模型計算信賴區間為 95% 持有 1 天的風險價值。

【分析解答】

$$\text{VaR}_{95\%}(1D) = 20000000 \times (1.645 \times 1\% \times 3.87\%) = 12732.30$$

## 11.6.2　敏感度二階模型計算風險價值

考慮期權價格變動依賴於標的資產的價格和時間的函數，下面舉出了期權價值在短時間內的變化的函數運算式：

$$\Delta P = \frac{\partial P}{\partial S}\Delta S + \frac{\partial P}{\partial t}\Delta t + \frac{1}{2}\frac{\partial^2 P}{\partial S^2}(\Delta S)^2 + \frac{1}{2}\frac{\partial^2 P}{\partial t^2}(\Delta t)^2 + \frac{\partial P}{\partial S\partial t}\Delta S\Delta t\cdots \qquad (11-25)$$

如果變數 $\Delta S$ 是正態分佈的，忽略極短的時間項並只取到二次項，上式可以改寫為：

$$\Delta P = \text{Delta} \times \Delta S + \frac{1}{2}\text{Gamma} \times (\Delta S)^2 + \cdots \qquad (11-26)$$

兩邊取方差，並做適當調整，於是上式可以簡化為：

$$\sigma^2(\Delta P) = \text{Delta}^2 \times \sigma^2(\Delta S) + \frac{1}{2}[\text{Gamma} \times \sigma^2(\Delta S)]^2 \qquad (11-27)$$

假定變數 $\Delta S$ 與 $(\Delta S)^2$ 服從聯合正態分佈，則 $\Delta P$ 也服從正態分佈，其 VaR 可以表示為：

$$\text{VaR}_{1-\alpha}(1_D) = l_\alpha \sqrt{(\text{Delta} \times S \times \sigma)^2 + \frac{1}{2}(\text{Gamma} \times S^2 \times \sigma^2)^2} \qquad (11-28)$$

$\text{VaR}_{1-\acute{a}}(1_D)$：持有 1 天，信賴區間為 $1-a$ 的 VaR。

$\alpha$: 顯示水準，則信賴區間為 $1-a$。

$l_{\acute{a}}$：顯示水準的分位數對應的值，如 $a = 5\%$ 對應 1.645。

Delta ：因風險因數（利率期權為標的利率）變動引起的期權價值潛在損失的一階導估計。

Gamma ：因風險因數（利率期權為標的利率）變動引起的期權價值潛在損失的二階導估計。

$S$：標的資產的價格。

$\sigma$：標的資產的波動率。

一般來說，上述二次型近似法並不適用於大型投資組合的風險加總。因為當投資組合的資產並不只依賴單一標的時，若要全面實現這一方法，需要考慮相關性得到所有的 Gamma 和交叉 Gamma，即對於其他風險因數的二階導數。如果不考慮相關性因素，計算的最終結果會與實際情況有較大偏差。

【實例 11-11】某持倉的利率互換期權的 Delta 為 20000000，Gamma 為 3000000000，根據歷史資料計算的標的利率日波動率為 1%，當前標的價格為 3.87%，試採用敏感度二階模型計算信賴區間為 95% 持有 1 天的風險價值。

$$\text{VaR}_{95\%}(1_D) = 1.645$$

$$\times \sqrt{(20000000 \times 3.87\% \times 1\%)^2 + \frac{1}{2}(3000000000 \times 3.87\%^2 \times 1\%^2)^2}$$

$$= 12743.02$$

由以上計算結果可知，採用二階模型計算風險價值的精度要比一階高，這是由於多出了 Gamma 項。如果計算大量的投資組合期權的風險價值不建議採用以上方法，主要是交叉項使得矩陣計算極其複雜。這裡，筆者建議依舊使用歷史模擬法中類似利率互換中計算風險價值的方法，疊加歷史的收益率以及波動率情景，按照市值加權進行計算。

## 11.7 本章小結

利率期權是對現有利率衍生品序列的重要補充，中國銀行間市場陸續推出的掛鉤 LPR、FDR 的利率期權業務有助金融機構有效管理利率風險，更進一步地服務實體企業。本章主要介紹了利率上下限期權與利率互換期權，分別從基礎業務要素、波動率曲面以及估值方法進行了詳細的分析與實例展示。在最後，由於衍生品相對比較複雜，介紹了一種計算風險價值的簡易計算方法，即採用現值、一階敏感性、二階敏感性來計算。當然，該方法不適合計算大量的不同投資組合的風險價值，這是因為該方法需要標的價格服從正態分佈，並且大量的交叉矩陣使得計算效率很低。

# ⑫ 信用衍生品

## 12.1 信用衍生品簡介

　　固定收益產品中還有一類與信用掛鉤的信用衍生品。該類產品的主要功能是在不轉移標的資產所有權的前提下，將信用風險分離出來，轉移到交易對手方。本章主要對固定收益領域的信用衍生品——信用風險緩釋工具（Credit Risk Mitigation, CRM）介紹。

## 12.1.1 國內外信用衍生品的發展

在國際市場上，信用衍生品是一種場外衍生品，用來分離和轉移信用風險。圖 12-1 總結了國外信用衍生品的發展歷程。

在中國，信用衍生品泛稱信用風險緩釋工具（CRM），類似於一種保險。依據 2010 年 10 月中國銀行間市場交易商協會發佈的《銀行間市場信用風險緩釋工具試點業務指引》以及 2019 年 1 月上海證券交易所發佈的《上海證券交易所 中國證券登記結算有限責任公司信用保護工具業務管理試點辦法》、深圳證券交易所發佈的《深圳證券交易所 中國證券登記結算有限責任公司信用保護工具業務管理試點辦法》中的規定，CRM 是指信用保護買方向信用保護賣方支付信用保護費或從創設機構手中購買相關憑證 / 合約，由信用保護賣方或創設機構就約定的參考債務向信用保護買方提供信用風險保護的金融工具。

CRM 中的信用風險緩釋憑證（Credit Risk Mitigation Warrant，CRMW）推出時間較早，參考債務為單一標的債券，是標準化產品，可以在市場流通。截至 2022 年 6 月底，中國 CRM 的創設交易以 CRMW 為主。圖 12-2 展示了從 2018 年開始 CRMW 的實際發行數量與金額。

可以發現從 2018 年起，隨著違約企業增多，CRMW 呈現逐步增長的態勢。目前，中國銀行間和交易所債券市場共有 6 種信用風險緩釋 / 保護工具。具體來看，在銀行間市場，CRM 包括信用風險緩釋合約（Credit Risk Mitigation Agreement，CRMA）、信用風險緩釋憑證（CRMW）、信用違約互換（Credit Default Swap，CDS）、信用聯結票據（Credit Linked Notes，CLN）4 種。在交易所市場，信用保護工具包括信用保護合約與信用保護憑證 2 種。表 12-1 總結了銀行間和交易所的相關信用衍生品。

1997-2001 年
初步探索階段

❖ 1995 年摩根大通銀行布萊斯‧馬斯
特斯開發出了信用違約互換 (Credit
DefaultSwap，CDS)。該產品在 1997 年
亞洲金融危機和 1998 年俄羅斯債務危機
中凸顯優勢。

2001—2007 年
快速增長階段

● 《2002 年版 ISDA 主協定》和《信用事件
定義檔案 (2023 修訂版 )》發佈。
● 《 金融工具市場法規 》(Markets in
Financial Instruments Directive，MiFID) 發
佈。
● 2007 年以前，大多數信用衍生品不受證
監會和商品期貨委員會的監管。

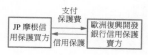

支付
保護費

JP 摩根信
用保護買方 ⇄ 歐洲復興開發
銀行信用保護
賣方
信用保護

2008 年金融危機

● 次貸危機的爆發直接導致信用
衍生品市場萎縮。
● 違約風險、交易對手風險、系
統性風險陷入了互相影響的惡
性迴圈。

2007-2008 年
高速發展階段

● CDS 交易機制逐步完善，市場
參與者增加，高收益投資機會需
求增大。
● 2001 年監管較為寬鬆，阿根廷
債務危機與安然公司倒閉等信用
事件更深層地激發了市場對信用
風險管理工具的需求。

2008—2021 年
規範穩定階段

● 《多德 - 法蘭克華爾街改革和消
費者保護法》通過。
● 《金融工具市場法規 II》通過。

2021 年後危機時代

● CDS 重新回歸簡單化、標準化
模式。
● 市場監管加強，對場外衍生品
交易制度進行了規範。
● ……

▲ 圖 12-1 國外信用衍生品的發展

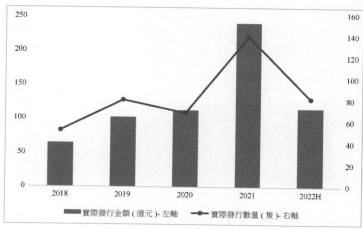

▲ 圖 12-2 CRMW 歷年實際發行數量與金額
（資料來源：Wind 資訊）

▼ 表 12-1 銀行間和交易所信用類產品對比

| | 銀行間 | | | | 交易所 | |
|---|---|---|---|---|---|---|
| **工具類型** | CRMA | CRMW | CDS | CLN | 信用保護合約 | 信用保護憑證 |
| **類別** | 合約類 | 憑證類 | 合約類 | 憑證類 | 合約類 | 憑證類 |
| **主協定** | 銀行間金融衍生品交易主協定 | 銀行間金融衍生品交易主協定（憑證特別版） | 銀行間金融衍生品交易主協定 | 銀行間金融衍生品交易主協定（憑證特別版） | 證券期貨市場衍生品交易主協定（信用保護合約專用版） | — |
| **能否流通** | 否 | 能 | 否 | 能 | 否 | 能 |
| **交易場所** | 本幣交易系統/線下簽署交易確認書 | 一級線下申購/二級本幣交易系統/線下簽署交易確認書 | 本幣交易系統/線下簽署交易確認書 | 一級線下申購/二級本幣交易系統/線下簽署交易確認書 | 上交所固收平臺/深交所綜合協定平臺/線下簽署交易確認書 | 一級線下申購/二級上交所固收平臺/線下簽署交易確認書 |
| **清算場所/登記場所** | 上清所逐筆清算/雙邊清算 | 登記在上清所 | 上清所逐筆清算/集中清算/雙邊清算 | 登記在上清所 | 透過中國結算代收代付/雙邊清算 | 登記在中國結算 |
| **參考標的** | 單項債務 | 單項債務 | 主體/債務 | 主體/債務 | 主體/債務 | 主體/債務 |
| **投資者** | 核心交易商可與所有參與者交易，一般交易商只能與核心交易商交易 | | | | 核心交易商可與所有參與者交易，一般交易商只能與核心交易商交易，同時規定投資者不能超過 200 人 | |
| **信用事件** | 破產、支付違約、債務（潛在）加速到期、破產重組等 | | | | 破產、支付違約和債務重組等。合約或憑證創設説明書中，應當約定其使用的具體信用事件類型 | |
| **信用事件後的結算方式** | 實物或現金結算 | | | | | |

【注】中國證券登記結算有限責任公司簡稱「中國結算」或「CSDC」。

## 12.1.2 信用風險緩釋憑證（CRMW）

信用風險緩釋憑證（CRMW）指由合格的信用風險緩釋憑證創設機構創設的、為憑證持有人就標的債務提供信用風險保護的、可交易流通的有價憑證，屬於憑證類信用風險緩釋工具。

圖 12-3 展示了 CRMW 的基本交易結構。創設機構根據標的債務創設出 CRMW 產品，屬於信用保護賣方；投資者購買 CRMW 產品（中途也可以轉讓給其他投資者），屬於信用保護買方，支付一定的保護費給創設機構。如果投資者持有的標的債務發生了信用事件（如違約），則創設機構需要按照 CRMW 的約定賠付；反之，如果未發生信用事件，則創設機構無須賠付。

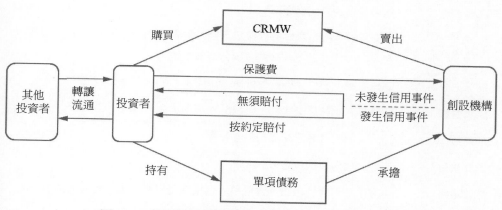

▲ 圖 12-3 信用風險緩釋憑證（CRMW）的基本交易結構

表 12-2 總結了信用風險緩釋憑證的主要交易要素。

▼ 表 12-2 信用風險緩釋憑證主要交易要素

| 要素名稱 | 要素含義 |
|---|---|
| 交易方向 | 買入或賣出 |
| 對手方 | 交易對手方成員簡稱 |
| 對手方交易員 | 交易對手方交易員姓名 |
| 憑證程式 | 交易信用風險緩釋憑證的合約程式 |
| 憑證簡稱 | 交易信用風險緩釋憑證的名稱 |
| 價格 | 交易信用風險緩釋憑證的價格（百元名義本金價格） |
| 名義本金 | 信用保護的標的券面額 |
| 清算速度 | 成交日與清算日之間的營業日天數，通常有 $T+0$（成交當天進行清算）和 $T+1$（成交日下一營業日進行清算）兩種 |
| 結算方式 | 應採用券款對付（Delivery Versus Payment，DVP）方式 |
| 結算金額 | 按價格算出的成交金額，（價格 × 名義本金）/100 |
| 結算日 | 信用風險緩釋憑證交易的結算日期 |
| 清算帳戶 | 本方用於清算的資金帳戶 |
| 託管帳戶 | 本方用於清算的憑證託管帳戶，信用風險緩釋憑證託管於清算所 |

【實例 12-1】金融機構 A（本方）希望在 2022-6-27 買入信用風險緩釋憑證——22 交行 CRMW009（22 雲建投 SCP008），發起了對話報價，其中憑證程式為 022200084，價格為 20 元，名義本金總額為 2000 萬元，結算金額為 20 × 20000000 ÷ 100=4000000（元），清算速度為 $T+0$。信用風險緩釋憑證對話報價如圖 12-4 所示。後續對話報價交易流程與債券類似。

▲ 圖 12-4 信用風險緩釋憑證對話報價

## 12.1.3 CDS/CRMA/ 信用保護合約

信用違約互換（CDS）的參考實體除了債務之外還可為債務發行主體。CRMW/CRMA 的參考標的一般為單項債務，而 CDS 的參考標的為參考實體或多項債務。信用保護合約交易結構與 CRMW 類似，但其為合約類產品，標準化程度低，不能在二級市場上流通。

圖 12-5 展示了 CDS 的基本交易結構。信用保護賣方賣出 CDS，投資者（信用保護買方）購買 CDS，支付一定的保護費給信用保護賣方。如果投資者持有的標的債務或主體發生了信用事件（如違約），則信用保護賣方需要按照 CDS 的約定賠付；反之，如果未發生信用事件，則信用保護賣方無須賠付。

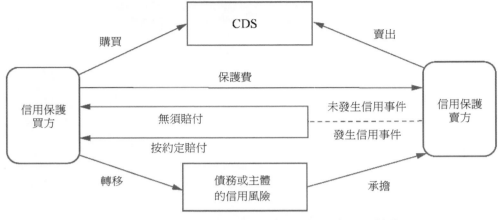

▲ 圖 12-5 信用違約互換（CDS）的基本交易結構

對於發生信用事件與結算方式主要涉及以下三方面。

① CDS 到期且未發生信用事件：信用保護買方一次性 / 定期支付費用給信用保護賣方。

② 發生信用事件並採用現金結算：信用保護買方支付應計未付保護費給信用保護賣方；信用保護賣方支付名義本金 ×（1- 回收率）給信用保護買方。

③ 發生信用事件並採用實物結算：信用保護買方支付應計未付保護費 + 可交付債券給信用保護賣方；信用保護賣方支付名義本金 + 債券應計利息給信用保護買方。

表 12-3 總結了中國 CDS 的主要交易要素。

▼ 表 12-3 中國 CDS 的主要交易要素

| 要素名稱 | 要素含義 |
| --- | --- |
| 參考實體 | 信用保護的單一或多個實體，可以為公司、信託機構，也可以是主權國家或國際多邊機構等 |
| 參考債務名稱 / 程式 | 對應參考債務的名稱或程式 |
| 名義本金 | 雙方約定用於計算保護費及信用違約賠付金額的本金總額 |

（續表）

| 要素名稱 | 要素含義 |
|---|---|
| 前端費率 | 前端一次性支付的信用保護費 |
| 費率 | 存續期間按期支付的每期信用保護費 / 名義本金 ×100% |
| 信用事件 | 認定信用違約互換所涵蓋的信用保護範圍，包括破產、支付違約、債務加速到期、債務潛在加速到期、債務重組等 |
| 債務種類 / 債務特徵 | 確定信用事件認定時所涉債務範圍 |
| 可交付債務種類 / 可交付債務特徵 | 可用於實物結算的交付債務範圍 |
| 結算方式 | 可選現金結算或實物結算 |
| 報價方法 / 報價時間 / 估值方法 | 現金結算中最終比例的確定方法 |

【實例 12-2】金融機構 A（本方）打算在 2021-11-20 買入信用違約互換，發起了一筆對話報價，如圖 12-6 所示。

其中，參考實體為寧波銀行股份有限公司，參考債券名稱為 19 寧波銀行 19 富邦 PPN002，參考債務程式為 021900085，起始日為 2021-11-20，期限為 1Y，約定到期日為 2022-11-20，名義本金為 2000 萬元，前端費率為 3%，前端費為 20000000 × 3%=600000（元），前端費支付日為 2021-11-20，費率為 20BP，支付頻率為季，計息基準為實際 /365，營業日準則為經調整的下一營業日，計息天數調整為按實際天數調整，首期支付日為 2022-2-20。

由此，可以計算出首期支付金額為 20000000×20BP×92/365=10082.19（元）。當前債務種類選擇付款義務，債務特徵為一般債務，信用事件為支付違約，起點金額為 100 萬元，寬限期為 3 天，結算方式選擇實物結算。後續對話報價交易流程和債券類似。

▲ 圖 12-6 信用違約互換對話報價

# 12.1.4 CDS 指數

CDS 指數是指 CDS 指數編制管理機構根據一籃子參考實體相關資訊編制的單名信用違約互換等產品的集合，屬於信用風險緩釋工具。CDS 指數將單一的參考實體推廣成一籃子參考實體，有利於多參考實體的風險對沖，也有利於發揮金融支援實體經濟的作用。

當前，中國外匯交易中心公佈以下指數的價差（BP）：CFETS-SHCH-GTJA 高等級 CDS 指數、CFETS-SHCH 民企 CDS 指數、CFETS-SHCH-CBR 長三角區域 CDS 指數。這裡以 CFETS-SHCH 民企 CDS 指數為例介紹（見表 12-4 和表 12-5）。

▼ 表 12-4 CFETS-SHCH 民企 CDS 指數要素

| 指數名稱 | CFETS-SHCH 民企 CDS 指數 | 指數管理人 | 中國外匯交易中心上海清算所 |
|---|---|---|---|
| 一般要素 | | | |
| 幣種 | 人民幣 | 期限 | 非標準合約：可選<br>標準合約：季月 20 日標準到期日 |
| 起始日 | 交易日的下一個自然日 | 支付頻率 | 非標準合約：可選<br>標準合約：季 |
| 計息基準 | 實際 /365 | 費率（標準票息） | 50BP |
| 貼現曲線 | FR007 收盤即期收益率曲線 | 營業日準則 | 經調整的下一營業日 |
| 計息天數調整 | 實際天數 | | |
| 信用事件要素 | | | |
| 債務種類 | 債務工具 | 債務特徵 | 一般債務；本幣；交易流通 |
| 信用事件 | 破產、支付違約（起點金額 100 萬元人民幣或其等值金額；寬限期為 3 個營業日；適用寬限期順延） | | |

（續表）

| 結算要素 | | | |
|---|---|---|---|
| 結算方式 | 現金結算 | | |
| 約定最終比例 | 0.25 | 透過估值確定 | 報價方法：買入價 |
| | | | 報價時間：一個營業日的北京時間 16：00 |
| | | | 估值方法：市場價格 |
| 流通規則 | | | |
| 指數捲動 | ☐ 指數捲動後，新指數上市交易，原指數不再交易 | | |
| | ☑ 指數捲動後，新指數上市交易，原指數繼續交易 | | |
| | ☑ 其他：新指數上市起一年後，若無存續合約則該指數序列自動下架 | | |
| 信用事件 | ☑ 信用事件發生後，發生信用事件的實體除名，原指數改名後繼續交易 | | |
| | ☐ 信用事件發生後，發生信用事件的實體除名，原指數繼續交易，不改名 | | |
| | ☐ 信用事件發生後，發生信用事件的實體除名，原指數補足新實體，改名後繼續交易 | | |
| | ☐ 其他： | | |

資料來源：中國貨幣網

　　CFETS-SHCH 民企 CDS 指數 S2V1 實體清單於 2021 年 9 月 22 日（指數捲動日）正式生效。指數實體具體如表 12-5 所示。

▼ 表 12-5　CFETS-SHCH 民企 CDS 指數 S2V1 部分參考實體

| 序號 | 參考實體 | 原權重（%） | 新權重（%） |
|------|----------|------------|------------|
| 1 | 三一集團有限公司 | 4.00 | 4.00 |
| 2 | 江蘇沙鋼集團有限公司 | 4.00 | 4.00 |
| 3 | 華為投資控股有限公司 | 4.00 | 4.00 |
| …… | | | |

資料來源：中國貨幣網

【實例 12-3】金融機構 A（本方）為了促進 CDS 市場交易的流動性，發起了一筆雙向報價（做市業務），如圖 12-7 所示。參考實體為民企 CDS 指數 S2V1，期限為 3M，買入利差的報價為 35BP，賣出利差的報價為 38BP。

▲ 圖 12-7　信用違約互換雙向報價

## 12.1.5　CRM 業務的功能

（1）減少信用風險。

信用保護買方（CRM 買方）支付信用保護費降低信用風險曝險，即信用保護買方持有參考實體的債務的同時，可以透過買入 CRM（支付信用保護費）對沖所持有債務的信用風險。CRM 減少信用風險模式如圖 12-8 所示。

（2）提高融資效率。

　　有資質的機構可以提高自身承銷業務的競爭能力並取得 CRM 信用保護費收入。如果在承銷債券的同時，發行對應該債券參考實體的 CRM，有利於加強投資者信心，間接降低資訊不對稱帶來的影響，在一定程度上提高債券發行效率，降低企業融資成本。CRM 提高融資效率模式如圖 12-9 所示。

（3）開展做市業務。

　　有做市資質的機構可以依靠 CRM 獲得做市價差收入。有資質的機構提供做市服務，透過一買一賣兩筆相反的 CRM 交易，控制 CRM 組合的基點價值。CRM 開展做市業務模式如圖 12-10 所示。

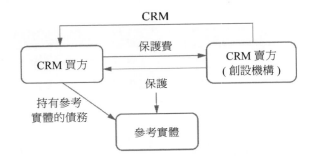

▲ 圖 12-8 CRM 減少信用風險模式

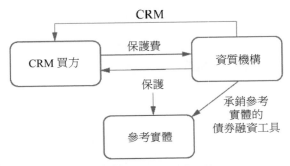

▲ 圖 12-9 CRM 提高融資效率模式

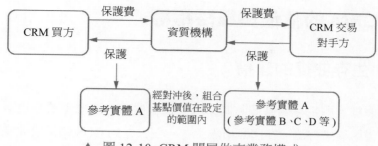

▲ 圖 12-10　CRM 開展做市業務模式

（4）分散信用風險。

　　金融機構持有參考實體 B 的大量債券，存在一定的集中度風險，即較為集中的信用風險曝險。這時，金融機構可以賣出部分參考實體 A 的 CRM，買入部分參考實體 B 的 CRM，將部分參考實體 B 的信用風險曝險置換為參考實體 A 的信用風險曝險，以達到分散信用風險曝險的目的。CRM 分散信用風險模式如圖 12-11 所示。

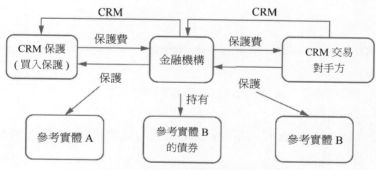

▲ 圖 12-11　CRM 分散信用風險模式

## 12.2 CRM 的估值與風險指標

### 12.2.1 生存曲線的建構

　　生存曲線，即生存到某個時間節點的機率曲線。下面主要介紹國際市場上該曲線的通用建構方法。在國際市場上，一個公允的 CDS 報價需要滿足預支保護費的現值與預計賠付金額的現值相等這一條件。設有一個在未來日期 $t_0$ 開始的，支付信用保護費買入信用保護的 CDS 交易，本金為單位 1，保護費率為 $S$，保護費支付日為 $t_1, t_2, \cdots, t_n$。設 $T$ 為信用事件發生的時間，參考實體生存到時間 $t$ 的機率為 $P(T > t)$，記 $P(T > t_i) = p_i$。可以知道，第 $i$ 個區間 $(t_{i-1}, t_i)$ 支付的費用為 $S\Delta t_i$，並且這筆費用只有在參考實體生存到時間 $t_{i-1}$ 之後才會支付。下面分解為兩種情況來討論。

　　第一種情況，參考實體生存到 $t_i$ 之後（見圖 12-12），事件發生的機率為 $P(T > t_i)$，費用 $S\Delta t_i$ 要全額支付，期望值是 $S\Delta t_i p_i$。

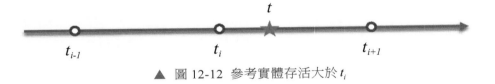

▲ 圖 12-12　參考實體存活大於 $t_i$

　　第二種情況，參考實體生存到 $t_{i-1}$ 和 $t_i$ 之間的某個時間 $t$，並在 $t$ 和 $t+\mathrm{d}t$ 之間發生違約，如圖 12-13 所示。

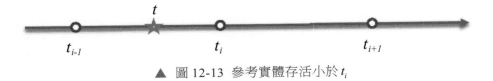

▲ 圖 12-13　參考實體存活小於 $t_i$

　　這個事件發生的機率為：

$$P(T > t) - P(T > t + \mathrm{d}t) = -\mathrm{d}P(T > t) \tag{12-1}$$

支付費用為：

$$-\int_{t_{i-1}}^{t_i} S(t - t_{i-1})\mathrm{d}P(T > t) \tag{12-2}$$

對被積函數中的 $t$ 取區間的平均值，$t = (t_{i-1} + t_i)/2$，可以得到積分為：

$$\frac{1}{2}S\Delta t_i(p_{i-1} - p_i) \tag{12-3}$$

將以上兩種情況求和得到信用保護費的期望值為：

$$S\Delta t_i p_i + \frac{1}{2}S\Delta t_i(p_{i-1} - p_i) \tag{12-4}$$

將保護費的期望值分解到費用支付期的各個區間，並進行貼現求和，得到：

$$\mathrm{PrePV} = \sum_{i=1}^{n} S\Delta t_i \left[p_i + \frac{1}{2}(p_{i-1} - p_i)\right]\mathrm{DF}(t_i) \tag{12-5}$$

下面考慮預計賠付金額的現值的計算。設信用事件發生後，債務的回收率為 $R$，則收取金額可以表示為：

$$-\int_{t_0}^{t_n} (1 - R)\mathrm{d}P(T > t) \tag{12-6}$$

將預計賠付金額的現值分解到費用支付的各個區間，並進行貼現求和，得到：

$$\mathrm{CompenPV} = \sum_{i=1}^{n} (1 - R)\,(p_i - p_{i-1})\mathrm{DF}(t_i) \tag{12-7}$$

為了使得預支保護費的現值與預計賠付金額的現值相等，則有：

$$\sum_{i=1}^{n} (1 - R)\,(p_i - p_{i-1})\mathrm{DF}(t_i) = \sum_{i=1}^{n} S\Delta t_i \left[p_i + \frac{1}{2}(p_{i-1} - p_i)\right]\mathrm{DF}(t_i) \tag{12-8}$$

對於一個市場工具，$S$ 為實際的市場保護費率報價（BP）。

此外,由於部分期限點的生存概況需要進行插值,這裡引進一個違約強度 $\lambda$。假定在曲線的兩個期限點(例如 $t_a$ 與 $t_b$)之間,違約強度 $\lambda$ 是一個常數。

$$\lambda = \frac{1}{b-a}\ln\frac{p(t_a)}{p(t_b)} \qquad (12-9)$$

若 $t_a \leqslant t \leqslant t_b$,則:

$$p(t) = p(t_a)e^{-\lambda(t-t_a)} \qquad (12-10)$$

【實例 12-4】表 12-6 為 2022-6-8 某個參考主體的 CDS 報價(中間價),當日的收益率曲線選擇 FR007 收益率曲線,計算出每個關鍵期限點的生存機率。

▼ 表 12-6 CDS 市場資料(2022-6-8)

| 開始日期 | 結束日期 | 期限 | FR007 即期收益率(%) | 信用利差(BP) | 回收率(%) |
|---|---|---|---|---|---|
| 2022-6-8 | 2022-6-9 | 1D | 1.4499 | 76.91 | 25 |
| 2022-6-8 | 2022-9-8 | 3M | 1.8880 | 76.91 | 25 |
| 2022-6-8 | 2022-12-8 | 6M | 1.9928 | 84.17 | 25 |
| 2022-6-8 | 2023-3-8 | 9M | 2.0615 | 88.99 | 25 |
| 2022-6-8 | 2023-6-8 | 1Y | 2.1035 | 97.54 | 25 |
| 2022-6-8 | 2024-6-10 | 2Y | 2.2220 | 109.05 | 25 |
| 2022-6-8 | 2025-6-9 | 3Y | 2.3412 | 115.90 | 25 |

資料來源:中國貨幣網

【分析解答】根據常規交易,設定付息頻率為季,即每三個月進行一次保護費支付。

對於 1D 期限,使用簡化演算法計算初始的生存機率:

$$p_0 = 1 - \frac{S_{1D}t_0}{1 - R_{1D}}$$

對於 3M 期限，依據公式（12-8）有：

$$(1 - R_{3M})(p_1 - p_0)DF(t_1) = S_{3M}\Delta t_1[p_1 + \frac{1}{2}(p_0 - p_1)]DF(t_1)$$

可以計算出 $P_1 = 0.997419$

對於 6M 期限，依據公式（12-8）有：

$$\sum_{i=1}^{2}(1 - R_{6M})(p_i - p_{i-1})DF(t_i) = \sum_{i=1}^{2}S_{6M}\Delta t_i[p_i + \frac{1}{2}(p_{i-1} - p_i)]DF(t_i)$$

可以計算出 $P_2 = 0.994632$

1Y 及以下期限的計算方式類比計算即可。

需要注意的是 1Y 與 2Y 之間的期限，如 15M、18M、21M 無相關報價，需要採用生存機率曲線的插值公式，即公式（12-9）和公式（12-10）計算。接下來，根據公式（12-8），在累計期上，若預支保護費的現值與預計賠付的現值相等，則有：

$$\sum_{i=1}^{8}(1 - R_{6M})(p_i - p_{i-1})DF(t_i) = \sum_{i=1}^{8}S_{6M}\Delta t_i[p_i + \frac{1}{2}(p_{i-1} - p_i)]DF(t_i)$$

由於前面已經將 $p_1 \sim p_4$ 求出，$p_8$ 為迭代變數，初始值設定為 0.95，$p_5 \sim p_7$ 透過插值公式得到。使用牛頓法或二分法不斷調整 $p_8$，使得上式成立，最終可以確定 $p_5 \sim p_8$ 的值。

後續，2Y 以上期限的計算方式與上述情況類似。最終計算結果如表 12-7 所示。

▼ 表 12-7 生存機率

| 開始日期 | 結束日期 | 期限 | 生存機率 |
|:---:|:---:|:---:|:---:|
| 2022-6-8 | 2022-6-9 | 1D | 0.999972 |
| 2022-6-8 | 2022-9-8 | 3M | 0.997419 |
| 2022-6-8 | 2022-12-8 | 6M | 0.994632 |
| 2022-6-8 | 2023-3-8 | 9M | 0.991726 |
| 2022-6-8 | 2023-6-8 | 1Y | 0.988480 |
| 2022-6-8 | 2023-9-8 | 15M | 0.984864 |
| 2022-6-8 | 2023-12-8 | 18M | 0.981301 |
| 2022-6-8 | 2024-3-8 | 21M | 0.977750 |
| 2022-6-8 | 2024-6-10 | 2Y | 0.974095 |
| 2022-6-8 | 2024-9-9 | 27M | 0.970350 |
| 2022-6-8 | 2024-12-9 | 30M | 0.966618 |
| 2022-6-8 | 2025-3-10 | 33M | 0.962901 |
| 2022-6-8 | 2025-6-9 | 3Y | 0.959199 |

下面使用 Python 撰寫 CDS_Curve 函數進行計算。

```
# 載入需要使用的函數庫
import pandas as pd
import numpy as np
import scipy.interpolate as si
import scipy.optimize as so
from datetime import date
import datetime
from dateutil import relativedelta
from coupon_schedule_adjust import coupon_schedule_adjust
# 建構 CDS 曲線的函數
def CDS_Curve(start_date, cleanspeed, yearlenth, fre, term, zero_rate, spread,
 recovery_rate, D):
    ...
```

```
    :param start_date: 起息日；
    :param cleanspeed: T+1,T+0; T+1 代表起息日為交易日的下一營業日；
    :param yearlenth: 年限；
    :param fre: 付息頻率；
    :param term: 市場資料標準期限點；
    :param zero_rate: 標準期限點對應的即期收益率；
    :param spread: 信用利息（bps）；
    :param recovery_rate: 回收率；
    :param D: 年度計算天數，360 或 365；
    :return: 返回計算生存機率的資料框。
    '''
    # 將原始資料處理成標準的資料格式
    schedule = coupon_schedule_adjust(start_date=start_date, yearlenth=yearlenth, fre=fre)
    yield_data = pd.DataFrame({'term': term, 'zero_rate': zero_rate,
                                'spread': spread, 'recovery_rate': recovery_rate})
    # 建構長端曲線
    begin_date = ([schedule[0]] * (len(schedule) - 1))
    long_yield = pd.DataFrame({'begin_date': begin_date, 'end_date': schedule[1:],
                                'term': list(np.linspace(0.25, term[-1], int(term
[-1] / 0.25)))})
    long_yield = long_yield.join(yield_data.set_index('term'), on='term')
    # 建構短端曲線
    short_yield = yield_data[yield_data['term'] < 0.25]
    if cleanspeed == 'T+1':
        short_yield_start_date = [schedule[0] - datetime.timedelta(days=1)]
    else:
        short_yield_start_date = [schedule[0]]
    short_yield_start_date.extend([schedule[0]] * (len(short_yield) - 1))
    short_yield.insert(loc=0, column='begin_date', value=short_yield_start_date)
    short_yield_end_date = []
    # 判斷節假日調整
    for i in range(0, len(short_yield)):
        if short_yield['term'][i] * D < 30:
            dummy = short_yield_start_date[i] + datetime.timedelta(days=
                    short_yield['term'][i] * D)
        elif short_yield['term'][i] * D == 30:
            dummy = short_yield_start_date[i] + relativedelta.relativedelta(months=1)
            if dummy.isoweekday() in set((6, 7)):
                dummy += datetime.timedelta(days=8 - dummy.isoweekday())
```

```
          else:
                  dummy = short_yield_start_date[i] + relativedelta.relativedelta(months=2)
                  if dummy.isoweekday() in set((6, 7)):
                      dummy += datetime.timedelta(days=8 - dummy.isoweekday())
          short_yield_end_date.append(dummy)
      short_yield.insert(loc=1, column='end_date', value=short_yield_end_date)
      # 完整利率市場資料
      all_yield_data = pd.concat([short_yield, long_yield], ignore_index=True)
      t_old = np.array((all_yield_data.dropna().end_date - all_yield_data.dropna().
begin_date).dt.days / D)
      t = np.array((all_yield_data.end_date - all_yield_data.begin_date).dt.days / D)
      func = si.interp1d(t_old, zero_rate*100, kind="slinear")  # 線性插值
      func_recovery = si.interp1d(t_old, recovery_rate, kind="slinear")  # 線性插值
      zero_rate_new = func(t)
      recovery_rate_new=func_recovery(t)
      all_yield_data['zero_rate']=zero_rate_new
      all_yield_data['recovery_rate']=recovery_rate_new
      all_yield_data.insert(loc=4,column='DF',value=np.exp(-zero_rate_new/100*t))
      all_yield_data.insert(loc=3, column='yearfactor', value=
                          (all_yield_data.end_date-all_yield_data.begin_date).dt.
days/D)
      # 建構生存曲線
      # 建構 1 年及以下的生存曲線
      pi=1-all_yield_data['spread']/10000*all_yield_data['yearfactor']/
        (1-all_yield_data['recovery_rate']/100)
      prePV=np.zeros(len(all_yield_data.index))
      CompenPV=np.zeros(len(all_yield_data.index))
      M3=all_yield_data[all_yield_data.term == 0.25].index.tolist()[0]
      Y1 = all_yield_data[all_yield_data.term == 1].index.tolist()[0]
      i=M3
      while i <= Y1:
          def f(y):
                  prePV[i]=(1-all_yield_data['recovery_rate'][i]/100)*(pi[i-1]-y)*
                          all_yield_data['DF'][i]+prePV[i-1]
                  CompenPV[i]=all_yield_data['spread'][i]/10000*
                          (all_yield_data['yearfactor'][i]-all_yield_data['yearfactor']
[i-1])*\
                          (y+1/2*(pi[i-1]-y))*all_yield_data['DF'][i]+CompenPV[i-1]
                  return prePV[i]-CompenPV[i]
```

```
        pi[i]=so.fsolve(f, 0.01)
        i=i+1
# 尋找 ave_price 列的遺漏值索引，建構大於 1 年的生存曲線
for columnname in all_yield_data.columns:
    if all_yield_data[columnname].count() != len(all_yield_data):
        emptyindex = all_yield_data[columnname][all_yield_data[columnname].
isnull().values == True].index.tolist()  # 需要填充空值的索引
c = []  # 生成一個空列表，用來放新列表
for i in range(len(emptyindex) - 1):
    if (emptyindex[i + 1] - emptyindex[i]) != 1:  # 後者減前者
        c.append(emptyindex[i + 1])  # 增加元素到新清單
c.append(len(all_yield_data.index.tolist()))  # 得到需要插值的索引
# 若時間 >1 年，則透過拔靴法計算生存曲線
def CDS_curve_slove(start, end):
    def f(y):
        i = start + 1
        while (i <= end):
            pi[i]=pi[start]*np.exp(-1/(all_yield_data['yearfactor'][end]
                -all_yield_data['yearfactor'][start])*np.log(pi[start]/y)*
                (all_yield_data['yearfactor'][i]-all_yield_data['yearfactor']
[start]))
            prePV[i]=(1-all_yield_data['recovery_rate'][i]/100) *
                    (pi[i-1]-pi[i]) * all_yield_data['DF'][i] +prePV[i-1]
            CompenPV[i] = all_yield_data['spread'][end] / 10000 * (
                    all_yield_data['yearfactor'][i]-all_yield_data
['yearfactor'] [i-1]) *
                                (pi[i]+1/2*(pi[i-1]-pi[i]))*all_yield_data['DF']
[i]+ CompenPV[i-1]
            i = i + 1
        return prePV[end]-CompenPV[end]
    return so.fsolve(f, 0.01)
# 呼叫即期利率函數整理計算
pi[c[0] - 1]=CDS_curve_slove(emptyindex[0] - 1, c[0] - 1)
j = 1
while (j < len(c)):
    pi[c[j] - 1] = CDS_curve_slove(c[j - 1] - 1, c[j] - 1)
    j = j + 1
all_yield_data.insert(loc=8, column='pi', value=pi)
return all_yield_data
```

在 CDS_Curve 函數中輸入對應參數，建構生存曲線。

```
# 測試案例
term=np.array([1/365,0.25,0.5,0.75,1,2,3])
zero_rate=np.array([1.4499,1.8880,1.9928,2.0615,2.1035,2.2220,2.3412])/100
spread=np.array([76.91,76.91,84.17,88.99,97.54,109.05,115.9])
recovery_rate=np.array([25,25,25,25,25,25,25])
CDS_Curve_test=CDS_Curve(start_date=date(2022,6,8),cleanspeed='T+0',yearlenth=3,fre=4,
        term=term,zero_rate=zero_rate,spread=spread,recovery_rate=recovery_rate,D=365)
print(CDS_Curve_test)
```

輸出結果：

```
    begin_date    end_date     term  ...   spread  recovery_rate         pi
0   2022-06-08  2022-06-09  0.00274  ...    76.91           25.0   0.999972
1   2022-06-08  2022-09-08  0.25000  ...    76.91           25.0   0.997419
2   2022-06-08  2022-12-08  0.50000  ...    84.17           25.0   0.994632
3   2022-06-08  2023-03-08  0.75000  ...    88.99           25.0   0.991726
4   2022-06-08  2023-06-08  1.00000  ...    97.54           25.0   0.988480
5   2022-06-08  2023-09-08  1.25000  ...      NaN           25.0   0.984864
6   2022-06-08  2023-12-08  1.50000  ...      NaN           25.0   0.981301
7   2022-06-08  2024-03-08  1.75000  ...      NaN           25.0   0.977750
8   2022-06-08  2024-06-10  2.00000  ...   109.05           25.0   0.974095
9   2022-06-08  2024-09-09  2.25000  ...      NaN           25.0   0.970350
10  2022-06-08  2024-12-09  2.50000  ...      NaN           25.0   0.966618
11  2022-06-08  2025-03-10  2.75000  ...      NaN           25.0   0.962901
12  2022-06-08  2025-06-09  3.00000  ...   115.90           25.0   0.959199

[13 rows x 9 columns]
```

## 12.2.2 CRM 產品現值的計算

（1）生存曲線模型估值。

12.2.1 小節已經介紹了 CDS 生存曲線的建構方法，使得預支保護費的現值與預計賠付金額的現值相等。這裡 CDS 的估值（或現值）也類似，對 CDS 買方而言，其估值為預計賠付金額的現值減去預支保護費的現值。

$$PV = \text{CompenPV} - \text{PrePV} = P \left\{ \begin{array}{l} \sum_{i=1}^{n} F \Delta t_i \left[ p_i + \frac{1}{2}(p_{i-1} - p_i) \right] \text{DF}(t_i) - \\ \sum_{i=1}^{n} (1-R)(p_i - p_{i-1})\text{DF}(t_i) \end{array} \right\} \tag{12-11}$$

對於 CDS 賣方，其估值與買方剛好互為相反數，即：

$$PV = \text{PrePV} - \text{CompenPV} = P \left\{ \begin{array}{l} \sum_{i=1}^{n} (1-R)(p_i - p_{i-1})\text{DF}(t_i) - \\ \sum_{i=1}^{n} F \Delta t_i \left[ p_i + \frac{1}{2}(p_{i-1} - p_i) \right] \text{DF}(t_i) \end{array} \right\} \tag{12-12}$$

$P$：名義本金。

$F$：CDS 簽訂時信用保護費率的報價。

其他參數與 12.2.1 小節相同。

【實例 12-5】機構 A 作為信用保護買方在 2022-2-16 成交了 1 筆 2 年期 CDS，標的為實例 12-4 中的某個參考實體的債券，保護的券面總額為 1000 萬元，回收率為 25%，成交保護費率的報價為 109.56BP，支付保護費率的頻率為每季 1 次。計算 2022-6-8 該筆 CDS 的價值。

【分析解答】在 2022-6-8 該筆 CDS 還剩下 7 期保護，需要插值後續現金流支付日的生存機率與貼現因數來進行計算。而貼現因數與生存機率的插值均可以採用對數線性插值。後續只需代入公式（12-11）計算即可。

$$PV = \text{CompenPV} - \text{PrePV}$$
$$= 10000000 \times \left\{ \sum_{i=1}^{7} \frac{109.56}{10000} \times \Delta t_i \left[ p_i + \frac{1}{2}(p_{i-1} - p_i) \right] \text{DF}(t_i) - \right.$$
$$\left. \sum_{i=1}^{7} (1 - 0.25)(p_i - p_{i-1})\text{DF}(t_i) \right\} = -29525.51$$

需要注意的是，這裡設定上期生存機率 $p_0 = 1$。

下面使用 Python 撰寫 CDS_Valuation 函數來對該筆 CDS 進行估值。

```python
# 載入需要使用的函數庫
import pandas as pd
import numpy as np
import scipy.interpolate as si
import datetime
from coupon_schedule_adjust import coupon_schedule_adjust
from CDS_Curve import *
# 對 CDS 進行估值的函數
def CDS_Valuation(CDS_Curve_data,cal_date,start_date,yearlenth,fre,spread,recoveryrate
,P,CDS_type,D):
    '''
    :param CDS_Curve_data: 載入 CDS 曲線計算結果，如實例 12-4 中的 CDS_Curve_test；
    :param cal_date: 計算日期；
    :param start_date: CDS 的起息日；
    :param yearlenth: CDS 的年限；
    :param fre: 保護費的付息頻率；
    :param spread: 簽訂的保護費率，以 BP 計價；
    :param recoveryrate: 回收率；
    :param P: 名義本金；
    :param CDS_type:CDS 的類型，buyer 為買方，seller 為賣方；
    :param D: 年度計算天數，360 或 365；
    :return: 返回計算該筆 CDS 的估值。
    '''
    # 產生整個計畫日期
    schedule=coupon_schedule_adjust(start_date=start_date,yearlenth=yearlenth,fre=fre)
    # 判斷當前保護費支付週期在第幾期
    for i in range(1, len(schedule)):
            if schedule[i] >= cal_date: break
    # 插值對應貼現因數與生存機率
    interpo_time=(np.array(schedule[i:])-cal_date)/datetime.timedelta(days=D)
    interp_DF=si.interp1d(CDS_Curve_data['yearfactor'],np.log(CDS_Curve_data['DF']),
kind='linear')
    cal_DF=np.exp(interp_DF(interpo_time.tolist()))
    interp_pi=si.interp1d(CDS_Curve_data['yearfactor'],np.log(CDS_Curve_data['pi'])
,kind='linear')
    cal_pi=np.exp(interp_pi(interpo_time.tolist()))
    cal_pi=np.insert(cal_pi, 0, 1)    # 設定前一週期的生存機率為 1（已經生存到當期）
    time_list=np.diff(schedule[i-1:])/datetime.timedelta(days=D)  # 生成每個保護費週期的
```

年化時間

```
# 計算 CDS 的估值
prePV=np.zeros(len(cal_pi))
CompenPV=np.zeros(len(cal_pi))
for j in range(0,len(cal_pi)-1):
        prePV[j+1]=(1-recoveryrate/100)*(cal_pi[j]-cal_pi[j+1])*cal_DF[j]
        CompenPV[j+1]=spread/10000*(time_list[j])*\
                    (cal_pi[j+1]+1/2*(cal_pi[j]-cal_pi[j+1]))*cal_DF[j]
if CDS_type=='buyer':
    PV=(sum(prePV)-sum(CompenPV))*P
else: PV=(sum(CompenPV)-sum(prePV))*P
return round(PV,2)
```

將曲線資訊與相關 CDS 參數輸入 CDS_Valuation 函數進行估值。

```
# 案例測試
CDS_Valuation_test=CDS_Valuation(CDS_Curve_data=CDS_Curve_test,cal_date=date
(2022,6,8),
                            start_date=date(2022,2,16),yearlenth=2,fre=4,spread=
109.56,
                            recoveryrate=25,P=10000000,CDS_type='buyer',D=365)
print(' 該筆 CDS 的估值為：',CDS_Valuation_test)
```

輸出結果：

```
该笔CDS的估值为：  -29525.51
```

【思考】歷史 CDS 的信用保護費率為 109.56BP，如果目前市場上報價為 108.05BP，是賺錢還是虧錢了？

【分析解答】作為信用保護買方，目前市場報價變低了，而保護費率還是按照歷史 CDS，因此是虧錢了。

（2）現金流貼現法。

中國市場的 CRM 的流動性相對較弱，在這種情況下，可以考慮另外一種簡單的估值方法——現金流貼現法。

創設機構發行 CRM 相當於對標的債券的違約風險提供一個保險。持有標的債券的 CRM 買方，其承擔的信用風險從標的債券的信用風險降低至「被保險後標的債券」的信用風險。因此，CRM 提供的保險估值可透過「被保險後標的債券」與「標的債券」之間的價格差異計算得到。在該方法下，CRM 的買方的估值可以視為購買債券違約賠付的金額現值減去支付的信用保護費的現值。其中，購買債券違約賠付的金額現值可以採用創設機構的對應收益曲線現金流貼現值減去標的債券對應其收益率曲線的現金流貼現值來計算。

$$V_{\text{CRM}} = \sum_{i=1}^{n} \frac{C_i}{\left(1 + r_i^s\right)^i} - \sum_{i=1}^{n} \frac{C_i}{\left(1 + r_i^r\right)^i} - \text{PV}_s \qquad (12-13)$$

$V_{\text{CRM}}$：CRM 的估值結果。

$C_i$：CRM 參考標的債券的第 $i$ 期現金流。

$r_i^s$：CRM 創設機構的第 $i$ 期貼現收益率（可採用自身或相似機構期限的中債收益率加上創設機構自身利差）。

$r_i^r$：CRM 參考標的債券第 $i$ 期的貼現收益率（可採用對應中債曲線收益率加上對應標的債券利差）。

$\text{PV}_s$：支付信用保護費的現值。如果是期初前端一次性支付信用保護費，則在後續的計算中預設為 0（已是沉沒成本）；如果是按設定的付息頻率支付信用保護費，則需要將未來預計未支付的信用保護費進行貼現。

【**實例 12-6**】A 金融機構作為信用保護買方在 2021-11-22 購買了 1000 萬元面額的 21 杭州銀行 CRMW027，單位成本為 1.07，標的債券為 21 南潯交投 MTN001，計算該 CRM 在 2022-5-10 的估值。相關標的詳細資訊見表 12-8 和表 12-9。

▼ 表 12-8　21 杭州銀行 CRMW027 資訊

| | |
|---|---|
| 證券程式 | 022100132 |
| 證券簡稱 | 21 杭州銀行 CRMW027（21 南潯交投 MTN001） |
| 憑證全稱 | 杭州銀行股份有限公司 2021 年第一期 21 南潯交投 MTN001 信用風險緩釋憑證 |
| 創設機構 | 杭州銀行股份有限公司 |
| 機構類型 | 城市商業銀行 |
| 標的主體 | 湖州南潯交通水利投資建設集團有限公司 |
| 創設機構評級 | AAA |
| 債券簡稱 | 21 南潯交投 MTN001 |
| 信用保護費費率（%） | 1.07 |
| 憑證期限 | 3 年 |
| 付費方式 | 前端一次性付費 |
| 結算方式 | 實物 |
| 信用事件 | 指參考實體發生以下事件中的一種或多種：①破產；②支付違約，寬限期為 3 個營業日，起點金額為人民幣 100 萬元 |
| 實際發行金額（萬元） | 8000 |
| 計畫發行金額（萬元） | 10000 |
| 發行物件 | — |
| 是否擔保 | 否 |
| 簿記建檔日 | 2021-11-18 |
| 上市流通日 | 2021-11-23 |
| 憑證起始日 | 2021-11-22 |
| 憑證到期日 | 2024-11-22 |
| 登記機構 | 銀行間市場清算所股份有限公司 |
| 託管機構 | 銀行間市場清算所股份有限公司 |
| 交易市場 | 銀行間市場 |

續表資料來源：Wind 資訊

▼ 表 12-9 21 南潯交投 MTN001 資訊

| 債券名稱 | 21 南潯交投 MTN001 |
|---|---|
| 債券程式 | 102103050 |
| 發行人 | 湖州南潯交通水利投資建設集團有限公司 |
| 債券期限 | 3 年 |
| 起息日 | 2021-11-22 |
| 到期日 | 2024-11-22 |
| 計息方式 | 固定利率 |
| 付息頻率 | 每年 |
| 計息基準 | 實際 / 實際 |
| 票面利率 | 4.89% |
| 債項評級 | AA |
| 債券類型 | 公司債 |

資料來源：Wind 資訊

【分析解答】對於創設端，剩餘到期時間 $T=196/365+2$（年）。由於是商業銀行，且最新評級為 AAA，查詢 2022-5-10 中債商業銀行普通債收益率曲線（AAA）（到期），插值剩餘期限為 $\left(\dfrac{196}{365}+2\right)$ 年的到期收益率為 2.6850745%，結合創設機構的當前情況，認定利差為 0.6230087%，得到：

$$r_i^s = 2.6850745\% + 0.6230087\% = 3.3080832\%$$

對於標的債券端，剩餘到期時間 $T=196/365+2$（年）。由於是普通公司，對應評級為 AA，查詢 2022-5-10 中債企業債收益率曲線（AA）（到期），插值剩餘期限為 $\left(\dfrac{196}{365}+2\right)$ 年的到期收益率為 3.1874701%，結合該同類型債券和流動性因素認定標的債券利差為 1.0739131%，得到：

$$r_i^r = 3.1874701\% + 1.0739131\% = 4.2613832\%$$

$$V_{\text{CRM}} = \left[ \frac{4.89}{(1+3.3080832\%)^{\frac{196}{365}}} + \frac{4.89}{(1+3.3080832\%)^{\frac{196}{365}+1}} + \frac{104.89}{(1+3.3080832\%)^{\frac{196}{365}+2}} - \right.$$

$$\left. \left( \frac{4.89}{(1+4.2613832\%)^{\frac{196}{365}}} + \frac{4.89}{(1+4.2613832\%)^{\frac{196}{365}+1}} + \frac{104.89}{(1+4.2613832\%)^{\frac{196}{365}+2}} \right) - 0 \right] \times$$

$$10000000 \div 100 = 231340.14$$

由於是前端一次性支付保護費（沉沒成本），$\text{PV}_s$ 設置為 0。以上創設端和標的債券端可以分別看成兩隻債券，由於前面已經寫好的函數 Fixed_Bond_Valuation 是按照即期收益率曲線進行估值的，而這裡採用的是到期收益率估值，所以需要對函數進行相應改動，這裡將函數命名為 CRM_Valuation。

```python
# 載入需要使用的函數庫
from ACT_SUM import *
from datetime import date
import numpy as np
import scipy.interpolate as si
#CRM 的估值函數
def CRM_Valuation(cal_date,start_date,yearlenth,fre, R,m,ACC_type,spread,P,curve_time,
curve_list):
    '''
    :param cal_date: 計算日期；
    :param start_date: 債券的起息日；
    :param yearlenth: 債券的發行年限；
    :param fre: 債券的付息頻率；
    :param R: 債券的百元票面利息；
    :param m: 未到期債券的百元剩餘本金，無本金攤還計畫填寫數值，否則填寫目前攤還計畫；
    :param ACC_type: 債券的計息基準，如 'ACT_ACT_AVE','ACT_360','ACT_365', 可自行根據需求
增加；
    :param spread: 到期利差；
    :param P: 名義本金；
    :param curve_time: 收益率曲線的關鍵期限點（年）；
    :param curve_list: 對應關鍵期限點的收益率；
    :return: 返回計算創設端或標的債券端的估值全價。
    '''
    # 生成付息計畫
    schedule = coupon_schedule(start_date=start_date, yearlenth=yearlenth, fre=fre)
```

```
# 判斷計算日在哪兩個付息計畫之間
for i in range(1, len(schedule)):
        if schedule[i] >= cal_date: break
# 設定本金計畫，如填寫本金攤還計畫 list 不處理
flag=1
if isinstance(m,list):   # 有還本計畫
        flag=0
else:            # 無還本計畫
        m = [m] * (len(schedule) - 1)
# 計算日不處於最後付息週期的計算邏輯
if  cal_date<schedule[-2]:
        # 生成債券的利息現金流計畫
        j = i
        ACC = []
        for j in range(j, len(schedule)):
                if ACC_type == 'ACT_ACT_AVE':
                        ACC.append(ACT_ACT_AVE(start_date=start_date, yearlenth=yearlenth,
                                    fre=fre, cal_date=schedule[j], coupon=R, m=m[j-1]))
                elif ACC_type == 'ACT_360':
                        ACC.append(ACT_360(start_date=start_date, yearlenth=yearlenth,
                                     fre=fre, cal_date=schedule[j], coupon=R,m=m[j-1]))
                elif ACC_type == 'ACT_365':
                        ACC.append(ACT_365(start_date=start_date, yearlenth=yearlenth,
                                     fre=fre, cal_date=schedule[j], coupon=R,m=m[j-1]))
        TS = schedule[i] - schedule[i - 1] # 當前付息週期自然日天數
        d = schedule[i] - cal_date
        # 對相關現金流發生日進行收益率的插值處理
        func = si.interp1d(curve_time, curve_list, kind="slinear")   # 線性插值
        ytm = func(d.days/365+(len(schedule[i:])-1)/fre)
        # 求取現金流的貼現和
        ACC_list = []
        for n in range(0, len(ACC)):
                ACC_list.append((ACC[n]+m[i+n-2]-m[i+n-1])/ pow(1 + (ytm+spread) /
fre, d /TS + n))
        ACC_list.append(m[-1]*flag / pow(1 + (ytm+spread) / fre, d / TS + n ))
        return sum(ACC_list)*P/100
    # 計算日處於最後的計算邏輯
    else:
        Last_ACC=ACT_ACT_AVE(start_date=start_date,yearlenth=yearlenth,fre=fre,
```

```
                              cal_date=schedule[-1],coupon=R,m=m[-1])
        FV=m[-1]+Last_ACC
        # 計算 D 與 TY
        TY_sch = coupon_schedule(start_date=start_date, yearlenth=1, fre=1)
        TY = TY_sch[-1] - TY_sch[-2]   # 當前計息年度的自然日天數，算頭不算尾
        D = schedule[-1] - cal_date   # 債券結算日至到期兌付日的自然日天數；
        func = si.interp1d(curve_time, curve_list, kind="slinear")   # 線性插值
        ytm = func(D/TY)
        return FV/(1+(ytm+spread)*D/TY)*P/100
```

輸入對應曲線與對應參數至 CRM_Valuation 函數進行估值。

```
# 測試案例
maturity=np.array([0,0.08,0.25,0.5,0.75,1,
                    2,3,4,5,6,7,8,9,10])
ytm_rate_1=np.array([1.531,1.5857,1.9987,2.1369,2.2965,2.3527,
                        2.5918,2.7655,3.0049,3.1658,3.2868,3.4111,
                        3.4135,3.4929,3.5581])/100
Bond_test_1=CRM_Valuation(cal_date=date(2022,5,10),start_date=date(2021,11,22),yearlen
th=3,fre=1,
                        R=4.89,m=100,ACC_type="ACT_ACT_AVE",spread=0.006230087,
                        P=10000000,curve_time=maturity,curve_list=ytm_rate_1)
print('計算得到創設端的估值為：',round(Bond_test_1,2))
ytm_rate_2=np.array([2.0528,2.181,2.3546,2.489,2.5399,2.6454,
                        2.989,3.3586,3.8637,4.08,4.179,4.2943,
                        4.3284,4.4221,4.5088])/100
Bond_test_2=CRM_Valuation(cal_date=date(2022,5,10),start_date=date(2021,11,22),yearlen
th=3,fre=1,
                        R=4.89,m=100,ACC_type="ACT_ACT_AVE",spread=0.010739131,
                        P=10000000,curve_time=maturity,curve_list=ytm_rate_2)
print('計算得到標的債券端的估值為：',round(Bond_test_2,2))
print('計算得到該 CRM 的估值為：',round(Bond_test_1-Bond_test_2-0,2))
```

輸出結果：

```
計算得到創设端的估值为：  10603410.18
計算得到标的债券端的估值为：  10372070.04
計算得到该CRM的估值为：  231340.14
```

## 12.2.3 CRM 產品的風險指標計算

（1）CDS 的兩種 Delta。

① 利率 Delta：即期收益率變動 1 個基點對 CDS 價格的影響。

$$\text{Int}_{\text{Delta}} = \frac{\text{PV}_{r+} - \text{PV}_{r-}}{2 \times 0.0001} \tag{12 - 14}$$

$\text{Int}_{\text{Delta}}$ ：利率 Delta；

$\text{PV}_{r+}$ ：即期收益率上升 1 個基點時的 CDS 估值。

$\text{PV}_{r-}$ ：即期收益率下降 1 個基點時的 CDS 估值。

② 信用 Delta：保護費率報價變動 1 個基點對 CDS 價格的影響。

$$\text{Credit}_{\text{Delta}} = \frac{\text{PV}_{s+} - \text{PV}_{s-}}{2 \times 0.0001} \tag{12 - 15}$$

$\text{Credit}_{\text{Delta}}$ ：信用 Delta；

$\text{PV}_{s+}$ ：保護費率報價上升 1 個基點時的 CDS 估值。

$\text{PV}_{s-}$ ：保護費率報價下降 1 個基點時的 CDS 估值。

【**實例 12-7**】接實例 12-5，計算 2022-6-8 該 CDS 的一階敏感性指標利率 Delta 與信用 Delta。

【**分析解答**】由於採用公式（12-14）和公式（12-15）的衝擊法進行了重估值（某個參數發生細微變化，重新計算 PV），手工計算比較煩瑣，這裡直接使用 Python 撰寫 CDS_greeks 函數計算 CDS 的一階敏感性指標。

```
# 載入需要使用的函數庫
import pandas as pd
import numpy as np
import scipy.interpolate as si
import datetime
from datetime import date
```

```python
from coupon_schedule_adjust import coupon_schedule_adjust
from CDS_Curve import CDS_Curve
from CDS_Valuation import CDS_Valuation
# 計算 CDS 一階敏感性指標的函數
def CDS_greeks(cal_date,curve_start_date,curve_cleanspeed,curve_yearlenth,curve_fre,
curve_term,
                curve_zero_rate,curve_spread,curve_recovery_rate,curve_D,
                start_date,yearlenth,fre,spread,recoveryrate,P,CDS_type,D):
    '''
    :param cal_date: 計算日期；
    :param curve_start_date: 起息日；
    :param curve_cleanspeed: 清算速度；
    :param curve_yearlenth: 年限；
    :param curve_fre: 付息頻率；
    :param curve_term: 的關鍵期限點；
    :param curve_zero_rate: 即期收益率；
    :param curve_spread: 信用利差（bps）；
    :param curve_recovery_rate: 回收率；
    :param curve_D: 年度算息天數，360 或 365；
    :param start_date: CDS 的起息日；
    :param yearlenth: CDS 年限；
    :param fre: CDS 保護費支付頻率；
    :param spread:CDS 的年化保護費，以 BP 為單位；
    :param recoveryrate:CDS 的預計回收率；
    :param P:CDS 合約的名義本金；
    :param CDS_type:CDS 的類型，buyer 為買方，seller 為賣方；
    :param D: 年度算息天數，360 或 365；
    :return: 返回計算該筆 CDS 的敏感度 Delta。
    '''

    # 計算利率 Delta
    CDS_Curve_rate_up=CDS_Curve(start_date=curve_start_date, cleanspeed=curve_cleanspeed,
                        yearlenth=curve_yearlenth, fre=curve_fre,
                        term=curve_term, zero_rate=curve_zero_rate+1/10000,
                        spread=curve_spread,recovery_rate=curve_recovery_rate,
D=curve_D)
    CDS_Curve_rate_down=CDS_Curve(start_date=curve_start_date, cleanspeed=curve_
cleanspeed,
                        yearlenth=curve_yearlenth, fre=curve_fre,
                        term=curve_term, zero_rate=curve_zero_rate-1/10000,
```

```
                          spread=curve_spread,recovery_rate=curve_recovery_rate,
D=curve_D)
    CDS_Valuation_rate_up=CDS_Valuation(cal_date=cal_date,CDS_Curve_data=CDS_Curve_rate
_up,
                          start_date=start_date,yearlenth=yearlenth,fre=fre,
                          spread=spread,recoveryrate=recoveryrate,P=P,CDS_type=
CDS_type,D=D)
    CDS_Valuation_rate_down=CDS_Valuation(cal_date=cal_date,CDS_Curve_data=CDS_Curve_
rate_down,
                          start_date=start_date,yearlenth=yearlenth,fre=fre,
                          spread=spread,recoveryrate=recoveryrate,P=P,CDS_type=CDS_
type,D=D)
    Int_Delta=(CDS_Valuation_rate_up-CDS_Valuation_rate_down)/(2*0.0001)
    #計算信用 Delta
    CDS_cre_up=CDS_Curve(start_date=curve_start_date, cleanspeed=curve_cleanspeed,
                        yearlenth=curve_yearlenth, fre=curve_fre,
                        term=curve_term, zero_rate=curve_zero_rate,
                        spread=curve_spread+1,recovery_rate=curve_recovery_rate,
D=curve_D)
    CDS_cre_down=CDS_Curve(start_date=curve_start_date, cleanspeed=curve_cleanspeed,
                        yearlenth=curve_yearlenth, fre=curve_fre,
                        term=curve_term, zero_rate=curve_zero_rate,
                        spread=curve_spread-1,recovery_rate=curve_recovery_rate,D=
curve_D)
    CDS_Valuation_cre_up=CDS_Valuation(cal_date=cal_date,CDS_Curve_data=CDS_cre_up,
                        start_date=start_date,yearlenth=yearlenth,fre=fre,
                        spread=spread,recoveryrate=recoveryrate,P=P,CDS_type=CDS_
type,D=D)
    CDS_Valuation_cre_down=CDS_Valuation(cal_date=cal_date,CDS_Curve_data=CDS_cre_down,
                        start_date=start_date,yearlenth=yearlenth,fre=fre,
                        spread=spread,recoveryrate=recoveryrate,P=P,CDS_type=CDS_
type,D=D)
    Credit_Delta=(CDS_Valuation_cre_up-CDS_Valuation_cre_down)/(2*0.0001)
    greeks = pd.DataFrame({"Int_Delta":[np.round(Int_Delta,2)],
                          "Credit_Delta": [np.round(Credit_Delta,2)]})
    return greeks
```

呼叫 CDS_greeks 函數，輸入對應參數進行計算。

```
# 測試案例
term=np.array([1/365,0.25,0.5,0.75,1,2,3])
zero_rate=np.array([1.4499,1.8880,1.9928,2.0615,2.1035,2.2220,2.3412])/100
spread=np.array([76.91,76.91,84.17,88.99,97.54,109.05,115.9])
recovery_rate=np.array([25,25,25,25,25,25,25])
CDS_CDS_greeks_test=CDS_greeks(cal_date=date(2022,6,8),
                        curve_start_date=date(2022,6,8),curve_cleanspeed='T+0',
                        curve_yearlenth=3,curve_fre=4,curve_term=term,
                        curve_zero_rate=zero_rate,curve_spread=spread,
                        curve_recovery_rate=recovery_rate,curve_D=365,
                        start_date=date(2022,2,16),
                        yearlenth=2,fre=4,spread=109.56,recoveryrate=25,
                        P=10000000,CDS_type='buyer',D=365)
print(CDS_CDS_greeks_test)
```

輸出結果：

```
   Int_Delta   Credit_Delta
0    14900.0     16436950.0
```

由以上計算結果可知，即期收益率變動對 CDS 估值的影響遠小於信用利差對 CDS 估值的影響。

（2）CRM 的風險指標。

① 利率 Delta：貼現收益率整體變動 1 個基點（同時影響創設機構與標的債券）對 CRM 的影響。

$$\text{Int}_{\text{Delta}} = \frac{\text{PV}_{r+} - \text{PV}_{r-}}{2 \times 0.0001} \qquad (12-16)$$

$\text{Int}_{\text{Delta}}$：利率 Delta；

$\text{PV}_{r+}$：貼現收益率整體上升 1 個基點時的 CRM 估值。

$\text{PV}_{r-}$：貼現收益率整體下降 1 個基點時的 CRM 估值。

② 信用 Delta：標的債券貼現收益率變動 1 個基點對 CRM 的影響。

$$\text{Credit}_{\text{Delta}} = \frac{\text{PV}_{b+} - \text{PV}_{b-}}{2 \times 0.0001} \qquad (12-17)$$

$\text{Credit}_{\text{Delta}}$：信用 Delta；

$\text{PV}_{b+}$：標的債券貼現收益率上升 1 個基點時的 CRM 估值。

$\text{PV}_{b-}$：標的債券貼現收益率下降 1 個基點時的 CRM 估值。

【**實例 12-8**】接實例 12-6，計算 2022-5-10 該 CRM 的一階敏感性指標利率 Delta 與信用 Delta。

【分析解答】由於採用公式（12-16）和公式（12-17）的衝擊法進行了重估值（某個參數發生細微變化，重新計算 PV），手工計算比較煩瑣，這裡直接使用 Python 撰寫 CRM_greeks 函數計算 CRM 的一階敏感性指標。

```python
# 載入需要使用的函數庫
import numpy as np
import pandas as pd
from CRM_Valuation import CRM_Valuation
from datetime import date
# 計算 CRM 一階敏感性指標的函數
def CRM_greeks(cal_date,start_date,yearlenth,fre, R,m,ACC_type,
              spread_creat,spread_bond,P,cost,
              curve_time_creat,curve_list_creat,
              curve_time_bond,curve_list_bond):
    '''
    :param cal_date: 計算日期；
    :param start_date: 債券的起息日；
    :param yearlenth: 債券的發行年限；
    :param fre: 債券的付息頻率；
    :param R: 債券的百元票面利息；
    :param m: 未到期債券的百元剩餘本金，無本金攤還計畫填寫數值，否則填寫目前攤還計畫；
    :param ACC_type: 債券的計息基準，如 'ACT_ACT_AVE','ACT_360','ACT_365', 可自行根據需求
增加；
    :param spread_creat: 創設端到期利差；
    :param spread_bond: 標的債券端到期利差；
```

```
    :param P: 名義本金；
    :param cost: 支付信用保護費的現值（如有）；
    :param curve_time_creat: 創設端收益率曲線的關鍵期限點（年）；
    :param curve_list_creat: 創設端對應關鍵期限點的收益率；
    :param curve_time_bond: 標的債券端收益率曲線的關鍵期限點（年）；
    :param curve_list_bond: 標的債券端對應關鍵期限點的收益率；
    :return: 返回計算敏感性指標．
    '''

    Creat_leg = CRM_Valuation(cal_date=cal_date,start_date=start_date, yearlenth=year
lenth, fre=fre,
                             R=R, m=m,ACC_type=ACC_type, spread=spread_creat, P=P,
                             curve_time=curve_time_creat,curve_list=curve_list_creat)
    Bond_leg = CRM_Valuation(cal_date=cal_date, start_date=start_date, yearlenth=year
lenth, fre=fre,
                             R=R, m=m,ACC_type=ACC_type, spread=spread_bond, P=P,
                             curve_time=curve_time_bond,curve_list=curve_list_bond)
    #計算利率 Delta
    curve_list_creat_up=curve_list_creat*1+1/10000
    curve_list_bond_up=curve_list_bond*1+1/10000
    Creat_leg_up = CRM_Valuation(cal_date=cal_date,start_date=start_date, yearlenth=y
earlenth, fre=fre,
                             R=R, m=m,ACC_type=ACC_type,spread=spread_creat, P=P,
                             curve_time=curve_time_creat,curve_list=curve_list_creat_up)
    Bond_leg_up = CRM_Valuation(cal_date=cal_date,start_date=start_date, yearlenth=ye
arlenth, fre=fre,
                             R=R, m=m,ACC_type=ACC_type,spread=spread_bond, P=P,
                             curve_time=curve_time_bond,curve_list=curve_list_bond_up)
    PV_up=Creat_leg_up - Bond_leg_up-cost
    curve_list_creat_down=curve_list_creat*1-1/10000
    curve_list_bond_down=curve_list_bond*1-1/10000
    Creat_leg_down=CRM_Valuation(cal_date=cal_date,start_date=start_date,
                             yearlenth=yearlenth,fre=fre,
                             R=R, m=m,ACC_type=ACC_type,spread=spread_creat,P=P,
                             curve_time=curve_time_creat,curve_list=curve_list_
creat_down)
    Bond_leg_down = CRM_Valuation(cal_date=cal_date, start_date=start_date,
                             yearlenth=yearlenth, fre=fre,
                             R=R, m=m,ACC_type=ACC_type,spread=spread_bond, P=P,
                             curve_time=curve_time_bond,curve_list=curve_list_bond_
down)
```

```
PV_down=Creat_leg_down - Bond_leg_down-cost
Int_Delta=(PV_up-PV_down)/(2*0.0001)
# 計算信用 Delta
PV_up_credit=Creat_leg-Bond_leg_up-cost
PV_down_credit=Creat_leg-Bond_leg_down-cost
Credit_Delta=(PV_up_credit-PV_down_credit)/(2*0.0001)
greeks = pd.DataFrame({"Int_Delta":[np.round(Int_Delta,2)],
                       "Credit_Delta": [np.round(Credit_Delta,2)]})

return greeks
```

呼叫 CRM_greeks 函數，輸入對應參數進行計算。

```
# 測試案例
maturity=np.array([0,0.08,0.25,0.5,0.75,1,
                   2,3,4,5,6,7,8,9,10])
ytm_rate_1=np.array([1.531,1.5857,1.9987,2.1369,2.2965,2.3527,
                     2.5918,2.7655,3.0049,3.1658,3.2868,3.4111,
                     3.4135,3.4929,3.5581])/100
ytm_rate_2=np.array([2.0528,2.181,2.3546,2.489,2.5399,2.6454,
                     2.989,3.3586,3.8637,4.08,4.179,4.2943,
                     4.3284,4.4221,4.5088])/100
CRM_greeks_test=CRM_greeks(cal_date=date(2022,5,10),start_date=date(2021,11,22),yearle
nth=3,fre=1,
                     R=4.89,m=100,ACC_type="ACT_ACT_AVE",
                     spread_creat=0.006230087,spread_bond=0.010739131,
                     P=10000000,cost=0,
                     curve_time_creat=maturity,curve_list_creat=ytm_rate_1,
                     curve_time_bond=maturity,curve_list_bond=ytm_rate_2)
print(CRM_greeks_test)
```

輸出結果：

```
   Int_Delta   Credit_Delta
0 -777593.33    23881183.29
```

由以上計算結果可知，貼現收益率整體變動對 CRM 估值的影響遠小於信用利差對 CRM 估值的影響。其他風險指標，可以參考第 5 章債券的風險指標方式進行計算。

# 12.3 本章小結

當前中國信用衍生品多指銀行間信用風險緩釋工具及交易所信用保護工具，二者本質上均類似 CDS，是轉移信用風險的工具。本章首先介紹了國內外信用衍生品的發展與概況，然後主要介紹了兩種 CRM 的估值方法，分別是採用建構的生存曲線估值與現金流貼現法（拆分為創設端與標的債券端）。在中國，由於資料不充分，難以建構生存曲線，因此通常採用現金流貼現法。具體採用哪種方法，需要根據實際的市場與業務進行分析。

# MEMO

**A** 參考資料

# 參考圖書

[1]　《中國銀行間市場固定收益產品交易實務》，作者謝多、馮光華。

[2]　《固定收益證券及其衍生品（上下冊）》，作者中國銀行間市場交易商協會教材撰寫組。

[3]　《風險管理與巴塞爾協定十八講》，作者楊軍。

[4]　《債券投資實戰》，作者龍紅亮。

[5]　《債券投資實戰 2：交易策略、投組管理和績效分析》，作者龍紅亮。

[6]　《債券計算：公式背後的邏輯》，作者史密斯，譯者李磊甯。

[7]　《利率互換通關秘笈：固定收益衍生品入門到實戰》，作者黎至峰、宣瀟寒。

[8]　《場外衍生品（第二版）》，作者中國期貨業協會。

[9]　《期權、期貨及其他衍生產品（原書第 10 版）》，作者約翰赫爾，譯者王勇、索吾林。

[10]　《第三版巴塞爾協定改革最終方案》，作者巴塞爾銀行監管委員會，譯者中國銀行保險監督管理委員會（現為國家金融監督管理總局）。

[11]　《結構化產品（第二版）》，作者中國期貨業協會。

[12]　《金融工程及其 Python 應用》，作者朱順泉。

[13]　《基於 Python 的金融分析與風險管理（第 2 版）》，作者斯文。

[14]　《Python 金融巨量資料分析》，作者伊夫·希爾皮斯科，譯者姚軍。

[15]　《風險價值 VAR（第三版）》，作者菲力浦·喬瑞，譯者鄭伏虎、萬峰、楊瑞琪。

[16]　*FRM EXAM PART* Ⅰ *Valuation and models*，作者 FRM committee。

[17]　*FRM EXAM PART* II *Market Risk Measurement and Management*，作者 FRM committee。

[18]　*FRM EXAM PART* II *Credit Risk Measurement and Management*，作者 FRM committee。

# 參考文章

[1]　「轉型債券發展現狀及商業銀行實踐」，作者周權、羅穎、栗曉鶺、鄭志榮、張靜、姚玉偉。

[2]　「公司信用類債券法律制度的完善研究」，作者侯加林。

[3]　「債券評級包裝與「擔保正溢價」之謎」，作者林晚發、劉岩、趙仲匡。

[4]　「含權債券的估值定價研究」，作者陳志豪。

[5]　「關於利率期權定價與波動率曲面建構的思考」，作者高龔翔、梁威。

[6]　「貸款市場報價利率（LPR）期權實務與應用」，作者丁傑能、孫東航。

[7]　「CRMW 風險緩釋效用目標追蹤的債券投資組合最佳化策略研究」，作者楊瑞成、邢偉澤。

[8]　Monotone piecewise cubic interpolation，作者 F.N.FRITSCH,R.E.CARI SON。

[9]　Bond ratings, bond yields and financial information，作者 SARA A. REITER。

[10]　The bond/old-bond spread，作者 Arvind Krishnamurthy。

[11]　The Information Value of Bond Ratings，作者 Doron Kliger。

[12]　Reversal effect and corporate bond pricing in China，作者 Heming Zhang、Guanying Wang。

[13]　Institutional Corporate Bond Pricing，作者 Lorenzo Bretscher、Lukas Schmid、Ishita Sen、Varun Sharma。

[14]　Valuation of Callable/Putable Corporate Bonds in a One-Factor Lognormal Interest-Rate Model，作者 Robert S. Goldberg、Ehud I. Ronn、Liying Xu。

[15]　Pricing Coupon Bond Options and Swaptions under the One-Factor Hull–White Model，作者 Vincenzo Russo、Frank J. Fabozzi。

[16]　An Econometric Model of the Term Structure of Interest-Rate Swap Yields，作者 DARRELL DUFFIE、KENNETH J. SINGLETON。

[17]　Caplet Pricing with Backward-Looking Rates，作者 Colin Turfus。

[18]　Pricing and hedging interest rate options，作者 AnuragGupta，Marti G.Subrahmanyam。

[19]　Swaption pricing problem in uncertain financial market，作者 Zhe Liu、Ying Yang。

## 參考檔案

[1]　《關於調整中央債券綜合業務系統債券應計利息計算公式的通知》（中債字〔2007〕88 號）。

[2] 《中國人民銀行關於完善全國銀行間債券市場債券到期收益率計算標準有關事項的通知》（銀髮〔2007〕200號）。

[3] 《全國銀行間債券市場債券到期收益率計算標準調整對照表》。

[4] 《關於調整債券應收利息計算方法等問題的通知》（中證協發〔2008〕9號）。

[5] 《CIBMTS 中國銀行間市場本幣交易平臺使用者手冊 V2.4》。

[6] 《上海證券交易所債券交易業務指南第1號——交易業務（2023年修訂）》。

[7] 《中國債券市場概覽（2021年版）》。

[8] 《中國債券市場投資手冊（2022年版）》。

[9] 《中國外匯交易中心債券估值手冊 V1.2》。

[10] 《銀行間債券市場債券借貸業務管理辦法》（中國人民銀行公告〔2022〕第1號）。

[11] 《銀行間市場清算所股份有限公司集中清算業務指南（第八版）》。

[12] 《中國外匯交易中心利率互換估值手冊 V1.2》。

# MEMO

# MEMO

# MEMO

# MEMO

# MEMO

深智數位
股份有限公司

深智數位
股份有限公司